"博学而笃志,切问而近思。"
(《论语》)

博晓古今,可立一家之说;
学贯中西,或成经国之才。

主编简介

黄匡宇，华南理工大学新闻与传播学院教授、南方传媒研究所所长。有非常丰富的实践和教学经验，曾从事文字、图片、电视报道工作10余年，并在华中理工大学等三所高校从事摄影、电视教学研究20年。在理论上也颇有建树。他所提出的"声画双主体"结构理论，以及"内容为王，形式是金"电视节目双重价值标准，在学界和业界都引起很大反响。

出版（包括主编）专著和教材十余部。1990年出版的《电视新闻学》被《中国新闻年鉴》1991年版认定为"我国第一本系统研究中国电视新闻节目的学术专著"。十年间出版专著《理论电视新闻学》（1996年）、《电视新闻语言学》（2000年）。主编省级教材《电视新闻学教程》，主编系列教材《广播电视新闻学概论》（12本），主编系列丛书《电视画面创作技巧》、《电视节目编辑技巧》（4本）；另有参编部级教材《广播电视新闻学》（电视部分）等。

复旦博学

当代广播电视教程·新世纪版

当代
电视摄影制作
教程

黄匡宇 著

复旦大学出版社

内容提要

作为电视专业的"核心技术",电视摄影与节目制作向来都是难点。对此,《当代电视摄影制作教程》提供了一个教学和研究的范本。

本书采取了"大摄影"——摄影、电影、电视——思维一体化的文化观念,对电视摄影诸要素——画面、镜头、声音、文字的运用作了深入细致的解析,对节目制作及编排也择要阐释。本书共3篇13章。第一篇为"工具认识、应用篇"共3章,第二篇为"摄影篇与编辑篇"共8章,第三篇为"节目篇"共2章。

本书内容全面系统,论述清晰易懂;教义图例实用,全书所用的477幅图片均采集自中外上百部电视节目之中。本书既是高校、电视机构的专业教材,又可作为摄影、电视爱好者的指导书,对广大电视策划人、评论人也颇多启发。

本书还将为使用该书作为教材的老师提供教学光盘一套(共3张),可填写书后教师反馈单来函索取。

当代广播电视教程·新世纪版
编委会

丛书主编暨编委会主任： 孟　建

编　　委：（按姓氏笔画排列）

于　丹　　王　宇　　王　甫　　石长顺
吕新雨　　仲富兰　　刘燕南　　祁　林
李丹林　　吴丰军　　吴　郁　　陆　地
孟　建　　胡正荣　　胡智锋　　郭镇之
黄匡宇　　曹　璐　　魏永征

总序

"当代广播电视教程·新世纪版"这套丛书终于由复旦大学出版社出版了,掠过心头的是阵阵的喜悦!

不断演进的社会、飞速发展的科技,引发了传播内容与形式的深刻变革,也推动了媒介领域的巨大革命。其间,广播电视的出现和发展,正在全球范围内影响着人类文明的进程,形成着独特的文化社会现象。可以说,人类社会从来没有像今天这样强烈地感受到"信息化时代的来临,媒介化社会的形成"。广播电视(当然我们注意到了网络出现对媒体间壁垒的消融和整合),作为建立在新技术基础上现代传媒族群中极为重要的媒介,以其特有的传播特征和方式,建构了当今社会交往的特殊形态,酿就了人类新型的思维方式,催生了当代社会崭新的生存方式。

应当说,经过半个多世纪,特别是改革开放后以来的20多年,有一批有志于此的人士在广播电视的教学和科研领域进行了孜孜不倦的努力,取得了可喜成果。其间,最为值得注意的是,一个努力构建有中国特色广播电视学学科体系的研究目标已逐步明晰起来,并开始为之倾注气力。根据中国传媒大学赵玉明教授的研究,至1992年11月,国家技术监督局颁布的国家标准《学科分类与代码》中,将"广播与电视"列为"新闻学与传播学"学科范围的二级学科,下设"广播电视史"、"广播电视理论"、"广播电视业务"等三级学科。1997年3月出版的全国哲学社会科学规划办公室主编的《哲学社会科学各学科研究状况与发展趋势》中称"90年代以来,广播电视已成为一个独立的学科";1997年颁布的研究生学科、专业目录有"广播电视艺术学";1998年颁布的本科生专业目录中有"广播电视新闻学"、"播音主持艺术"、"广播电视编导"等专业;2002年出版的复旦大学徐培汀教授的专著《二十世纪中国的新闻学与传播学》的前言中称"本书视广播电视学为独立学科",并在第六章"广播电视学研究"中作了专门论述……

我们之所以"津津乐道"于广播电视"学",其关键之处在于,我们既然已经看到了"广播电视的出现和发展,正在全球范围内影响着人类文明的进程,形成着独特的文化社会现象",那么,我们就完全有理由尽快地将广播电视学——这一学科的理论体系和教学体系呈现在世人面前。这也就是说,我们要将广播电视学科的壁垒,真正树立起来!在这方面,复旦大学新闻学院也做了不懈努力。2003年初,复旦大学新闻学院在全国率先申报"广播电视学"博士点获得成功。这一勇于突破新闻传播学原有学科目录,打破广播电视学科建设中条块分割状况,将广播电视新闻与广播电视艺术多个一级学科按照学科群进行大整合的举措,在新闻传播教育界形成了相当的影响,在广播电视教育领域的影响更大。

也正是在这重要的时代背景和学科背景下,有着我国新闻传播教育最悠久历史的复旦大学新闻学院,在复旦大学百年华诞之际,与复旦大学出版社紧密携手合作,将编辑出版一套具有较为完整理论体系和教学体系广播电视丛书的重任担当了起来。经过为时两年的努力,这套丛书终于问世了。这对于新闻传播院系的师生,对于广播电视的从业人士,都是一个福音。

如果要说"当代广播电视教程·新世纪版"这套丛书有什么最显著的特点,首先,这套丛书是从努力构建中国广播电视学学科体系的高度来进行整套丛书的创意、企划和构建的。这整套丛书的整体出版思路是:在厘定构建中国广播电视学学科体系(理论体系、实务体系和教学体系)的前提下,按照宏观(意识与理念)、中观(体制与机制)、微观(运作与技巧)来进行丛书完整架构设计和资源配置的。

在宏观层面,丛书充分注重了广播电视本体论的基础研究和创新理论,如《当代广播电视论纲》全面、系统地梳理了中国广播电视学体系的框架,并科学、深入地阐述了中国广播电视学的理论;《中外广播电视史》突破了传统写作思路,引入广播电视传播思想史的视角,将相关的体制、管理、节目等作为史的脉络进行梳理贯通。而《电视文化的观念》则在文化学研究的背景下,积极探索了广播电视作为特有文化传播现象的发生机理、传播规律和审美特征。如在中观层面,丛书充分注重了广播电视体制和机制的开拓性研究,如堪称我国第一部的《影视法导论:电影电视节目制作人须知》,即从法学研究的角度审视了广播电视机制运行中的一系列法律问题,既有理论的完整性,又有实践的操作性;又如《广播电视节目营销》、《电视制片管理学》、《世界电视产业新论》,则在我国深入推进文化体制改革的背景下,将研究的视角转向了广播电视产业特性研究,努力在广播电视的市场营销和广播电视制片管理特别是广播电视产业进程等领域进行拓展,其重要性和创新性十分突出。体现在微观层面,这套丛书一方面十分注重了现代广播电视的实务理念、实务操作(包括新技术支持)的全面创新,如《当代广播实务教程》、《当代电视实务教程》、《当代电视摄影制作教程》、《广播电视评论教程》、《当代广播电视播音主持》等著作,每本著作都可以说是一个全新体系的范例。而另一方面,这套丛书则又大大拓宽了广播电视实务领域,如《电视节目策划学》、《电视节目形态学》、《电视纪录片教程》,甚至《视听率教程》也进入了我们的视野。显然,这在国内是非常具有突破意义的。

"当代广播电视教程·新世纪版"这套丛书的又一个特点是注重了"与时俱进"。一方面,这套丛书紧紧追踪中国新闻传播事业的飞速发展,特别是密切关注中国广播电视事业的改革前行;另一方面,又极为关注了世界范围内新闻传播格局的快速嬗变,特别是广播电视业界的前沿发展。当然,在这套丛书每本著作都尽可能好地体现上述想法的同时,我们还在丛书中专列了一本《当代广播电视前沿》,以充分体现出这套丛书紧逼前沿、全面概览、透彻评析的特点。我们设想,《当代广播电视前沿》每年都修订再版,以跟上飞速发展的广播电视事业的需要。

"当代广播电视教程·新世纪版"这套丛书的第三个特点就是,该丛书的作者基本上都是活跃在广播电视教学、研究领域的一流学者。这么多专家、学者在百忙中参加到该丛书的编撰中来,亲自撰稿,本身就说明了许多问题。值得一提的是,这支专家队伍,不但在他们的研究领域中都取得了骄人的成绩,而且,他们中的许多人,近年来常到海外讲学、研究。正是这样,才能保证这套丛书拓展了广阔的国际背景。

"当代广播电视教程·新世纪版"这套丛书第四个特点是其浓郁的精品意识。平心而论,我们现在广播电视方面的书已出版了许多,但是,其质量状况令人堪忧。正因为如此,复旦大学出版社破例让这套丛书进入了复旦大学"博学"出版精品系列。其目的,就是要打造出我国广播电视界的一套名牌丛书,特别是要推出一套真正为诸多高等院校认可并具有权威性的教材。

有人感言,讲"感谢"两字最多的莫过于一年一度的奥斯卡电影颁奖典礼中的获奖答词。去年,一位奥斯卡电影获奖者上台领奖前首先发誓说"今天,我站在这里决不讲'感谢'二字了……"可是,一开口,又"感谢"连篇了。既然"感谢"出自内心,来自肺腑,就不必回避!因此,对于这套丛书的出版,我要借作序的机会说些感谢的话:首先要衷心感谢的是复旦大学出版社。特别是感谢总编辑高若海先生和编辑章永宏,是他们在诸多广播电视书籍纷至沓来的时刻,选择了我作为主编来组织这套丛书,并为这套丛书的出版倾注了大量心血;其次要衷心感谢的是,参加丛书写作的各位专家学者,有了他们投入、专注的耕耘,才有了这套高水平的丛书。感谢所有帮助了这套丛书出版的人们!

今年是中国农历的鸡年,在众多咏鸡的诗歌中,明代诗人的"平时不敢轻言语,一叫千门万户开"是我最喜欢的。但愿这套酝酿、筹划、积累良久的丛书,像唤开千门万户的雄鸡报晓,叩开读者的心扉,唤起读者的共鸣。

孟　建

2005年2月28日于复旦大学

目 录

前言：电视传播开始进入真正的普及时代　1

第一篇　工具认识、应用篇

第一章　电视摄影系统　3

第一节　摄像机与人眼的异同　3
　一、摄像机不如人眼的地方　3
　二、摄像机比人眼优越之处　4
第二节　摄像机的类别　5
　一、广播级摄像机的王牌——索尼DCR-VX2100E　5
　二、业务级摄像机的首选——佳能XL2　5
　三、民用摄像机的新宠——JVC-DV-MC200　9
第三节　摄像机的镜头与光圈　11
　一、镜头类别：镜头视角的开合决定画面的视野　12
　二、镜头选择：摄影者工作视野的科学配备　13
　三、认识光圈：保证画面物理质量、意向取舍的关卡　15
第四节　附件：摄影过程不可或缺的三脚架和反光板　17
　一、三脚架：电视正规军的基础武器　18
　二、反光板：影像臻善臻美的基础工具　18

第二章 线性(模拟)编辑系统 　　21

第一节 线性编辑系统的基本构成 　　21
一、基本设备：影音素材深加工的基础平台 　　21
二、构成形式：灵活多变,够用即好 　　26

第二节 线性编辑系统的基本操作 　　27
一、工作方式：模拟线性编辑的起点 　　27
二、基本操作步骤：工作程序的规范 　　32
三、操作技巧：技术进阶的门槛 　　34

第三章 非线性(数字)编辑系统 　　40

第一节 非线性编辑系统的构成与工作过程 　　40
一、系统的构成 　　40
二、工作过程 　　42

第二节 系统的优越性 　　45
一、编辑性能 　　45
二、特技性能 　　47
三、资源共享性 　　48
四、操作性能 　　48
五、维护与使用寿命 　　49

第三节 非线性编辑系统的操作方式 　　50
一、在线编辑 　　50
二、离线编辑 　　50

第四节 得心应手的大众化非编系统 　　52
一、Topbox2：全新一代DV全功能工作室 　　52
二、DP-EditStd：无处不在的编辑系统 　　54
三、Pinnacle Studio8：引导你五分钟内成导演 　　56
四、Pinnacle Studio8的后续产品Studio9：重新定义家庭电影制作 　　70

第二篇　摄影篇与编辑篇

第四章　电视画面基础　75

第一节　画面与眼睛　75
　一、随意观看无画面　75
　二、"定睛一看"出精彩　79

第二节　画面与镜头　86
　一、画面与镜头的同一性　86
　二、画面是镜头活动的起点　92

第三节　电视画面的拍摄角度　104
　一、电视画面的拍摄方向　104
　二、电视画面的拍摄高度　110
　三、电视画面的拍摄距离　112

第五章　电视画面的基础结构　118

第一节　电视画面结构的基础元素　118
　一、光线——形、影、色之源　118
　二、线条——对万事万物的抽象　124
　三、影调——对万事万物的具象　129
　四、色彩——对生命历程的体悟　135

第二节　电视画面结构的实体元素　139
　一、主体——画面结构的灵魂　139
　二、陪体——凸显主体的绿叶　146
　三、前景、背景——主体生存的环境　151

第三节　电视画面结构的特殊元素——空白　159
　一、空白的结构功能　159
　二、空白的人文魅力　163

第六章　电视画面的总体结构——构图　171

第一节　电视画面的总体结构的美学基础 173
一、视觉的美学框架——黄金分割 173
二、视觉的美学强势选择 178

第二节　电视画面构图的形态 188
一、电视画面的相对静态性结构 188
二、电视画面的动态性结构 196
三、电视画面的综合性结构 208
四、电视采访方法案例示范 212

第七章　电视节目编辑概论　221

第一节　关于电视节目编辑 221
一、电视节目编辑概念 221
二、电视节目编辑的地位与作用 222
三、电视节目编辑的主要工作内容与工作流程 229
四、电视节目编辑工作的特点 230

第二节　电视节目编辑人员的素质 231
一、电视节目编辑人员职业素质概论 231
二、电视编辑人员的政治思想品质素养 232
三、电视节目编辑人员的知识与业务素质 233
四、电视节目编辑人员的美学修养 235

第八章　电视画面编辑技巧　237

第一节　镜头的选择 237
一、电视画面编辑是素材镜头选择的内容要求 237
二、电视画面编辑是素材镜头选择的形式要求 239

第二节　画面长度的确定 241
一、内容长度 242

二、情绪长度 ································· 243
　　三、节奏长度 ································· 245
　第三节　镜头的组接 ································· 247
　　一、什么是镜头的组接 ························· 247
　　二、镜头组接的依据 ··························· 249
　　三、剪接点的确定 ····························· 257
　　四、运动的组接 ······························· 259
　　五、轴线规律及其应用 ························· 264
　　六、蒙太奇技巧 ······························· 270
　　七、转场的方法 ······························· 277

第九章　电视声音编辑技巧　　　　　　　　　　　298

　第一节　电视声音的意义 ····························· 298
　　一、声音是电视节目内容叙述的主线 ············· 298
　　二、声音成为电视画面思维、动作、情节的源泉和成因 ··· 300
　第二节　电视语言的编辑 ····························· 301
　　一、新闻类电视节目语言的编辑要求与技巧 ······· 301
　　二、艺术类电视节目的语言编辑要求与技巧 ······· 306
　第三节　电视音响的编辑 ····························· 307
　　一、新闻类电视节目的音响编辑要求与技巧 ······· 307
　　二、艺术类电视节目的音响编辑要求与技巧 ······· 309
　第四节　电视音乐的编辑 ····························· 311
　　一、新闻类电视节目的音乐编辑要求与技巧 ······· 313
　　二、艺术类电视节目的音乐编辑要求与技巧 ······· 314

第十章　屏幕文字和特技的运用技巧　　　　　　　　317

　第一节　屏幕文字的运用 ····························· 317
　　一、屏幕文字是电视节目的重要元素之一 ········· 317

二、屏幕文字的类别 ……………………………………………… 319
三、屏幕文字的传播功能 ………………………………………… 322
四、屏幕文字的构图形式 ………………………………………… 325
五、屏幕文字的运用技巧 ………………………………………… 327
第二节　特技的运用 ………………………………………………… 331
一、电视特技常用的手法 ………………………………………… 331
二、动画 …………………………………………………………… 332
三、特技编辑与电视时间 ………………………………………… 335

第十一章　电视节目编辑经典案例图释　339

第一节　中国中央电视台开始曲《国歌》图例分析 ……………… 339
第二节　香港主流电视台开始曲《国歌》图例分析 ……………… 341

第三篇　节　目　篇

第十二章　电视节目制作的起点：确立内容与寻找形式　351

第一节　内容为王：节目的选题与立意 …………………………… 351
一、选题立意是节目制作的先导环节 …………………………… 352
二、文本思路与制作思路的确立是节目成功的起点 …………… 354
三、初涉节目制作者学习的动态稿本典范：CCTV 的
《艺术人生》……………………………………………………… 355
第二节　形式是金：语言样式的寻找 ……………………………… 363
一、语言模型是整合内容与形式的唯一工具 …………………… 364
二、电视节目语言模型的可行性节奏控制 ……………………… 367

第十三章　电视媒体主流节目编辑要点　371

第一节　新闻类电视节目的编辑技巧 ……………………………… 371
一、消息类电视新闻的编辑 ……………………………………… 371

二、专题类电视新闻的编辑 …………………………………………… 375
第二节　谈话类电视节目的编辑技巧 ………………………………… 379
　　一、电影、广播为电视提供谈话参照 ………………………………… 379
　　二、有声电影和广播谈话节目的语言编辑技巧为电视谈话
　　　　节目提供了参照 ………………………………………………… 381
　　三、电视谈话节目的编辑要点 ………………………………………… 382
第三节　时政、生活类谈话节目的编辑 ……………………………… 392
　　一、话题的巧妙处理 …………………………………………………… 392
　　二、时政谈话节目的编辑 ……………………………………………… 394
　　三、生活类谈话节目的编辑 …………………………………………… 398

参考资料　　　　　　　　　　　　　　　　　　　　　　　402

图片索引　　　　　　　　　　　　　　　　　　　　　　　406

后记　　　　　　　　　　　　　　　　　　　　　　　　417

前言：

电视传播开始进入真正的普及时代

越过时间的风尘，进入新世纪，电视经历八十多年的发育成长（始于1925年10月2日英国发明家贝尔德发明电视近距离传播，成形于1936年11月英国BBC广播公司开始电视节目的定时传播），伴随人们进入了真正的信息时代，无处不在的电视已经成为当代社会人群获取信息的重要载体；随着科学技术的发展进步和电视易用技术的普及，电视这一载体同时也成为人们携带信息、传播信息的重要工具。电视传播开始进入真正的普及时代，大学的电视传播教育也开始进入黄金时期。

电视传播实现普及的重要标志是：电视节目制作不再是电视专业机构（电视台、电视节目制作公司）的专利，具有专业电视图像质量的摄制设备（Digital Video，缩写为DV，译为数码摄像机，DV格式于20世纪末问世，具有500线以上的高解析度、便携、复制信号零损耗等优点）开始大面积进入市民家庭，普通百姓参与电视节目的制作与传播成为现实。电视的模拟技术（线性编辑技术）与数字技术（非线性编辑技术）的高度融合与转换的编辑方式，大大提升了过去电视专业单位所鄙视的非专业设备拍摄的图像质量。普通百姓制作的电视节目开始成为专业电视台关注的信息来源，这是电视传播实现普及的重要物质基础。随着电视摄制设备技术指标的不断提升和电视摄制设备价格的雪崩式下滑，电视传播的普及性发展必将与日纵深，势不可挡。非专业DV摄制者正逐渐形成市场规模，他们将是专业电视节目制作者的重要竞争对象。可以预见，专业制作与非专业制作界线将逐步模糊，泛专业化电视节目市场的形成已为时不远。

电视传播技术的跨越式发展，电视节目市场的形成，对大学的电视传播教育提出了严峻的人才需求。

　　遗憾的是,大学的电视传播教育目前无法适应市场的需要(更遑论满足市场的需求!)。因为,在过去几十年中,中国大学的电视传播教育基本上是"黑板上开拖拉机"——理论脱离实际,大部分学生不具备解决问题的能力。造成这一被动局面的关键原因大致有二:一是未能从培养人才的全过程中认识教育技术的重要性;二是未能设计出适合大学电视传播教育的实验体系——教师、实验员、设备,致使实验教学成为走过场的花架子。此外,各高校大部分电视专业教师在这一方面能力的欠缺也是重要原因。

　　从教育技术层面看,大学的电视传播教育有一大部分属于教育技术的内容。综合国内外传播学界对于新闻教育技术的理解,我们应该看到,电视传播教育技术学的主要任务是在系统科学方法论指导下,运用现代教育科学理论和先进的技术手段与方法(专业教师的匹配、实验室的建设),对教育、教学中存在的问题进行分析,提出解决问题的策略和方法,进行实施并给予评价和修改,以实现教育、教学的最优化,促进学习者的更好发展,使其熟练地掌握电视传播技术(手段),具有真正制作优秀电视节目的从业能力。大学的电视传播教育的这一过程,实质上就是一个培养人才发现问题、分析问题、解决问题的过程。

　　从实验教学层面看,大学电视传播教育实验体系的建设重在对电视制作工具的认识与把握。在过去几十年中,电视传播教育的实验体系走的是专业电视传播的路子,上百万元一套的摄录编辑设备成为大多数新闻院系实验室建设的拦路虎,到20世纪90年代中期,全国除少数两三所全国重点高校的新闻系有一套、半套专业电视设备外,其他院校大多处于有一两套民用级设备或设备为零的状况。各院校设备拥有情况虽然不同,但并未因此拉开实验教学水平的差距。相同的状况是,无论设备的良莠与有无,亦无论院校是否重点,电视传播教育的实验体系均停留在"只讲不练"或"多讲少练"的层面,大多数学生不具备制作电视节目的基本能力。此种被动局面的形成,既是经费的投入问题,更是现代教育技术观念在电视传播教育过程中严重缺失造成的结果。

　　进入新世纪,进入数字时代,困扰高校多年的电视传播教育的实验困惑开始冰释,教学单位不用再为上百万元一套的电视摄录设备而一筹莫展,数字技术开始模糊设备的图像等级差距,数万元一套的DV+数字编辑摄制设备已经可以满足专业

前言：电视传播开始进入真正的普及时代

电视台的图像播出质量要求。只要我们的教育实验体系能确立全面的教育技术观，一个教学单位要建立拥有十几二十套设备的数字电视教学实习基地的计划已非难事。有鉴于此，新闻专业、广播电视专业学生的电视课程实习将不再是走马观花、不甚了了，接受过电视传播教育的大学生们将熟练掌握电视传播技术，真正成为专业电视节目制作与传播的新生力量。

《当代电视摄影制作教程》从理论与实践切入，摒弃电视制作生搬硬套电影制作的若干陋习，整合笔者做电视记者、做电视教员、做电视策划38年的实践体验和理论升华，讲原理、讲观点、讲操作、讲规律、讲发展、讲传播，为培养既有理论底蕴又有实务能力的电视节目制作人才提供范本。考虑到大学的电视传播教育只可能涉及新闻与各种专题节目，假定性的戏剧节目不在本书的阐述之列。

大学的电视传播教育开始进入人才培养黄金时期，电视传播开始进入真正的普及时代，希望与成就并存，只要电视传播教育的观念到位，只要电视传播教育技术学的过程落实，我们就可以牢牢掌握电视传播的话语权，就可以实现大学电视传播教育与电视专业传播的真正对接。

第一篇 工具认识、应用篇

古训云：工欲善其事，必先利其器。英国近代经验论哲学家弗兰西斯·培根在其主要哲学著作之一《新工具》中，从方法论的角度出发讨论了三种理解自然的方法，即蚂蚁式的、蜘蛛式的和蜜蜂式的方法。他认为实验家像蚂蚁，只会采集和使用材料；推论家像蜘蛛，只凭自身的材料织网。上述这两种方法都把实验和理性分开来了，是不可取的方法。真正的哲学应该把两者结合起来；像蜜蜂那样从花朵上采集花粉，又以自身的能力将其消化。弗兰西斯·培根的方法论给我们的启示是：任何节目构思要变为物质形态展现在人们面前，都离不开相应的技术手段支持。

尽管电视节目制作环节甚多，不可能一个人司职始终，但一个真正的电视节目制作人，必须是一个既熟悉电视节目制作摄、录、编设备，又熟悉节目文本策划、撰写的人，能够"像蜜蜂那样从花朵上采集花粉，又以自身的能力将其消化"，将节目文本和技术平台整合为一个完美的整体。因此，作为一名电视制作人员，要制作出好的电视节目，就必须首先认识、了解并学会如何使用自己的工具——电视制作设备，这样才能在运用这些设备实现制作构思时得心应手，并在技术条件允许的范围内最大限度地发挥自己的想象力。

电视制作系统，就是在将节目素材转变为成品这一制作过程中所要使用到的一系列电视设备的组合。电视制作系统的具体构成变化多样，从简单实用（民用级）到高档精确（广播级），不一而足，但都随系统各部分的多寡及其组成的复杂程度而定。概括来说，目前常用的电视制作系统可分为三大类：摄影系统、模拟（线性）编辑系统和数字（非线性）编辑系统。本篇从设备的工作原理与流程两方面切入介绍它们的基本构成和操作技巧。本篇少有设备图解，因为它们种类太多，无法一一收入。尽管设备千差万别，但工作原理与流程大同小异，阅读本篇时，建议结合手头设备的使用说明书对照取舍，就会感到好懂、好用，得心应手。

第一章 电视摄影系统

电视摄影系统是将节目构思变为物质形态(影像画面)展现在人们面前的首要工具。电视摄影系统包括摄像机组合、附件组合两大部分。

第一节 摄影机与人眼的异同

人眼感知影像的生理组织结构犹如摄像机,眼珠是镜头,光线通过这个镜头就可以得到图像,瞳孔就是光圈,用来控制通过光线的多少,光线有变化时瞳孔也会变动。摄像机的自动光圈也是这样的。摄像机又和眼睛不同,摄像机没有大脑来指挥,无法应付光线复杂的场合,在明暗相差悬殊的环境里,肉眼能顺利对付,摄像机的自动光圈就无能为力。从图像形成的功能上比较两者的差异是①:

一、摄像机不如人眼的地方

(1) 镜头光圈的自动调节能力有限,远不如人眼的适应能力。摄像机虽然设有自动光圈,但只能在光线均匀的场合中工作,在明暗对比过强时,只有用手动调节光圈才可调到一个适中的感光度。

(2) 镜头在反差弱的环境中辨别物体的能力差,容易丢失影像与细节。光线明暗不是太明显时,通过摄像机往往看不清细节;在镜头中,若在暗处的物体不动,观众是不易发现的,在镜头中暗处的物体因反差弱而显得模糊。所以,针对电视屏幕较小的特点,拍摄时应尽量多用中近景而少用全景。用全景拍摄时要尽量抓取引人注目的事物。

(3) 镜头记录的事物有时间放大效应,容易造成"心理时间厌恶"。屏幕的物理时间使观众往往感觉比实际生活中的时间长,这便是屏幕时间对观众心理时间

---

① 本节内容根据BBC广播公司著名编导哈里斯·华兹1984年编制的录像教材《开拍了》整理编写。

图1-1 摄影机在明暗对比过强时不能用自动调光圈，它不能适应在明暗对比强烈的光线下进行拍摄，要学会用手动光圈

的放大。所以在使用画面时要尽量节约时间，必须有意识地强化镜头意识（即镜头对画面的有效选择意识），为观众提供可看的细节，通过画面引导观众，让他们在观看中忘却时间的存在。

(4) 镜头会夸大画面中物体的颤动，影响观看。因为摄影师必须通过摄像机固定的四边框框取景，取景框的垂直边线和水平边线与景物形成对比、参照关系，取景框稍有歪斜，画面中的水平线就必然失衡，所以，手持摄影或在不平的路面行车拍摄时，都会给所摄画面造成不同程度的颤动，而且镜头视角越小（如特写），晃动越加明显；人眼却不然，因人眼永远是处于"广角状态"，加人之行走有视觉平衡器官和眼压的调剂，所见影像都是或水平或垂直的。虽然现在的小型摄像机有防晃动的装置，大型摄像机在车上装液压减震、防晃动装置，视像效果依然远不及人的眼睛平衡调节功能。

二、摄像机比人眼优越之处

(1) 摄像机不移动位置可以拍到远景、全景、中景、近景、特写等多种距离的影像，能从一些特别的镜头（如特写、显微）中取得特别的效果；画面可使人产生联想：即让人联想到一些没有发生的事情（蒙太奇效应）。

(2) 对影像有集合作用，能用一组镜头来表现一个主题；可以把不同场合的东西归在一起,表现一个主题。

（3）能改变物体运动的速度,如定格、倒退、快慢动作等的应用。

（4）可放置在危险的地方工作。

第二节　摄像机的类别

索尼(Sony)、佳能(Canon)、JVC、松下(Panasonic)等品牌是摄像机领域影响相对大的产品,它们的产品各有渠道专攻(广播级产品、业务级产品、民用级产品),各守其长,其共同的特点是产品质量稳定。熟悉设备的档次,有利于节目制作者从实际出发,择要选取。值得提醒的是,在电子产品日新月异的时代,使用者没有必要跟着厂家的求新思维变,只要设备的基本功能能够满足工作的目标需要,就不要轻易舍弃与更换。

一、广播级摄像机的王牌——索尼 DCR‐VX2100E

广播级摄像机是专业电视传播的基础工具,它采用尺寸较大的感光成像器件,它们的清晰度最高,信噪比最大(杂波极少),图像质量最好。体积偏大,价格昂贵。广播级摄像机有演播室用摄像机、新闻采访(ENG)摄像机两类。

索尼 DCR‐VX2100E 是广播设备级 DV 摄像机,拥有强大 3CCD,结合逐行/隔行精确双重扫描技术和 12 倍光学变焦功能,有拍摄超凡影像的保证。更加上各种先进功能,如手动变焦圈、全范围可调整光圈控制间隔/逐帧专业拍摄模式等(见图1-2)。另外,DCR‐VX2100E 还对各项功能进行了完善,使拍摄者可以轻松享受尖端影像。如更大的彩色取景器和 2.5 英寸彩色旋转液晶显示屏,可轻松对焦拍摄物体;使用记忆棒(Memory Stick),拍摄的高清晰静态照片画质可媲美数码相机。

图1-2　索尼 DCR‐VX2100E

二、业务级摄像机的首选——佳能 XL2

业务级摄像机,又称教育级摄像机,主要用于社会各阶层的电化教育、宣传领域。图像质量稍低于广播级摄像机。近几年随摄像成像器件质量大幅度提高,业务级摄像机在清晰度、信噪比、灵敏度等重要指标上,已经能够满足专业电视传播的质量要求。业务级摄像机的价格仅为广播级摄像机的20%—50%。

图1-3 佳能XL2

佳能XL2是佳能DV旗舰产品（见图1-3），它采用了80万像素的3CCD系统和使用萤石镜片的20倍光学变焦L级镜头的梦幻组合，实现了接近于广播级摄像机的图像质量。从功能及表现效果来看，XL2已经达到MiniDV格式的最高图像质量，无限拓展了专业用户的应用范围，可作为教育级摄像机的首选。考虑到佳能XL2可以成为高校新闻传播学专业使用的主要机型，故对它的特点系统介绍如下①。

1. 可更换镜头系统

XL2采用的是XL系列可更换镜头系统，同时还可以通过EF转接器兼容佳能EOS相机的EF系列镜头。佳能EF系列镜头在全球普及广泛，将其应用于XL2上，镜头焦距的转换倍率将为用户提供更长焦距和更高画质，尤其适合远摄，如体育活动、景物以及天文景象等摄像活动。

2. 出色的XL镜头

XL2标配同时推出的全新20倍光学变焦影像稳定L级镜头，XL 5.4—108 mm LIS，镜头结构为12片10组，使用一片萤石玻璃和两片非球面透镜。它采用了佳能专业的L镜头使用的萤石玻璃，萤石镜头能够有效地避免普通的大变焦比镜头产生的色彩失真等问题，将应用于广播级摄像镜头的图像质量带给了专业摄像师。镜头解像度可提供超过600线（超过一般DV格式500线的规格），可以提供更敏锐的画面清晰度，令影像格外清晰悦目。

这款20倍L镜头还采用了加强影像稳定的SuperRange光学稳定器，它不但具有环动式感应器，能够检测摄像机的震动并由可变角度棱镜纠正光束的路线，同时SuperRange还可将被CCD接收的影像做进一步处理和分析，检测出不能被环动式感应器检测的低频率震动，然后把数据回传到可变角度棱镜做进一步调整，大大提升了处理低频率振动的能力。

XL2的标配镜头使用了高精度圆形光圈，能为图像带来柔和的背景虚化的漂

---

① 参考佳能（中国）网站相关资料。

亮效果,内置两片 ND 滤镜,加上记忆变焦预置及对焦预置等强大功能,为用户提供更为宽广的拍摄自由,适合于各种拍摄场景。除标配镜头外,还有多款 XL 镜头可供选择,如 3 倍超广角变焦镜头 XL 3.4—10.2 mm、16 倍手动变焦镜头 XL 5.4—86.4 mm 等。

3. 高分辨率 3CCD 系统

XL2 使用的全新高灵敏度 1/3 英寸 80 万像素(有效像素 41 万像素)3CCD 系统,每块 CCD 都采用 RGB 原色滤镜系统,通过像素偏移技术,更可获得相当于原画面 1.5 倍的高分辨率画面效果。由于 XL2 引入了水平压缩系统,从而使之在拍摄 16∶9 的宽银幕画面时可以获得高达 55 万像素的高清晰画面。

通过优化包含 CCD 外围电路微小信号处理的摄像机核心单元,XL2 实现了 540 线的世界高级别 DV 标准水平分辨率。同时,XL2 采用了第三代摄像机信号处理器 LSI,它在第二代 LSI 的基础上提高了 S/N(信噪比),带来更高的分辨率、更高的灵敏度和更低的噪音,即使在暗光线下也能获得更为清晰的图像,加上增益功能可以使之在夜间进行高灵敏度的拍摄。

4. XLR 端子兼容幻像电源

XL2 配置的 XLR 端子可以用来外接高质量的麦克风(2 个接口),从而将附件 MA－100/200 有效地结为一体,并可通过选用麦克风适配器 MA－300,使用户获得同步记录和 4 声道单独记录功能,实现与专业设备同样的效果。同时,XLR 端子还具有幻像电源供应,通过麦克风连接线可直接提供 48 伏电源供应而无需另配电源。

5. 符合人体工程学设计的镁合金机身

尤其适宜于户外拍摄的 XL2,其外壳由一整块坚固的镁合金制造而成,坚硬及保护程度比各式设计的标准摄像机机身高出约 20 倍,可防御外来的各种冲击。整体操控上,XL2 在继承了 XL1s 优秀设计的同时,也进行了局部的微小改进。如增加了专用的三脚架适配器(可选配附件),将原来的肩托设计改进为肩扛设计等,这些改进的功能使拍摄者应用时更加快捷方便。

6. 诸多专业功能得到拓展

(1) 全新取景器。采用 2.0 英寸 20 万像素 LCD 取景器,并可以进行前后左右自由调整来适应摄像师的拍摄习惯。另外取景器还增加显示"记录/快门/增益"三项信息,并在拍摄 16∶9 画面时出现自动遮幅显示。

(2)标准拍摄模式。配合佳能全新 20 倍光学变焦 L 级专业镜头及 80 万像素 3CCD 影像感应器,大大提高影像素质,适合拍摄经电脑剪辑后在电视上播放的影像。

(3)电影"Cinema"模式。能够以每秒记录 25 个画面,可以获得胶片电影效果的质感和色调,清晰地记录下拍摄主体的每个动作和感情。自由设定 Gamma 模式,对应色彩矩阵的选择,精细的高光/暗部调节,垂直分辨率调整和胶片电影增益等全新多样的图像调整功能,给使用者留下胶片电影的效果印象。

(4)SMPTE 时间码。标准的 SMPTE 时间码记录系统用于专业摄像机,为专业人士提供更好的实用价值。时间码记录模式有"自定义累加(Rec Run)"和"同步累加(Free Run)"两种模式选择,并且可以进行预设。

(5)用户键预设。在菜单里可以选择两种模式的 8 个功能项目存储在功能键上,每一种预设可以设置 15 个可调节项目,并且用户键是独立于其他菜单设置的,只要按下这个键就可以立刻调用或者设置这些功能。

(6)图像控制功能。包括:色彩增益,即在没有色彩和过度饱和间调整饱和度,可以拍摄黑白影片;色彩相位,即将色彩相位向绿色或红色调整,并且可以进行 RGB 通道的独立精确的调节;锐度控制,即记录前将图像的锐度调整到希望的水平,柔化或者让细节更突出;设置电平,即可以手动精确调整视频信号的黑电平,以获得最好的阴影细节。专业降噪,即减少图像噪音,可手动选择五种降噪水平(Auto/Low/Middle/High/Off)。

(7)测试音/EBU 彩条和 BNC 接口。XL2 备有测试音/EBU 彩条,除了精确的匹配监视器或者编辑设备的颜色标准,还可以记录测试音(1 kHz,—12 dB/—20 dB),并可以通过 BNC 接口输出到专业设备上。

(8)斑马条纹。提示过度曝光的区域,用对角线条纹来指导按照 5 档级别来调节光圈和快门速度。

(9)全手动拍摄模式。手动模式可以由用户设置一切可选择的参数,如快门速度、光圈大小和增益的组合,并可设定 AE 锁定、AE 偏移等各种功能。

(10)间隔定时器。这个功能可以连续进行间隔拍摄,非常适用于记录大自然的观察,如开花、日落等情景,该模式有 16 种组合方式,可以在 30 sec、1 min、5 min、10 min 等 4 种间隔时间选择和每次记录的 0.5 sec、1 sec、1.5 sec、2 sec 等 4 种时间长度选择当中组合选择。

(11)清晰扫描。通常拍摄电脑屏幕时会有屏闪现象,清晰扫描功能可以接收 60.0—202.0 Hz 频率的显示器所显示的图像,有效地避免了屏闪现象。

(12) DV 控制功能。佳能独有的 DV 控制功能是通过 IEEE 1394 连接 XL2 使用电脑进行操作,通过 DV－PC Recorder 软件在电脑和 XL2 上进行视频数据同步记录。

(13) 可控变焦速度。配有 4 种变焦速度选择,可变(压力控制)、低、中、高。这些都可以通过在旁侧手柄和顶端提手的变焦杆来实现。

(14) 支持中文菜单显示等。

佳能专业级摄像机从 XL1 到 XL1s 再发展到 XL2,每一次升级都带来应用效果上的大幅度提升。相对于 XL1、XL1s,XL2 应用了更多的手动影像控制功能,使得图像质量有了较大的改善;相对于 XL1s,更高的 CCD 像素和更高性能 XL 镜头的结合,使 XL2 的最终影像表现达到了质的飞跃,并且操控性能进一步得到提升。另外,兼容幻像电源的 XLR 端子与 BNC 端子等方面的改进使其可以获得更多专业功能的应用,肩扛式外形设计则更让 XL2 彰显专业品位,佳能 DV 旗舰产品也由此备受业界瞩目。

三、民用摄像机的新宠——JVC－DV－MC200

民用摄像机主要用于对图像质量要求不高的家庭生活记录、电视记者暗访、运动竞赛资料积累、部队演习记录等场合。民用摄像机体积小,适用范围大,价格相对便宜,是推动在校的大学生、中小学生开展 DV 活动的重要工具。这类摄像机具有超小型化的特点,使许多特殊条件下的拍摄成为可能。

《福布斯》杂志网站美国东部时间 2004 年 10 月 20 日(北京时间 10 月 21 日)刊登文章称《福布斯》杂志评出能改善民众生活的 10 种日用品,其中有与索尼公司齐名的 JVC 公司生产的新型数字 DV－MC200 民用摄像机(如图 1－4)。该网站称:"高技术产品在很多情况下只是因为新颖、时尚而吸引人,并非有更好的实用价值,这一

图 1－4 JVC－DV－MC200

方面要归咎于新闻记者们过于注重新奇而忽视了它们的用途,另一方面也是研发人员的思路所致。但《福布斯》杂志列举的 10 种日用品却是重点关注它们的实用价值,也许它们不是每样都适合于你,但肯定会让你的生活变得更加方便,更有乐趣。"①鉴于高校电视制作设备紧缺、实验时间紧张等现状,这款价格相对低廉、后

---

① 《福布斯》杂志网站信息,转引自新浪科技,2004 年 10 月 21 日。

期制作省时间的机器自然引起我们的关注。

1. JVC-DV-MC200 的基本性能

目前采用 MPEG 视频模式拍摄的 DV 产品有索尼的 MicroMV、松下的 D-Snap 系列以及三洋的 Xacti C4 等,这些还是基于磁带或内置闪存作为存储介质的产品。由于微型硬盘的容量不断上升,采用硬盘作为 DV 存储介质的呼声高涨。

JVC 公司 2004 年秋推出了名为 Everio 的两款采用硬盘的 DV 摄像机,分别是卧式机身设计的 GZ-MC200 和立式机身设计的 GZ-MC100。采用 10 倍光学变焦直径为 30.5 mm 的光学镜头,动态拍摄等效焦距为 48.7—487 mm,静态拍摄为 38.9—389 mm 的焦距范围,镜头外侧有一个小型螺口,用户可连接滤镜或其他镜头适配器。透镜部分的上方有闪光灯,但没有设计闪光灯热靴。成像部分采用 1/3.6 英寸 212 万像素 CCD,动态有效像素 123 万,静态拍摄有效像素 200 万,设计了电子式防抖系统。机身本体设计了存储和电池插槽,由于没有使用 DV 磁带而十分小巧,这个部分同时也是手握持的部分。随机附送了日立生产的 4 GB 微硬盘,此外 GZ-MC200 还可以使用 SD 卡,用户可以在操作界面中自行切换两种存储器。MC200 可以 MPEG-2 格式拍摄动态视频,有 4 种动态模式可供选择,静态拍摄包含 VGA 和 UXGA 两种画质规格共 4 个模式,其动态拍摄规格如下(4 GB Microdrive):

- 超精细模式:分辨率 720×480,位速率为 9 Mbps(CBR),可拍摄 60 分钟
- 精细模式:分辨率 720×480,位速率为 6 Mbps(CBR),可拍摄 90 分钟
- 正常模式:分辨率 720×480,位速率为 4.5 Mbps(VBR),可拍摄 120 分钟
- 经济模式:分辨率 352×240,位速率为 1.7 Mbps(VBR),可拍摄 300 分钟

拍摄 DV 当然离不开视频编辑了,由于采用微硬盘作为存储介质,GZ-MC200 的用户省去了繁琐的视频采集,可以通过机身的 USB 接口或外接读卡器将拍摄的视频文件导入到电脑。GZ-MC200 随机提供了 PowerProducer2 Gold 和 PowerDirector Express 软件用于动态视频导入和编辑,而静态图片的编辑则采用了 Victor 自己的 Photo Navigator 软件。PowerProducer2 Gold 和 PowerDirector Express 配合使用,完全可以媲美许多专业的视频编辑软件,而且简单明了的操作界面使得用户更容易上手使用。相比其他两种软件,Photo Navigator 只是一个简单的图片管理程序,可以完成基本的图片导入、浏览、幻灯播放的操作。

2. 结论

摒弃了 DV 磁带后,数码摄像机在体积、噪音控制以及易用性上有了质的飞

跃,不需要复杂的机械装置,DV 产品可以设计得更加小型化,也不会有工作噪音太大的问题,由于采用了 MPEG-2 的视频模式拍摄影像并存储在闪存或微型硬盘中,用户可以方便地进行视频编辑。考虑到普通 DVD 光盘 4.7G 的容量,GZ-MC200 使用 4G 的微型硬盘可以拍摄略短于普通 DVD 影片长度的 DVD 画质视频。尽管采用 MPEG2 模式拍摄的视频在画质上无法与 DV 磁带媲美,但随着大容量微型硬盘的广泛应用,在消费级别的数码摄像机领域,DV 磁带也许终究将会被硬盘所替代,毕竟消费者需要的是方便易用的产品。

第三节 摄像机的镜头与光圈[①]

镜头相当于人眼的晶状体,如果没有晶状体,人眼看不到任何物体;如果没有镜头,那么摄像头所输出的图像就是白茫茫的一片,没有清晰的图像输出。当人眼的肌肉无法将晶状体拉伸至正常位置时,也就是人们常说的近视眼,眼前的景物就变得模糊不清。摄像头与镜头的配合也有类似现象,当图像变得不清楚时,可以调整摄像头的后焦点,改变 CCD 芯片与镜头基准面的距离(相当于调整人眼晶状体的位置),可以将模糊的图像变得清晰。

光学镜头本身由于构成的焦距不同,拍摄出来的画面效果也迥然各异(见图1-5,1-6)。例如,用 25 毫米镜头和 75 毫米镜头在同一位置拍摄,如果前者可以得到一个全景画面,后者则只能得到一个中景画面。

如果用这两个镜头分别拍摄同一个人的半身画面,25 毫米镜头得到的画面可以看到人物身后宽广的背景;人物和背景的距离不变,75 毫米镜头得到的人物半身画面,其背景范围就非常小。这是因为各种不同焦距的镜头,它们的视角大小不同,产生了不同大小范围的画面;它们的透视不同,产生了人和景的不同距离感和不同深度感。因此,对镜头的选择(变焦镜头则是焦距的选择)和运用,不能因为拍摄场地拉不开,就用 25 毫米镜头来拍成全景,也不能因地域条件所限,就用 100 毫米的镜头拍摄远处人物中的近景。仅仅考虑被摄对象的一个因素(如主体)是不够的,还必须考虑不同焦距的镜头,它们不同的视角所形成的不同景物范围和透视效果是需要合乎人眼所习惯的透视效果,还是追求夸张变形效果,这都首先是由镜头本身不同焦距所决定的。为求电视画面的整体效果,摄影者必须了解镜头本身所能产生的效果和镜头规格,因为不同焦距规格的镜头产生不同的视像效果。

---

① 参考 BBC 电视录像带《开拍了》、天元电子企业网站《镜头的选择和主要参数》、佳能(中国)网站相关资料改写。

11

不同焦距镜头的不同画面效果	简要分析
	该画面使用100毫米（长焦）镜头远距离拍摄，人物五官端正，背景模糊，主体突出。
	该画面使用25毫米（短焦）镜头近距离拍摄，人物五官变形，前额夸大，背景清晰，起到丑化主体的作用。

图1-5，1-6 光学镜头本身由于构成的焦距不同，拍摄出来的画面效果也迥然各异①

一、镜头类别：镜头视角的开合决定画面的视野

镜头分类的概念很多，本书从应用角度定义于"视角"，即通过镜头所能看到景物的开合度。它们分别是广角镜头、标准镜头和长焦镜头。其具体规格指数视摄像机CCD面积大小不同而变化。

常见的规格大致是：

（1）广角镜头。焦距在16毫米以下至6.5毫米以上的镜头，5.8毫米镜头则为超广角镜头；

（2）标准镜头。焦距为25毫米（焦距的长度视CCD的尺寸而定）的镜头，这个角度与人单眼直视（头不转动、眼球不转动）所见景物的角度相似；

---

① 图片来源：南方电视台播出的电视剧《黑洞》。

(3) 长焦镜头。焦距在50毫米以上的镜头。

二、镜头选择：摄影者工作视野的科学配备

镜头选择是指对镜头焦距的选择。镜头焦距的大小决定着视场角的大小，焦距数值小，视场角大，所观察的范围也大，但距离远的物体分辨不很清楚；焦距数值大，视场角小，观察范围小，只要焦距选择合适，即便距离很远的物体也可以看得清清楚楚。由于焦距和视场角是一一对应的，一个确定的焦距就意味着一个确定的视场角；所以在选择镜头焦距时，应该充分考虑节目对于场面视角的需要。各种不同焦距的镜头，有不同的性能和效果。

1. 广角镜头

广角镜头亦称短焦镜头，它的特点是：视角在75—95度左右，焦距可小于几毫米，可提供较宽广的视景，景深大，透视力强。摄影效果是：前景显得大，后景物愈远愈小，能显示广阔的空间和深度，适应拍摄远景和全景。如果有人由远处朝镜头奔来，可增加速度感。其缺点是：被摄景物容易变形，如拍摄建筑物，直线和平行都变成弯曲的形伏；近摄人像，形象必然失真扭曲。当然有时为了追求某种特殊效果，以变形造成某种气氛未尝不可。图1-7、图1-8的视觉效果，使用的就是6.5毫米超广角焦距，取得了画面震动小、画面前景气势急迫、背景开阔的新颖效果。广角镜头变形的表现力近几年在各种电视节目中得到广泛运用，为观众展现出一种全新的视觉效果，如反派角色的脸谱化变形、建筑物大视野变形等等，普遍受到欢迎与好评。

图1-7 广角镜头近摄人像，形象失真扭曲，反派人物脸谱化效果不错①

图1-8 广角镜头拍建筑物视野开阔，景观新异

---

① 图片来源：南方电视台播出的电视剧《黑洞》。

值得一提的是,广角镜头的景深范围大,运用"超焦距"原理,可以省去调焦的麻烦,为纪实性节目"抢镜头"提供了很大方便。

2. 标准镜头

标准镜头的视角在 30—55 度之间,所摄景物成像比例和透视关系都接近人眼的视角印象。在 1/2 英寸 CCD 摄像机中,标准镜头视角 30 度左右,焦距定为 12 mm,在 1/3 英寸 CCD 摄像机中,标准镜头焦距定为 8 mm。

3. 长焦镜头

长焦镜头又称望远镜头,它的视角在 20 度以下。焦距可达几米甚至几十米,但使观察范围变小。因为其视角窄,景深小,所摄画面包括的景物范围也不大。与标准镜头相比,等于将远摄影的景物拉近,在远距离情况下将拍摄的物体影响放大,压缩了现实环境中纵深方向物与物之间的距离,减弱了画面的纵深感、空间感和运动的速度感。

以上各类镜头适合于拍摄什么景物仅是从比较上来说的。我们可以根据正常规律,运用广角镜头拍摄远景和全景,运用标准镜头拍摄中景和近景,用长焦镜头拍摄特写和细部;也可以用广角镜头来拍摄人物近景,加强后景的开阔和深度,或是用广角镜头、长焦镜头取得变形的效果。了解了镜头本身所能产生的客观效果之后,我们在追求主观效果时,必须以客观、真实地记录现场为画面效果的标准。

4. 变焦镜头

为了工作方便,摄像机一般不配定焦镜头,而是配用多倍率变焦镜头。变焦镜头有手动伸缩镜头和自动伸缩镜头两大类。伸缩镜头在一个镜头内能够使镜头焦距在一定范围内变化(见图 1-9),典型的光学放大规格常见的变焦镜头大致有如下一些规格:

- 由 6.5 毫米广角镜头到 23 毫米标准镜头,3.5 倍变焦
- 由 10 毫米广角镜头到 120 毫米长焦镜头,12 倍变焦
- 由 9 毫米广角镜头到 117 毫米长焦镜头,13 倍变焦
- 由 9 毫米广角镜头至 126 毫米长焦镜头,14 倍变焦
- 由 10 毫米广角镜头到 140 毫米长焦镜头,14 倍变焦
- 由 9.5 毫米广角镜头到 143 毫米长焦镜头,15 倍变焦
- 由 9 毫米广角镜头到 180 毫米长焦镜头,20 倍变焦

第一章 电视摄影系统

与镜头对应的图景：从全景到特写	变焦镜头的镜片结构变化示意图
	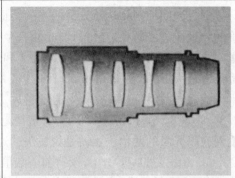
	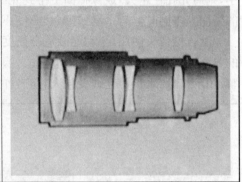

图1-9 变焦镜头镜片变化带来的景物范围变化示意图[1]

三、认识光圈：保证画面物理质量、意向取舍的关卡

  光圈是镜头内一个用来控制光线透过镜头，进入机身内感光面的光量的装置。光圈好比我们眼睛的瞳孔，瞳孔随光线的强弱变化随时放大缩小。在摄像机的自动程序中，自动光圈的动作接近于人们的瞳孔，在强烈的日光条件下，光圈会收缩得较小；在光线暗弱的环境中，光圈会自动扩大。但在光比变化大的环境里，自动光圈就很难适应，则要以手动光圈为主。光圈还是控制画面景深度的重要装置。镜头的通光量以镜头的焦距和通光孔径的比值来衡量，以 F 为标记，每个镜头上均标有其最大的 F 值，通光量与 F 值的平方成反比关系，F 值越小，则光圈越大。它的作用主要有两个方面：控制进光量和调节景深度。

---

[1] 图片来源：BBC电视教材《开拍了》截图。

1. 控制进光量

通过光圈控制到达感光屏的光的合适强度,是保证画面感光正确、画质还原准确的物理质量之所在。经设计,光圈有个按比值变化的系数——光圈系数,即光通量。这个系数用 F 表示,以镜头焦距 f 和通光孔径 D 的比值来衡量。每个镜头上都标有最大 F 值,例如 6 mm/F1.4 代表最大孔径为 4.29 毫米。光通量与 F 值的平方成反比关系,F 值越小,光通量越大。镜头上光圈指数序列的标值为 1.4,2,2.8,4,5.6,8,11,16,22 等,其规律是前一个标值时的曝光量正好是后一个标值对应曝光量的两倍。也就是说镜头的通光孔径分别是 1/1.4,1/2,1/2.8,1/4,1/5.6,1/8,1/11,1/16,1/22,前一数值是后一数值的根号 2 倍,因此光圈指数越小,则通光孔径越大,成像靶面上得到光的照度也就越大(见图 1-10)。现代镜头的光圈大多同时具有手动(MANUAL IRIS)和自动(AUTO IRIS)的功能。

配合摄像头使用,手动光圈适合亮度变化不大的场合,它的进光量通过镜头上的光圈环调节,一次性调整合适为止。自动光圈镜头会随着光线的变化而自动调整,用于室外、入口等光线变化大且频繁的场合。

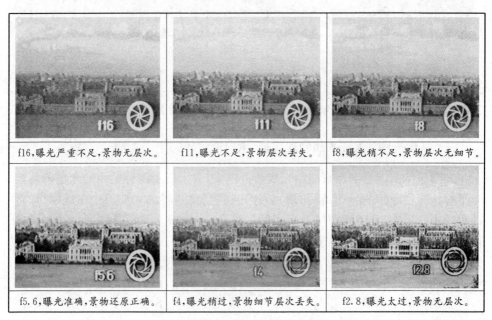

图 1-10 不同光圈系数下的景物表现状态简评①

---

① 图片来源:BBC 电视教材《开拍了》截图。

第一章 电视摄影系统

2. 调节景深度

控制光圈的大小，可以调节所摄画面的景深度，达到模糊前景、背景，突出主体(如大特写画面)(见图1-11)，或保证画面主体、前景、背景全部清晰(如大全景画面)的目的(见图1-12)。通过光圈控制景深度是体现摄影者创造性思维的重要技法，是节目画面结构因素意向性取舍的关卡。景深度常称为景深，是指镜头对焦处(即被拍摄的主要对象)前后所能成像清晰的范围。景深距离的长短，由镜头焦距长短、光圈大小及被摄景物主体的距离三大要素决定。

图1-11 大光圈景深小，主体突出，被摄主体后的人物模糊①

镜头焦距越短，光圈越小，被摄物离镜头距离越远，景深清晰的范围越大，反之亦然。就光圈单个要素讲，小光圈景深大，被摄主体前后的景物均清晰；大光圈景深小，则可使主体突出，使被摄主体前后景物相对模糊。需要强调的是，控制画面的景深度时，镜头焦距长短、光圈大小及被摄景物主体的距离三大要素是相互牵制的，必须综合考虑应用。例如，要拍摄主体清晰、背景前景

图1-12 光圈小景深大，背景杂乱

模糊成光斑的画面，除了大光圈，还必须是长焦距，主体与镜头、前景、背景都是5米以上的远距离。若要拍摄整体清晰的大全景画面则要使用小光圈和相对的短焦距镜头。

第四节 附件：摄影过程不可或缺的三脚架和反光板

摄影过程中除了摄影机的主体功能外，诸多附件的辅助功能不可小视，它们是

---

① 图片来源：星空卫视截图。

17

保证影像构成趋于完美的重要工具。摄像过程涉及的附件种类繁多，本书只推荐两个最基础、但又是保证影像质量的关键附件——三脚架、反光板。

一、三脚架：电视正规军的基础武器

1. 三脚架的重要作用

图1-13 可供照相、电视两用的三脚架

三脚架是用以支撑、稳定摄影机的器具，它是保证图像构成水平、稳定的关键工具（见图1-13）。比如，画面中地平线歪斜、影像抖晃的影像，会对观众造成视像干扰。不少电视摄影者为转移机位的方便，在演播室外随机拍摄时往往不用三脚架，"打一枪换一个地方"，十足的"游击队"作风，这些人只考虑实地工作的方便，根本不顾及影像质量，这种舍本逐末的摄影作风实不可取。但突发事件中因条件所限造成的影像抖晃则另当别论了。

2. 三脚架的类别

三脚架因摄影场合不同，其结构不尽相同。演播室使用的三脚架结构复杂，平移、升降、水平、轨道制动诸功能齐全，架体重量较大，稳定性能好。车载使用的三脚架结构也较复杂，它除了有升降、水平调节装置外，还具有减震装置，以保证在行车拍摄中的相对稳定。便携式三脚架结构相对简单，但大多具有升降、水平调节功能，是流动摄影的重要随行工具。随着摄影机的小型化，一些照相机配备的优质（腿架较粗、有水平校正仪、升降自如、锁扣部件牢实）的三脚架也可以使用。

二、反光板：影像臻善臻美的基础工具

1. 反光板的作用

反光板的基本作用是反射光线，为画面配光。如何用好反光板反射的光线，使影像臻善臻美，其中大有学问可做。从"少用正面光、不用单一方向光"这一摄影戒律出发，反光板是电视节目室外从中景到近景、特写拍摄时改变自然光单一方向的重要辅助工具。阴天它可以提亮被摄主体一侧的光照度，形成两个方向光的照明效果，从而改变阴天摄影影像平淡的弊病；晴天它可以改变被摄主体光照不均匀、降低影像反差；逆光拍摄时，反光板可以补光、配光，保证影像的完美。一个成熟的纪实性节目摄影师外出工作时，应该是驾驭自然光的高手，做到随身携带反光板，

第一章 电视摄影系统

随时使用反光板。在演播室内,反光板同样是配光的重要工具。

2. 反光板的类别

反光板无论是市场成品还是自制,其反光性能可分为柔性反光和镜面反光两大类。柔性反光板耗光亮大,大致可反射原投射光强度的30%—45%,它反射的光线柔和;镜面反光板耗光亮小,大致可反射原投射光强度的60%—80%,它反射的光线刚硬。两类反光板无优劣之分,实际应用时当视摄影环境与需要分别取舍。成品反光板的形状、大小、材质都不尽相同,应根据具体需要购买。

从自制的角度上讲,可准备1米见方的五层夹板(或较厚的纸板),裁制成便于携带的尺寸,用铰链接合,使之可折叠,既便于携带又可整体展开;在此基础上,于夹板平整的一面贴上铝珀(建材装饰店有售)即可。铝珀大面积平整为镜面反光,将铝珀大面积揉皱成漫反射状态则为柔性反光。

从色温的角度上讲,常见的反光板多为白色和银色,它们基本不会改变现场光的色温,根据节目色调的不同要求,我们还可以通过反光板的不同颜色(如金色、黑色、红色等)来改变它的反射光的色温,以求达到特殊的色彩效果。

本 章 小 结

电视摄影系统是将节目构思变为物质形态(影像画面)展现在人们面前的首要工具。电视摄影系统包括摄像机组合、附件组合两大部分。人眼感知影像的结构就如摄像机,其中人的瞳孔就像是摄像机的光圈,通过摄像机表现出来的图像和人的肉眼看到的是不一样的,从功能上比较两者的本质差异是:人眼可自动调节光线,准确地感知图形,但摄像机却不能。但是,摄像机作为人类的工具,必然是人类视觉功能不足的补充与延伸,它的多角度、多景别驾驭景观的功能就令人叹为观止。"工欲善其事,必先利其器",优秀的制作人必先是起步于对摄像机的了解与掌握。

摄像机产品各有渠道专攻(广播级产品、业务级产品、民用级产品),各守其长,节目制作者熟悉设备的档次,有利于从实际出发,择要选取。在电子产品日新月异的时代,使用者没有必要跟着厂家的求新思维变,只要设备的基本功能能够满足工作的目标需要,就不要轻易舍弃与更换。

摄影过程中除了摄影机的主体功能外,诸多附件的辅助功能不可小视,基础的关键附件三脚架和反光板,是摄影过程不可或缺的,它们是保证影像构成趋于完美的重要工具。

问题与思考

1. 从图像的生成过程比较人眼与摄像机的功能。
2. 了解摄像机镜头不同焦距的成像效果。
3. 为什么摄像机要有自动光圈与手动光圈两种设置?
4. 了解摄像机广播级、业务级、民用级产品的差异。
5. 为什么说三脚架和反光板,是摄影过程不可或缺的重要工具?

第二章 线性(模拟)编辑系统

编辑系统又称节目后期制作系统。节目后期制作是相对于前期采访、拍摄而言的一个完善的过程。后期制作的主要任务是按照文本思路整理前期拍摄的资料,添加必要的语言与非语言元素,完成节目诸元素的整合,制作出完整的好看、好听的视听样式。节目后期制作系统分为两大类:线性编辑系统(又称模拟编辑系统)、非线性编辑系统(又称数字编辑系统)。

线性编辑系统,亦称作电子模拟线性编辑系统或磁带编辑系统。所谓"模拟线性",指的是这一系统在硬件方面主要由模拟设备构成;而在操作方面它是一个从前期摄录好的磁带素材中,根据具体需要挑选出有用的部分,按照从前到后的顺序编辑在一起,制作成完整节目的过程,这一操作过程是线性的,画面之间的排序一经确定就不能随意调整,也不能在某一位置上任意插入非等长于原画面的新画面。线性编辑系统在20世纪70—90年代是使用最为广泛的传统编辑系统。

线性编辑系统虽然有被非线性编辑系统逐步取代的可能,但线性编辑系统和非线性编辑系统还会并存一段较长时间。本章所涉技术概念还是很有阅读价值,掌握好这些概念,有助于制作人在非线性编辑系统上得心应手开展工作。

第一节 线性编辑系统的基本构成

一个完整的节目编辑系统是由若干功能各不相同的部分或单元组成的。对初学者来说,通晓整个编辑系统有个熟悉过程,只要在了解系统整体结构(方框图)的基础上,采取"各个击破"的办法,把编辑系统化整为零,分别了解它们的功能,就可以逐渐掌握整个系统的工作要领。

一、基本设备:影音素材深加工的基础平台

成整套编辑系统的基本设备见图2-1,这是一个设备布局的方框图,凡使用者对设备各部件的连接必须做到心中有数,方能得心应手地使用。

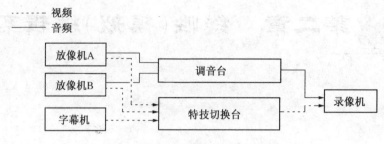

图 2-1　线性编辑系统结构方框图

1. 信源放像机

这是用于输送事先摄录好的、需加以编辑的信号源的放像机,它的控制键与一般录像机基本一样(图2-2)。需要指出的是,编辑系统的放像机在输送信号时,必须将张力调节键调节适当,以使磁带张力和信号源录制机的张力相同。否则,视频信号源可能出现闪动的条带(磁头痕迹),影响编辑质量。

图 2-2　型号各异的录像放像机

2. 编辑录像机

编辑录像机用于选择和编辑复制信号。它比一般录像机的功能多(图2-2):能够对视频信号以多种速度进行搜寻,其同步控制信号可以锁定放像机的信号,使录像机与放像机同速同步走带,实现入点、出点较准确的编辑。

3. 视频监视器

视频显示器用于显示视频信号。每个编辑系统中都至少要有一个彩色监视器——节目监视器。每一次编辑之前的预演和编完之后的重放都在该监视器上显示。系统中的放像机和录像机一般都配有各自的监视器，而在某些复杂的编辑系统中，其他设备如字符发生器等，也都各有相应的监视器（图2-3）。

图2-3 带监视器、编辑控制器的便携式录像机

4. 编辑控制器

编辑控制器（大多具有特技切换功能）是编辑系统的核心部分（图2-4）。模拟编辑实际上是一个复制的过程，即用录像机转录放像机上的原始素材，并将其合成为一个完整的连贯镜头或节目。这一过程并不复杂，但如果我们想精确控制在什么时候、什么位置出现编辑点，实现镜头间的准确连接，就需要一台编辑控制器。通过编辑控制器可以对放像机与录像机实行各种功能的操作，如快进、倒带、放像、编辑等等。控制器上通常有两个寻像旋钮，调节该旋钮，可能获得不同的寻像速度——快至常速的五倍，慢至逐帧搜寻。控制器上还有一些特殊功能键：如编辑入点、出点设定键——用于确定编辑入点与出点；微调键——用于一帧一帧地精细更正编辑点；编辑预演键——用于试编，但编辑机并没有真正将信号编进去；编辑启动键——按此键正式开始编辑；复看键——编辑完成后可按此键复看，检查编辑效果是否满意。以上是构成任何一种模拟线性编辑系统的必须设备。

图2-4 编辑控制器

5. 视频切换台

在编辑系统中，除了编辑控制器之外，最复杂、精密的设备要属视频切换台了。实际上，切换台的基本功能非常简单，就是把校正的视频信号送入录像机。它们通常是按照几条非常简单明了的母线排列的，即：一条节目母线、一条预选母线以及一对特技母线。节目母线（PGM）用于选择切换台的主输出。按下节目母线上与某一路视频信号源相对应的按键，该路信号就被送入录像

机。预选母线(PST)通常是用来把选定信号送到一台预演监视器中,以便在正式作为节目信号送入录像机之前把镜头或特技的效果预演一遍。只要按下"提取"(TAKE)键,信号就从预选母线转换到节目母线上正式输出。而利用特技母线上的按键则可以把两路或者更多的视频信号混合起来,产生划变、键控、叠加等特技效果(图2-5)。

图2-5 视频切换台

6. 时基校正器

时基校正器(TBC)是用以校正视频信号的稳定性和同步状况的。其工作方式就是把视频信号中不稳定的行场同步脉冲去掉,用新的、形状规则整齐的同步脉冲来替换。除此之外,时基校正器还有调整行同步、基准黑电平、视频电平、色饱和度和色调的控制装置。因此,在任何一种可进行特技转换的复杂编辑系统中(这类系统大都有几台放像机和至少一台备用录像机),每台放像机都要配备一台时基校正器,以使各路信号源保持同步,否则就无法将众多的信号准确地编辑在一起。时基校正器是由技术人员一次性安装调试好的设备,编辑工作时不再作随机性调整。

7. 调音台

调音台也称音频控制台,是电视节目所有音频信号的中央协调站(图2-6)。由任何声源,包括传声器、磁带、唱片、影片或录像带的声带,以及其他声源传送来的音频信号,都要经过调音台调整、混合,然后送到录像机。调音台的大小、结构和完备程度各不相同,可分为单通道调音台、双通道调音台和具有立体声混录功能的调音台等多种类型,图2-7是专业电视台常用的音频工作站,尽管调音台档次繁多,但所有调音台都包括了四个基本部分。

(1)个别调整各种声源音量的衰减器或电位器(POTS)。它们用来改变各个声源的音量。衰减器有直滑式衰减器和旋转式电位器两种。前者向上推时音量增大,向下拉时音量减小或衰减。电位器的旋钮顺时针旋转时音量增大,逆时针旋转时音量减小。每个衰减器只调整由它控制的个别声源,与其他传声器输入或音频输入无关。

(2)音量(VU)表。无论哪种调音台,至少有一个音量表,它显示经过调音台的声音信号的强度。根据调音台是单声道、双声道还是立体声,其操作面板上分别装有1—3个音量表。如果是立体声调音台,音量表上还会标明"Left channel"(左通道)、"Right channel"(右通道)和"Sum"(含 L/R 的混合通道)。音量表具有近似于人耳响应的动态特性。它以音量单位来计量调音台每个通道所输出的音频电平的高低,音量单位表示复杂的音频波形(如音乐、语言波形)的平均电平和峰值电平之间的范围。在音量表上通常有两种刻度:按分贝刻度的"音量单位"和"调幅百分数"。一般来说,音量表应指在80%—100%(调幅百分数)或-2—0 dB(分贝)之间的某个数值上,在峰值时偶尔可以进入红刻度区(+1—+3 dB),才表示从调音台输出的声音电平处于较正常区域。

图2-6 通用型调音台

图2-7 调音台极品——MC-909音频工作站

(3) 总音量控制器。各种调音台都至少有一个总音量控制器,它控制着整个调音台最终的混合输出。

(4) 监听系统。通过控制室内的扬声器或耳机,为即将到来的声音信号源进行提示并监听混合后的节目声音。

8. 降噪、图像增强及彩色校正设备

有些编辑系统中还配备了降噪、图像增强及彩色校正设备。适当地运用降噪措施可以显著地减少令人难以忍受的图像杂波。这一作用在画面的黑色或暗影部分效果尤为明显,在这些区域,杂波表现为灰色的、雪花状的条纹。不过,进行降噪处理时要注意适可而止,过分抑制会在垂直方向上产生轻微的杂波,反而使图像质量降低。

所谓图像增强,就是把图像细节中非常细微的差别抹平,提高较粗放细节的信号强度,从而使画面显得层次更分明,轮廓更清晰。增强可以只作用于水平方向或者垂直方向的图像细节,也可以两个方向同时增强。然而,与降噪处理一样,图像

增强也得恰如其分,增强过度,会在图像粗线条处产生光环或光晕效应,使画面看上去非常不自然。

彩色校正设备则可以把视频信号中的各种基色及混合色成分都分离开来,并分别进行调整,几乎和摄像师在彩色摄像机上调整彩色平衡一样。

9. 图文屏幕文字设备(字幕机)

字幕机是为画面添加文字的设备,机器安装妥当后,其输入方式与计算机输入方式相似,此处则不细述。

二、构成形式:灵活多变,够用即好

模拟线性编辑系统的构成形式有多种,根据系统中放像机及录像机的数量可将其分为三类。

1. 一对一编辑系统

这是最简单的一种编辑系统。它由最基本的编辑设备构成(图2-8),即一台信源放像机(素材录像机)、一台编辑录像机、两台监视器和一台编辑控制器。放像机供重放素材内容,录像机供编辑节目母带。一台监视器用作监看素材内容,另一台用作监看节目母带的编辑情况。编辑控制器所具备的功能是控制两台录像机的全部操作功能并进行逻辑编辑。这种编辑系统虽易于操作,但功能较简单,只支持镜头之间的无技巧转换(即直接切换),没有特技切换功能。

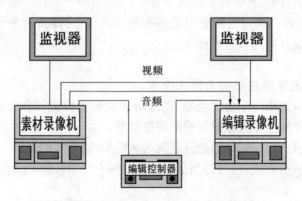

图2-8 一对一编辑系统机器结构示意图[①]

---

① 此图改绘自刘日宇、杨士颍编著:《电视现场制作》,复旦大学出版社1998年版,第203页。

2. 二对一编辑系统

由两台放像机、一台录像机以及监视器、编辑控制器组成。它除具备一对一编辑系统的全部功能外，最大特点是可以一次与两台放像机联合编辑，即再次编辑可完成两个镜头的组接，称为 A/B 带编辑。将一台放像机定为 A 带，另一台定为 B 带，分别在两台放像机上找到镜头的出点和入点，两个镜头的素材画面必须在两盘磁带上，利用搜索盘确定出、入点后，就可进行编辑。一台放像机先和录像机共同工作，编入 A 带画面，然后在 A 带画面的出点转为另一台放像机和录像机共同工作，编入 B 带画面，这种将两段由不同放像机传送的画面连续编辑在同一盘磁带上的方法就是 A/B 带编辑，也有人称它轮换编辑。这种编辑系统可以提高工作效率。此外，由于叠化、扫换等特技效果的产生，至少需要有两个信号源，因此该系统还是制作特技效果的一个基础，只要在其中接入特技效果发生器就可以实现画面的特技切换了。

3. 多机编辑系统

由多台放像机、录像机、监视器、编辑控制器、选频器、特技发生器等设备组成的复合编辑系统称为多机编辑系统。它的自动编辑性能高，不仅能进行画面的编辑，同时还可以进行声音编辑。多机编辑系统通常由带计算机功能的编辑器控制。常用的有 3 对 1,4 对 2 等编辑系统。特点是通过计算机程序的设置，可操纵多台录像机，自动寻找编辑的入点、出点，自动预卷与编辑，还可实施特技画面的制作及声音的编辑，是一种全自动程序控制的编辑系统。这种具有特技效果处理、配音和计算机预编程序等功能的多机编辑系统，由于操作复杂，一般需要有专职的操作人员。

第二节　线性编辑系统的基本操作

在粗略介绍了模拟线性编辑系统的硬件构成后，我们再来介绍一下这个系统的基本工作方式及一些相应的操作技巧。

一、工作方式：模拟线性编辑的起点

模拟线性编辑系统有两种基本工作方式：组合编辑和插入编辑。这两种编辑方式都可将选定的图像及声音素材，按计划和要求的顺序一段一段地组接起来，串编成新的、完整的电视片子。这两种编辑方式在编辑过程中有什么差异呢？

1. 两种编辑方式概说①

组合编辑与插入编辑是两种不同的编辑素材段的方法(见图2-9)。理解它们之间差别的关键是要晓得控制磁迹发生了什么变化。对于组合编辑,用来完成编辑的控制磁迹信息取自源带上的素材。当进行组合编辑时,声音、图像和控制磁迹都从放像机转录到录像机。在编辑停止的那一点,图像中断,帧计数器将停止计数,因为没有更多的控制磁迹。

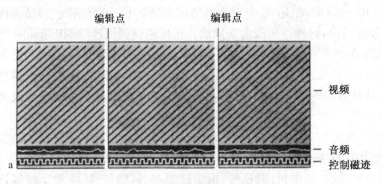

a. 组合编辑

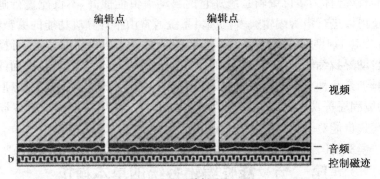

b. 插入编辑

图2-9 组合编辑和插入编辑在磁带上的不同控制磁迹

a. 组合编辑。新的控制磁迹随着音频与视频信号一起被记录下来

b. 插入编辑。音频信号和视频控制磁迹信号被插入记录在已经存在控制磁迹的录像带上(注意:编辑点假想为白线未垂直贯穿)

对于插入编辑,控制磁迹信息已经在编辑带上。当进行插入编辑时,只有图像

---

① 本段引自〔美〕琳恩·格劳丝、拉雷·沃德著:《影视技艺》,复旦大学出版社1998年版,第232—233页。

第二章 线性(模拟)编辑系统

或声音素材从放像机被转录。这些素材被插入到存在控制磁迹的录像机中的磁带上。因为空白磁带上不会自动具有控制磁迹，所以在编辑工作开始之前，必须把控制磁迹录在编辑带上。通常把这项工作称为给磁带录黑场。把磁带装入录像机，接上视频信号，让磁带在记录模式下从头走带到尾部。被录的视频信号素材是黑场，通常由演播室里的切换台提供。换句话说，没有图像。理论上图像也能够被录在磁带上，因为它也能为磁带提供控制磁迹。但是一般更喜欢黑场，因为如果编辑带滑动几帧的话，黑场对图像的破坏可能比较小。

以火车和它的铁轨作比喻可以帮助解释插入编辑与组合编辑之间的不同。对于组合编辑，火车（图像与声音）和铁轨（控制磁迹）都是从源带被带到编辑带上。对于插入编辑，铁轨已经在编辑带上，只有火车从源带被带出。

存在这两类编辑系统的原因很多。组合编辑速度比较快，因为它不需要花时间给编辑带录黑场。不管怎样，因为声音和图像都依赖于同一控制磁迹，在编辑过程中它们无法分开。例如，如果你想把音乐编到编辑带上去，然后你希望根据音乐来编辑画面，可是在组合编辑模式中做到这一点又不抹去音乐是不可能的。每次你从源机(放像机)取出图像，你也将同时从放像机取出控制磁迹和声音，即使声音是寂静无声的。这新的声音将消去编辑带上原有的声音。同样，如果你用角色A的镜头中的台词，又想插入角色B的画面，在组合编辑模式中，你无法做到。

当你想把一系列镜头依次编辑(组接)起来，不改变声音或图像时，主要使用组合编辑。当你想分别对声音和图像进行编辑时，可使用插入模式。大多数编辑控制器有按钮，让你在使用插入模式时只编辑声音，或只编辑图像，或声音与图像都要编辑。在大多数情况下，你有几条声轨可选择；你可以选择编辑在一声道上，或二声道上，或同时选择两者。

插入模式也能对声音和图像进行编辑或组接。你可以先在磁带上录上黑场，然后把一个镜头的图像与声音组接在另一个镜头之后。单看编辑完成的片子的人是说不出它究竟是用插入法，还是用组合法完成的。

顾名思义，插入编辑也可以把素材插入到已经做好的母带上。例如，你可以对一位男士与一位女士的对话进行组合编辑，当他或她在说话时就切换上说话人的画面与声音。以后你改变主意，在女士说话声中插入男士的反应镜头，或反之。用组合模式这个要求就做不到，一个原因是置换画面时原有说话声音会被抹去；另一个原因是在编辑结束点你会丢失控制磁迹。因为组合编辑是随着每一步编辑而带入新的控制磁迹，在编辑结束点当控制磁迹中止时，画面就会中断。有人说，在插入编辑中，编辑带上的控制磁迹是连续的，所以画面能保持稳定，因为画面依附着控制磁迹。这种说法是不确切的。

29

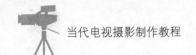

在正常的组合编辑中确会发生中断,但这不是问题。因为编辑组接过程是一步一步进行的。当接好第一段声音及图像时,在编辑结束点之后会产生中断。但是在指定好的第二步编辑点之后,编辑控制器将使放像机与录像机中的磁带都从编辑入点回倒预卷5秒,它会读出源带上的同步脉冲和在第一步编辑中已经录到编辑带上的同步脉冲。然后,控制器将确保在进行第二步编辑时两条控制磁迹相匹配。这样,第二步编辑录上去的控制磁迹将与第一步编辑录上去的控制磁迹连续,在第一步编辑结束点之后不再会有中断。当然,在第二步编辑结束点之后,画面将会中断,但是它会被第三步编辑纠正。

节目的尾部需要有不引人注目的结束,如淡出到黑场,使最后一步编辑之后不出现中断。虽然在组合编辑期间建立了稳定的控制磁迹,但是这种控制磁迹一般不如存在于插入编辑中的控制磁迹那样稳定。一个简单的原因是插入过程的控制磁迹从未受到任何干扰,这种稳定性是插入编辑超过组合编辑的另一个优点。

2. 组合编辑

组合编辑或称合成编辑,就是在编辑入点到出点的范围内,把素材带上的全部信息都复制到节目带上的一种编辑方式。也就是说,在进行组合编辑时,录像机所有的消磁头和记录磁头都进入工作状态,将素材带上的视频信号、音频信号和控制磁迹信号(CTL)从编辑入点开始,全部同时记录到节目带上,而节目带上原有的磁迹信号将被全部消掉。

需要提醒的是,编辑启动前,素材带与节目带都需要自动倒带(预卷)到编辑入点处,自动启动编辑。在这个过程中,信源放像机需要由编辑录像机提供同步控制信号(CTL),以使走带速度与后者同步,从而避免编辑点处的图像出现不稳定与跳动现象。所以,在进行第一次组合编辑以前,必须使节目带在编辑入点前具有10—15秒的控制信号。在进行第二次组合编辑时,节目带经过第一次编辑,具有了来自素材带的控制信号,在此基础上便可以选择节目带的编辑入点。编辑控制器在放像机与编辑机倒带时,认读来自两带的同步控制脉冲,使两机走带速度同步,在第二个编辑入点处准确地启动编辑。如此这般再进行第三次、第四次……组合编辑,将视频信号一段一段地组接起来,直至完成编辑。

组合编辑的优点是操作过程相对简单,只需在编辑录像机上将信号一段一段加起来就可以编成一个节目,因此它非常适合于编辑较长的片段(例如访谈节目、竞赛节目等),也可用于胶(片)转磁(带)编辑工作,或是用来编辑那些无需在预先录好的素材中插入画面的其他节目。它的不足是,不像电影剪辑那样可以随时剪去一个镜头或插入一个镜头,它只能一个镜头接一个镜头地组接,这种排序工作完成后,新的镜头无法再插进序列中,已编辑好的镜头也去不掉,除非重新转录时进行镜头的增删(但这样的话电子信号容易衰竭,图像质量没法保证),否则就会在编辑出点处造成明显的视频信号中断,也就是说,在编辑好的片子中会出现画面"撕裂"或白色杂波现象。

3. 插入编辑

插入编辑最初只是一种为了在原有节目之中增加画面或声音,而不影响节目素材其余部分的编辑方法。因而从工作原理上看,其关键就是利用录像带(即节目带)上已有的控制磁迹,将素材带上指定的视频信号或音频信号复制到节目带上去,但不记录新的控制磁迹。换句话说,在进行插入编辑时,录像机的总消磁头不工作,因此不会抹掉节目带上原有的控制磁迹,而是与之相连锁,编辑选好要插入哪一路信号,该路信号的消磁头和记录磁头就进行工作,这样就可以单独进行视频信号或音频信号的插入,也可两者同时插入。

需要指出的是,由于录像机必须与已经录好的控制磁迹锁定,因此插入编辑不能像组合编辑那样直接使用空白录像带(即全新的、没有任何磁迹信号的录像带)作为节目编辑母带。如果所使用的节目母带不是一盘已经录满节目的录像带,而是一盘空白带,那么必须预先在上面从头到尾录好控制磁迹(如彩条、黑场等)。这些磁迹是一条肉眼看不见的连续的电子"齿孔",其作用和胶片上的齿孔相同,有了它就能消除由于不规则的控制磁迹所引起的电视图像的跳动、闪动。

由此不难发现,与组合编辑相比,插入编辑方式有以下更多的优越性:

(1) 编辑效果稳定。插入编辑是在录有控制磁迹的录像带上组接片子,信号要较组合编辑稳定。有时我们需要对众多的素材带进行编辑,如果这些素材带是由不同的录像机分别录制的,不同素材带的同步控制信号多少有些差异,在这种情况下,就适宜用插入编辑。可先在编辑带上连续录制好控制磁迹信号,再插入信号源的视频与音频信号。连续的控制磁迹信号保证了节目带的信号严格同步,而不会受素材带的同步差异影响,出现编辑点的跳动。

(2) 可随意改换其中的镜头。对已编辑好的片子可随意改换其中的镜头,而不影响图像质量。如果编辑工作进行了一段或全部完成后,我们需要对节目带中的部分视频信号或音频信号进行修改,用新的信号取代原来的信号,则适宜采用插入编辑方式。由于节目带上连续不断的控制磁迹能正确引导录像机的工作,因此这种插入或改换镜头的操作不会影响整个片子的图像质量。当然,在修改过程中,插入的新画面或声音的长度,必须和被删除的画面、声音的长度严格相等,不能拖长或缩短,否则就可能出现画面多余、丢失或声音混乱等现象。

（3）可将视频信号和音频信号分开处理。插入编辑可对素材带的视频或音频信号进行单独选择，即或只选视频信号，或只选音频信号，或两者都选（组合编辑不能做此选择，只能全部照搬）。这样就可以方便地对节目带的某一部分信号进行修改，而不影响其他部分信号。正是由于插入编辑具有这种将声画分离编辑、单独处理的优越性，如果要为图像已编辑完毕的带子配音，或为已有声音的带子配图像，都可采用插入编辑。还可以在整个编辑过程中都使用插入法（只要编辑带上具有控制磁迹信号），分别编辑视频信号与音频信号，以集中精力提高各信号的编辑质量。

二、基本操作步骤：工作程序的规范

无技巧编辑，即不使用特技发生器等设备，只用最简单的编辑系统进行画面直接切换的编辑，是编辑工作中最基本的一种，其操作步骤也是最简单的。对初学者来说，在熟悉编辑控制器的基础上（图2-9）掌握无技巧编辑的操作方法，是学习其他编辑类型的基础。

1. 组合编辑模式下的无技巧自动编辑步骤

（1）编前准备。粗看所摄录的图像素材，阅读相关的文字材料，对图文情况有一个大体的了解。制定详细的编辑计划（如拟定分镜头剧本等），即先在纸上用文字编辑一遍，做到胸有成竹。按照计划选出符合要求的素材，确定编辑入点与出点，记下编辑点处的时码数。这一步将所用素材的位置与长度都确定下来，为随后的编辑工作提供了方便。

（2）选择编辑模式。编辑控制器面板上的编辑模式选择键有四个，一个为组合编辑键，另外三个是供插入编辑时选用的视频插入键和两路音频插入键。按下"组合键"（ASSEMBLE）选定组合编辑模式。

（3）设定编辑入点。转动面板上的搜索盘，根据需要选择不同的走带速度寻像（如需快速寻像就直接旋转搜索盘，如需精确地找到某一帧位置，则将搜索盘向下轻按一下，改用慢动档来逐帧寻找），观察放像机监视器上的图像信号，找到合适的编辑位置后同时按下输入键（ENTER）和入点点位键（IN），确定素材的编辑入点，并将其时码存入控制器的记忆器中。用同样的方法确定并记忆节目带的编辑入点。注意，在第一次编辑时两盒带子的入点前都应留出5秒以上的同步信号供录像机预卷。

（4）设定编辑出点。转动搜索盘，找到素材带的编辑出点，同时按下输入键和出点点位键（Out），将出点时码存入控制器。素材带出点的选择应比预定的编辑出点后移 10—15 秒。也就是说，在复制一段素材到节目带时，要比实际需要的多录一点，留出一段没用的图像信号。这样做是为了方便第二次编辑时节目带入点的输入，因为第二次编辑入点输入时，录像机通常会抹掉一点前面的编辑信号以消除预卷误差引起的编辑点不准现象，如果事先不留余地，就会造成已编信号的缺损。（针对组合编辑的这一特点，在实际操作中，人们往往只设放、录像机的两个入点，而不再设出点，编辑时将素材镜头编录到超出所需要的长度就可以了，这样可使编辑操作变得更简单些。）

（5）编辑预演。按下预演键（PREVIEW），从监视器上可以看到编辑效果，但录像机并没有复制放像机转送的信号，编辑还未真正执行，只是"预演"。这时，记忆器中的编辑点仍然有效。如果发现入点或出点不准，就可以按控制器面板上的微调键（TRIM），以帧为单位加以修正；或者按复位键（RESET），消除原有的记忆，重新确定编辑点。

（6）启动自动编辑。如果预演效果满意，就可以进行正式的编辑。按下编辑键（EDIT），录像机便自动从指定位置（节目带的入点）开始，将素材带上由编辑入点至出点的一段信号复制下来。至此，我们对某一段信号的编辑就完成了。这时，可再按复看键（REVIEW）检查编辑效果，如发现问题应及时补救（若等到编辑工作全部完成后再想对个别镜头进行改动，就相当费事了）。当然，由于此时编辑已经实施，编辑点的记忆已自动消除，因此要改动编辑点，只能重新寻找。

一次编辑完成后，重复（1）—（5）步骤可继续下一次的组合编辑。要注意，在进行新的编辑以前，必须按 RESET 键使编辑控制器上的时码记数复零，以输入与记忆新的编辑点。

（7）结束编辑。一般情况下，正规的结束编辑的方法是，编辑到出点位置，同时按下录像机的输入键（ENTER）和出点键（OUT）。然而不少人习惯于按停止键（STOP）。这两种方法都可以，不过前一种方法在结束编辑后原先的入点就消去了，而后一种方法则保留了原来的入点，下次编辑时必须再用 RESET 键复零才能消去原来的入点时码。在某些编辑控制器（如 RM-450 控制器）面板上，启动编辑和结束编辑由同一个按键控制，即自动编辑/结束键（AUTO-EDIT/ END），结束编辑时，可以按此键，也有人使用全停键（ALL STOP）结束编辑，我们建议采用前一种方法。

2. 插入编辑模式下的无技巧自动编辑步骤

（1）编前准备。这一步与组合编辑相同，就不再赘述。

（2）选择编辑模式。在编辑控制器面板上，插入编辑（INSERT）标识下共有三

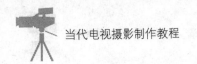

个按键,一个是视频信号插入键,另外两个是音频信号插入键。插入编辑时,既可三个键都按下,选择同时插入素材带的视频信号和音频信号;也可只按两个键或一个键,选择只插入素材带的某一种或两种信号。

(3) 设定编辑入点。

(4) 设定编辑出点。

以上两个步骤的操作方法与组合编辑类似,所不同的是,插入编辑中编辑点的设定要复杂一些。一般情况下只设放像机、录像机各自的入点和其中一个的出点,即设三个编辑点就可以了。至于出点设在放像机还是录像机,就要视所插入画面或声音的要求和方便程度而定。不设四个点是因为第四个编辑点可由电脑自动算出。在音频、视频信号分离编辑的情况下,则有八个编辑点,即放像机、录像机各自的视频和音频信号入点,以及两者各自的视频、音频信号出点,但和上面的情况一样,实际上只要设五个点就行了,其余三个点也可以通过电脑计算自动确定。另外要指出的是,插入编辑的入点与出点的设定必须精确,不留余地。

(5) 编辑预演。操作与组合编辑相同。

(6) 启动自动编辑。操作与组合编辑相同,但结果有所区别。如果我们前面将三个插入键同时按下,那么这时新的视频及音频信号将取代节目带上原有的视频及音频信号;如果只按下视频插入键,那么这时新的视频信号将取代节目带上原有的视频信号,但原有的音频信号仍被保留;同理,如果只按下两个音频插入键,那么这时节目带上被替换的是两个声道(通常一为说话声,另一为音乐、音响)的音频信号,视频信号则被保留;如果我们只按下了一个音频插入键,那么复制到节目带上的就只是相应声道的音频信号,其他信号保持不变。重复(2)至(6)的操作,直至节目编辑完成。

(7) 结束编辑。操作方法与组合编辑相同。

当然,上面说的编辑步骤在实际操作过程中并非全都必不可少。某些节目(如时事新闻片等)由于时效性较强,所要处理的图像素材较少(一条新闻一般长一分多钟,按照 1∶4 的正常耗片比计算,其素材图像也就长四分多钟),因此编辑过程中前期准备这一步往往被省略。在那些实行采编合一制度(文字记者同时负责采访、写稿、编片)的电视台尤其如此,记者完成新闻稿的撰写后(在此之前他可能先粗看摄制好的素材),就直接开始编辑,无需做详细的前期准备。在编辑过程中,有经验的记者通常还会省去编辑预演与复查步骤,因为一个一个镜头地预演、复查相当费时。

三、操作技巧:技术进阶的门槛

正所谓"机器是死的,人是活的",电视编辑工作免不了要"与机器为伍",熟练

第二章 线性(模拟)编辑系统

掌握编辑系统中各设备的操作方法,并加以灵活运用,是编辑成功的关键因素之一。我们将一些编辑操作过程中的小知识、小技巧以及电视制作人在实际工作中总结的经验整理汇编如下,供初学的朋友参考。

1. 如何设定编辑点

前面我们介绍了组合及插入编辑模式下无技巧自动编辑的步骤,归纳起来实际上就是"设定编辑点"、"启动自动编辑"和"结束编辑"这三个主要程序。其中启动自动编辑和结束编辑的程序都很简单,因此提高编辑效率的关键就在于又快又准地设定编辑点了。具体的操作前面讲过了,这里不再重复。需要提醒的是,编辑点的设定在精不在全,入点是关键,一定要精确;而出点则要视需要而定,能省则省,这样既可提高编辑速度,又可避免混乱。

当我们找准编辑位置后,按下搜索盘,使画面暂停,然后分别同时按下ENTER 键、IN 键或 OUT 键就可设定一个编辑点。注意设点时一般不要求先将计时复零,如果每个镜头都先复零,再设点,太浪费时间。另外,编辑录像机还有一个功能,如果在未设定编辑入点前启动编辑预演或自动编辑,则当时所记录的画面位置会自动地被设定为编辑入点。利用这个功能,就可以节省同时按 ENTER 键和 IN 键设定入点的时间了。此外,当我们设好了一个或几个编辑点之后,千万不要又去按 RESET 键复零,否则已设好的编辑点将全部被消掉,又得重新操作一遍,费时、费力且对机器造成不必要的损耗。

2. 认识几种功能键

编辑控制器面板上有一些常见的功能键,如播放键(PLAY)、录制键(REC)、编辑键(EDIT)等等。要注意的是,机器牌号不同,按钮的标示不尽相同,但整体编辑功能无异。然而对这些按键许多人要么并不完全了解其功能,要么完全对其视若无睹,因此在操作过程中也就未能充分发挥它们的作用。

(1) 微调键(TRIM)——修正编辑点不再费事。

如果在编辑预演后发觉对某个编辑点不满意,该如何修正呢? 不少人会用重放键或搜索盘重新找点,然后复位,消去原先设的点,输入新的编辑点,再编辑。这样做很费时间,有时一个镜头可能要重复操作多次才能找到合适的编辑点。其实,编辑控制面板上有一个按键能让修正编辑点的工作变得轻而易举,那就是帧微调键(TRIM)。如果我们对编辑效果不满意,只需利用 TRIM 键在原编辑点上加上或减去若干帧画面就可以了。具体操作是,在需要修改的编辑点处按下 IN 键或 OUT 键,同时,按下 TRIM 键,按一下改变一帧,直至找到满意的编辑点为止。

35

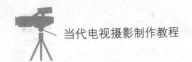
当代电视摄影制作教程

(2) 待命键(STANDBY)——让带舱里的磁带与磁头共同"休息"。

我们往往会因为看稿子、接电话或有人来找等情况而中断正在进行的编辑工作。此时,如果我们任由录像机长时间处于搜索寻像状态,将对磁带和磁头造成较大的磨损,但如果将磁带弹出带舱,又可能对前面所做编辑工作造成不良影响。那么怎样才能做到既不用将磁带弹出,又能让磁带和磁头都得到"休息"呢?方法就是先按停止键(STOP),然后再按一下待命键(STANDBY)即可。这对八型机、九型机和Betacam机都是适用的。

(3) 录制键(REC)——迅速判断信号输送状况。

编辑控制器面板上有一个红色的录制键(REC),把它和播放键(PLAY)同时按下去会将录像带上原来的信号抹掉,录上新的信号。REC键因为这个众所周知的功能而被一些人视为禁区,轻易不敢碰它,唯恐失手洗掉有用的信号。其实,当磁带处于播放、搜索、停止、快进、倒带等状态时,单独按一下REC键即可用于判断是不是有视频或音频信号输送到本机,能否进行编辑工作,而不用改变磁带的状态,这样就能节省不少时间。除了REC键之外,在编辑模式键(ASSEMBLE 或 INSERT)亮时,编辑键(EDIT)也有类似的功能。

3. 如何解决手动编辑入点信号不稳定的问题

编辑时,我们通常选择自动编辑,但在某些情况下也需要使用手动编辑。所谓手动编辑,就是不需要专门的编辑控制器,直接用录像机面板上的编辑操作键来进行节目编辑的方法。其操作方法是,先设定编辑模式(新磁带应选用组合编辑模式),然后同时按下播放键(PLAY)和录制键(REC)。这种编辑方法的一大缺点是,当使用无预卷功能的录像机编辑时,不能保障编辑入点的准确性,容易造成信号的跳动。这里我们介绍一种能使编辑入点处信号稳定的简易方法:1)确定放像机、录像机的编辑入点并将计时器复零;2)将放像机、录像机磁带各自倒退相同的时间,如10秒,然后暂停;3)同时按下放像机与录像机的播放键(PLAY);4)当磁带运行到编辑入点时,按下录像机面板上的录制键(REC),将所需的信号复制到录像机上。如果使用有预卷功能的录像机,则能提高编辑入点的准确度,满足录像机、放像机锁相同步所需的时间,当图像质量不太好时,只需适当延长预卷时间就可以了。

4. 一种保护高档设备的编辑方法——复制编辑

编辑工作的原则之一,是在保证编辑质量的同时,尽可能地减少设备的磨损。要做到这一点,使用复制编辑是一种很好的方法。在编辑一些艺术要求高、时间性又不太强的电视节目时,我们可以用一盘普通螺旋式盒式磁带复制下高档素材带上的视频信号与时码数据。这样,我们就可以使用一般编辑系统对复制素材反复寻看确定编辑点并进行试编,而无需磨损高档原版素材带与长时间占用高档编辑设备。在试编取得满意效果后,记下素材带上每个编辑点的时码数据,然后再使用原版素材带在高档时码编辑系统里进行正式编辑。此时,我们已无需再考虑其他问题,只要按照既定的时码数据一步一步完成编辑就行了。对有计算机辅助的编辑系统,这个过程就更加简单,因为计算机可以记忆下所有编辑点的时码,自动实现编辑。复制编辑法既能保证编辑质量,又能减少高档设备的损耗,节约经费,因此是一种非常经济实用的编辑方法。

5. 防止插入编辑与组合编辑的概念的混淆①

插入编辑与组合编辑的概念非常容易被混淆,特别是对于刚刚开始从事编辑的人更是如此。下面列出几个要点:

(1) 如果你准备用插入编辑,一定要用连续的黑场视频信号让编辑母带录一遍。

(2) 无论何时,当准备只编辑声音或只编辑图像时,要确认选择的是插入模式。以防止将前期的声音画面被抹掉。

(3) 如果计数器停止不动了,即使是1秒或2秒,就已经失去控制磁迹了。最后作品不应该存在没有控制磁迹的区域;不然的话,当作品磁带回放到没有控制磁迹的区域时,图像将中断。

(4) 不要用组合模式把任何素材(声音、图像,或图像与声音)插入到已经编辑好的带子上。

(5) 当在把一段图像和声音编到另一段后面的过程中,不能在插入和组合模式之间来回切换。不管选择组合还是插入(录有黑场的磁带),都要保持已有选择。许多画面闪烁就是由于这种切换造成的。

6. 误用组合编辑的补救方法

编辑模式之间的误用是实际工作中常见的错误。如果该组合编辑误用了插入编辑,问题还不算大。其后果顶多是编辑好了的信号,因为节目带的相应部分没有控制磁迹而无法被复制上去,但只要在组合编辑模式下把出错的部分重新编一次

---

① 本小节改写自〔美〕琳恩·格劳丝、拉雷·沃德著:《影视技艺》,复旦大学出版社1998年版,第232页。

就可以了,并不困难。如果在应该使用插入编辑时误用了组合编辑,问题就严重了,因为这样会使已经编好的那段节目在出点处产生视频磁迹的消磁缺口(出现空白杂波),节目带的控制磁迹被中断。一旦磁迹断了,就不是改变编辑模式就能解决得了的。如果继续使用插入方式,在消磁缺口位置就无法重新录上视频或音频信号;而如果将错就错换用组合方式,又会使消磁缺口后移,即在下一个编辑出点位置又产生新的消磁缺口,也就是说,两种做法都不能直接将消磁缺口处的信号补上。遇到这种情况,通常有两种解决方法:1) 先将消磁缺口处之后有用的内容转录到另外一盒录像带上,将缺口处的磁迹补上后,再将这些内容编辑复制回来。2) 从出错的位置起,将后面的内容重新编辑一遍。用第一种方法会严重影响图像质量,用第二种方法视频信号虽不会受损,却要浪费很多时间。那么,怎样做才能在修补消磁缺口的同时又不影响其后的内容呢? 具体操作如下:

首先,打开编辑录像机上盖,可以看到全消磁头及其连接线,全消磁头和连接线之间有一插接件,拔下此插接件接头,就可将全消磁头的消磁信号断开。此外,用手捏住一张光滑的纸,插入全消磁头和磁带之间,也能产生相同的效果。这样,在进行组合编辑时,控制磁迹信号就不会被消去了。

接着,用搜索盘找到消磁缺口,将此处之前约 2 秒的位置设定为编辑入点,此处之后约 6 秒的位置设定为编辑出点。编辑点确定好后,任意找一盒录有节目或彩条、黑场信号的磁带作为素材带,选择组合模式,按下自动编辑键,这时,由于全消磁头连线断开或与磁带隔开,编辑完成后,编辑出点之后的控制磁迹信号及视频、音频信号不会再被抹去,均保持原样,而编辑入点与出点之间则录上了新的控制磁迹信号(也可能包括视频、音频信号)。这样,原先的消磁缺口就修补好了。

最后,控制磁迹信号恢复了,我们就可以把全消磁头的连线重新接好(或将纸片拿开),盖上机器上盖,然后采用插入编辑的方法,根据具体需要对节目带进行其他的编辑调整,直至完成编辑工作。

使用这种补救方法,需要重新编辑的节目内容只有几秒钟长,因而比较省时;而且由于无需反复翻录带子,因此图像质量也能得到保证。

虽然,误用组合编辑并不是无可挽回的错误,但它所造成的麻烦是显而易见的,所以我们在这里强烈建议初学的朋友们:请在开始编辑之前,仔细检查编辑控制器面板上的各个开关及按键是否处于合适的状态,尤其要检查一下编辑模式的设置是否正确,切忌什么都不看,插进磁带就埋头编辑。要知道,使用编辑机的人不只一个人,别人编辑时用的可能是组合模式,机器保留了他的设置,如果自己要使用的是插入模式,那么在编辑之前就要重新设置;如果在编辑过程中需要交替使用组合与插入编辑,就更要注意对设置的检查。总之,编前检查机器设置情况是避免人为失误的有效手段之一。

本 章 小 结

线性编辑系统,亦称作电子模拟线性编辑系统或磁带编辑系统。所谓"模拟线性",指的是这一系统在硬件方面主要由模拟设备构成;而在操作方面它是一个从前期摄录好的磁带素材中,根据具体需要挑选出有用的部分,按照从前到后的顺序编辑在一起,制作成完整节目的过程,这一操作过程是线性的,画面之间的排序一经确定就不能随意调整,也不能在某一位置上任意插入非等长于原画面的新画面。线性编辑系统在20世纪70年代至90年代是使用最为广泛的传统编辑系统。

问题与思考
1. 了解线性编辑系统的机器组合方式。
2. 熟悉并掌握线性编辑系统的操作要领。
3. 熟悉误编后的还原处理措施。

第三章　非线性（数字）编辑系统

非线性（数字）编辑系统，是以计算机图形、图像处理技术为基础，集编辑、切换、特技、屏幕文字、动画、录音等功能为一体的电视编辑系统。它与传统模拟线性编辑系统的根本区别在于：它是将图像、声音信号以数字化文件的形式存储在计算机磁盘上，再进行编辑。由于磁盘的存储结构与录像带不同，数据之间并不是按顺序（即线性）排列，而是各自有独立的存放路径，因此当我们要使用某一画面时，可以直接抽取，而不必像操作磁带那样，用快进方式依顺序搜索。换句话说，在计算机上，数字信号的存储和播放都是非线性的，可以随意编辑而完全不受素材原本的顺序及长短的限制。最早的非线性编辑系统建于1983年，叫做图像装配处理（Montage Picture Processor）系统。经过十几年的改进、提高，其功能逐步扩大和改善。目前，尽管受资金、技术等因素的影响，数字编辑系统还不如模拟编辑系统普及，但它超凡的优越性却使其获得业界的广泛青睐，成为近年来发展最快的电视设备。

与传统的模拟编辑系统相比，非线性编辑系统的系统结构及工作方式等要复杂得多。我们在这里只对其做一些常识性的介绍，尽量避免涉及过多技术性的问题。当然，我们希望您在阅读本节之前已经具备一定的计算机知识，因为限于篇幅，对于下面所提到的计算机类名词，我们不准备再一一解释。

第一节　非线性编辑系统的构成与工作过程

一、系统的构成

理想的非线性编辑系统实质上是一个扩展的计算机系统。它大致由基本硬件——一台高性能计算机加上一块或者一套视音频输入/输出卡（俗称非线性卡，有些卡还具备兼容模拟信号，提供数字/模拟混合编辑的功能）和一些专门的辅助卡(如图像处理、特技处理卡等),再配上一个高速大容量硬盘和应用软件——非线性编辑软件组成。然而,由于电视节目的拍摄、编辑、播出三大环节尚未实现完全的数字化,模拟设备仍在大量使用当中,因此目前常用的非线性编辑系统大多由数字设备和模拟设备混合组成。图 3-1 展示的是这类非线性编辑系统的基本构成情况(图中箭头表示信号传送方向):

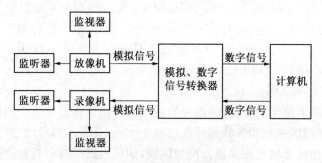

图 3-1　非线性编辑系统的混合构成

由图 3-1 可见,混合型的非线性编辑系统主要由两大部分组成,即系统核心——计算机,外围设备——模拟放像机、录像机、监视器、监听器,而连接这两大部分的关键设备就是模拟/数字(数字/模拟)信号转换器。放像机的作用是向计算机输入素材信号,而录像机则用于记录由计算机输出的成品节目;监视器用来监视放像机传送的模拟视频信号;监听器用来监听音频信号。模拟、数字信号转换器是系统中必不可少的设备,它用于完成两部分工作:一是把从放像机输出的模拟视频、音频信号转换成数字信号,供计算机使用,即实现模/数(A/D)转换;二是把由计算机输出的数字视频、音频信号转换成模拟信号,供录像机录制,即实现数/模(D/A)转换。计算机则指挥整个系统的运作,负责完成各种编辑、切换、特技、动画、屏幕文字、合成等工作。

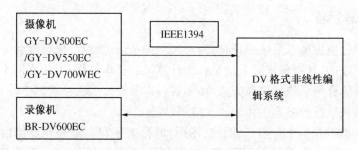

图 3-2　非线性编辑系统设备配备方框图

非线性编辑系统计算机的硬件除基本配置外，主要包括三个部分——数字/模拟接口盒、视音频处理卡和大容量硬盘。

视音频接口的功能与模拟、数字信号转换器类似，在整个非线性编辑系统中起着举足轻重的作用，是决定视音频信号指标的关键所在。根据性能指标的不同视音频接口可分为三种级别：1）广播级。水平分辨率大于700线，能够对NTSC或PAL制式实行实时输入输出，支持RGB和Y、R-Y、B-Y分量信号，压缩比小于4∶1。2）专业级。支持复合信号和Y/C分量信号，水平分辨率达700线，压缩比大于10∶1，能够以NTSC和PAL制式实时输入输出。3）商用、家用级。水平分辨率达到350线（VCD标准），支持复合信号或Y/C分量信号，能够在NTSC和PAL制式下实时输入输出。

视音频处理卡用于视频、音频信号的压缩与解压。我们知道，计算机只能处理数字信号，而模拟的视频和音频信号经过数字化后，其所需的存储空间和带宽与最初的模拟信号相比要增加许多倍。换句话说，如果把这些数字视频、音频信号数据看作一个文件，那么这个文件相当大，它不仅会占用大量的硬盘空间（甚至大得根本无法保存），而且严重影响读写速度。所以，我们在编辑之前首先要对数字视频、音频信号进行压缩处理，以便计算机能迅速地存储和传输这些信号。然而，经过压缩的信号，其质量难免有所下降，为保证成品节目的图像、声音质量，在编辑完成之后还要对信号进行解压。视音频处理卡的性能（尤其是压缩效果）将直接决定成品节目的声画质量，因此我们在配置系统时要特别注意对它的选择。

高速大容量硬盘通常由系统硬盘和素材硬盘两部分组成。系统硬盘主要用于安装操作系统，即工作平台；素材硬盘则用于存放数字化素材、编辑的中间过程以及成品节目。

我们前面已经提到，非线性编辑的应用软件种类相当多，常用的图像处理软件Adobe Premiere及相关专业软件已相当普及，在此就不一一赘述。

二、工作过程

在非线性电视编辑系统中，所有编辑操作都是通过键盘、鼠标配合显示屏上的指示菜单完成的，其过程实际上就是一个计算机的操作过程，因此我们不准备像上一节那样具体介绍系统的操作方法，而要讲一讲非线性编辑系统的工作过程，以方便大家了解该系统的基本工作原理和各项功能。

非线性编辑是一个对声音、图像、图形、屏幕文字和动画等多媒体信息进行处理的过程，它可分为素材信号采集、编辑制作和成品信号输出三个阶段（见图3-3）。当然，在实际编辑过程中，各个阶段之间并没有明显的界限。

第三章 非线性(数字)编辑系统

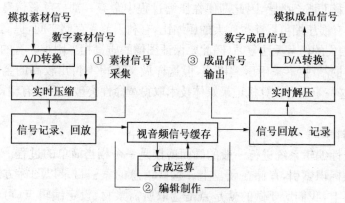

图 3-3 非线性系统工作过程示意图

1. 素材信号采集

与线性编辑不同,非线性编辑中所使用的素材信号的形式与来源都可以是多样的。在非线性编辑系统中,负责采集和实时记录视音频信号的是视音频采集回放卡,它可以采集动态的视频,也可以捕捉单帧的静态画面。由于计算机的光盘驱动器支持 CD、VCD、MP3 等多种格式光盘的播放,因此通过视音频卡与相关的软件我们可以直接从中截取声音或动、静态画面作为节目素材,而不必外接播放设备。用类似的方法我们还可以在计算机游戏或其他软件运行时截取丰富多彩的声音、画面添加到节目中。由于多媒体计算机能处理各种格式的图形、图像和声音文件,因此非线性编辑所使用的节目素材,其来源不必局限在录像带、录音带的狭小范围里(当然,模拟信号必须先转换为数字信号才能进行非线性编辑),而可以从种类繁多的多媒体光盘出版物中挑选,或者在 Internet 网上的图像、声音资料库中查找。需要提醒的是,对拷贝下来或在网络中下载的图像,最好先将其尺寸调整为标准的大小,然后再添加到节目中。在这一阶段,所有采集来的素材信号经实时压缩后,存入计算机硬盘中,以供编辑修改。

数据压缩是这一阶段的重要环节。根据压缩处理技术对数据质量的影响大小,可将数据压缩分为无损压缩和有损压缩两种。前者是指压缩后的数据经过解压缩还原得到的数据与原始数据完全相同,后者是指压缩后的数据经解压缩还原得到的数据与原始数据不完全相同。图像压缩一般都采用有损压缩。有损压缩利用了两种特性,一是图像信息自身存在冗余信息,例如图像的相邻像素之间往往含有相同的颜色值,我们把这些重复的部分称为冗余信息,数据压缩时可以只存储像素间不同的部分,而舍弃冗余部分;另一种是利用人类的视觉特性,例如与亮度相比,人

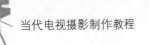

的视觉对色彩不那么敏感,因此即使在压缩过程中舍弃一部分色彩信息也不致引起误解。虽然有损压缩可以获得较大的压缩比,有利于节省存储空间,提高编辑处理速度,但由于损失的信号无法复原,因此要保证图像的质量相当困难。有的人为了保证图像的高质量,干脆不采用压缩格式,但这样做又不得不付出较高的金钱与时间代价。当然,这一矛盾在计算机记录媒体技术取得革命性突破之后是有望得到解决的。

2. 编辑制作

用非线性编辑系统进行一般的画面剪接是一个相当简单的过程。所有待编素材都已经被标识索引,存储在硬盘上。这些信息的索引目录以图标方式显示在高清晰显示器上,我们所要做的就是点击选取所需素材、设定编辑点(可以按照编辑软件的提示菜单去操作)、排序,此后的编辑、重放、录制等工作则由计算机根据命令自动进行。如果用非线性编辑系统制作二维动画、三维动画、屏幕文字、特技效果或对画面进行精细修饰等,过程就相对复杂些。因为这些工作要应用到更多的专门软件,要求我们掌握更多的软件操作技巧。

例如,我们要为节目准备屏幕文字,一部分可以用三维动画软件生成,如立体文字和立体徽标等;另一部分则可用屏幕文字设计软件制作。运用这些软件,可以为屏幕文字增加阴影、过渡色等多种特殊效果。

在有些情况下,我们需要使用静态图像处理软件对每一帧画面进行精细地修饰。这种单帧处理一般是在其他编辑手段无法达到某些效果时用,虽然要耗费较长的时间,但可以获得传统特技机和其他编辑方式无法得到的神奇效果。例如用Photoshop等图形编辑软件,我们可以让一栋房子旧貌换新颜,或者将某画面内妨碍视觉效果的部分除去。至于一些数字特技效果如"变形",则可以调用专门的变形软件实现。制作时只需设定首帧画面、末帧画面、变形时间和变形关键点,系统即可自动插入中间渐变帧,在两幅图像之间形成平滑的过渡。用这种方式,可实现不同年龄、不同肤色、不同性别的人之间甚至是人与动物之间的变形。变形过程以视频压缩还原卡所支持的压缩格式存储,因此可以被编辑添加到其他节目中去。这种方法十分适合于制作音乐电视(MTV)或电视广告中的特技画面。此外,利用专门的作曲软件,还可以在非线性编辑系统上直接进行音乐创作。利用软件提供的控制功能,我们可以设定任意一种乐器的发声时间、音色、音量以及演奏时间。

至此我们不难发现,非线性编辑系统的主要工作是在编辑软件上完成的。非线性编辑软件在编辑系统启动时由计算机的操作系统自动调入,并可随时实现与操作系统的自由切换。非线性编辑软件能够编辑处理多种格式的视音频信号,包括从磁带采集的模拟视音频素材,电脑制作的三维动画,变形软件生成的视频文件，以及图像处理程序修饰过的静态图像序列等等。多个素材片段可用鼠标拖放的方法实现任意的排列组合，十分简便。如要在素材之间进行无技巧切换，只需让它们首尾相接排列；如要实现素材之间的技巧转接，或是为单个素材增加特技效果，则只需选择相应的特技功能键，依据操作规则加以处理就可以了。至于声音素材，其特技效果虽不如视频那样丰富，但软件所提供的音量增减、回声效果、立体声左右声道互换等处理功能已能满足绝大多数节目的要求。

3. 成品信号输出

用非线性编辑系统编辑制作完成的节目信号可有多种输出方式，这要视信号的记录媒介而定。通常，成品信号经实时解压、D/A 转换后输出记录在录像带上。如果不想为素材添加特技效果，而只进行无技巧转换，则可以将经过剪切的素材按播出顺序排列，简单处理后直接播出。系统可以在编辑后生成编辑决定表（EDL），存储在软盘上用于在不同的编辑设备之间交换。这种方法多用于电视新闻编辑。在需要将节目长期保存，而对视音频质量要求不太高的情况下，还可以将成品信号记录在 VCD 光盘上。只要为系统装配一台光盘刻录机及相关软件，便可将节目转换为 MPEG 格式的文件，刻录在一次刻写型光盘上，制成 VCD 加以保存了。VCD 与录像带相比，不但可保存时间长，而且兼容性较好，可以在任何 VCD 影碟机和多媒体电脑中播放。这种方法适合保存用于演示、宣传、分发的音像制品。

第二节　系统的优越性

非线性编辑的优越性是显而易见的。通过与线性编辑的比较，我们可以了解得更清楚。

一、编辑性能

传统的模拟线性编辑实际上是依靠磁带间的复制来进行编辑，是一种"硬编辑"。非线性编辑则不同，它是按系统生成的编辑决定表来存储成品节目信息的，编辑过程变为编辑决定表的内容而不是视频内容的变换，是一种"软编辑"。非线性编辑的这一特点使其在图像质量、编辑精度、编辑灵活度等方面表现出传统编辑方式不可比拟的优势。

1. 图像质量

模拟线性编辑系统的图像质量由录像机和所选用的特技机的质量决定，大致分为广播级、专业级和家庭级。数字非线性编辑系统的图像质量可根据要求调节，从广播级到家用级均有。另一突出的特点是，数字图像信号一旦输入计算机后，其质量就确定了，以后无论多少次调用和编辑，都不会发生改变。而模拟信号则不同，在复制和播放过程中由于磁头和磁带接触状态的改变，抖动或其他因素造成的幅度变动，都将使信号质量受到损害，特别是多次检索、复制之后，信号的衰减更加明显。

2. 编辑精度

非线性编辑系统的设计思想是，在确保视频质量的前提下，尽可能用软件完成后期编辑中的各种问题。目前的专业编辑软件大多支持高精度的视音频处理，因此非线性编辑的编辑精度可达到零帧，甚至可以对画面进行局部修改。线性编辑的编辑精度由录像机的性能决定，其精度难以达到非线性编辑的水平。

3. 编辑灵活度

线性编辑的信号是在磁带上按时间顺序记录的，编辑过程中，必须按素材的先后顺序播放并搜索画面，不但速度慢，而且难免造成信号的衰减和设备的磨损。一旦编辑完成，就难再做大的改动。如果是用同样长度的画面去替换原画面尚可，如果要删除、缩短或加长片中的某段画面，则万万不能，除非将所修改画面之后的内容全部重编。这极大削弱了节目制作的灵活性，降低了编辑工作的效率。而非线性编辑的出现彻底改变了这种状况，其特殊的素材存储方式（非线性方式）及编辑方式（跳跃式的编辑，编辑过程只是编辑点和特技效果的记录，而不进行图像与声音信号的复制），为编辑制作和修改带来了极大的方便。

首先，它有利于反复编辑和修改。在编辑时，能够快速寻找、挑选所需画面，将任意镜头按任意顺序组接起来。编辑完成后，可以随心所欲地剪裁、更换、增减画面或调整画面的前后顺序。如果在任意编辑点插入一段素材，计算机会自动将该点之后的素材向后推，而不会将其覆盖；同理，删除任意一段素材，则计算机自动将这段素材编辑出点之后的内容向前补足，重组素材段，不会留下空白。所有这些操作可以在几秒钟内完成，我们无需担心这种随意的修改会对成品节目画面内容的连续性与完整性造成破坏。

音频编辑处理也非常方便。非线性系统具有多轨音频通道的实时合成功能，可利用直观的音频控制功能，对任何一轨通道的音频信号实时调整电平大小、音色和相位，制作出多路音频混合、渐隐渐现等效果；可随意增加、删减或改变声音顺序、位置，甚至修改已录解说中的某个音（字）或若干字，而不必担心抹去其他的字，

第三章 非线性(数字)编辑系统

亦可随意将某个字或若干字插入另一句话中的某一部分;可灵活地控制同期声、旁白、音乐的有无,切换和声画的准确对位、同步等。此外,由于这种编辑、修改并非在存储媒介(硬盘或光盘)的物理位置上进行,因此即使反复进行也不会造成视音频信号的衰减和设备的磨损。

其次,便于图像与声音的准确对位、同步。当我们需要为一段声音配上相应的图像,或为一段图像配上相应的声音时,要使两者准确地同步对位,用传统的线性编辑方式比较困难,而用非线性编辑方式则轻而易举。对于图像,可以通过加帧或减帧方式拉长或缩短镜头片断,改变镜头长度;而对于声音,则可以通过保持音调而改变音长(即保持声音频率不变,延长或缩短时间节奏)的方法来改变其长度。采用上述方法,在一段声音与一段图像相配时,就很容易把它们的长度编成一致。

再次,便于制作多层次的图像画面。在非线性编辑系统中,由于所有素材都具有各自的存放路径,彼此相互独立,因此每一段素材都相当于线性编辑系统中一台放像机播放的视频信号。我们前面在介绍二对一编辑系统时曾经提过,只要有两个以上的信号源,就可以制作叠化、扫换等特技效果;照此推理,如果素材的数量达到无限,就相当于有了无限多个信号源,那么使用非线性编辑方式制作连续特技,理论上就可以一次完成无限多个,这不仅提高了编辑效率,而且极大地丰富了画面的效果。如果用线性编辑系统做同样的事,不但需要大量的编辑设备,如多台录、放像机、时基校正器等,而且操作过程相当繁复,图像质量也难以保证。

二、特技性能

特技是非线性编辑最具魅力的功能,有必要重点阐述。

传统线性编辑系统的特技性能主要依赖于录像机和特技机的性能,特技样式有限,而且一次性处理图像的质量层数有限,一般为三层。多层图像的处理需进行多次处理,如果要做出带 10 个画中画的特技,则至少要翻录 10 版,不但影响图像质量,还会严重磨损磁鼓,如果要实现变速效果,则需要较高档的录像机才能实现,此外,加特技操作必须和正常的剪辑交替进行,这样的特技制作方式既复杂且费用高昂。

非线性编辑则不同,它可以先编好镜头的顺序,再根据需要在某一编辑点添加特技。特技制作由专门的软件来控制,软件的功能相当灵活,几乎是万能的,因此其特技功能也是可以无限扩充的。只要能编出相应的程序,就可以随心所欲地制作出任何形式的特技,套用一句广告词的说法,就是"只有想不到的,没有做不到的"。

目前常见的专业软件可提供几十种切换方式和特技功能,支持对视频素材进行各种特技切换、滤波、运动，根据需要设置关键帧，任意调整每个关键帧的画面大小、位移、翻转角度、边影参数、亮度、色度参数，生成透镜、变焦、翻转、划像、马赛克、浮雕、油画、画中画、拖尾、卷页、球变、水波、宝塔、灯笼、酒杯、百叶窗等精彩的二维、三维特技效果。非线性编辑系统还有自定义通道，可供使用者自行设计各种切换方式和特技功能。此外，非线性编辑系统可以一次处理几十层图像和屏幕文字。随着计算机软件的不断更新、升级，系统的编辑、特技功能也可不断提高，图像处理时间则不断缩短，我们还可以轻易地将非线性编辑计算机变为屏幕文字机和动画制作机。

三、资源共享性

传统的线性编辑系统，常会因磁带型号或输出协议不同等情况导致设备之间无法兼容，造成诸如用这个牌子的摄像机拍摄的磁带信号在那个牌子的录像机中无法播放等情况，影响素材资源的共用。

非线性编辑系统由于采用了标准化的硬件接口，所以具有较高的兼容性，一般都能使用多种编辑硬件和软件，大大增加了节目制作的灵活性和多样性。而由于系统以计算机为工作平台，因而易于建构大型的甚至是全球的视频网络，使节目的交换及素材资源的共享成为可能。联网后，单机用户可以任意调用其他计算机上或网络上的任何资源，不同的用户可以在同一时间调用相同的资源，从而极大扩充节目素材的来源，提高资源的利用率和编辑质量。此外，利用视频和音频信号均可被采集和量化的特性，我们还可以用静帧冻结技术，制作出多姿多彩的图像电子邮件或软件封面，在多媒体制作领域中加以应用，这可以说是另一种形式的资源共享。这一切对传统线性编辑系统来说，是难以想象的。

四、操作性能

传统编辑系统具有很好的可视性、实时性和直观性，如果只是进行一般的无技巧剪接，则操作较简单，所有的记者、编辑经过简单培训都可以掌握。但是如果要进行比较复杂的后期制作，如加特技、屏幕文字、动画等，则需动用多台设备，操作也相对复杂，通常需要由多人合作完成。

非线性编辑系统以多媒体电脑为中心，可集编辑录、放像机、特技发生器、调音台、屏幕文字机等多种设备的功能于一身，编辑人员只需利用鼠标、键盘，按照屏幕菜单进行操作就可以了，整个后期制作工作通常只需一人在一台机上便可完成。当然，非线性编辑要求编辑人员具备较高的计算机操作水平，并能熟练应用各种专业编辑软件。相信随着计算机知识的进一步普及，会有更多非专业编辑人员（如普通记者)能够独立操作非线性编辑系统。

五、维护与使用寿命

传统线性编辑系统除电路外,还有大量的机械部分需要维护,一套广播级编辑系统每年大约需要2万—3万元的维护费用,一般使用5年左右就需要更新。

非线性编辑系统是多机一体,避免了传统设备庞大复杂的连接方式,减少了中间环节,提高了系统的可靠性,又可节省空间及运行费用,还便于管理,一般不需要大的维护。系统的主要部件通常由计算机销售商保修一年,关键部件保修5年,由于计算机配件价格越来越低,因此其维护费用要远低于传统线性编辑系统。非线性编辑系统采用的是数字信号,升级改造容易,是今后视频处理的方向。虽然目前视频数字计算机处理方式还没有统一的格式,一部分非线性编辑系统的图像特技处理还需要生成过程,特别是目前的价格还偏高,但随着技术的发展,不同的非线性编辑系统会逐步走向兼容,价格也会随着普及而降低。在使用寿命方面,非线性设备也优于线性设备,传统的视频磁头寿命约为500—1 000小时,而计算机硬盘为300 000小时,至于可刻录型光盘,更以其大容量(一张光盘通常可储存600 M的数据)、低价格(价格通常只及盒式录像带的1/10)和良好的保存性,将逐步取代传统的录像带成为主要的可移动保存媒介。从上述比较看,非线性编辑系统在性能价格比上更占优势。

综上所述,我们可以得出这样的结论:相比较于模拟线性编辑,数字非线性编辑是一个质与量的飞跃,将它誉为"电视制作的一场革命"丝毫不为过。需要特别指出的是,它不仅是一场技术革命,更是一场电视编辑观念与意识的革命。

数字非线性编辑技术给我们带来了空前方便、灵活的制作手段和宽广的创作空间。过去因技术原因而被束缚的想象力如今被完全释放。然而,技术革命既创造了机遇,也带来了挑战。旧的节目制作方式下的知识结构和思维模式必须有所转变。

第一,全新的系统硬件与软件需要重新认识与掌握。传统的编辑设备多以硬件操作方式完成编辑命令,功能键代表了设备所执行的各项功能,比较直观易学。而数字非线性编辑则不同,其编辑过程具有非直观、非实时特点,需要通过人机对话来完成,编辑操作多以软件功能来实现,这要求我们除了要清楚计算机的硬件构成情况及使用方法,熟悉基本的计算机语言外,还必须学习、掌握各种专业编辑软件的操作技能。否则,设备再好,不会用也是枉然。

第二,传统的编辑观念和思维方式必须作相应的调整与转变。我们要突破过去线性编辑方式下的顺序编辑思维模式,将想象空间扩展到更广的范围,以丰富的想象力推动创作手法和创作技巧的更新,只有这样,才能充分发挥计算机硬件和软件的现有及潜在优势。此外,由于非线性编辑系统使用软件技术来实现各种功能,使得编辑人员探索、开发自己的编辑工具成为可能。这要求我们突破旧的编辑观念,变被动遵守(编辑规则)为主动创造,找到符合自身需要的编辑方法,甚至自行开发新的软件,从而使节目制作的技巧与水平能够日积月累,乃至有新的突破。

如果说数字非线性技术的出现为电视编辑工作开创了一个全新的领域,那么只有当我们深入认识并掌握了它,才可能在创作过程中获得真正的自由。

第三节　非线性编辑系统的操作方式

目前,非线性编辑系统主要有两种工作方式,即在线编辑和离线编辑。

一、在线编辑

在线编辑,即纯非线性编辑,是指将素材全部存入硬盘,在计算机中完成节目编辑工作后,再转录到磁带上的编辑方式。其具体过程前面我们已经叙述过了,这里不再重复。

在这种纯非线性编辑模式下,素材信号经 A/D 转换后,均以数字信号的形式参与编辑。由于数字信号是以非线性顺序存储在硬盘扇区的,任何数据都有其相应的地址码,不像磁带那样按时间顺序线性排列,因此对数字信号的编辑,实际上就是对数字视音频信号的数据链表的改变,只改变其存储地址,并不改变信号内容,只是对编辑点和特技效果的记录,而不进行视音频信号的物理复制。这样,节目内容的插入、移动、修改就显得非常灵活方便,省去了线性编辑中搜索编辑点的卷带时间,大大加快了编辑速度,提高了编辑效率和编辑精度。

借助高性能的专业软件,可以在计算机上制作出任何形式的特技。由于所有编辑都在计算机中进行,只有将素材输入计算机及录制成品节目信号时才需要用到录、放像机,所以能够将磁鼓磨损降到最低。在线编辑模式的出现是节目制作方式的一次重大革命,但在实际操作中,由于受技术条件的限制,它仍存在一些不足之处。

二、离线编辑

离线编辑是一种线性与非线性形式相混合的半线性编辑方式。整个编辑过程

第三章 非线性(数字)编辑系统

由计算机控制多台录像机运作,经过简单的切换、特技处理等操作完成节目带的编辑。我们知道,目前常用的非线性编辑系统大多由数字设备和模拟设备混合组成。在纯非线性编辑模式中,所有编辑工作均在计算机中完成,模拟设备只负责输出素材信号和记录成品信号;而在离线编辑模式中,计算机只是利用硬盘中的素材进行非线性编辑生成编辑决定表(EDL),而不真正执行编辑,用通俗的话说就是计算机只给素材编号,却没有真正将它们按所需顺序排好,编辑工作最后是由模拟设备完成的,虽然这时录像机记录的仍是成品信号,但这些成品信号却不是来自计算机,而是根据编辑决定表直接用原素材带的内容编辑合成的。

　　压缩比和存储容量的大小一直是非线性编辑系统要达到一定的质量和价格限额所必须考虑的问题。在现实中,受技术条件的制约,我们在使用非线性系统时往往要面临这样的矛盾:如果采用压缩技术,虽然可以减少计算机处理和存储的数据量,提高运算速度,但难免导致解压还原之后的信号质量下降;如果不采用压缩技术,虽可保证成品信号的质量,却需要有大容量的储存媒介,这样既降低系统的工作效率,又提高系统的配置成本。在存储媒介的技术瓶颈尚未突破的情况下,采用离线编辑模式是一种较好的解决途径。磁带编辑具有记录密度高、价格便宜,可视性、实时性、直观性好等特点,如果只是进行无技巧剪接,原磁带编辑仍是最快的。而用计算机检索节目素材,制作编辑决定表则十分便捷。离线编辑正是结合了线性编辑与非线性编辑的长处,采用大压缩比,将长时间的素材信号存入计算机硬盘中进行编辑,并同时记录下画面的相应地址,再用最终得到的数据表控制多台录像机进行线性编辑,完成整个编辑工作。采用这种编辑模式,既可省去大量的搜索时间,又可编辑出高质量的节目带。

　　在这个问题结束之前,我们再用一个表格(表3-1)对在线编辑和离线编辑进行一个简单的对比。

表3-1　在线编辑和离线编辑的效能比较

项目	在线编辑	离线编辑
主要编辑对象	实际要播出的节目	EDL(编辑决定表)
存储媒体容量要求	要存储大量的节目素材,存储节目时间和成品节目时间比平均为8∶1	不需有很大的存储媒体,存储节目时间和播出节目时间比在1.5∶1左右
特技使用要求	必须使用实时特技	可以使用非实时特技

在线编辑是一种纯非线性编辑模式,而离线编辑是一种混合的半线性编辑模式,它仍以线性编辑为基础,只在最能体现非线性编辑优点的地方才采用非线性手段。在现阶段,离线编辑是对纯非线性编辑的一种有益补充。它以经济而高效的方式在一定程度上解决了纯非线性编辑模式中存在的一些技术问题。

第四节 得心应手的大众化非编系统

计算机是整个系统的核心,是信号加工、处理和编辑操作的中枢。它的硬件配件和应用软件种类繁多,在这里,介绍几款价格合适且方便学生个体使用的非线性编辑系统新机型。

一、Topbox2:全新一代DV全功能工作室

T2(Topbox2)是索贝数码2004年末推出的DV全功能非线性编辑系统,是面向专业级、家用级用户推出的Topbox1.x的全新升级换代的产品(图3-4)。该系统以最新的CPU+GPU纯软件算法为技术核心,配备多种可选的接口设备,形成基于DV25格式的采、编、发布、传输的全功能的一体化流程,这套设备性价比高,用很少的投资即可获得一套完备的DV全功能工作室。

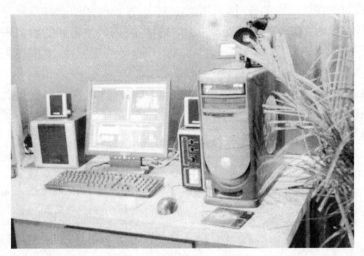

图3-4 索贝Topbox2组合

1. T2——Great Applicability 的适用对象

Topbox2功能强大、性能稳定以及超高的性能价格比,使得T2系统适用于多

种类型的用户群体,各行各业的用户使用 T2,能够以最小投资、最少的人员和时间投入获得效果最佳的电视节目。具体来说,它适用的对象有：

(1) 专业电视台用户。中、小型电视台新闻部、制作部。

(2) 行业用户。教育、公安、交通、金融、医疗、厂矿、部队等各行业电教中心、行业电视台、宣传单位和培训中心。

(3) 个人用户。大学新闻传播专业学生、DV 爱好者、个人 DV 节目制作室。

2. T2——Great Applicability 功能简介

T2 全新的系统结构系统的稳定性极好,造就了最佳的桌面 DV 全面解决方案。

(1) CPU+GPU 处理技术。

CPU 与显卡加速芯片协同工作的处理技术,彻底抛弃了传统意义上的非线性编辑板卡,其纯软件编辑的功能、节目质量和效果达到甚至超过中档非线性编辑卡,而且在特技、特效、扩展性、适应性等方面具有更具竞争力的优势。凭借此技术,可以在保证节目质量和编辑效率的同时,大幅度地降低资金投入。

(2) PCI Express 系统结构。

全新的 PCI 硬件架构,支持 Intel 最新的 925 芯片组,支持最多 16 条渲染管线,总线带宽、渲染能力都得到大幅度增强。选用构架在 PCI-Express 结构上的高端 PC 平台,不仅能充分提高 T2 非线性编辑系统的性能和效率,还可以使用对显示卡渲染能力要求较高的 Combustion、Boris、After Effect 等特技包装软件,以及 3DMax 等运算量极大的三维建模/渲染软件,保证节目制作更加精彩。

(3) 对各种格式的摄录设备上下载的全支持。

T2 支持与全部格式摄录设备的连接,包括 SONY DVCAM 系列产品的 DV1394 上下载,BetaCam 系列、DVCPro 系列甚至 VHS 等传统摄录设备的模拟复合、Y/C、模拟分量、数字分量 SDI 的实时上下载。同时,T2 系统还支持 DSR-DU1 等 SBP2 设备的高速素材上载。

(4) 良好的实时性。

T2 系统支持 2 轨视频、4 轨音频、无限轨图文的实时编辑,较少的时间线生成量不仅可以缩短操作时间,大幅度提高节目制作效率,还可以进一步节省硬盘空间,一举多得。

(5) 多格式混编。

T2 系统支持 IMX、MPEG2 I 帧、MPEG2 IBP、DVCAM、MPEG4、WMV9 等各式的多格式混编,甚至于您从互联网上下载的视音频素材也可以直接用于时间线编辑。与同档次某些需要视频卡的产品相比，T2 具有更强的灵活性和适应性。

（6）全新的功能界面。

T2 完全符合人体工程学的界面和功能流程设计，是国内同档次产品中最具人性化的非编系统。

（7）流畅快捷的节目制作流程，精彩的节目效果。

T2 系统支持准确的智能化转场识别、时间线无级缩放、大量实时二维三维特技模板（可对每个特技模板进行基于关键帧的适时调整）、完整的字幕制作模块等多种实用功能，可在完成精彩的节目制作效果的同时，获得良好的制作体验和乐趣。

（8）多种节目发布方式。具体包括：MPEG2 I 帧文件——送交电视台视频网络；MPEG2IBP 文件——送交电视台播出机房；DVCAM 文件——随时下载到录像带；MPG 文件——使用第三方刻录软件直接刻录 DVD 成片；WMV9 文件——远程传输、远程审片或网上发布。

（9）多台 T2 可组成高效稳定、成本低廉的视频制作网络。

（10）具备未来功能开拓空间。

支持索贝数码媒体网关卡，支持模拟复合、YUV 分量或 SDI 等格式视音频信号的实时回放和下载。

二、DP－EditStd：无处不在的编辑系统

DP－EditStd 是一款不依赖于视频板卡的、轻便灵活可移动的膝上型实时非线性编辑系统（见图 3－5），可以配备在膝上型笔记本电脑或者台式电脑上使用，通过 IEEE1394 接口作为数据传输的通路。它打破了传统非线性编辑系统根据昂贵硬件板卡构架上层软件的方式。软件系统本身在没有专业视频板卡的支持下将自成一体，通过软件引擎驱动 CPU＋GPU，大大增加了现有平台的利用率，降低了成本投入的需要。提供包括输入/输出、编解码、特技、编辑、控制、素材管理在内的所有功能模块，并且还可以得到大洋全部网络系统的支持，同

图 3－5　DP－EditStd 组合状况

时内嵌世界领先的大洋字幕系统,满足节目后期制作全流程的需求。

1. 基本性能
(1) 特技应用方便。

DP-EditStd 预制了成千种基于软件编码的特技效果,包括最为出色的动态跟踪和动力学时间变形快慢动作以及倒放特技,这些特技有大量参数可以调节,并且可以在后台自动生成,不影响前台编辑工作。

(2) 远程传输模块功能强大。

系统安装的远程传输模块大大简化了新闻制作流程和传输过程,扩展了记者的活动范围,也提高了新闻的时效性。例如,用 DV 格式在 512 K 的带宽条件下传送一分钟的新闻到电视台需要近 60 分钟,但是如果采用 DP-EditStd 产品转码之后在保证画面达到新闻播出质量要求的前提下传送只需要 12 分钟,当然如果时间紧张,还可以采用更高的压缩比。大洋膝上型实时非线性编辑系统帮助电视新闻工作者实现了只要有互联网的地方就可以传输新闻。

2. 主要特性
(1) 支持多格式混编。

支持时间线上的多格式混编(Hybrid Editing),带来编辑的随意性和灵活性,使得创意突破文件格式的限制而得到自由延伸,支持 DVCPRO25(DV25)、DVCPRO50(DV50)、DVCAM(DVSD)、MPEG2、MPEG4 等格式。

(2) 配备千余种固定特技,特技制作一步到位。

(3) 滤镜效果丰富。

预制 50 余种大洋独有的滤镜效果,如颜色调整、几何变形、彩色雕刻、跟踪马赛克、负片、铅笔画、水彩画效果、色彩校正等特技,使得效果更加出众。

(4) 多种格式输出方式。

提供 VCD、DVD 和 DV 等多种格式输出方式使得节目保存和交流变得相当容易。

(5) 支持网络发布。

内嵌多种流媒体(RM、WMV、ASF 和 MPEG4 等格式)输出功能保证及时的网络发布。

(6) 具备远程传输功能。

提供远程传输功能,使采集、编辑、保存和发送实现一体化,简化工作流程。

三、Pinnacle Studio8：引导你五分钟内成导演

随着 DV 的普及，越来越多的人（特别是高校新闻传播系的学生）开始制作自己的 DV 纪录短片，把自己心仪的内容制作成 VCD/DVD，保留美好的瞬间。DV 短片制作的方法也非常多，例如 NERO、VIDEOPACK5.0、WinOnCD6.0 等，软件的功能不同，学习的难易程度也不一样。本书推荐的 Pinnacle Studio8 是众多制作电视节目的软件中专业水平不错，而操作过程却非常简单易学的一款视频处理产品。它针对用户的需求提供了非常实用和专业的解决方案，使用户可以非常轻松地把存储在 DV 摄像机上的视频导入到计算机上。除此之外，Studio8 还提供了视频编辑以及制作、输出的一整套解决方案，使用户不仅仅是单纯把视频导入到计算机里，还可以对所采入的视频进行编辑、加工等后期处理，以及最后把所编辑处理的视频进行格式转换，以保存和刻录成光盘。Studio8 系列有 Studio8DV、Studio8DV/AV 两个产品，前者只能采集编辑数字信号，后者可以处理数字、模拟两类信号，两者价格不一。近年来 Studio8 不断升级，增加了一些外围功能，改型号为 Studio 终结版、Studio9 等等。

图 3-6 Studio8 的形象代言人

Studio8 的形象代言人是一名亚裔模特（见图 3-6），她的手里拿着一张光盘。这款产品为用户提供了采集、编辑和制作一整套的解决方案。

图像声音编辑对于电视节目来说非常重要，这是一个把自己的创意和构思整合为一个完整节目的关键所在。Studio8 的编辑功能非常强大，可以流畅剪辑影片、添加转场特技、添加滤镜特效、添加字幕、添加背景音乐、添加旁白解说。本书择要讲解 Studio8（包含 StudioDV8 和 StudioDV/AV8）的播出菜单的制作功能。丰富的编辑功能还是要使用者在编辑过程中去熟悉、体验，只有下海游泳，才能将 Studio8 的整体优秀功能发挥到极致。

1. 视频采集

软件打开后是编辑界面，点击"捕捉"按钮就可以打开采集界面，图 3-7 就是 StudioDV8 的采集界面，由三部分组成：左上角的像册是显示所采集的视频文件

第三章 非线性(数字)编辑系统

的缩略图;右上角的播放器是视频的回放窗口,通过它来可以实时看到所采集的视频内容和进度,并且还标有已采集的时间和丢帧数;左下角摄像机遥控器用于遥控连接到电脑的摄像机;右下角是功能区,采集功能的操作都在这里了。

下面我们就一起看看具体的操作方法。

我们只要把摄像机和计算机连接好,然后点击"开始捕捉"就可以把视频从带子里导入到计算机中了。

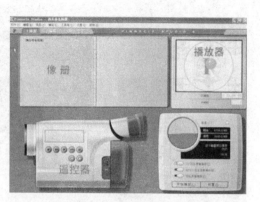

图 3-7 StudioDV8 的采集界面

在采集时,我们可以用三种方式(图3-8)进行采集:DV 完全质量捕捉、MPEG 完全质量捕捉和预览质量捕捉。其中,DV 完全质量捕捉是高质量采集,它把视频以 AVI 格式保存到硬盘上,它的优点是图像质量好,缺点是所占用的硬盘空间大。例如,1 小时的视频,用 DV 完全质量捕捉采集,所占用的硬盘空间将近 13 GB。MPEG 完全质量捕捉可以实现实时的 MPEG 格式的转码,也就是说,可以一边采集视频同时进行转码,采集完成后就已经是 MPEG 格式了。预览质量捕捉是 Studio DV8

图 3-8 DV8 采集方式选择界面

独有的采集技术,它采用了 Smart Capture 的先进技术,相对 DV 完全质量捕捉可以节省硬盘空间 35 倍,对于家庭用户来说这真的是非常实用的。

2. 视频编辑

点击"编辑"按钮就可以打开编辑界面(见图 3-9)。Studio DV8 的编辑功能非常强大,但它的操作方法非常简单,几乎所有操作都是拖曳式的。它由三部分组成:在左上角是像册,用来显示被编辑的视频;它的右边是播放器,用于回放视频和编辑结果的预览;下面是编辑区,有三种显示模式——故事板模式、时间线模式和目录模式。我们看到的是非常专业的时间线模式,可以精确到进行帧的编辑,它又是由主要视频轨、主要音频轨、字幕轨、音效轨和背景音乐轨组成的。

Studio DV8 除了可以对已采集的视频进行编辑,还可以直接对 VCD、DVD 和

57

图 3-9　Studio DV8 的编辑界面

S-VCD 进行编辑,并且还可把三者混合编辑。下面我们就一起来做一个小影片,选用的素材是《蜘蛛侠》,从 VCD 光盘导入。操作方法是:首先把 VCD 文件直接 Copy 到硬盘上,然后把 *.dat 的文件的扩展名修改成 *.mpg 文件,再点击"由不同的文件夹导入视频"按钮就可以把《蜘蛛侠》导进来了。因为 Studio DV8 有根据视频内容自动分割场景的功能,所以视频导入后如图 3-9 所示,电影被分割成了很多的小段落,这样做的目的是为了更方便地进行剪辑、加转场和字幕等操作。

　　第一步,对这段影片进行剪辑,方法如图 3-10、图 3-11 和图 3-12 中所示,用鼠标从像册中选择我们需要的场景,并按住鼠标左键不放,把它拖到主要视频轨

图 3-10　用鼠标从像册中选择需要的场景(见手掌所指)

第三章 非线性(数字)编辑系统

图3-11 上图手掌所选场景拖移至此

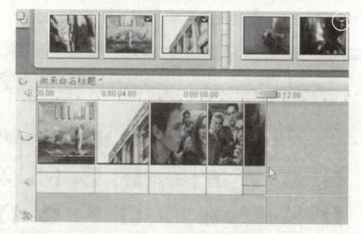

图3-12 松开鼠标左键,所选场景的声画素材可分别进行编辑

后松开鼠标就可以了。重复上述操作,把需要的场景依次拖放置主视频轨上,结果如图3-12所示。

至此,剪辑操作完成,所选择的场景在像册中表示为右上角打钩的场景。同时,可以用右上角的播放器(图3-13)来看剪辑好的这段影片。

虽然已经进行了剪辑,可当我们回放我们剪辑好的影片时会发现因为这5个场景的内容不连贯,结果导致这段影片中的各个场景过渡不自然,所以,我们就需

59

图 3-13　完成剪辑操作，可以用右上角的播放器观看剪辑好的这段影片

要在各个场景之间加一些转场特技，让它更具可看性。

第二步，对所剪辑好的影片加转场特技。操作方法如图 3-14 所示，点击画面左侧竖行的第二个"显示过渡"按钮，选择弹出界面里的"Alpha Magic"。

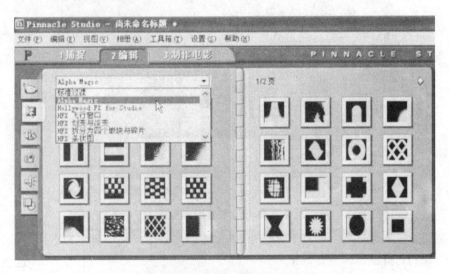

图 3-14　点击画面左侧竖行的第二个"显示过渡"按钮，
　　　　　选择弹出界面里的"Alpha Magic"

然后我们选中喜欢的特技，就像剪辑影片的操作一样，把这个特技拖放到需要添加特技的两个场景之间就可以了（如图 3-15、图 3-16 和图 3-17 所示）。

第三章 非线性(数字)编辑系统

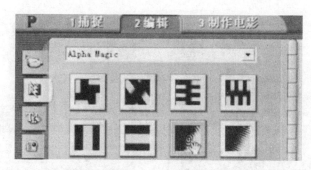

图 3-15　选择一个特技画面(见手掌鼠标)

图 3-16　拖移至此(图 3-17),将特技插入 1 与
　　　　 2 画面之间,特技插入完成

图 3-17　特技插入 1 与 2 画面之间,特技插入完成

　　我们只要点击播放器的播放按钮就可以马上看到添加特技后的效果,这也是 Studio DV8 的特点,所有的操作都是实时的,所见即所得的(如图 3-18)。
　　如果对这个转场不满意,可以随意地更换特技,Studio DV8 提供了非常专业的 Hollywood FX 特技,它的效果很棒,还是上面那个场景,我们来把它换成 Hollywood FX 特技,是前一个场景像打碎玻璃一样过渡的效果(如图 3-19)。

61

图3-18 实时观看特技演示

图3-19 可以随意更换转场不满意的特技

重复上述操作，最终的效果如图3-20所示。

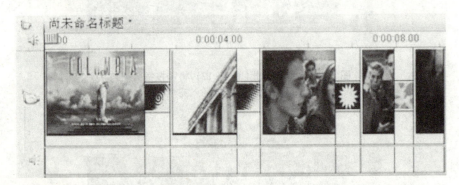

图3-20 特技插入各段画面之间的示意

然后我们随机就可以通过播放器来观看添加了转场特技后的效果。做到这一步，我们已经对这段影片完成了剪辑和加转场特技，可是还有一个问题，那就是背景音乐，因为我们是从《蜘蛛侠》中剪切出部分的内容，虽然各个场景之间的过渡已经比较自然，可是声音显然是不匹配的，因此我们还要对这段电影的背景音乐进行处理。步骤如下：

第一步，锁定主要视频轨（如图3-21）。

第二步，点击"锁定主要音频轨"（如图3-22）。

第三步，直接按键盘上的"DEL"键，删除后，从图3-23我们可以看到，原来的背景声音已经没有了。

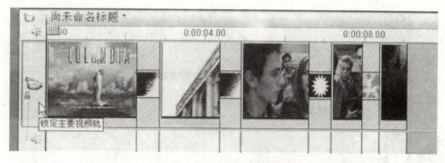

图3-21 锁定主要视频轨

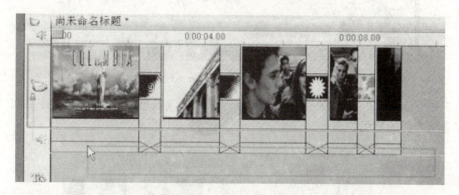

图3-22 锁定主要音频轨

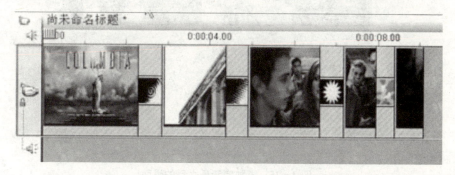

图3-23 原来的背景声音轨道(见上图)已经删除

　　第四步,用Pinnacle独有的Smart Sound技术添加背景音乐。先点击"音频工具按钮"打开音频工具箱,再点击"自动产生背景音乐",选择一首曲子,并把"持续时间"改为被编辑的影片的时间长度0:00:09:06,最后点击"添加到电影"就可以了(如图3-24)。

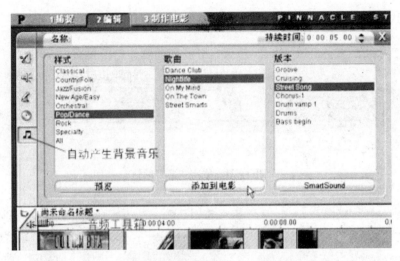

图 3-24　用 Pinnacle 独有的 Smart Sound 技术添加背景音乐

第五步，再次点击"锁定主要音频轨"，然后可以通过播放器来观看效果，添加完音乐之后的界面如图 3-25 所示：

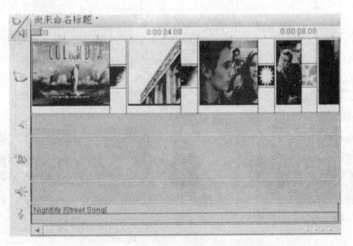

图 3-25　添加完音乐之后的界面

进行到这一步，我们已经完成了对这段影片的编辑。下面就可以进行影片的输出了。

3. 制作节目

点击界面上端的"制作电影"按钮打开我们的制作电影界面(如图3-26),其中左上角是功能按钮和设置按钮,右上角是播放器。下面仍旧是我们的编辑界面,可以看到我们编辑的节目就显示在这里。

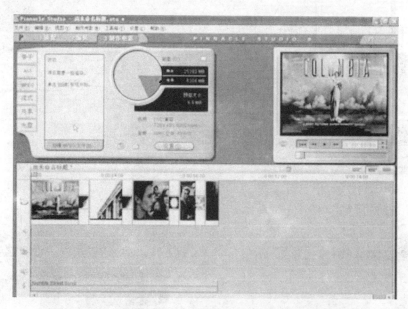

图3-26 点击界面上端的"制作电影"按钮打开制作电影界面

节目菜单制作完成后,我们就可以把上面这段节目做成VCD光盘,把刻录像机和光盘准备好就可以进行刻录了。Studio DV8软件集成了光盘刻录功能,可以直接把时间线上的菜单和编辑的节目刻录到光盘上,非常方便。点击"制作电影",选择下面的"光盘"按钮,就进入了刻录的综合界面了(图3-27)。

刻录设置非常简单明了,根据自己的要求设置刻录格式(VCD还是DVD)、光盘的规格、刻录像机设备还有刻录速度就可以。最后放入空白光盘,点击"创建光盘"就可以了。等刻录完成后光盘会自动弹出,节目宣告制作完成。制作好以后的效果还可以点开播放器在线观看。

以上是一个小影片的制作过程,在编辑时只用到了剪辑、转场特技和添加背景音乐的功能,而这仅仅使用了Studio DV8的一小部分功能,它的编辑功能非常强大,像Title Deko的专业字幕处理技术,随意添加MP3、WAV格式的音效和音乐,轻松添加CD音乐、配音、快慢动作的处理、浮雕、马赛克、模糊和油画等一系列

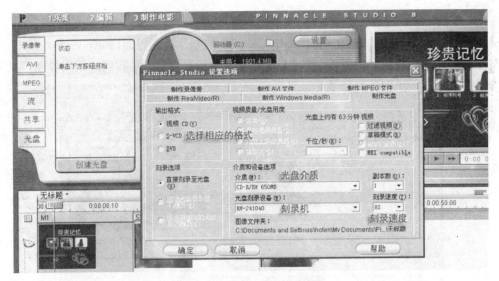

图 3-27 节目制作的综合界面

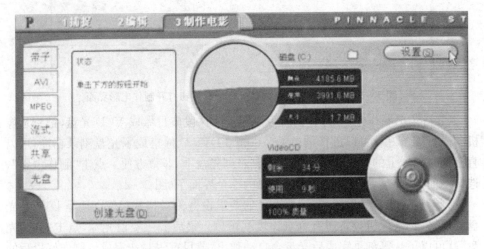

图 3-28 节目制作的光盘选择界面一(点击左侧竖按钮的最下一个)

画面处理技术,还有动态 DVD 菜单等等非常强大的功能。可以说,对于家庭用户来说,只要你能想到的,Studio DV8 都可以做到。虽然它的功能很多,但它的操作非常简单,几乎所有的功能只要靠鼠标就可以完成了,而且它是非常友好的全中文界面(如图 3-31)。

第三章 非线性(数字)编辑系统

图3-29 节目制作的光盘选择界面二

图3-30 节目制作界面三(播放器)

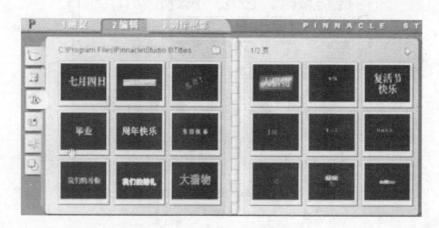

图3-31 字幕功能界面

  前面主要是对短片的编辑,接着制作播出菜单。点击"播出菜单库",可以看到Studio DV8 提供了30多种已经制作好的菜单模板(如图3-33)。选择一种模板把它拖放到时间线的开始位置,会弹出一个询问的窗口,询问是否让软件自动地进行菜单链接的创建。我们如果要自己手动创建菜单链接,点击"否"就会弹出播出菜单的编辑界面。

67

图 3-32　Title Deko 字幕编辑界面

图 3-33　播出菜单界面

4．制作播出菜单

一张 CD/DVD 可容纳 1—3 小时的内容，时间长短不一的节目录制在同一张光碟上，带来了播放选择的问题，因此，制作一个可控可选的节目菜单十分必要。接下来就是手动设置菜单的播放章节，将时间标尺移动到第一个章节的开始处，然后点击"设置章节点"（如图 3-34），就会自动地设置第一个章节，左上角出现相应的画面，再给第一个章节起一个名字，就完成了相应的第一章节的设置。用相同的方法设置剩余的章节。如果第一页的章节设置完了，可以点击"菜单页数"，进入新的菜单页面设置章节。

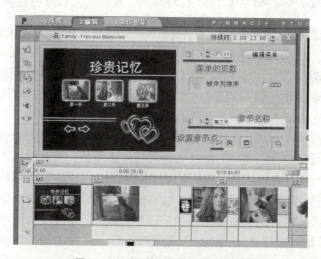

图 3-34　播出菜单制作局部界面

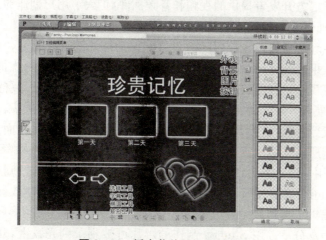

图 3-35　播出菜单制作局部界面

　　点击"编辑菜单"可以对菜单的样式、字幕、背景、按钮进行修改(如图 3-35)。"外观"主要是修改所创建的字幕的样式。"背景"主要用来修改菜单的背景,可以修改成静态的图片,也可以修改成动态的视频图像,这样就可以制作动态的 VCD/DVD 播放菜单了。"图片"和"按钮"主要是在菜单上导入一些图片进行修饰,使菜单更漂亮。

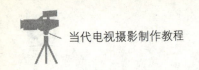

四、Pinnacle Studio8 的后续产品 Studio9：重新定义家庭电影制作

视频编辑的行业领导者品尼高公司 2004 年夏正式发布新一代家庭电影制作产品——品尼高 Studio9，为那些希望快速简便地制作家庭娱乐电影的 DV 拥有者们提供最佳解决方案。新的高级功能有自动编辑、一键控制旧损视频源的修复等。品尼高 Studio9 提供了强大的创造性编辑选择，包括制作家庭电影的音频效果达到影院水准，支持第三方开发者的视频和音频插件。

品尼高与英特尔合作，采用其强大的拥有超线程技术的奔腾 4 处理器，从而开发出了一系列新的功能来存储、增强和提高视频画面的内容和效果。

Studio9 为用户提供了新的强大的套件，拥有视频和音频增强功能，即能以多种方式修复和增强视频和音频。这些功能包括：自动校色，即弥补照明不足，或增强老片子亮度，然后再刻录成 DVD；稳定图像，即把原来抖动的图像稳定下来，以利于制作高质量的影片；清洁视频，即清除模拟带上经常出现的雪花和视频杂质；降低噪音，即用户能在已有的影片上消除诸如风之类的背景杂音。Studio9 的开放架构也支持第三方开发者提供的视频和音频插件，扩大了用户创作的选择。

Studio9 通过复杂的影院效果式视频和音频工具，让用户能创建真正的家庭影院。用户可在环绕立体声区域内随意设置和移动影片的音频元素，为画面配上戏剧性的音响效果。此外，在这样的价格水平，拍摄宽银幕的用户首次能编辑和输出并播放宽银幕视频，这就能充分利用宽银幕电视机和高清晰度显示屏的优势。

Studio9 秉承 Studio 系列一贯的影片制作三步控制方法：采集、编辑，制作与分享节目，这已经为全世界几百万用户所熟悉。Studio9 软件简捷而又先进，针对家庭影片制作所需。第一步，能从任何摄像机里快速输入原始视频资料，存入视频库。第二步，用一键式的 Smart Movie 将所选的视频资料导入故事情节。对于发烧友来说，Studio9 整合了转场、字幕、视频和音频效果、自动创建或导入音乐等整套创造性的编辑工具和强大的功能。第三步，影片制作完后，可用多种方式进行保存并与亲朋好友分享。用 Studio9 制作的影片可被刻录到光盘上，几乎能在任何一台 DVD 机中播放，也可转录到磁带上，还能放到网上，甚至可以通过家庭网络随时欣赏。

本 章 小 结

数字非线性编辑系统，是以计算机图形、图像处理技术为基础，集编辑、切换、特技、屏幕文字、动画、录音等功能为一体的电视编辑系统。它与传统模拟线性编

第三章 非线性(数字)编辑系统

辑系统的根本区别在于：它是将图像、声音信号以数字化文件的形式存储在计算机磁盘上，再进行编辑。在计算机上，数字信号的存储和播放都是非线性的，可以随意编辑而完全不受素材原本的顺序及长短的限制。它优于传统模拟线性编辑系统的根本在于：多次修改编辑无损图像质量。

采集素材信号是非线性编辑的关键步骤，数据压缩是这一阶段的重要环节。

传统的模拟线性编辑实际上是依靠磁带间的复制来进行编辑，是一种"硬编辑"。非线性编辑则不同，它是按系统生成的编辑决定表来存储成品节目信息的，编辑过程变为编辑决定表的内容而不是视频内容的变换，是一种"软编辑"。非线性编辑的这一特点使其在图像质量、编辑精度、特技效果等方面表现出传统编辑方式不可比拟的优势。

问题与思考

1. 了解非线性编辑系统的结构和工作原理。
2. 熟悉并掌握线性编辑系统的操作要领。
3. 了解在线编辑和离线编辑的效能，并分别掌握之。
4. 熟练掌握 Pinnacle Studio8 等编辑软件的基本使用方法。
5. 掌握 8—10 种特技编辑样式。

第二篇　摄影篇与编辑篇

第二编 建筑业经济管理论

第四章　电视画面基础

眼睛是心灵的窗户,摄像机是人类眼睛的延伸。第一章我们简要说到"摄像机与眼睛",本章我们继续从眼睛切入。作为"看"的电视画面当然更是离不开眼睛,电视从业人员要想拍摄出具有震撼力的画面,使观众获得视觉享受,毫无疑问,需要对眼睛的观察能力有所了解。

第一节　画面与眼睛

一、随意观看无画面

1. 观看＝感觉＋选择＋理解

美国作家阿尔多斯·赫荷黎(Aldous Huxley)曾经创作了小说《勇敢新世界》(*Brave New World*)和其他幻想未来的作品。他在 1942 年出版的《观看的艺术》(*The Art of Seeing*)一书中详细叙述了他如何努力让自己尽可能地看清事物的视觉过程(如图 4-1)。赫荷黎从 16 岁就开始患有眼疾,一只眼睛仅仅能够感光,另一只则只能在距离 10 英尺远的地方看到视力表上最大的字母。在《观看的艺术》中阿尔多斯·赫荷黎描写了自己如何通过身体练习克服障碍,但是他最主要的观点是:能够看清楚往往是能够想清楚的结果。赫荷黎用一个公式总结了他看清事物的方法:"观看＝感觉＋选择＋理解。"这是一个富于创见性的对于视觉传播过程的科学描述,是每一位电视制作人必须认真

图 4-1　单眼失明的阿尔多斯·赫荷黎

体悟的理性认识。

观看的第一步是感觉。感觉，或者说看，仅仅意味着让充足的光线进入眼睛，从而直观地看到周围的物体。从这个意义上也可以说，感觉的效果取决于眼睛的各部分工作得好不好。很明显，受伤或是不能正常工作的眼睛会妨碍人们感受事物。不妨把看的过程当作照相的过程来理解，因为在视觉感觉这个层次上，人对形象的精神加工几乎不存在。

赫荷黎认为观看的第二步是从视野中选择一个特定的元素。所谓选择，就是从感觉能够提供给我们的大量画面中，把景物中的一个具体部分隔离出来。完成这种隔离，要靠光线的集中，以及大脑高级功能支持的眼睛的聚焦特性。选择是由意识和智力控制的行为。面对景象中形形色色的物体，选择要比单纯的看更投入。它启动了一个给视觉对象分类的加工过程，比如，某个物体究竟是已知的、不熟悉的、有意义的，还是费解的。选择就是把某个既定目标隔离在成像最清晰的区域里，即眼球后部视网膜的中央凹里。从景象中选择一些个别目标，这是眼睛的一项生理功能，它能把人的精神活动集中在从其他物体中隔离出来的一个细小对象上。

关于观看，赫荷黎写道："你了解得越多，看到的就越多。"一个前职业运动员和一个第一次到赛场的人观看同一场棒球比赛，两人看到的效果肯定截然不同。初来乍到者可能会错过球队经理的手势、比分牌上的信息、球从投手到击球手之间的飞行弧线以及其他一些细节，而这些情况那个前运动员都会注意到。

赫荷黎视觉理论的最后一步是理解，也就是说，必须设法弄清楚你所选择的关注目标的含义。只有积极地思考了所见事物的意义，大脑才可能把这个视觉信息存储到长时记忆库里，让它成为你知识积累中的一部分。

从更高的认知程度上对一个形象进行精神加工，而不是停留在简单的感觉和选择，这意味着必须全神贯注于视野中的既定目标，发现它的意义，而不仅仅是完成一种观察行为。这一切的实现对精神活动的敏锐程度有相当高的要求。当然，如果面前有一个全新的或是出人意料的事物出现，不用很复杂的精神加工，你也可以把某些特别的视觉元素区别出来。但是，只有当你对相关视觉信息做过分析之后，你才能确切地发现这个情景的真正意义，它才有可能成为你长时记忆中的一部分。

了解得越多，感觉到的就越多；感觉到的越多，选择的就越多；选择的越多，理解的就越多；理解的越多，记住的就越多；记住的越多，学到的就越多；学到的越多，了解的就越多。能不能看清事物，不在乎视力好不好，不在乎戴没戴眼镜，也不在乎有没有一台可以观测月球的高倍天文望远镜。感觉、选择、理解，这些过程要求我们有好奇的、怀疑的、有知识的头脑。视觉传播者的目的不是把一个形象刊出或

第四章 电视画面基础

是播出这么简单。他的目的在于通过引人注目的图像,让观者牢牢记住其中的内容。如果读者、观众在思想过程中没有动用这个形象,那这个形象就等于完全没用。作为一个本来的视觉形象消费者或是传播者,你一定想看到让你过目不忘的形象,或是创作出让别人过目不忘的形象。电视制作者应该掌握一种适用于不同媒介的分析视觉信息的方法。只有通过系统的分析,才会在摄取每一个电视图像时注意到画面中的个别元素,进而意识到它与整个报道以及观众的生活之间的密切关系;如果没有这样的分析思考,就不能从中得到任何感受或启发,这个画面只不过成为众多被观众遗忘的视觉信息中的一部分。而分析工作则能让人更持久、更仔细地看一个画面,这是一种令人愉悦的精神行为;这些视觉形象也将成为人们认识世界的一部分①。

2. 随意观看无画面

选择与集中是眼睛的两大功能。我们也许都有这样一种经验:当我们走在熙熙攘攘的大街上的时候,看到了很多的人、很多的车,但当回到家或是过后再回过头来想一想到底看到了些什么的时候,留在我们记忆中的也许就仅仅剩下街上有人有车这样一个模糊的印象了,至于有什么人、有什么车、它们有什么特征,就不得而知,这种随意性观看是缺乏"感觉+选择+理解"的心理因素的。除非那时候我们见到了熟人,或是见到了一辆非常名贵的车,让我们当时就眼睛一亮,以至注目而望。事实上,当走在大街上的时候,我们眼睛的主要作用只是辨别方向,让我们不至于撞上了人或其他东西。同时我们的眼睛也在不停地搜索着,看是不是有什么值得我们看的东西,这时候,眼睛的功能就是我们所说的选择与集中功能。

眼睛并不是可以同时间对我们周围的每一件东西予以注视。眼睛真正能看清楚的只是一个"点",也就是所谓的观察趣味点,当观察趣味点中的物体毫发毕现时,余光中的其他物体则模糊不清了。当我们在闹市区看一个图景的时候,眼前可谓是人、屋、车、树无所不有,此时似乎什么都看见了,其实什么都没看清楚。如图4-2所示,当你选择细看灯柱时,相邻的建筑物便在视野中模糊不清了;相反,当你选择细看建筑物时,相邻的灯柱又在视野中模糊不清了。先看哪部分,后看哪部分,对哪个部分注视的时间长些,哪个部分的短些,这些都是眼睛的观察趣味点在起作用。我们可以有相同的观察趣味点,如画面中明亮、清晰的部分,最富有变化的部分等一般比较容易引起人眼的兴趣。同时观察趣味点也是因人而异的,年龄、

---

① 关于阿尔多斯·赫荷黎(Aldous Huxley)"感觉+选择+理解"的理论介绍改写自〔美〕保罗·M·莱斯特著:《视觉传播——形象载动信息》,北京广播学院出版社 2003 年版。

性别、职业、文化程度、个人爱好、生活环境等都是可以影响观察趣味点的因素。观察趣味点的变化是一个比较复杂的问题,它涉及心理学、美学、社会学、传播学等相关学科的知识。不过,对于每一人来说,眼睛的这种观察趣味点的选择是在神经系统的参与下自动完成的。

图4-2　左边的画面灯柱清晰,右边的画面建筑物清晰,这是运用变焦镜头推焦与拉焦手法得到的选择效果

但是对于摄像机来说,情况就不一样。摄像机只是一种机器,它本身并不像人的眼睛那样对某些事物感兴趣,而对另外一些事物不感兴趣。它只是"忠诚"地记录下进入其镜头视野内的所有内容。那么,就产生了一个问题,怎样才能保证摄像机所摄取的画面能使观众感兴趣呢?这个问题的解决有赖于摄像机的"神经系统"——电视从业人员的介入。电视从业人员是使用摄像机这个工具的主体,他应该选择那些能够引起观众兴趣的观察趣味点,让观众知道该看什么。也就是说,电视从业人员拍摄电视画面时,要有非常明确的目的性,要给观众可看的内容;漫无目的的画面只能引起观众的厌恶。这个道理虽然非常简单,然而是不是每个电视从业人员都明白呢?是不是每个电视从业人员在拍摄现场拿起摄像机时,都有这样的意识呢?现在电视观众抱怨我们的电视节目没什么可看的,常常是一个节目看下来,怎么也回忆不起来自己到底看到了些什么。当然,出现这种情况的原因是多方面的。但其中一个不可回避的因素就是我们拍摄到的电视画面缺乏有效的选择,没有指向明确的信息含量,未能吸引观众的注意力。

电视画面包含一定的时空结构。当电视从业人员拿起摄像机拍摄电视画面的时候,他不仅应该熟练地掌握摄像机的各种选择性能,还应该利用丰富多样的造型手段,充分运用"观看=感觉+选择+理解"的原理,拍摄出信息含量丰富、有观看意义、技术上到位的画面。电视节目种类繁多,各种节目对画面有不同的要求,可以说,摄像构图无定法。但有一点毫无疑问的是,那些杂乱、繁复的电视画面只能影响观众的视觉感受,是电视屏幕上的"视觉噪音"(冗余信息),注定会受到观众的唾弃。

二、"定睛一看"出精彩

前文我们已经说过眼睛的两大功能就是选择与集中,漫无目的的观看不能留下任何信息,漫无目的的画面是电视屏幕上的"视觉噪音",不能吸引观众的注意力。电视从业人员在运用他们的"眼睛"——摄像机拍摄电视画面时,应有非常明确的目的性。

我们知道,观众在看电视时很少双眼一直盯着屏幕的。美国学者曾经把家庭看电视的全过程用录像记录下来加以分析,发现观众看电视有很多伴随活动,玩、看书、打闹、吃饭、睡觉等等,不一而足。既然我们面对的是这样的传播环境,就更需要那些能把观众看电视时无意注意的收视心理转变成有意注意的收视状态的电视画面。然而令人遗憾的是,在我们的电视节目中,随意推拉摇移的无目的镜头并不鲜见。如在某些会议新闻的拍摄过程中,经常是一个镜头摇过来,接着又一个镜头摇过去,然后来个现场大全景,画面信息甚少,观众什么也没得到。电视画面要吸引观众的注意力,就一定要有信息含量丰富的固定镜头,从而让观众"定睛一看"获得美好的视觉享受和信息享受。

按照接受心理学的原理,要将人的注意力由无意引入有意,需要产生一种刺激和兴奋。而细节正是产生刺激、引起振奋、保持观众收视兴趣的一种重要手法。也就是说,要用电视的画面细节来满足观众对"看"的渴求,以细节充实电视画面。

1. 什么是画面细节?

画面细节是指在电视节目声画同步叙述的过程中,所插入的能引起人们专心关注、深刻感悟的画面。其运用目的是制造一波三澜的叙述效果,增强叙述过程的艺术感染力,激发观众情感,使他们在观看之后留下一个深刻的印象和获取饱满的信息。人物的形体动作、音容笑貌、手势眼神、服饰装束,自然环境中的风雨雷电、湖光山色、草图鸟兽虫,人们的习俗、习惯、活动的场所,人们生活中的各种事物,都是推动情节发展、构成矛盾冲突、刻画人物性格、表现作品主题的重要手段。这一大类中又可细分为生活细节、表情细节、动作细节、环境细节等。

(1) 生活细节。在这里特指从电视节目所表现的人物的日常生活(包括工作、学习、娱乐)中选取的、集中体现人物特征的各种画面集合,它可以由各种景别的镜头组成。现实生活是千百万人正在进行着的生活,因而充满着鲜活和新意。富有个性张力的瞬间不仅存在于生活出现变异时的突发时刻,更寄寓于日常平凡的生活之中。例如，北京自由撰稿人梁子拍摄的纪录片《房东蒋先生》，说的是再过一个月，上海市区旧洋房房东蒋先生的老宅就要被拆掉了。他曾经一次次地醒来，对它说再见；是他对它说再见的时候了，是永别的时候了。房子的主人蒋先生，不住地说，他恨透了这幢拴住他一生的房子。蒋先生清楚地记得的是数字：母亲离开的日期，"文革"中自己被踢出家门的日期，重归老宅的日期。这些数字是对存在过的事物的标记，是一个个还活着的概念，但它们回答着"是什么"而非"为什么"的问题。

《房东蒋先生》全部用日常生活镜头向人们介绍了一位历经挫折、饱尝清苦、终生未娶的普通老人。来自北京的女记者贸然闯进了老宅（竟然成为片中唯一的配角！），她发现这里弥漫着她不能参透的谜。她试图去解开蒋先生和老宅的秘密，却不由自主地被卷入一场奇怪的多幕剧中。她沮丧地发现自己只是个孤独的局外人。令她感到悲哀甚至绝望的是，历史已经悄悄地改变了很多东西。它使这些关于老宅的秘密越来越沉重，沉重得让蒋先生缄默而迷恋（如图4-3）。老宅见证了三十年代上海滩的十里洋场，记住了上海解放的历史关头，铭刻下文革时期的暴风骤雨，注视着改革巨变的

图4-3 临别了，蒋先生十分留恋窗前的白兰花

新上海。老宅因此不再是没有生命的器物，它将历史变革、家族盛衰、人情冷暖、梦境现实一股脑地交给蒋先生，去忍受，去承担。这一次轮回，是整整六十年。梁子隐约感受到困扰蒋先生的精神漩涡源自老宅。他没有结过婚，那是因为他厌恶家庭；他没有太多的朋友，那是因为他信仰怀疑；他戒不了吃西餐、喝红茶、打英文信件的习惯（如图4-4），那是因为他依恋着旧时生活。可是，一切的一切，和老宅又有什么关系呢？这一

图4-4 英文打字的细节记录了蒋先生悠闲的生活

次,她的勇往直前在一位上海老人的心灵深处搁浅了。窗前的那棵白玉兰就要开花了,阳光斜照着蒋先生孤单的身影。屋外,打桩机在嚣叫,高耸入云的新建筑俯瞰着都市中心的这一片废墟;屋内,老唱机依然缓缓流淌着往日旋律,蒋先生独守着老洋房最后的日子(如图4-5)。六十年的坚守最终还是崩溃。拆迁前夜,蒋先生又唱又跳。这些下意识的举止、反应、情绪变化等保持了自然形态的过程记录,将这位老房东的生存状态和个性色彩,作了自然、细腻的具体描述,以浓郁的生活气息给作品贯注了一种冲击力。

(2) 表情细节。是指选择伴随人物的喜怒哀乐、言谈举止、行为动作发生的,并借以表现人物内心世界的面部表情的电视画面记录。2004年

图4-5 梁子为蒋先生过60大寿时说"我们是过的离别"

图4-6 艾滋病患者绝境求生的表情细节震撼人心

7月16日世界艾滋病大会在泰国曼谷召开,《凤凰大视野》从会议当天开始一连五天播放专题片《中国艾滋病实录》,通过不同的视角关注艾滋病在中国的流行过程、流行状况,关注艾滋病人在中国的生存状态、艾滋孤儿、民间救助,以及中国政府为了控制艾滋病所采取的行动,对中国内地艾滋病的流行状况进行了一个全景式的扫描。艾滋病患者绝望中渴望生命的表情,这些诉诸于面部表情和行为动作的心理活动,是任何语言符号都无法表达的(如图4-6)。

(3) 动作细节。这里指狭义上的体态语言,如举手投足、低眉敛目……它多由中景镜头组成。还是在《中国艾滋病实录》里,2003年12月1日世界艾滋病日,国务院总理温家宝选择在这一天来到北京地坛医院,他胸佩象征关爱艾滋病患者的红丝带与几名艾滋病患者一一握手、攀谈(如图4-7),半月后国务院副总理吴仪走进河南艾滋病村走访了艾滋病患者家庭,中共高层领导人的一连串举动引发了

图4-7 温家宝总理与艾滋病患者握手、攀谈的举止动人心魄,引发了媒体的广泛关注。评论认为温家宝总理的这一次不寻常的握手,标明了这个拥有13亿人口正面临严重威胁的国度,正式进入全民对抗艾滋病时期,画面中温总理行为举止的视觉与心灵震撼力不言而喻。

（4）环境细节。是指从感观经验的把握上具体地反映社会场景、生活环境及时代特点,为观众创造出如临其境、如历其事的现场感,从而使整个作品更具现实复原的真实性镜头,多为全景镜头（见图4-8）或特写镜头（见图4-9）组合。印尼苏门答腊岛以北海域2004年12月26日上午当地时间8时发生地球40年来最强烈的9.0级地震,并引发了雷霆万钧的海啸,殃及东南亚和南亚多个国家。

图4-8 泰国普吉岛阙迪度假村在海啸突然来袭时的恐怖情景（全景画面）

图4-9 普吉岛靠近巴东海滩的一条大街上到处都是损毁的汽车和各种各样的垃圾（特写画面）

10米高的巨浪席卷印度洋沿岸地区,许多当地居民和在海滨度假弄潮的旅客措手不及,纷纷溺毙。滔天巨浪席卷了斯里兰卡、印度、印尼、泰国、马来西亚、马尔代夫和孟加拉国等沿海地区,罹难者不计其数。对这一人间世纪惨剧世界各电视机构都进行了充分报道,现场环境的艰难与惨烈借此清楚明了地呈现在观众面前,借以唤起人们的关注、同情和援助。

2. 电视画面细节的采录

电视画面细节能提高信息传递效率,增强观众记忆深度。对画面细节的合理运用,还能传递深度信息,增强电视传播的时代感和真实性。事实上,画面细节作为电视传播信息内核的外化形式,已日益受到电视从业人员的关注,采录、运用理想的细节已是采编人员制作节目时致力追求的目标。

如何采录电视节目所需的画面细节呢?

(1) 要掌握"图形—基底"理论,提高电视从业人员对画面细节的发现能力。

"基底"性画面概念源自格式塔理论,格式塔,德文 Gestalt,中文译作"完形",它强调物象的整体性。所谓形,乃是一种组织结构,而且它与人们的视觉活动密不可分。格式塔基底理论的实质内容就是强调知觉必须在对象和背景之间做积极的选择。电视从业人员要掌握"图形—基底"理论,就是要求他们在进入拍摄现场后,有能力在对象性画面和环境性画面之间做出积极的选择。这也是电视从业人员在节目制作过程中捕获画面细节的理论依据。

当我们扫视周围环境时,有大量景物进入视场。其中一些互相重叠和遮蔽。我们的知觉系统有分离和区别个别物体的能力。

图 4-10 图形—基底选择选择测试图

图中是人物对峙,还是花瓶独立?不同的视觉选择导致图形与基底发生完全相反的变化。

在由基底中区分图形时,我们也把孤立的视觉成分分配给要求它们代表的物体。在复杂的现实世界中"图形—基底"关系有时并不那样清晰明显,更为常见的是必不可少的图形和作为其背景的基底两者间的区别很不明显,甚至消失(如图4-10)。如果景物中视觉成分过多或出于浅薄的技术再现,使得图形—基底根本无法区别,那么便剥夺了画面的可辨认性和效果。让我们来看看下面这个例子中电视从业人员是如何从背景环境中发现画面细节的(图 4-11 至图 4-14)。1994

年4月22日,台湾《华视新闻》播出了执政的国民党代表和在野的民进党代表为选举席位的一次由磋商引发争斗的新闻:第一个画面是两双互相指责的手的特写;第二个画面拉开至近景,依然是强调手的动作表现双方激昂的情绪,一分钟的新闻中,关于手势的镜头达8组之多。这种画面细节的选择一反报道党派斗争和会议新闻的常规手法,把"手"这个细节从整个会场的画面中分离出来并加以放大,颇具"手是行为的焦点"这一画面构成要素的新意,从而准确、生动地捕获住信息含量饱满的细节画面,足见记者掌握"图形—基底"理论功底的不俗。

图4-11 报道会议的争论,从双方手势的特写开始

图4-12 从特写拉至中景镜头表现双方人物的情态

图4-13 在野的民进党代表的手势拒对方于千里之外

图4-14 执政的国民党代表伸手据理力争

(2) 要强化固定镜头意识,提高电视从业人员对画面细节的控制能力。

固定镜头是指摄像机的机位不动、镜头的焦距不变、镜头的角度不变的有效拍摄。摄像机的诸多可变因素固定,运动的是画框中的人与物,其人其物的运动是否合乎构图要求,记者得具有良好的预访、预测能力和现场调控能力。镜头适当的推、拉、摇、移是必要的,但太多、太滥的推、拉、摇、移只会使观众眼花缭乱。这方面,港台的电视业界做得较为出色,他们在镜头语言的运用上表现出了较高的素养。在他们的电视新闻里,很少看到随意推拉摇移、信息量甚少的画面。他们不会因为顾及播音稿所需要的时间而随意铺垫画面,他们所追求的是运用准确到位的画面证实新闻中人、事、物、时、地的可信性。基于这个追求,他们大多使用固定镜头,快切编辑的采编方法,体现细节在新闻中的说服力,画面语言准确到位,显得简练、清晰、明确,从而提高了画面的可看性和信息的饱满度。笔者2002年曾对6个港台电视机构的600条电视新闻的连续统计分析表明:其中使用"固定镜头"新闻的比例高达70.96%,这一数字具体印证了港台电视业者对固定镜头这一形式的追求(见表4-1)。

表4-1　港台电视新闻镜头运用形式统计

类别\条数\台别	TVBS	华视	中视	凤凰资讯	翡翠台	本港台
固定镜头	81	79	77	78	81	82
运动镜头	10	11	13	12	11	8
综合镜头	9	10	10	10	8	10

说明:1. 统计时间为2002年1月16日至2月4日,共20天。
　　　2. 统计节目均为黄金时段的晚间新闻。
　　　3. 样本抽取各台每天晚新闻前5条,累计为100条。

固定镜头并不仅仅大量地运用在电视新闻节目中,在其他类型的电视节目中它也占据了非常重要的地位。如美国 Discovery Channel 播放的系列电视纪录片中,固定镜头的运用就非常普遍,甚至在 *Alien Neighbors*,*Great White*,*Seconds from Death* 等几期节目中几乎所有的镜头都是固定镜头。固定镜头虽然是电视画面摄制中最基本的技法,但它却要求电视从业人员有深厚的素质积累,素质差的电视从业人员往往是用随意推拉摇移的运动镜头来掩饰其采访肤浅、摄制功底不足的欠缺。欲运用好固定镜头,电视从业人员在电视画面的制作过程中就要把握住摄制现场的细节镜头,只有这样,电视画面才具有可看性。对细节的解读,使我们知道它所反映的事物与周围其他未看见的部分形成一个整体。认知细节存在的空间,不必一定要看到与细节相关联的其他部分,从而简化画面,使得细节所包含的内容更集中,画面更简洁。

(3) 要坚持"挑、等、抢"技法,提高电视从业人员对画面细节的捕获能力。

这是就电视新闻节目和电视纪录片节目而言的。因为在这些节目中,最忌讳的是摆布、导演、补拍等笨拙的拍摄手法。这些手法完全违背了节目本身所规定的真实性原则，必须坚决摒弃。在这里，画面细节的捕获问题不仅仅是技巧问题，也不仅仅是形式问题，细节之有无及多寡，往往反映了一个电视从业人员在现场的观察能力和职业素质。电视画面细节的运用要求电视从业人员从客观现实生活中选择最能表明事务本质的事实材料来传递信息。综合运用"挑、等、抢"等摄影手法，将这些信息从背景环境中凸显出来。

"挑"是指电视从业人员通过深入生活，在拍摄现场进行观察、分析、综合、演绎，将那些最能体现事物本质的、最能阐明事理且又适合拍摄的素材挑选出来。其内涵十分丰富：拍摄前，表现为对素材的理性选择；拍摄中，对现场的事件、人物、环境、时机、光线、过程等因素的综合挑选；拍摄后，对画面综合组接内容的挑选。值得指出的是，它贯穿于电视节目成型的始终，且"挑"的过程中兼有"等"与"抢"的内容。

"等"是指电视从业人员以坚韧的作风等候拍摄时机的到来，它是电视从业人员摄影修养的具体体现。最富于表现力的时机，可以出现在事件发展进程中的任何一个阶段，在这个时机出现之前，要求他们在观察、分析的基础上，把握准事物发展的脉络与走向，进行预见性等候。这个等候过程要求他们排除急躁、盲目等消极心态，以积极进击的耐心等候最佳时机的到来。如纪录片 *People of the Forest* 就是在坦桑尼亚历经 20 年拍摄完成，可见这个节目的摄制者们的"等"功之一斑。

"抢"是指电视从业人员以忠于职守的职业道德力量和纯熟的拍摄技巧，不失时机地抓取事物发展过程中最富于表现力的场面与细节。这两类节目的魅力在于能忠实地记录事物运动的真实过程中的若干高潮，抢拍那些稍纵即逝的画面。这不但要求电视从业人员在千变万化的拍摄现场倾注全部心血，甚至还要求他们以生命换取永恒的形象。1989 年 1 月 12 日，武汉地段内的长江新滩口江面上，两艘油轮起火燃烧，为了获得消防战士在火场战斗的近景镜头，武汉电视台通讯员程敬发，深入到正在燃烧的油轮上进行抢拍，不幸，油轮突然爆炸，程敬发以身殉职。事后从江底打捞上的录像带，忠实记录着爆炸前消防战士英勇无畏的动人场面。程敬发的大无畏精神，受到了原国家广播电影电视部的表彰，为电视从业人员树立了一块求真务实的不朽丰碑。

第二节 画面与镜头

一、画面与镜头的同一性

1. 电视画面概念界说

电视画面是电视传播的主要符号之一，在电视节目语言的构成中有着举足轻重的作用。那么,什么是电视画面呢?这似乎并不是一个如想象中那样容易回答的问题。随着电视传播技术的进步和电视节目制作观念的提升,对电视画面的认识也在不断地变化和深入。我们认为,电视画面是一个内容丰富的容器,它容纳了构成有效传播画面的六大基本元素(图4-15),除了屏幕上显现出来的诸多可视性语言符号(画内文字和编辑添加文字)和非语言符号外,还有可听性语言符号与非语言符号(诸如对白、播讲、唱词、音乐等)。

(1)可视性。

电视画面的可视性是指它是诉诸人们的视觉通道的。我们一般所说的"看"电视,严格意义上来说,就是针对电视画面而言的。我们知道,人类感受外部世界主要是通过眼、耳、鼻、舌等感觉器官及其相应的神经系统来完成的。其中,视觉和听觉是人们与外界进行沟通和交流的两种最主要方式。传播学的研究又表明,人对于外界信息的感知80%来自视觉,其中又有80%是来自各种各样的图形。电视画面提供给观众的正是这种对"物质现实的复原",满足人们"眼见为实"的要求。电视画面的可视性是电视区别于广播等诉诸听觉的传播形式的最主要特点。

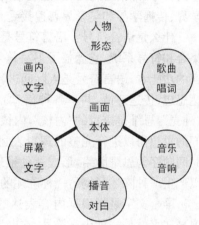

图4-15 有效传播画面容纳的六大基本元素

前文我们已经说过,人们进行交流和传播的两种最主要通道是视觉和听觉。事实上,视觉和听觉在接收信息时有着它们各自不同的特点和方式,两者不可混为一谈。"依附于画面之上的声音(包括台词、解说词、音乐、音响等)是画面内容的重要组成部分","一幅电视画面是视觉形象和声音的复合体","电视画面是视听一体的",诸如这样的认识就是没有认清视觉通道和听觉通道在传播信息时的不同作用和规律,是不利于发挥电视画面的特点和优势的。其最直接的后果之一就是会导致在电视创作过程中一味地强调声音和画面的同步记录。前段时候,在电视新闻界有关于电视新闻声画关系的争论,其中的所谓"声画同构"说,就是把声音和画面机械地撮合在一起,片面追求"建立在摄录技术基础上的声画同步记录"。这种片面的认识也就决定了其在这场论争中的失利。电视画面具有可视性,但不能把这种可视性不顾传播实际盲目扩大为可视可听性。

(2)语言符号与非语言符号。

有人认为,电视画面是指"通过光电讯号的摄录系统,在一段时间内不间断地拍摄的形象素材"。我们认为,时至今日,仅仅把电视画面等同于形象素材的看法已经不能适应电视事业的发展,也是不符合电视传播的实际的。事实上,电视画面除了形象素材,也就是图像外,还应该包括摄影照片、图画、电子特技画面、屏幕文字等。它包括语言符号和非语言符号两个符号系统。

著名的符号学家苏珊·朗格认为,人类使用的传播符号可分为两类:一是推理的符号,即语言符号;二是表象的符号,即非语言符号。朗格这一认识已为语言学界、传播学界和美学界普遍接受和广泛应用。

什么是语言符号?语言符号是信息传播的主要载体,是人类特有的形声符号集合和符号系统,它涵盖了书写符号(文字)和声音符号(语言)这两大系统。从语言的功能看,语言符号是人际间进行传播、交流的重要工具。人们借助语言符号表达思想、传达感情,共享各种信息。从哲学意义看,语言表达思想,语言是思维的"外壳",思维是语言的"内核",内核的有序排列,就形成了推理的模式(外壳),使人们的思想得以进行完整的逻辑表述。语言符号较之其他符号,最大的特征是:以时间顺序为思维脉络,形成一种推理模式的"陈述",而且顺应人们的思想要求,可以产生一种陈述驳倒另一种陈述的效应。

屏幕文字是指根据内容表达的需要,后期制作时叠加在电视屏幕上的文字。屏幕文字就是一种语言符号,它也是构成电视画面的一部分,或者有时候它本身就是电视画面。屏幕文字在电视节目中可以用来介绍剧情、叙述人物对白等。而在电视新闻节目中,屏幕文字更是发挥着不同寻常的作用。新闻从业者应在屏幕文字运用中使尽招术,从新闻标题、新闻内容提要、口播新闻文字显现、随时插播动态新闻等多个方面发掘它的使用功能。

什么是非语言符号?非语言符号是指信息传播不以有声语言和书面语言为载体,而借助直接打动人的感觉器官的各类具象符号,如颜色、人际间的距离、人的衣着、神态、表情、手势、身势、陈设、环境等。非语言符号的主要特征是:其意义即在符号自身,难以用语言复述,其语义模糊但又具体。它所传递的信息许多是来自内心深处,难以抑制。有的人在重大灾难中,口里一个劲地说"不怕",可他颤抖的手脚生动地表述着内心的惊恐,这就是非语言符号的不可抑制性。

电视画面中的非语言符号包括图像、图画、摄影照片、电子特技画面等。图像是电视画面中最主要的非语言符号。画面图像"首先是现实主义的,或者更确切地说,它拥有现实的全部(或几乎是全部)外在表现"[①]。电视节目中的实人、实景、实物构成了画面的实际内容。画面图像中,这些人物、景物与人物的形体动作、表情、

[①] 〔法〕马赛尔·马尔丹:《电影语言》,中国电影出版社1980年版,第1页。

服饰等相关。图画是人工绘制的,包括动画、漫画、地图、图表等。其中的动画、漫画,有着形象表达的意义,具有艺术创造的功能。其中的地图、图表之类,则具有概括作用。摄影照片也是电视画面的构成成分之一,特别是在电视新闻方面,用新闻照片作为电视新闻预言的构成要素,一直为国内、国际上许多著名电视台(网)高度重视。这是因为,尽管当今先进的采访设备为电视新闻的摄制提供了种种方便,但社会生活广袤、复杂,摄像机难于伸及每个角落,更难于及时捕捉那些信息量大的突发新闻;况且,对于那些时过境迁的人或物,我们很难掌握到现场的图像素材。这时,摄影照片就大有用武之地啦。诸如美国前总统肯尼迪遇刺、日本社会党前负责人浅沼次郎会场遇害、美国航天飞机"挑战者"号空中突然爆炸等消息,美国NBC、ABC、日本NHK、英国维斯社等电视台首次报道时,画面用的都是新闻照片或资料照片。电子特技画面可以获得特殊的画面效果,它包括混合特技、色键特技和数码特技三类。电子特技手段改变了画面"照相性"再现现实的特质,打破了现实的时空结构,从而产生一种表现功能。它可以抒情,可以说理,同时还具有一种形式美。

不过需要指出的是,电视画面的符号构成虽然涵括了从语言符号到非语言符号的诸多符号要素,但其中最主要、最能反映电视画面特点的还是图像符号。这也是本书所要讨论的重点。本书中的电视画面,如果没有作特别说明,一般是指图像。

(3) 集合。

这里的集合有两层含义:一是指构成电视画面的符号是多种多样的,包括语言符号和非语言符号。但更重要的是指电视画面是在时间序列上展开的连续画面。电视画面以每秒25帧的静态画幅的速度连续不断地变换画面内容,利用人眼视觉暂留原理使画面更形象地表现运动。客观事物运动的连续性要求电视画面记录表现的连续性。因此,电视画面不是跳跃的、无序的,而是连续的、有秩序的,画面在时间上的造型表现是通过画幅先后排列的秩序安排来体现的,并由此形成了电视画面语言传情达意的内在规律。电视画面在时间上连续不断的单方向运动,符合人们生活中对事物的认识规律和习惯。不过,这也决定了观众对电视画面观看的一次性特征,从某种程度上说,这也造成了观众观看电视节目的被动性,制约了观众的选择自由。

(4) 电视屏幕。

电视屏幕是承载电视画面的物质载体。电视画面在现今的技术基础和物质材料的制约下,不管是多机位拍摄,还是多符号传播,最终都要呈现在一个有明显边缘的平面上,一种横向的矩形框架结构的电视屏幕上。

"世界上没有无局限的艺术,艺术在局限中展示各自的个性",记不得这是哪位大师的惊人妙语,它一语道破了万物特性的起缘。音乐被七个音符所局限,诗歌为文字所驱使,摄影、绘画为瞬间形象所凝固,它们在各自的局限中发展,造就各自独立的品格。电视画面的构成同样无法逃脱"局限规律"的局限,在构图的局限中形成了自身的特点。

图4-16　4:3与16:9幅边比画框影像视觉效果简语点评

电视画面不似绘画、照相,它们在绘制过程中从不为画幅比例所框限。电视画面没有过多的选择自由,它只有两种固定的幅边比:一是普遍采用的4:3的横长方形;二是16:9的遮幅长方形。所谓遮幅,是20世纪80年代初在拍摄时对摄影机的画框采取上下遮挡的方式将4∶3的横长方形遮挡成16∶9的更扁的长方形。到20世纪90年代,随着科学技术的发展,原始的遮挡方式已为电子选择电路所替代。专业摄像机都有4∶3与16∶9互换选择按钮,最近一两年许多家用摄像机开始有了4∶3与16∶9的转换功能,在一些专业编辑机上也具备了4∶3与16∶9转换功能,可以将前期4∶3的影像资料转换为16∶9的画幅。4∶3与16∶9画幅比产生的视觉效果各有所长,4∶3格式的画幅上下可容纳更多的构图内容,画面相对饱满;16∶9格式的画幅压缩了上下画幅的空间,有利于简练构图,突出画中主体。选择哪种画幅比应视节目的形式与内容的风格要求而定(如图4-16)。

鉴于此,电视画面创作者必须遵守这一"固定幅边比"的限制,从一个不变的画框中表现千变万化的内容,训练自己在这个固定方框中处理构图的本领。技巧高超者,应以这个固定的框架为窗口,利用摄影机的运动、场面的选择、景别的变换、光影的处理,提供给观众喜闻乐见的画面形象。

2. 镜头与画面的认识

在我们日常的电视画面创作工作中,镜头与画面这两个概念常常被当成同义词,虽然,严格来说,两者是有区别的。画面是从绘画语言中借来的一个术语,从电视的意义上说,画面是利用电视设备的扫描成像电路产生的一帧画格。从视觉暂留的原理看,这是一帧相对静止的图像,是一个"画面"。但这个画面,与绘画、照相意义上的画面有着本质的差异。绘画、照相画面是现实生活典型瞬间的凝固,是个稳定的空间完形,其画面内涵是静止不变的;电视画面是"动作时间"分解后的暂停,画面语言用这种暂停画格开始陈述的第一步,在每秒钟的25帧(幅)上成像,然后,这一个个在空间上展开的画格向前推移,画面的连续运动,让时间的"点"随空间的出现得到了延续,形成了电视画面语言。这样,电视的每一个画面,既具有时间的连续性,同时又具有空间的扩散性,其画面内涵体现在整个扫描成像的连续图像之中。单帧的电视画面,是可视性语言符号和非语言符号集合之最小的"运动暂停形式",其实质是"时空性"的,是构成镜头的基本因素,也是研究由静态构图向动态构图演进规律的起点。

镜头,是指拍摄过程中摄像机由启动到关闭这段时间内所拍摄的内容。从编辑角度看,是画面的"入点"到"出点"之间的那段内容。很显然,镜头涵盖的内容大于画面。无论一个镜头有多少时间长度,包含着多少镜头运动方式的变化,只要中间不间断,或不经外部"剪辑",我们都称它为一个镜头。有的亦称为一个画面。

镜头还有另一层涵义。从硬件(设备)上讲,镜头是指电视摄像机、电影摄影机、照相机上的光学构件,它是由透镜组合而成的成像系统,物理学上称之为透镜、透镜组,俗称为镜头。镜头是电视摄像机的重要部件,一般是由多片正透镜和负透镜与相应的金属零件组合而成的。质量较好、档次较高的摄像机镜头还带有自动光圈、自动变焦距等装置。镜头是摄像机的门户,它的最基本作用是把被摄物体成像于摄像机内的摄像管上。镜头的光学特性是指由其光学结构所形成的物理性能,由焦距、视场角和相对孔径三个因素组成。任何一种镜头都可以由这三种光学特性的技术参数来表示和区分。

对于电视画面创作者来说,镜头焦距、视场角和相对孔径对画面拍摄都会产生影响,它们的技术性能和组配关系决定了电视画面所能达到的技术可能性,是必须掌握的一项基本功。

二、画面是镜头活动的起点

电视画面是构成电视节目的基础语言之一,它传达了被摄对象的形态、色彩、影调、运动等多种构成要素。这些要素的组合与安排直接关系到观众的视觉接收,关系到电视节目的成败。电视从业人员们必须充分调动各种因素创作出信息量饱满、主题鲜明、构图合理的电视画面,无论在画面的内容还是形式上都要精益求精,带给观众一种在观看节目时的视觉美感和快感。

1. 画面思维能力

如何创作出符合电视传播特性的精彩画面呢?这不仅要求电视从业人员对现实世界的事物进行细心的观察,大胆发挥其想象力和创造力。更重要的是,电视从业人员必须加强对电视画面语言基础地位的认识,在不断的创作实践中培养和发展自己的画面思维能力。

(1)何为画面思维能力?

要知道什么是画面思维,首先必须明确什么是思维。所谓思维,"是人脑对客观事物间接的和概括的反映"[①]。通常意义上的思维,包括逻辑思维和形象思维,这两类思维凭借的工具都是抽象的书面语言和口头语言。而画面思维呢?参照"思维"定义的基本内涵,根据画面语言的基本特征,我们认为,画面思维是电视从业人员的画面意识对客观事物直接的和概括的反映。画面意识转化为画面思维,凭借的工具主要是具象的非语言符号语言。电视从业人员借助于画面将丰富的现场形象(材料)加以分析和综合,由此及彼,由表及里,去粗取精,去伪存真,从而用具象的画面语言揭示不能直接感知到的事物的本质和规律。

---

① 见《辞海》"思维"条。

第四章 电视画面基础

为了进一步阐明画面思维这一概念,我们不妨对历年中国电视新闻奖一等奖作品《广东:农民成了现代农业投资的主体》作一简要分析(如图4-17)。

画面	文字稿
	投资办农业,过去是没有人愿意干的事情。例如我身边如此规模的农业基地,过去非国家投资不可。可今天不同了,随着市场经济的兴起,计划经济的逐渐淡化,依靠农业富裕起来的广大农民,已成为现代农业投资的主体。

	这家集农、工、科、贸一体化的现代农业企业,是东莞市农民许纳豪自筹资金办起来的。在这里,禽畜是机械化孵化,工厂流水线自动化养殖。二百多亩林果和现代化的鸡场、猪场构成了最佳的生态环境,产生了最佳的经济效益。

图4-17 《广东:农民成了现代农业投资的主体》分镜头稿本(1)

画　面	文　字　稿
	（采访种植、畜牧大户许纳豪） 问：你一共投入了多少？ 答：我们公司从1988年开始到现在，投入资金大概是五千万左右。 问：公司主要经营些什么项目？ 答：主要是种养为主。 问：那么今年的产值有多少？ 答：大约是二亿左右。
	由农民联合体投资兴办的东莞马金山养殖场，养殖水鱼近千亩。
	由于运用商业的眼光来办企业，实行现代化的经营方式，创造出比传统农业高六七倍的劳动生产率。 　　该场今年仅养水鱼一项收入就超过三千万元。

图4-17 《广东：农民成了现代农业投资的主体》分镜头稿本(2)

第四章 电视画面基础

画面	文字稿
	（采访水产养殖大户马金山） 问：听说你以前是搞商业的，为何现在你把资金全部投入到农业呢？ 答：从商业角度来看，我自己的企业不搞传统农业，而搞现代化的农业、企业化农业。这样一搞，我认为农业大有作为。
	越来越多的农民认为，要从根本上改变农业风险大、周期长、效益低的问题唯有科技进步。这家由个体引进外资办起来的德星无菌培养植场有限公司，80多名员工全都是大学生或是研究生。他们采用组培技术，在不到500平方米的培养室里每年就可生产成千万株香蕉苗，相当于6万多亩大田的生产量。如此高科技的投入能否带出高效益呢？
	（采访农业工程师王礼平） 农业工程师：我们每年投入300万元，产出是1 200万左右。

图4-17 《广东：农民成了现代农业投资的主体》分镜头稿本(3)

画　面	文字稿
	在实现传统农业向现代农业转变的过程中，原来不愿意种粮的农户如今投入巨资，阔步走向集约化、规模化生产。这位中山市的农民，承包了300多亩水田，种植收割实现机械化。面对晚稻的大丰收，他高兴地对记者说： 　　（采访一粮农何东） 　　粮农：一年总收入大概是41万—42万元左右。
	高投入高产出的现代农业，吸引着越来越多的有识之士投资办农业。去年，全省农民投资近100亿元办起了现代农业项目3000多个，广大农民由此走向农业致富的道路。

图4-17　《广东：农民成了现代农业投资的主体》分镜头稿本(4)

　　这条电视新闻的主旨在于传达"随着市场经济的兴起，计划经济的逐渐淡化，依靠农业富裕起来的广大农民开始成为现代农业投资的主体"这一新鲜信息。记者深入广东农村采访行程两千多公里，采访了三十多个农民兴办的现代农业基地，掌握了丰富的材料，拍摄了大量的镜头，为了向观众形象地介绍"现代农业"的内涵，也是为了突出信息的新鲜，画面意识的集中与强化，促使节目制作者从单个的先进"种养行为"画面意识，跃迁为新的画面思维判断力——若干先进"种养行为"画面正是"三高农业"政策的具体证明。于是记者用"大型养鸡场"、"大型果园"、"产粮大户"、"鳖类养殖场"、"养鱼专业户"、"香蕉苗室内培植厂"、"鳗鱼机械化生产线"等高产值的生动画面，向人们介绍了三高农业政策在广东省的推行及其取得的成果。这条电视新闻运用"从同类的许多个别或特殊的事物中概括出一般的思维方法"①的成功,反映了电视从业人员用画面论证事物本质的思辨能力,这便是画面思维能力的具体反映。

虽然画面思维派生于人们早已熟知的思维这一概念,但画面思维与思维有着本质上的差异:画面思维的整个过程都是具象性的,它凭借的工具是画面。概念中涉及的直接反映,是指电视从业人员对事态现场的直接观照、判断和选择;概念中涉及的概括反映,是电视从业人员具象观照的归纳与浓缩,是画面趣味的本质显现。

如上例中的《广东:农民成了现代农业投资的主体》,单个的画面还不足以说明"现代农业"这个主体内容,有的单个画面还是传统农业生产的内容(如养鱼),还仅是现象的局部反映,但电视从业人员最终用于表达观点的"镜头群"就是归纳性的本质显现了。而一般意义上的思维,它的对象(如事物)的原始形态虽然也是形象的,但它是借助抽象语言(字、词、句)符号展开思维活动的,在这个活动过程中,一切具象性对象都嬗变为空洞的词。在整个演绎过程中,只有概念的交替组合,场面往往被模糊、忽略。总之,这两类思维活动,一类以画面为依托,一类忽略画面而以词语为依托,这是电视从业人员对"画面思维"所应有的本质性辨析和认识。

辨析这两类思维概念的本质差异,对于电视从业人员的业务素质的养成,以及电视节目质量的提高都具有十分重要的指导意义。为什么一些电视节目不受欢迎?主要是电视从业人员在创作画面时没有自觉地进行"画面思维",而是习惯性地运用抽象思维的方式指导拍摄。比如,某些电视新闻中就出现为了印证文字稿而寻找画面的现象。这种寻找是在"词"的概念诱导下进行的,往往忽略新闻现场的动人细节,更谈不上现场灵感的诱发与保持,有的仅是漫不经心地推拉摇移,所摄画面大多是可有可无,仅能填充文字稿的时间空白。这里必须强调指出的是,我们这儿强调的仅仅是电视从业人员在拍摄现场运用思维方式的顺序——首先应该使用的是"画面思维"这一形式,而不是用字词去套取画面。我们并不是在排斥、否定字词类语言的思维作用,事实上,"语言可以为每一类型的思维提供一个清晰明确的符号,帮助维持感觉世界固有的秩序。词语就像一个个指针,将这些有意义的峰尖从绵延在地平线上的山脉轮廓中突现出来"②。电视摄制的实践也证明,优秀的电视节目在拥有独具魅力的画面的同时,也拥有相得益彰的文字声音。这是我们在辨析这两类思维方式时所不容忽视

---

① 王家俊主编:《马克思主义认识论》,吉林人民出版社 1986 年版,第 347 页。
② 〔美〕阿恩海姆著:《视觉思维》,光明日报出版社 1988 年版,第 347 页。

的要点。

(2) 画面思维的基本特征。

画面思维是一个由多个要素相互作用而构成的复杂的动态系统。它同任何系统一样,不但有其自身的发生和形成的契机,而且也有其自身运行的规律性。为了深入揭示画面思维的内在本质,可参照《广东:农民成了现代农业投资的主体》的文字与画面,进一步认识它的基本特征。

1) 画面思维具有综合性。

电视节目的创作活动,是通过画面思维和其他的制作活动一起进行的。我们必须认识到,电视节目制作是一个整体活动。画面思维和其他形式的思维总是伴行共存的,很难把它们截然分开。这是因为,任何形式的思维活动都是一种心理过程,是一种"流动状态",各种思维形式互相补充、互相渗透、互相结合,使思维活动现实而又生动地进行下去。任何单独的思维形式,实质上都不可能存在。

电视节目制作,是通过电视从业人员在拍摄现场的感知所形成的画面思维,结合文字和声音的抽象思维构成的综合活动。在这个过程中,把彼此分离的表象组合起来,整合成优秀的电视节目奉献给观众。如果说在画面思维过程中,形象的凸现(形成为人们关注的趣味中心)有赖于对形象的组合加工;那么,对形象内涵的深化、形象的加工就不能不受逻辑思维的渗透。抽象的理念通过画面的综合表叙(画面表达的思维过程)而显得更为生动、深刻。

2) 画面思维具有概括性。

"在人的思维活动过程中,任何一种思维方式都能从复杂多样的外界信息中选择既定目标和相关的信息,排斥与己无关的信息,从而使思维方式具有一种选择的作用,这种选择便导致了概括"[①]。画面思维也具有这种由选择而导致的概括特性。具体来讲,所谓概括性,就是把同一类事物的共同特征和本质抽取出来加以集中。画面思维的概括的主要特点是用归类的方式抽取感性的、直接的形象内容构成一种思维模式,将最终的理性判断交给观众去完成。这和逻辑思维的概括过程就有了本质上的差别,因为逻辑思维的概括过程全由思维主体承担完成,客体仅是处于被动接收状态。画面思维的概括过程虽说没有结论性判断,似乎是一种低层次的感性概括,然而正是这种概括过程的不完整,加强了客体(观众)的参与性,从而使这种感性概括得到质的飞跃。

3) 画面思维具有跳跃性。

众所周知,电视是一种时空艺术。从时间的维度上讲,电视节目因传播节奏、

---

① 荣开明著:《现代思维方法探略》,华中理工大学出版社1991年版。

观众的欣赏习惯所限，总是有相应的有限播出时间。无论是电视剧、电视纪录片、电视专题，还是电视新闻、电视综艺节目，都无一例外地受到了时间的限制。这就决定了必须对电视节目拍摄现场的时空因素作高度的压缩，也就使得电视从业人员的画面思维出现跳跃性。在拍摄现场，思维主体（电视从业人员）根据不断发展变化的客观环境，不断改变思维程序和方向，总是将镜头指向具有特殊意味的画格上，从而达到优化思维目标的目的。由于这个过程是不断运动的、调整的、择优的思维活动，因而呈现出轻视情节构成的跳跃性。

画面思维的跳跃性是与电视从业人员在拍摄现场的理性思考的连贯性相辅相成的。没有连贯的理性思考，画面思维的跳跃将缺乏目的，而成为凭电视从业人员的零星感觉驱使的"乱跳"；一味依赖连贯的理性思考，画面思维则又会失去跳跃性而沦为漫无目的的推拉摇移。

2. 镜头活动的规则

"在人类思维方式的改进与转换中，科学技术的发展对人类思维方式的变革产生着重大影响。"[①]画面思维，作为一种思维方式的提出，正是顺应了电视传播技术发展的需努力改变习惯的思维方式，加强画面思维能力的培养，已成为提高电视从业人员素质的当务之急。电视从业人员在实际的电视画面创作中，应该用画面意识去探究、去发现，并辅之以逻辑思维的补充。阅读本节请结合研读图 4－18 至图 4－31 的《回家》，它将具体告诉你什么是镜头的流畅匹配。

图 4－18

图 4－19

---

① 荣开明著：《现代思维方法探略》，华中理工大学出版社 1991 年版。

图 4-20

图 4-21

图 4-22

图 4-23

图 4-24

图 4-25

第四章 电视画面基础

图 4-26

镜头八：空镜头
调节视觉舒缓节奏
预留人物转场空间

图 4-27

镜头九：全景，正面稍侧
人物入画自然
时空转换流畅

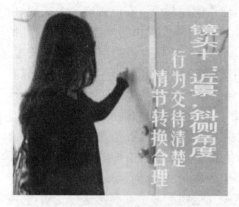

图 4-28

镜头十：近景，斜侧角度
行为交待清楚
情节转换合理

图 4-29

镜头十一：中近景，斜侧角度
行为合乎逻辑
编辑接点合理

图 4-30

镜头十二：近景，正面留
人物情态清晰
叙述流畅简练

图 4-31

镜头十三：中近景，斜侧角度
人物进门故事转场
形成承上启下接点

101

我们知道,画面思维的结果最终是表现在镜头的运用上。画面是镜头活动的起点,镜头活动是画面意识的表现和归宿。那么,电视从业人员在电视画面创作实践中,如何运用画面思维来指导镜头活动呢?

镜头活动的最根本任务就是要创作出符合电视传播规律的电视画面,单个镜头的画面构图要合理,镜头之间的组合要恰当。由于电视画面所具有的连续性、运动性等传播特性,使得镜头与镜头之间的组接和转换显得尤为重要。一般来说,镜头转接的最基本要求是,上下镜头之间的转接要自然、流畅,符合人们注意力变化的生理和心理要求,不能产生视觉上的间断感和跳跃感。要达到这个要求,电视从业人员的镜头活动必须遵循一定的规则。

(1) 镜头的匹配规则。

所谓镜头的匹配规则,是指在电视画面的连续镜头之间被摄对象的位置、动作、方向应该一致、相配或呼应。我们知道,电视画面最终要在电视屏幕上展现,由于电视屏幕画框的局限,观众从电视屏幕上欣赏到的人或物的形态和运动与他们在日常生活中所观察到的有很大的不同,所以,我们应该在被摄对象的相对位置、运动、视觉注意中心等方面充分考虑到电视画面的特性,以符合现实生活的逻辑和观众的心理体验。

从被摄对象的位置的角度来讲,为了使上下镜头之间的画面连接在一起时自然、和谐,就必须考虑这些画面中的同一被摄主体所处的位置是否匹配,是否具有空间统一性。特别是在画面的景别有了变化或者同一画面中有多个人物时,更要注意他们之间的相对位置。一般来说,在同轴变换景别时,同一被摄主体应该处于画面中大致相同的位置上。否则,观众很容易在电视屏幕中觉察到这种变动,它所带来的空间位置紊乱和不协调会破坏观众的视觉流畅。在电视画面中,被摄主体应该处于视觉中心的位置,根据基本的构图规则,也就是画面的四个视知强点上,这样就容易把观众的注意力集中在所要重点表现的被摄主体上。被摄主体处于这样的醒目位置,缩短了观众从流动的电视画面中搜寻重要信息的时间。

当然以上讲的是画面中的主体具有同一性时的情况。如果画面中的主体具有明显的对立关系时,如不同的辩论者之间、演讲者与观众之间、谈话的双方等情况,连续的画面中被摄主体处于相反的位置,可以建立起一种内容上的逻辑关系。这时,虽然观众的注意力产生了跃动,但这种逻辑关系形成了一种心理上的平衡。他们之间的位置关系也是相匹配的。

从镜头的方向角度来讲,镜头活动过程中应该保持被摄主体方向的一致性。一般来说,电视节目的画面都是由许多不同角度拍摄下来的镜头构成的。同样,镜头中被摄主体的运动方向或其目光的注视方向的不合理改变,会割裂整个节目的连续性,分散观众的注意力,甚至会导致视觉上的混乱。不同屏幕运动方向的镜头相接,其所表现的实际运动的含量是不同的。一个特定的运动方向确定之后,一般应该在这个运动的模式下持续下去,以获得一种在观众心理上的明确方向感。眼睛是心灵的窗户,人们的交流很多情况下是通过眼神进行的,因此,电视画面中被摄主体的视线也是一个很关键的因素。画面中人物的视线方向应该合乎一定的逻辑关系,应该符合观众一般的心理感受。

以上我们所讲的镜头的匹配原则,包括位置和运动的方向,是保持观众视觉流畅和屏幕方向一致的前提,也是镜头语言叙述的基础。如果不遵循这些原则,就会影响场景的描述,影响电视画面的内在连续性和观众的视觉感知。

(2) 景别的变化规则。

景别是指画面中表现出的面积。它的大小是由摄像机与被摄主体的距离和镜头焦距的长度两个方面决定的。有关景别的分类和各种景别的不同功能,我们将在本书的其他有关章节中作全面的介绍。这里,我们将要叙述的是,在电视节目制作中,不同景别的变化和安排的规则。巧妙地运用景别变换的一些规则可以达到不同的叙述和审美效果。

1) 不同景别的镜头,清晰地描述事件的过程。

不同景别的镜头有不同的表现力和叙述功用,因此,我们可以按照一定的规律来安排一系列不同景别的镜头,使观众对整个所要表现的事件过程和叙述段落有一个清晰的完整的印象。如全景可以交代环境和整个事件的规模和气势,可以介绍活动场景中人和物的位置和对他们的关系进行定位,所以,一般用全景镜头来开始一个段落或片断;在全景后,往往用中景镜头来表现主要人物或事物,来表现人物之间的冲突;接着,可以用特写镜头来展示特定的局部和细节;最后,又可以用一个全景镜头来展示整个场面的环境。这是景别安排的一般的和常用的做法。当然,有时为了制造悬念,也可以反其道而行之,先特写,然后近、中景,再全景的景别安排,这样可以制造悬念,达到特殊的效果。

2) 合理变换景别,形成视觉流畅感。

为了形成电视画面的节奏感和流畅感,电视从业人员在创作电视画面时,一般要避免相同景别的镜头组合在一起,如上一个镜头是全景镜头,接下来的镜头景别就不宜再使用全景景别。一般情况下,两极景别的镜头也不宜组接在一起,而应该有过渡性的镜头景别。

3) 特殊情况下,也可以运用非常规景别。

以上景别安排的规则是就镜头中的内容要素而言的,其目的在于使叙述更加清晰。从景别变换的外在形式来说,一些非常规的景别安排,可以引起视觉上的震撼和心理上的震动,表达一种特殊的情绪和气氛。如同类景别的镜头组接在一起表达一种积累的效果;两极景别的镜头组接在一起形成一种强烈的对比效果等。

(3) 镜头节奏的表现规则。

"比物以饰节,节奏以成文"。电视从业人员的心灵本来就是一个节奏的世界,其任务就是要在观众和节目之间用节奏架起一座心灵的桥梁,使之目驰神往,产生认知上的共鸣。电视画面创作中,为了表现镜头节奏有一些比较成熟的规则可资参考。这些规则主要有:1) 控制镜头内部运动节奏。相接镜头中主体运动的速度应该一致或相近。2) 控制画面影调节奏。正常情况下,相接镜头的画面影调应该尽量趋于一致,给观众以和谐的感觉。特殊情况下,也可以将反差强烈的镜头组接在一起,形成强烈的对比。3) 控制镜头运动节奏。为了保证视觉反映的一致性,相接镜头运动的速度和节奏应尽量保持一致。4) 控制镜头相接的动静节奏。动静画面的多样式相接,可以形成不同的节奏,传达不同的气氛和情绪。动静镜头相接一般有四种情况,即动接动、静接静、动接静、静接动。其中,动接动、静接静比较能适合表现镜头的连贯性,动接静、静接动则是特例,运用时应谨慎铺垫,找准关系,力求连贯、流畅。

第三节 电视画面的拍摄角度

在电视画面的创作过程中,拍摄角度的选择具有非常重要的意义。简而言之,拍摄角度的选择就是在拍摄现场确定拍摄的位置。角度的变化可以影响到画面的造型效果的差异,不同的角度往往具有不同的侧重点和表现力。确定电视画面的拍摄角度是画面内容、各种构图因素综合物化的决定性过程,这个过程涉及的物质手段主要包括电视画面的拍摄方向、拍摄高度、拍摄距离等三个内容。在拍摄过程中,这三者是综合运用、不可分割的。拍摄角度的运用,不是纯技术手段,其使用控制是以拍摄内容的总体要求为依据的。

一、电视画面的拍摄方向

拍摄方向是摄像机镜头与被摄主体在水平平面上的相对位置,是拍摄角度在水平方向上的变化。拍摄方向的变化,可以影响到电视画面中的形象特征和意境等的相应改变。我们一般根据拍摄方向的变化,把它分为正面角度、侧面角度、斜侧角度、背面角度、反拍角度等几种基本角度。

第四章 电视画面基础

1. 正面角度

正面角度,是指摄像机处于被摄体的正面方向的角度(图4-32)。正面角度最能够体现被摄对象的主要外部特征,把被摄对象的正面的全貌呈现在观众面前。我们的生活经验告诉我们,如果要清楚地观察一个物体,最好的办法就是与之进行面对面的"视觉接触"。电视画面拍摄的正面角度正是要起到这种一览无遗的画面效果。

正面角度拍摄的画面可以充分展示被摄对象的横向线条,产生对称、均衡、平稳、庄重的效果。比如采访大型的政治性会议时,从会场正中央拍摄主席台就可在电视画面上形成庄严的气氛。再比如在电视连续剧《康熙帝国》中,康熙皇帝上早朝时,就使用了正面角度来表现金殿的肃穆和皇权的威严。

运用正面角度拍摄人物,有利于展示人物的面部表情、神态,有利于展示人物身体正面的动作和体态;如果加上平角度和近景景别的配合,则可以表现画面内人物与观众面对面的交流,使人物和观众之间产生一种参与感和亲切感,一般在各类节目中的播音员、主持人出现在屏幕上时都是这样处理的。运用正面角度拍摄物体如建筑时,可以产生平静和谐的视觉效果,可以突出建筑物的宏伟气势。中央电视台的开始曲中表现天安门、人民大会堂、人民英雄纪念碑时,使用的就是正面拍摄的角度。

正面角度还可以展现一些有一定联系或差别的并列形象,形成对比和联

图4-32 正面角度的影像形态

想,引导观众进一步的思索,从而表达画面以外的引申义,丰富画面的内涵。

正面角度拍摄的不足之处是,由于它突出横向线条,这些线条与画幅边缘平行,使得画面缺少纵向的透视变化,没有构图的动势方向,因而显不出更多的空间和体积,显得呆板。而且,正面拍摄的物体透视感比较差,立体效果不甚明显,如果画面布局不合理的话,就有可能使被摄对象显得主次不分,平淡而无生气。

2. 侧面角度

侧面角度,是指摄像机处于被摄体的正侧方向,与被摄体正侧面成90度角的拍摄角度(图4-33)。这个角度主要用来表现被摄对象侧面特征,勾画被摄对象侧面轮廓形状。侧面角度具有很强的表现力,这从我国的民间艺术皮影戏的艺术造型中就可见一斑。皮影戏主要是通过侧面角度的造型来表现丰富的戏剧情节的。

图4-33 侧面角度可以比较清楚地交代被摄对象的方向、方位

侧面角度可以比较清楚地交代被摄对象的方向、方位。这是因为,运用侧面角度拍摄,被摄对象的视线方向位于画面的一侧或在画面之外,从而使其具有明确的方向性。在拍摄体育比赛时,我们可以用它来表现乒乓球、羽毛球、网球等双方参加的体育赛事,以交代双方的位置关系。

侧面角度可以用来表现人物或事物的动势。对于那些运动着的拍摄对象,用侧面角度拍摄,不仅可以表现其富有特征的侧面线条,而且可以表现其运动的美感和气势。比如,摄像人员就经常用侧面角度来拍摄呼啸而过的火车、汽车等具有非常明显动势的对象,以造成强烈的震撼力。

侧面角度可以用来表现被摄人物之间的情感交流,可以交代清楚相互交流的人物之间的关系。在访谈节目中,除了用正面角度来表现访谈人物外,也经常用侧面角度来拍摄面对面交流的主持人和嘉宾,以形成一种交流的气氛,增强节目的交互性。

3. 背面角度

背面角度,是指摄像机处于被摄体的背面方向的角度(图4-34)。背面角度使电视画面所表现的视向与观众的视向一致,使观众产生与被摄对象同一视线的主观效果。背面角度是一种较少采用的角度,其实,处理得好的话,这个角度常常可以收到意想不到的效果。

背面角度将被摄对象和他们所关注的事物放在同一个画面上加以表现,往往带给观众一种强烈的参与感,其视像效应是引导观众透过主体的背影探究画面深处的内涵。近年来,许多纪实性电视节目往往采用这个角度进行跟踪式采访,即跟在被摄对象的背后进行拍摄,这样,被摄对象面对什么,观众也

图4-34 面对背面角度画面,观众更多的是会想象琴手的表情和琴手台下的反响

同样面对什么,从而使观众产生一种心理认同感,具有很强的现场纪实效果。

背面角度往往具有一定的悬念(图4-35),这是因为观众看不到画面中被摄对象的面部表情,具有一种不确定性,观众往往想知道其正面的情况,这样观众的好奇心和想象力就被调动起来了,电视画面创作者可以利用这种期盼的心理来设计矛盾冲突和推进故事情节的发展。

图4-35 即便动物的背影也会引起观众对画面深处的遐想

用背面角度表现人物时,人物正面的面部表情不为观众所见,几乎没有什么画面表现力,而观众能看到的是被摄对象的姿态和动作,这成为画面的主要形象语言。因此在拍摄背面角度的画面时,要注意着重刻画人物的动作、轮廓,提炼出具有表现力的线条。

背面角度还是人物活动"转场"的重要手法(图4-36),上一镜头背面角度的人

图4-36 背面角度还是人物活动"转场"重要手法,上一镜头背面角度的人物向画内走进去,下一镜头正面角度的人物则由画内走出来

物向画内走进去,下一镜头正面角度的人物则由画内走出来。

4. 斜侧角度

斜侧角度,是指摄像机处于被摄对象的除正面、正侧面、背面以外的任意一个水平方向的拍摄角度(图4-37)。它是介于正面角度和侧面角度之间的角度,所以兼有这两种角度之长,使所表现的物体形象具有丰富多样的变化。

斜侧角度有利于表现画面的空间透视感和物体的立体感。它能使被摄体本身的横线,在画面上表现为与画面边框相交的斜线,形成物体形象的近大远小和线条汇聚等效果。

斜侧角度可以分清画面中人物的主次关系,用以突出需要着重表现的人物或事物。电视新闻节目中,记者出镜头采访新闻人物时,常常运用斜侧角度拍摄画面,采访者位于前景,新闻人物位于中景稍后,把观众的注意力自然而然地吸引到新闻人物的身上。

斜侧角度拍摄可以使画面显得生动、活泼,并具有变化。事实上,拍摄人物像时,斜侧角度是一种很常用且有很好表现力的角度,因为它可以避免正面角度拍摄时的某些人物面部的缺陷,调整人物脸部的轮廓形象,表现面部的表情起伏,达到美化的目的。

斜侧角度还可以很好地表现被摄对象的动感。运用斜侧角度拍摄,被摄

图4-37 斜侧角度可以分清画面中人物的主次关系

对象总是处于正面角度和侧面角度之间的一种变化状态,从而形成一种向这两个方向运动的内在张力。这是单纯的正面角度和侧面角度无法达到的效果。

5. 反拍角度

反拍角度,是指处于前一个镜头拍摄方向的反面或反侧面角度的拍摄角度,也称"反打"。以拍摄人物为例:前一镜头从正面拍摄,后一镜头从反面或反侧面拍摄。往往将后者称为反拍或反打镜头。侧反拍人物,几乎是背影,面部看见的较少,这两个角度的交替使用,可以有效地调节画面的视觉效果(图4-38)。正如一个人坐在窗口背向着观众,似在沉思,如回头一盼,则造成新颖动人的神态。

图4-38 反拍角度例释

反拍角度还可以使人看到环境的完整性,有利于全面介绍现场情景。由于反拍镜头可以拍摄对象的另一面,有助于表现主体对象的多方面和立体心态。在一

图4-39 越过人物的轴线,方向关系反转图例

109

组镜头中还可以起到对比、暗示、强调和渲染的作用。

必须注意的是,反拍角度是超过主要人物活动的中心和"轴线"来拍摄的(图4-39),使用不当会导致人物关系错乱和方向不清。

二、电视画面的拍摄高度

电视画面的拍摄高度是指摄像机镜头与被摄主体在垂直平面上的相对位置或相对高度。拍摄高度的选择在电视画面的创作中也至关重要,它可以影响到画面中的地平线的高低、景物的展示程度、远近观感等因素。我们一般根据拍摄高度的变化,把它大致分成平角度、仰角度、俯角度、顶角度等。这四种拍摄高度各有不同的造型特点和感情色彩。

1. 平角度

平角度是指摄像机镜头与被摄对象处在同一水平线上的角度(图4-40、图4-41)。平角度拍摄的视觉效果与我们日常生活中一般观察事物的情况很相似,合乎人们平常的观察视点和视觉习惯。它所拍摄的画面在结构、透视、景物大小对比度等方面与人眼观察所得大致相同,使人感到平等、客观、公正、冷静,给人以亲切感,可以用来表现人物的交流和内心活动。平角度是电视画面创作中最为常用的拍摄高度。

图4-40 中外电视新闻播音员的镜头无一不是使用平角度

图4-41 中外许多谈话节目也多是平易近人的平角度镜头

拍摄平角度画面时,要重视对地平线这个构图因素的处理。通常情况下,我们要避免画面中的地平线在画面中间平均分割电视画面,造成整个画面构图呆板、单调、四平八稳等效果。一般来说,为了避免地平线分割画面,我们可以处理好前景,增强画面的透视效果;也可以利用山峦、树木、弯曲的小道等高低不平的构图要素来分散观众的注意力。不过,在某些情况下,地平线的这种分割现象运用得当的话,如拍摄各种倒影,则可以收到画面上下对称的视觉效果。

2. 俯角度

俯角度是指摄像机镜头高于被摄对象水平线的角度(图4-42)。俯角度的特点是:1)画内地平线明显升高,甚至落在幅外,有利于交代画内景物的层次、数量及分布情况,可以展现出完整的画面布局,显得宽广,气势宏伟。2)画面中竖向线条有向下透视集中的趋势,用广角镜头拍高大建筑物时,建筑物顶部与地面景色能够形成远近景强烈的透视对比,有"配景缩小"的效果。用稍俯的角度拍摄人物时,因线条向下透视的缘故,可以使之略显清秀一些。3)拍摄环境与人的关系时,可以造成孤单、渺小、茫然、压抑的心理效应。

图4-42 俯角度镜头展现出完整的画面布局,显得宽广,气势宏伟

3. 仰角度

仰角度是指摄像机镜头低于被摄对象水平线的拍摄角度。由于镜头低于被摄对象,产生从下往上、从低到高的视觉效果。

图4-43 央视开始曲中浓厚颂扬色彩的岩松

仰角度拍摄时,摄像机在被摄对象的水平线以下,低于被摄对象向上拍摄,画内地平线明显下降,甚至落在画幅之外,从而可以突出画面中的主体要素,将次要的物体、背景降于画面的下部,使画面显得洁净,富于写情意味。拍摄人物时,产生崇高伟岸之感,还可使近景人物显得略为丰满振奋;拍摄建筑物则可产生巍峨、雄伟的气势(图4-43)。

仰角画面中的跳跃、腾空等动作,比我们一般的感觉要更具夸张效果,具有很强的视觉冲击力。比如电视体育节目中,用仰角度拍摄撑杆跳高运动,运动员一跃而起的动作给观众的视觉感受要比实际观察的感受强烈得多。

用仰角度拍摄,画面中竖线条有向上方透视集中的趋势,产生上升感觉,用中、近景拍摄,若角度过仰,易产生变形。所以在运用仰角度的时候,一定要根据具体的内容掌握好分寸,而不能一味追求仰角画面所带来的赞颂、敬仰、伟大的感情色彩,无节制地加以滥用,那样可能达不到预期的效果。

仰角度拍摄还可以形成上下景物的对比、联系,可以深化主题,丰富画面内涵。

4. 顶角度

图4-44 顶角度下的摩天楼群犹如森林一般

顶角度是指摄像机镜头近似于与地面垂直,从被摄体上方自上而下进行拍摄的角度。这种角度由于改变了我们正常观察事物时的视角,画面各部分的构图有较大变化,所以在电视画面的创作中运用得不多。不过,顶角度运用得好,也可以取得很好的画面效果(图4-44)。

运用顶角度进行拍摄,可以使观众感受到被摄对象在大小、高低、上下等方面的对比,形成一种居高临下的心理优越感。这种被摄对象的大小对比,还可以造成物体影像的夸张和变形,获得某种奇特的影像。比如,用顶角镜头向下拍摄城市的摩天大楼,可以使摩天大楼形成我们一般观察达不到的视觉冲击。如果我们所要表现的被摄对象本身具有某种优美的图案或造型,这时顶角度拍摄则可以起到表现和强调这种美感,强调被摄对象之间的相互关系。如我们可以运用顶角度来拍摄花样游泳、舞蹈、大型团体操等美感非常强的造型。

三、电视画面的拍摄距离

拍摄距离的变化会影响到被摄对象在电视画面中的大小。在电视画面的拍摄中,有两种情况都可以达到拍摄距离的变化:一种是摄像机和被摄对象的实际距离;另一种是摄像机的焦距。它们都可以获得被摄对象的同一景别的电视画面,虽然用这两种方法得到的画面在景深、视角、透视感等效果方面有所不同,但其实质都是距离的变化。这种距离的变化所带来的被摄对象在画面中呈现的范围的变化,称之为景别变化。我们所要掌握的是拍摄距离的变化所形成的各类"景别"的具体内容,它们是:远景、全景、中景、近景、特写。

景别的选择是电视画面创作者对画面叙述方式和故事结构方式的总体考虑的结果,它是创作人员思维活动的直接表现。运用景别的目的,首先是为了让人们看个究竟,正如我们的实际观察一样,要看事物的细节就凑近观察,要看事物的全貌则退而审视一样,景别在这种时候的功能主要是描述性的;其次,采用不同的景别,还能创造出各种心理效果,特别是两极景别——全景(包括远景)和特写,往往能造成某种突出的心理效果,描述作用反而不是主要功能了。这是必须注意的要点。下面分别简述各景别的有关内容。

1. 远景(大全景)

远景又称大全景,是表现广阔场面的画面景别,它是从远离被摄体的观点上拍摄,包括极大的景物范围。可以用远景画面来表现地理环境,自然风貌,事物的规模、数量、气氛、气势和大的活动场面,所以,远景画面主要重视空间环境的结构。

远景画面注重对景物和事件的宏观表现(图4-45),其主要任务是提供广阔的视觉空间和表现景物的宏观形象,讲究"远取其势,大处着眼",所以,在结构远景画面时,要注意提炼具有表现力的线条和概括力的形象。

远景画面中表现空间范围大,人在画面中所占面积比较小,而空白、空间则往往占据较大的面积,因此,它可以寓情于景,表达一种自然和含蓄的美感,表达深远的意境,从而引发观众的联想。

图4-45 远景为人物的生存提供宏观环境

在拍摄远景画面时,要注意调动多种手段来表现空间深度和立体效果,通过深远的景物和开阔的视野将观众的视线引向远方。同时,要尽量避免景物的庞杂和凌乱,通过寻找一定的对象作为画面构图的支点,来结构画面。由于远景画面包含人物、事物、环境等诸多构成要素,一定要给足屏幕时间,否则,观众难以在很短的时间内看清和理解画面,达不到预定的传播效果。

早期的电视理论认为电视画面不适宜用远景来表现,理由很简单:看不清。然而,随着摄制、播放、收看设备的进步,远景的屏幕效果已经大为改善。事实上,它已大量进入电视屏幕且受到欢迎。

2. 全景

全景是表现成年人的全身范围或建筑物全貌的画面景别(图4-46),它所包含的景物范围要比远景小,有明显的内容中心和结构主体,一般比较重视被摄对象的视觉轮廓和形状。

全景可以表现被摄对象的全貌,可以交代人物之间的相互关系,还可以交代一定的环境。全景使观众对被摄对象有一个比较完整的把握,其表现效果比剪辑合成的形象更具有真实感,所以,在纪实性电视节目中,全景画面所具有的这种能够无间隔地直接再现场景全貌的特点,使它承担了纪录、表现等重要作用。

图4-46 全景是表现成年人的全身的画面景别

图4-47 中景是表现成年人的膝盖以上的画面景别

全景是一种最基本的介绍性景别。它可以展现整个场景中的人物、事物以及场景全貌,使观众对整个被摄对象的全貌和环境有一个完整的认识。因此,全景在一个叙述性段落中是不可少的景别,有人又称全景为"定位性镜头",即指其可以为故事情节确定情境。全景的这种环境介绍功能使观众在欣赏节目时,可以对镜头中发生的事、出现的人进行"定位",让观众知道其中涉及的是谁,他们在什么地方活动。这样,观众就能清楚地判断人物所处的位置和他们之间的关系。因此,很多情况下,在一个场景的开始,用全景镜头来对该场景进行设定。

全景景别所表现的范围比较广,它集纳了众多的构图元素,故电视从业人员在拍摄全景景别时,必须注意各种构图元素之间的搭配和协调,注意空间深度的表现和被摄主体的轮廓和线条,重视环境的渲染和烘托。在拍摄全景画面时,画面内容中的前景和背景的选择也非常重要,选择好了前景可以加强画面的空间纵深感,选择好了背景可以衬托、突出画面中的被摄主体。

3. 中景

中景景别是表现成年人身体的膝盖以上的躯体或场景局部的画面景别（图 4-47）。中景可以表现人物与人物之间、人物与事物之间的相互关系，可以表现被摄人物的动作、姿势，它的优势在于，它既可以充分展现人物之间的相互交流，而不致过细；又可以表现一定的环境气氛，而排除不必要的背景环境，所以，在电视画面创作中，中景是一种比较适中的景别。我们可以在一个远景镜头交代环境后，紧接着一个中景镜头展开叙述，或者，在一个特写镜头之后，来一个中景镜头，重新确认人物的活动位置和空间关系。

在拍摄中景画面时，为了使镜头富于变化，必须注意选取那些具有表现力的表情和动作。由于中景画面中，人物之间的交流和不断变化的运动状态，使得画面中的构图不断变化，这要求电视从业人员必须随时审视被摄对象的动作和表情变化，把握好它们之间的结构关系，始终将动作的中心点处理在画面结构的中心位置。

4. 近景

近景是表现成年人腰部以上的躯体或物体局部的画面景别（图 4-48）。它常用来表现物体的细节和人物的面部特征和表情。近景使观众可以逼近被摄对象做仔细的观察，取得较好的视觉效果，可以展示人物的心理活动、面部表情、细微动作，使观众产生一种交流感。

图 4-48　近景是表现成年人腰部以上的画面景别

图 4-49　特写是表现成年人肩部以上的投向或某些被摄对象细部的画面景别

近景画面的拍摄过程中，一定要注意"近取其神"、"近取其质"，注意物体纹理、质地的表现，在拍摄人物时，则要注意人的眼神光和手势的处理。

5. 特写

特写是表现成年人肩部以上及头部范围或某些被摄对象细部的画面景别（图4-49）。特写还包括一部分近景。运用长焦距镜头或运用短焦距镜头靠近拍摄，都可以获得特写画面。

特写的功能主要是选择与放大。所谓选择，是将人或物从周围环境中强调出来，即"从整体中抽出细节"；所谓放大，是让观众逼近画面对象，窥察细微表情传达的心灵信息，或是细部特征。特写的这两大功能，不但扩大了对生活的观察，而且加深了对生活的观察。匈牙利电影理论家巴拉兹是这样估价"特写"功能的："它不仅使我们看到某些前所未见的物体和事件：昆虫在宽阔的叶上冒险旅行，初生的小鸡在鸡舍的角落里经历的悲剧，鸟的爱情行为和纤细风景画里的诗意。它不仅带给我们新的题材……还给我们揭示了我们自以为早已熟悉的生活中的潜在基因。我们对生活全貌认识模糊不清，这主要是因为我们的感觉迟钝、眼力短浅和观察不深。我们只是滑行在生活的表层。摄影机已经为我们揭示出作为一切重大事件产生根源的各个重要问题的内核：因为最重大的事件只不过是各个微小因素运动的最后结合。一连串特写可以使我们看到一个整体变成各个个体的那一刹那间。"①

特写的类别从内容上可以分为：人物活动背景中的自然环境或生活环境的细部特写、人物动作细节特写、人物躯体细部特写、人物面部表情或面部表情细节特写，这些不同内容的特写，其作用都是通过细节去揭示事物的面貌，去发掘事物的本质，细部特写往往又称为大特写（图4-50、图4-51）。在拍摄特写画面时，构图

图4-50 手是行为的焦点，往往被大特写，图为床头病人接受探望者的问候

图4-51 人物面部表情或面部表情细节大特写

---

① 〔匈〕巴拉兹著：《电影美学》，中国电影出版社1979年版，第39页。

必须饱满流畅,剔除一切多余的画面形象。还要严格控制好画面的曝光量,对于明暗差别比较大的物体最好要用手动光圈进行曝光,而不能完全依赖于摄像机的自动光圈系统。此外,当所要表现的场景空间比较复杂时,应避免特写表现空间的不明确性使观众对物体所处环境不得其解,产生空间混乱感。

以上,我们分析了由于拍摄距离的变化所带来的电视画面的不同景别。景别的处理是电视画面创作中至关重要的部分。

景别的变化带来的是视点的变化,它是实现画面造型、形成节奏变化的因素之一。所以说,电视画面创作中景别的运用是否得当和有效,是检验创作者思路是否清晰、表现意图是否明确的重要尺度和标志。

本 章 小 结

画面,来自观看。看清事物的方法是"感觉+选择+理解=观看"。这是一个富于创见性的对于视觉传播过程的科学描述,是每一位电视制作人必须认真体悟的理性认识。

随意观看难以获得完美的画面,因为眼睛并不是可以同时间对我们周围的每一件东西予以注视。电视从业人员在运用他们的"眼睛"——摄像机拍摄电视画面时,应有非常明确的目的性。

细节是电视画面的魅力所在,没有若干细节画面的电视节目必与"好看"无缘。

电视画面是什么?它是一个内容丰富的综合性"容器",它容纳了构成有效传播画面的六大基本元素,除了屏幕上显现出来的诸多可视性语言符号(画内文字和编辑添加文字)和非语言符号外,还包括可听性语言符号与非语言符号(诸如对白、播讲、唱词、音乐等)。

不含非语言符号的单纯画面来自画面思维,它的整个过程都是具象性的,它凭借的工具是画面。多角度(距离、方向、高度)观察、攫取,是结构单纯性"好看"画面的基础。

问题与思考
1. 充分体验"感觉+选择+理解=观看"的原理。
2. 电视画面的细节是如何体现出魅力的?
3. 为什么说电视画面是一个内容丰富的综合性"容器"?
4. 通过一个具体的节目阐释视觉思维的原理。
5. 从距离、方向、高度等方面综合性掌握结构画面的技能技巧。

第五章 电视画面的基础结构

第一节 电视画面结构的基础元素

一、光线——形、影、色之源

1. 光线的构图作用

光线是电视画面构成的重要条件。"摄影"这一名称本身就来自希腊文中的两个词"光线"和"描写"。没有光线根本谈不上成像。正如构图使影像具有形式和实体一样，光线使影像清晰可辨。没有光线，也就无所谓形状的发现和色彩的感知。可以说，光线是形、影、色之源。学习怎样创作电视画面的重要方法就是要学会"观察光"，也就是要学会敏锐地去感觉、理性地去思考。光线的构图作用在光的相对强度、光的方向和光的性质三个方面得以发挥。

（1）光的相对强度作用。

某一个画面富于视觉冲力，归根结底是运用光的结果。不同强度的光，使画面产生多维纵深效果。大反差照明，往往能创造出比均匀照明场合更富于魅力的影像，如黑暗中的亮眼睛就使人感到神秘。

（2）光的方向作用。

一个场面无论是用人工照明或是自然照明，光的方向是首要的，因为光的方向产生一定的情绪。一些电视新闻画面往往是正面照明，使画面情绪显得平淡、冷漠。从头顶上照下来的平光使场面具有一种呆滞、单调的性质，而从一个较低角度射来的光则会产生一种富于戏剧性的效果。而45度侧光照明，影像层次分明，有益于提高电视画面的表现力（图5-1）。光线的方向对色彩饱和度也有着重要的影响，用前向照明可获得最大的饱和度，后向照明可降低饱和度。

（3）光的性质。

第五章 电视画面的基础结构

光线从性质上大体可分为硬光和柔光。硬光是指光的阴影很清晰、很明显,它固有的高照度使我们觉得它的阴影很黑,硬光的方向性很强,它一般是从很小的光源发出的。柔光是指光的阴影逐渐形成(图5-2),且具有不明晰的边缘,相应的柔光有更淡、更柔和的阴影,柔光比硬光的照度低,没有硬光的方向性强,常常被认为是全向的"无向"光。在一个场面里使用的每一个光源,都有各自的特点。自然光的质量也有着无止境的变化,不同季节的阳光,有能够影响影像情调和性质的特殊的色彩特征。阴郁的气氛和轻松的场合,它们都因光的性质不同而产生不同的视觉冲击力。比如欢庆的新闻场面会因为记者单灯照明造成的浓黑阴影和强烈反差,使"欢乐气氛"消失殆尽。

图5-1 45度侧光照明使室内结构层次分明

图5-2 高调画面,柔光配置合理,阴影逐渐的形成

光的构图作用,离不开画面内容。什么是光的最佳运用,取决于具体内容在光的作用下所产生的视觉冲击效果。

2. 画面创作中的用光控制

为了保证电视画面能够真实地再现物体本来的颜色和现场的气氛,拍摄用光的控制是个十分重要的因素。电视画面拍摄用光的控制主要包括色温控制(含白平衡控制)、强度控制和方向控制三个方面内容。

(1) 色温与白平衡的控制。彩色电视画面能否准确反映物体的颜色,取决于在光线的各种色温条件下对摄像机的"白平衡"的正确调节。控制色温,调整好白平衡,是用光控制的基础。

首先,对于色温的认识。色温,是表示光源的光谱成分的概念,色温是光线颜色的一种取值标度,不是指光线照射的实际温度。各种不同光源之所以能呈现不同的颜色,就是因为光谱成分的不同。据测定,纯正的白光(5 500 K),所包含的红光、绿光、蓝光的量大致相等(以白光为1,其中红光的含量为0.33,绿光的含量为0.34,蓝光的含量为0.33)。如果某一光源的色温低于5 500 K,那它所含的红光成分就多;如果某一光源高于5 500 K,那它所含的蓝光成分就多。色温高低的变化,其实质表现为光源中红蓝成分的变化。所谓色温控制,实际上就是光源中红蓝成分的互变的控制。色温的计量,系以色温的发明者Kelvin(凯尔文)提出的方法为依据。其测定方法是,将一个不反光的金属黑体从绝对零度(−273℃)开始加热,随着温度升高,这一金属便出现反射光,当金属升温到1 000℃时,发出暗红光,标定的色温为1 273 K(1 000度加上273度,以色温发明者的英文名第一个字母为计量单位)。依此类推,当金属升温到5 227℃时,发出白光,这时的色温则表述为5 227+273=5 500 K。

其次,对于白平衡的认识。调整好白平衡,保证物体图像的色彩正常还原,是电视画面摄影的最起码要求。白平衡又称白色平衡,或称彩色平衡。当彩色摄像机拍摄灰度卡时,在彩色电视机上应显示不带颜色的黑、灰、白图像,这就是彩色电视系统的白平衡。摄像系统的白平衡是通过使用滤光片的调整和摄像机的相关电路参数的调整(手动和半自动、全自动)来得以实现的。

第三,滤光片的调整。彩色摄像机的彩色编码电路,是在色温为3 200 K的光照上拍摄某一标准白而实现准确的白色平衡的(这是以输出的红、绿、蓝三色电信号相互相等为标准)。但是,在具体拍摄中,光源的色温是随光源的变异而变化的,这样设计中的白平衡就被破坏。为了保证在不同光照条件下正确还原物体的本色,就需要选配相应的滤光片校正光源的色温。摄像机上的滤光片装于镜头之后的转盘上,数块滤光片供随意转动选用。滤光片一般来说有2 854 K、2 300 K、4 800 K、5 500 K、6 500 K几档(有的只3—4档,以编号为记,各序号所示色温视各机说明书而定)。2 854 K的滤光片呈浅蓝色,它是将低于3 200 K的色温提高到(或使之接近于)3 200 K;3 200 K的滤光片为无色透明的中性片;4 800 K的滤光片呈浅桔色;5 500 K的滤光片呈黄色;6 500 K的滤光片呈银黄色,它们分别将4 800 K、5 500 K、6 500 K的光源色温降至3 200 K。

第四,色温校正电路的调整。滤光片是起到相对降低某一光源的色温或提高某一光源色温作用的。为了保证机内的白平衡标准得以准确维护,摄像机内还设有色温补偿电路,以补正滤光片的不足,这一电路称之为白平衡电路。白平衡电路有手动调节、自动调节之分,使用简捷,与滤光片的搭配运用,两者相互补充,使色温校正范围扩大,白平衡更易于调整。

第五,白平衡调整的方法。白平衡调整的方法最重要的是对光源色温的判别

第五章 电视画面的基础结构

和标准白的选择。不同摄影场合有不同的光源色温,只有准确地判定了色温,才能进行滤光片号的选择,以保证白色平衡调节的顺利进行。单一光源的场合,色温较好判别;混合光源的场合,则首先要确立好对光源色温的调整,再选择相应的滤光片。例如拍摄一个会议场面,临窗光源的色温是 5 500 K,而离窗较远的碘钨灯光色温是 3200 K,若不调整光源色温,无论选用摄像机上的哪档滤光片,所摄画面都将是色调失谐。调整的办法无非是提高或降低某一光源的色温,使之趋同于一个色温标准。标准白的选择也是一个非常重要的因素。调整自动白平衡,首先要选择好一块"标准白"。"调白"用的"标准白"可用无色胶水调和钡粉刷在便于携带的纸板上(有的镜头盖出厂时就刷有"标准白"),选用一般白纸(白布)时,要力求纯白。一些白纸(白布)中添加了青色荧光染料以显示"洁白",用这种纸(或布)来调整白平衡,图像就带有黄色。如果使用已褪色或带有微黄色的旧白纸调整白平衡,图像就带有青色。由此不难看出,标准白的不同选择对于色彩准确还原的种种影响。

(2) 光线强度的控制。

摄像机对光照强度的控制是通过光圈的变化施行的。摄像机设有自动光圈电路,为电视从业人员抢拍各种照度的画面提供了极大的方便。在被摄体照度均匀、明暗反差不大的情况下,自动光圈能适应从 100 勒克斯到 100 000 勒克斯照度的变化,能够较好地保证图像的质量。但是在照度不均、阴暗反差过大的情况下,光圈虽然能根据照度的变化迅速进行自动调节,但这一调节过程仍会影响图像质量(如主体在室内、背景是室外天空,便会造成大反差而淹没主体的面目),这时则应改用手动光圈(或对主体测光后将自动光圈锁定)。

使用手动光圈(或自动光圈自动锁定)时,光圈的大小直接影响输出信号。当光圈过小时,输出信号弱,画面杂波大,对比度小,色彩饱和度差;当光圈过大时,信号过强,画面亮部无层次,色彩呈焦灼感,并严重破坏视频信号比例,影响同步的稳定。当现场照度太低时,可以使用摄像机上的增益开关,改变电路的放大能力,以增强输出信号。增益方式应慎用为好,增益倍率越大,电路中"噪声"越大,杂波越多,犹如摄影胶片的增感处理,使"粒子"变粗一样,会不同程度地损害画面的像质。无论是手动光圈控制,还是增益方式控制,对于光照强度的控制,均应以保证画面的像质为前提。值得提醒的是,大部分家用级摄像机都没有手动光圈控制装置,在一定程度上制约了使用者用光控制的需要,因此,在选购机器时务必考虑这一要素的具备与否。

(3) 光线方向的控制。

电视画面创作中的光线一般有主光、补光、背景光、后向光和轮廓光、特殊灯光。

主光是影响拍摄的最关键的重要光源,它确立了照明的方向和光源的创意,并决定面部阴影的位置。为了便于表达,在水平面上,以照相机/被摄体轴为参照,我们划分了五个重要位置：前向、四分之三前向、四分之三后向、侧向和后向。前向位置低角度的灯光能创造出熟知的恐怖电视剧中吸血鬼画面。当一个前向主光放置于照相机高度或稍高一点位置上时,会产生一种平淡的,直接的照明,它不强调景深,形成一种二维的感觉。这种前向照明最小化了脸部皱纹、线条和其他标记的影响。摄像机高度上大约30—45度的前向主光常被用于电视明星,这时的演员的脸具有了一些立体感,但还是软化了脸部的特征,最小化了皮肤的纹理。与散射相结合使用,这是一个很流行的影视明星的照明风格。当到达较高位置时,将失去上述魅力效果,纹理消失,眼窝变暗变黑,并且在嘴唇和鼻子下将出现拉长的阴影。四分之三前向主光在经典的好莱坞影视风格中是颇受宠的主光位置,这也是20世纪40年代流行的经典人像配光原则。它位于上方大约45度的角度,在脸的阴影面产生熟悉的三角形修补光(图5-3)。在侧主光位置上,采用柔光效果最好。用摄像机高度的侧主光照明前补的脸是一个经典的照明布局,照明用一个垂直的阴影将脸部一分为二(图5-4)。四分之三后向主光是四分之三前向主光的背面版本。它是极富戏剧性和情调的,常用于夜晚的外景的拍摄。采用硬光源拍摄轰动的电视画面时,四分之三后向主光效果最好。对一个人用后向主光能自动产生一个黑暗的,有情调的效果,这对夜晚的内景和外景是很有用的。这时我们几乎看不到细节,但能获得神秘感和黑暗。

图5-3　1940年国际经典人像三角光配光范例①

图5-4　低调画面,照明用一个垂直的阴影将脸部一分为二

---

① 照片摄自1940年新加坡子原照相馆,本书作者收藏。

第五章 电视画面的基础结构

补光用来照亮那些阴影以避免新阴影的形成,补光几乎总是柔和的。它一般放在以下四个位置中的一个位置处:照相机/被摄体轴的前向位置,并稍微高于照相机高度;照相机/被摄体轴的关键侧向,这个位置比照相机/被摄体轴能产生更好的立体效果;脸部的非关键侧向,这是要特别小心不要产生一系列新的阴影,尤其是鼻子上。这个位置也出现很好的立体效果,但由于演员的移动很容易造成阴影问题,最后一个补光位置是上方较高位置处。补光的强度对影像的情调有着重要的影响,可用"高调"和"低调"来描述:在高调(轻松、明亮、欢快的情调和效果)情况下(图5-2),如果有补光的话,它将和补光一样明亮;当为低调效果时(图5-5),伴随的是神秘、阴郁、黑暗的情调。补光与主光相比将是低强度的。补光在一个特定镜头中的确切位置由移动阴影的考虑和所需的整体效果来决定。

图5-5 图中后肩、后脑的轮廓光使人物与背景产生立体分离效应

后向光是指来自被摄体的正后方且通常是从上方照射下来的光。后向光用来照亮头发并从背景中分离被摄体。

轮廓光指来自被摄体后方且有一定角度并能"提取"或勾画出被摄体的整个或部分轮廓的光。轮廓光也被用来照亮头发和我们习惯的脸颊的边缘(图5-5)。

图5-6 眼神光是一种很重要的配光,它使人物满目生辉

后向光、轮廓光和辅助光的主要作用是产生景深,这时被摄体有立体感,可把被摄体从背景中分离出来。

特殊的灯光有诸如眼神光和头发光。眼神光是一种很重要的配光(图5-6),使用它不是从曝光的角度考虑把眼睛照亮,而是制造一个反射,使眼睛有鲜活感。眼神光有时也被用来产生特殊效果。眼神光很容易安排,位于照相机/被摄体轴上的补光将同时作为一种眼神光。没有这种补光的地方,我们可在照相机上方安装一个小

123

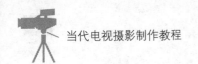

灯,作为一个流动补光。眼神光通常使用低照度光,它不必照亮整个被摄体,只要使眼睛有反射光即可。

发光有几种类型:来自头顶;来自倾斜的角度,用来产生戏剧性效果;来自被摄体后面,能产生一种光晕的效果。

需要指出的是,电视画面包括的范围非常广泛,不同类型的电视节目对电视画面的用光控制有不同的要求。例如电视新闻拍摄的光源比较单一,其照射方向也单一,它一般不似艺术类画面可作多点光源的布置。根据这一特点,拍摄中尽可能运用顺光或顺侧光,并保证适度的照度。实践证明,照度适中的顺光或顺侧光,画面的色彩饱和度最佳。电视新闻忌用逆光拍摄。无论是用自动光圈还是手动光圈,单一的逆光很难取得好的效果。值得提醒的是,逆光入镜,还有灼伤摄像机感光元件的危险。而且在拍摄中,还要避免画面中出现高光点(多是多灯照明时),以防画面中出现光晕拖尾,分散观众的注意力。

二、线条——对万事万物的抽象

线条,是人们认识事物的起点,千变万化的形态,无不发端于线条。在画面构成中,首先需要的是发现线条和捕捉线条。所谓发现线条,是指在对进入画面中的对象轮廓中找出相应的线条来,只有发现了,才谈得上对于线条的进一步认识,才有可能掌握它,并对它们作出适当的安排。线条运用成功与否,取决于制作者敏锐的洞察力和高超的运筹驾驭水平。尽管从理论上应该认为抽象的线条没有具体含义,但由于生活经验的积累,人们对各类线条还是形成了抽象认识定势,认为各种线条还是具有某种普遍的象征联想作用。

1. 线条是画面构成中的基础因素

任何画面中的任何形体轮廓最基本形态都表现为线条(图5-7)。在绘画作品中,线条是绘画者对客观事物进行抽象的产物;在电视画面中,线条则是事物实体经复制工具所形成的轮廓层次。我们在现实生活中感受周围的事物也离不开线条。如高楼大厦的高耸、雄伟的气势,就是通过垂直线条表示出来的;一望无际的草原和浩瀚的大海是通过横线表示出来的;曲折的羊肠小道就是通过曲线来表现的。如果电视画面创作者能比较准确地表现事物的外部特征——线条和线条的结构,就可以更好地表达作品的内容,更好地实现作品与观众之间的沟通。

从几何学的角度上讲,线条是由点的运动轨迹形成的。点的运动轨迹是同一方向就形成了直线;点的运动轨迹改变了原来的运动方向就形成曲线。从造型艺

第五章 电视画面的基础结构

术的角度上来说,线条是对客观事物进行抽象的结果。

图5-7 电视画面创作中对线条的抽象认识就是从对被摄物体的最基本视觉特征中抽取出来的属性。画面中马路护栏的弧线、地平线处建筑物的垂直线、白云与车辆的不规则曲线构成美的画面

图5-8 画中的路面分隔线与两旁的树木以"线条"的形式按规律排列,产生的近大远小的透视效果

电视画面创作中对线条的抽象认识就是从对被摄物体的最基本视觉特征中抽取出来的属性。例如从高空俯视地面上的物体,一般就会把它抽象成圆形线的属性。然而在电视画面中创作的"线"的视觉形象,并不可能是由几何学中的线来构成,实际生活中也不存在像几何学中所讲的那样的线。正如美国著名的心理学家和美学家鲁道夫·阿恩海姆在其著作《艺术与视知觉》中所指出的:"直线、规律的螺旋形、互相平行的直线或曲线等式样,在自然中永远也找不到,它们只存在于人的大脑中,如果它们真的被人采用,也会被周围的自然环境吞噬掉。"电视画面造型中的"线条"是创作者对现实生活中的事物通过视觉进行提炼、简化和抽象后形成的相对独立的有一定属性的视觉形象。通过对这些线条进行合理结构,从而和其他的造型元素相结合来达到线条在画面中的造型任务和审美价值。当然,随着非编系统的广泛运用,线条的变形与组合应用已经是无所不能,计算机的神奇功能使得电视节目的后期制作绚丽多彩。

2. 线条是形成电视画面透视的主要元素

线条透视可以构成画面的纵深感,确定物体的远近空间关系,其主要特征是在画中物象以"线条"的形式按规律排列,它所产生的视觉效果近大远小,即近处物象大、远处物象小,向远处伸展的平行线趋向于接近,最后汇合成一个点(图5-8)。线条透视是造型艺术中表现空间的一种很有效的手段。如我们在电视画面中经常可以见到的向远处延伸的高速公路、铁轨,人行道两旁的树木等就是这种效果。

线条和线条的有机结构是画面构图结构的重要手段。首先,线条能形成画面视觉中心的导向,从而有效地突出主体;其次,通过画面中一些主要线条的结构将其他分散的线条有机地组合起来,使画面形成一个有机的线条结构整体,从而完善构图;再次,线条还能通过揭示物象的轮廓以及结构来表现画面的内涵。另外,在有些情况下,线条还能成为画面结构的主体。

3. 线条的象征意义

尽管从理论上应该认为抽象的线条没有具体含义,但是由于生活经验的积累,人们对各类线条还是形成了抽象认知定势,认为各种线条还是具有某种普通的象征联想作用。

(1)垂直线条。一般是自下而上的运用直线,产生生活中所常见的大树或高耸雄伟的建筑物一样的感觉,给人以庄严、高大、昂扬、岿然不动、严肃、端庄的感觉,有代表尊严、永恒、权力的意味;也有自上而下地运用垂直线条的,造成深不可测、一落千丈之势(图5-9)。

图5-9 垂直线条具有庄严、高大、昂扬、岿然不动、严肃、端庄的意蕴

(2)水平线条。平行的线条,引导我们的目光向左右两边延拓,形成宽广开阔的气势。因为是水平线,就缺少动势,可以表示大海的平静、大地的无垠、天空的寂静与安定,常给人以平静和安宁的感觉。

(3)倾斜线条。斜线在画面中可产生动势。由于人的眼睛看着斜线的一侧极度缩小或是极度开阔,画面空间有了或大或小的变化,瞬息间就产生一种动势。如果结合了物体的运动姿态,斜线更有助于运动的强化(图5-10)。如果通过长长走廊两边所构成的斜线,将我们的视线导向画面的深处,当一个人从远处走来时,他的神情姿态,一定给人以强烈的感受。斜

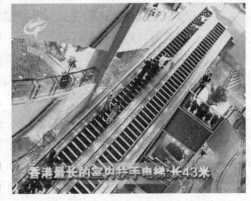

图5-10 斜线产生动势,且扩大画面的景物包容量

线还意味着危险、行动、崩溃和无法控制的感情,产生跳跃的感觉。

(4) 放射形线。人们从生活中体验到太阳从云隙中放出光芒,产生光辉有力的感觉;从爆炸和喷泉现象,体验到奔放、豪迈、排除一切威力的感觉。

(5) 锯齿形线。使人的视线忽高忽低的变化,因而产生不安定、不均匀、紊乱和动摇的感觉。

(6) 弯曲线条。它可以造成柔和优美、迂回曲折之感,使画中的结构变化多姿。如火车在直线上奔驰,和在一条曲线上奔驰会产生两种不同的动态、不同的景深和不同的情趣。

4. 线条本身的形式美

如电视画面中出现的大雁南飞时"人"字的形状,就会给人一种美的享受,这是因为物象自身就具有优美的轮廓线特征。类似的例子还有如蜿蜒的长城、女孩优美的身体曲线等都是美的杰作。自然界和人类社会中有很多丰富优美的线条结构(图5-11)。线条的重复排列可以形成一种节奏,这也是线条的一种形式美。如在电视连续剧《戏说乾隆》中,乾隆皇帝在大殿上接受文武百官的朝拜时,文官的服侍形成一条线,武官的官服形成一条线,宫女的排列又形成一条线。这种线条的安排,在画面中形成了一定的有秩序的节奏,构成画面线条形式美。

图5-11 一电视广告中对商家发展的颂扬形式

图5-12 一电视广告中表现宁静的水平线条加上列车产生动感,垂直的桥墩衬托在大山的曲线上又产生敦实的稳定感,此为线条整合的佳作

电视画面的创作中一个非常重要的方面就是对物体的富有特征的线条的再现和勾勒(图5-12)。电视画面虽然是以现实存在的物体为表现对象,但它也需要电视从业人员在生活中发现、选择和提炼。如果电视从业人员没有将被摄对象富有

特征的线条作为重要元素提炼出来,那么,也就没有体会到电视画面创作的奥妙。在绘画艺术中,线条是从画家的笔下流出来的,这是画家长期的生活积累、对事物进行细致的观察的结果,也是画家对形象的概括和抽象的结果。然而,电视画面的线条,则直接来自物体本身,电视从业人员只有依靠自己的直觉,依靠对线条的敏感,娴熟地运用摄像技巧,才能在平凡的事物中选择和提炼富有表现力的线条。

图5-13 画面中人物的发际线、眉线、眼线、鼻线、唇线都表现得恰到好处,使画中人物给人以美感

电视画面创作中要注重画面中的线条结构。每种线条都有它的特性和它相应产生的效果(图5-13)。必须指出的是,线条本身不可能单独在画面中产生主导作用,只有当它和画面内容和构图中其他方面的因素有机结合,才表现出一定的功效。如平静的海面,外形线条是平的,产生安定、流畅、开阔的感觉;风浪簇拥的海滩,跳腾的海水在沙滩形成锯齿状线条,产生汹涌澎湃动荡不安的气势。如果抽掉具体内容,我们很难具体说明这些线条的作用。每一种线条都是能产生一定的视觉印象和某一种情绪的,而这种印象和情绪的感受,必须由作品的内容来决定。画面的线条结构必须建立在表现好内容的基础之上,以免走上形式主义的歧途。线条的结构必须根据现实生活所提供的物象的可能性,即线的结构是建立在生活的基础之上的,而不是建立在人的主观意象之上的。正如前苏联摄影理论家德科和格洛夫尼亚在《摄影构图》中指出的:"拍摄过程中画面的安排不能强制地进行的,而实际对象,尤其是对人是不能组织在预先想好的几何图形之中。正发生的事件或被摄体的性质,画面中运动的形式,被摄体的线条与影调描绘,这一切才是未来照片的构图基础,而绝不是由照片作者预先设想好的几何图形!"这段话虽然是就摄影构图而言的,但对电视画面的创作也同样适用。

电视画面创作中的线条组合要达到两个目的:一是从形式上讲,要通过画面的线条结构将分散的影像、零散的线条联系起来,从而构成画面结构的整体性,避免画面中的线条杂乱无章,从而有效地表现画面的主体,通过线条的结构,准确再现影像的轮廓和空间结构;二是从内容上讲,电视画面创作者可以通过生动的线条结构,来表达创作者的思想情感和表述作品的内容,并让观众通过美好的形式去领会作品的思想及内涵。

第五章 电视画面的基础结构

5. 注意画面中的破坏性线条

所谓破坏性线条,是指在镜头运动时画面背景线条与主体叠加所产生的对视觉美感干扰的线条,诸如电线杆、树木从主体人物的头顶伸出来,纵横交错的木杠铁杠贴在主体人物背上,等等(图5-14)。破坏性线条或产生于室外现场,或产生于演播室。室外现场产生的破坏性线条来源于树木、窗户防护网、电线杆等实体物件,摄像时只要对主体人物的周边50米左右的背景稍加注意就可以避免。问题严重的是演播室的破坏性线条简直是挥之难去,产生的原因是演播室布景设计所致。从现有的各级电视台演播室的布景设计看,几乎都是"全景式"的,客观地看,这些全景式设计都是美感十足的精品。这些精品最终在电视画面中沦为破坏性线条,原因在于设计者忽视电视节目画面构成的基本规律:在一部电视作品中,全景画面只占全片的5%左右,20%左右的画面是中景,75%以上的画面是近景和特写。当画面推至特写时,全景画面中的美线条往往就成了破坏性线条。这一带有普遍性的现象应当引起节目制作人的深刻关注:演播室设计应尽量避免实体性设计中可能产生的破坏性线条,有可能多使用虚拟演播室以追求最佳的背景效果。

图5-14 破坏性背景线条沉重地压在主体人物肩上、背上,给观众的视觉造成压迫感。这是时下各级电视台在演播室设计中普遍存在的弊病

三、影调——对万事万物的具象

影调在电视画面的创作中的作用至关重要。那么什么是影调呢?我们知道,不同亮度的景物会形成有明亮差别的影像,这些明暗差异所产生的黑白灰级差,谓之影调。

所谓有光才有影,可以说光和影是一对孪生兄弟。所有的阴影都是由于缺光而造成的。但是它们产生的具体原因则有所差异。大体上可分为投影区和阴影区两大类。

1. 投影区是入射光线被物体遮断的结果

投影是指入射光线被物体遮断所形成的阴影。投影按照所投下阴影的范围一般又可分为三级：一级投影、二级投影、三级投影。

图 5-15　车影、人影构成的二级投影

一级投影是指在被摄体表面留下的自身某一部分的投影，它是由于被摄体的突出部分遮断了入射光线而形成的。它对电视从业人员表现物体的立体形状和视觉质感有重要作用。如在人像拍摄中典型的三角光的布置，就是通过巧妙的布光，利用面部的突出部分遮挡了部分光线，恰到好处地在人的两眼窝处形成两块小的三角形光区。此外，鼻子在脸部的阴影也属于这种情况。它们能形成非常美妙的视觉效果(图 5-3)。

二级投影是指被摄体整体在附近所投下的阴影(图 5-15)。如人在地面或墙上的阴影。如在中央电视台早前拍摄的大型电视纪录片《望长城》中，当节目制作人员为了找到罗布泊的古长城，而在炎热的罗布泊沙漠中艰难跋涉时，画面上就拍摄了他们在沙漠上的阴影，这一方面反映了罗布泊的天气和地理状况，一方面又表现了节目制作者们为了找到古长城所付出的艰辛劳动。

三级投影是指被摄体周围的物体在被摄体上投下的阴影。如树枝投在

图 5-16　三级投影，人物站在建筑物的阴影里

人身上的阴影，或是被摄体站在建筑物的阴影里(图 5-16)。如在电视连续剧《大宅门》中有这样一个场景，当白家老大被怀疑医死了平主子而获罪被关进大牢时，

白家一家老小聚集在房间里商量对策时,外面的光线通过窗格照在他们身上,在他们身上留下了一格格的斑驳阴影。导演在这里就非常巧妙地运用了影调元素来表现他们一家那时一筹莫展的心情。投影对表现空间、时间、环境气氛,对画面构图都起着重要作用。

2. 阴影区是入射光线不足以达到而形成的阴暗区

阴影区的形成不是由于物体的遮断造成的,而是因为光源(阳光或人造光)发出的入射光线的范围或能量不足以达到而形成的,确切地说这是一种阴暗区,而不是一种影子(图5-17)。

与影调息息相关的三个因素是光源、明亮部和阴影。一般来说,明亮部一定是夹在光源和阴影之间的。阴影是一个立体空间,而不仅仅是平面。光源和明亮部分构成了一种锥体,我们见到的影子是这个锥体延伸部分在某种面上的投影的形状。而实际上整个延伸部分是阴影区,被摄体进入了这个区域,就有了阴影。随着光源、明亮部和阴影之间距离和角度的变化,阴影也就会同时发生变化。一般来说,假设明亮部与阴影的距离不变,光源越远,影子越小,阴影越浓;光源越近,影子越大,

图5-17 阴暗区中的主体人物。没有光线照到的地方应该是完全黑的,然而事实上,由于空气中有折射光,周围物体有反射光,所以阴影部分也是有亮度的

阴影越淡。假设光源与阴影的距离不变,明亮部离光源越近,影子越大,阴影越淡;光源越远,影子越小,阴影越浓。阴影通常都是要变形的。当光源、明亮部、阴影在同一条轴线上时,畸变最小,影子最小;当它们不在一条轴线上时,角度越大的话,畸变越大,影子越长。

阴影和明亮部之间还有一个重要的关系就是它们之间的光比。从理论上说,没有光线照到的地方应该是完全黑的,然而事实上,由于空气中有折射光,周围物体有反射光,所以阴影部分也是有亮度的。明亮部与阴影在亮度上的比例或比值就叫做光比。光比的大小决定着画面的明暗反差、造型效果和艺术气氛。需要指出的是,自然界的阴天,是云层阻隔了阳光的直接投射而形成的广袤无垠的阴影区,世间万物的显现靠的是阳光的折射光,由于云层厚薄不一,折射的强度有异,自然也就形成阴影区诸物像的影调差异。

3. 影调在电视画面构成中的作用

为了保证电视画面的影像质量,电视从业人员要明确影调在其中所起的关键作用。电视图像的彩色是以"大面积着色"形式出现的,色彩层次全靠影调来表现,影调的控制实质是电视画面像质的控制。影调在电视画面构成中的作用大致是:

影调是构成电视画面形象的基础。有光才有影,有影才有形,有形才有线。在构成电视画面的各种要素中,明和暗具有特殊的重要性。因为有了明和暗,画面中各种物体才能成为可以看得见的影像,所有其他要素,包括形状、线条、质感和立体感等,实际上都是在明和暗的基础上产生的。在电视画面中(包括电影、摄影画面),线条并不是以它在铅笔画中所表现出来的那种形态而存在的。线条并不是构成画面的首要因素,而是作为轮廓线,作为影调的界限,由影调派生出来的。影调是构成画面的第一要素,这是与绘画理论决然相悖的认识。一切以绘画的线条与影调理论左右电视画面构成的观念必须彻底摒弃。

影调可以突出重点。根据画面内容的要求,运用影调明暗对比映衬的方法,可以突出相关的表现对象。突出亮的物像,一般采用暗影调背景;突出暗的物像,则采用较亮的影调为背景。

影调可以增强画面的透视感。要在二维的屏幕平面中获得多维的主体效果,除了线条的几何透视作用外,浓淡不一的影调可以形成层次丰富的空气透视(又称影调透视或阶调透视)。自然景物是由许多浓淡不一的阶调组成的。这是因为,大自然里的一切物体,都有它们各自的空间方位,由于光线照射的情况不同,距离远近不同,以及物体固有的色彩所表现的明度不同,各种物体之间就有了明暗差别。当画面能够准确反映这些因物体距拍摄机位远近不同而产生的明暗差别时,画面的二度空间就呈现出多维的立体效果。

图 5-18 低调画面中的茶壶与茶杯古朴敦厚,尽显中国茶文化历史的悠远。杯内小面积的浅色调有效地构成了影调的对比节奏

影调可以突出物体的质感。所谓质感,是指物体的表面结构感,质感是物体最鲜明的外部特征。是粗糙光滑,还是柔软坚实,画面能够充分表现这些特征,物体将显得更加突出。光洁的玻璃器皿或柔软的毛绒织物,都因为有恰到好处的影调控制才会给人留下深刻的印象。

第五章　电视画面的基础结构

影调可以加强画面的气氛。画面的气氛可以深化主题,加强其思想感情色彩。浓淡阶调的配置,使画面因黑、白、灰所占的面积大小而形成各种"调子",画面上黑色影调占的面积大,称之为"低调"(图5-18),低调往往宜于表现力量、深沉、苍劲、忧郁、沉重等情绪内容;画面上白色(或浅色)影调占的面积大,称之为"高调"(图5-19),高调宜于表现明朗、欢快、恬静等情绪内容。如果黑、白、灰各影调参差过渡和谐,中间层次丰富,称之为正常调子(图5-20)。各种"调子"的选择均以画面内容的要求对象的特征为依据。

图5-19　高调画面宜于表现女性、
　　　　　儿童恬静的性情

图5-20　黑、白、灰阶调相宜的
　　　　　正常影调

电视画面创作由于受被摄对象实有情况的局限,在绝大多数情况下,被摄对象的影调是不大可能随拍摄者的主观意愿进行配置;在某种意义上说,电视画面上的影调是"自然地"表现出来的,但这并不是说在影调面前我们将毫无作为。事实上,电视画面创作者可以通过多种方法和手段进行影调配置。比如:通过照明光线区分影调。在一定的条件下,我们可以通过照明光线对被摄对象的影调和层次加以区分,利用照明光线区分影调与层次可以有多种多样的形式。比如,使被摄主体受光,形成亮调,而使背景保持暗调,体现出主体与

图5-21　通过灯光调配,利用背景的中间调
　　　　　衬托出主体的亮面和阴影部分

133

背景的影调差别；使主体保持暗调，背景形成亮调，用亮调的背景托出暗调的主体，也能使主体突出；使主体有明有暗，背景保持中间影调，利用背景的中间调衬托出主体的亮面和阴影部分（图5-21）；主体有明有暗，背景也处理得有明有暗，用背景上暗的部位衬托主体亮的部分，用背景上亮的部位衬托出主体暗的部分，也能使主体与背景的层次区分得鲜明。这种处理影调的方法，在室内用灯光照明或利用窗子投射进来的阳光照明时较易做到；在室外就要通过对太阳这个光源进行巧妙地利用和处理，或者通过仔细选择背景的影调加以解决。

利用虚实区分影调。这是指仔细控制景深，使被摄主体和背景（或前景）形成不同的清晰度，区分开前后的层次，表现出空间深度感。尤其在背景或前景距离被摄主体比较近而容易导致主体不突出的场合下，这种控制景深利用虚实区分层次的方法是经常要用到的（图5-22）。被摄对象前后的虚实关系不同，给我们的视觉效果是不一样的。如在拍摄一个游行队伍的场面时，如果前面领头的人是虚的，而后面人群清晰时，给我们的视觉感受是强调整个队形或壮观场面；反之，则给人以强调整个队伍的领导者或核心人物的效果。虚实的控制，与光圈的大小、摄像机镜头的焦距、对焦的距离有直接的关系。欲得虚实变化明显的效果，宜选用较大的光圈、较长的焦距及较近的对焦距离。否则，虚实对比的效果往往不够明显。

图5-22 虚实影调便于突出主体。画面中清晰的是早春含苞的杨柳，模糊的背景是青松上的积雪。这是专题片《诗人毛泽东》里隐喻青年毛泽东到北京谋求革命思想的画面

通过曝光形成影调。除去上面谈到的这些因素之外，电视画面的影调表现得如何，还直接受曝光的影响。倘若被摄对象从最亮到最暗的影调差别不大，对电视画面摄像来说，曝光虽略有差异，只要影调中最亮的和最暗的部分不超出胶片的宽容度范围，画面便能很好地再现被摄对象原有的影调变化。但是，在被摄对象影调的明暗变化较大的情况下，不同的曝光量则直接影响画面影调的再现：照顾明亮部分，暗部会损失一些层次；照顾阴影部分，亮部也会损失某些层次。这就要求我们在拍摄之前对画幅中所包括的被摄对象的明暗影调进行比较详细的观察，特别是对于最亮的和最暗的影调要做一番分析，区分开哪些是重要的，哪些是较为次要的，通过曝光保留主要的影调，舍弃一部分次要的影调。

四、色彩——对生命历程的体悟

自然界是五彩缤纷的,人类的生活也是充满着色彩的。色彩与我们的生活紧紧地联系在一起。色彩给人带来各种各样的联想和感情,人们把自己的生活经验与色彩联系起来便产生丰富的联想。同时,色彩也是电视画面创作中的一个非常重要的要素,它是电视从业人员一个非常重要的表现手段。

色彩虽然是自然界早就存在的现象,但对它进行科学的分析和研究却是迟至17世纪的事情。公元1666年英国科学家牛顿用三棱镜对日光进行分析,发现通过三棱镜后射到白纸上的光线出现了红、橙、黄、绿、青、蓝、紫七种颜色的光谱色。后来他通过实验认为这些不同波长的光源是白光(太阳光)所固有的,并再经过实验把由三棱镜分解的光重新组合成白光。据此可以认为白光是由各种不同波长的可见光谱组成。当光线投射到物体表面后,经过选择性吸收,也就是经过反射或透射后到人的眼睛,作用于眼的视网膜中的锥体细胞引起脑神经的反映产生色觉,这时人就感觉到色彩了。人眼所看到的物体的色彩取决于两个因素:光源的颜色和物体本身的色彩。光源色就是各类发光体所发出的光。没有光源就没有色彩;有了光源后,它的光谱成分对色彩的影响是很大的。物体本身的颜色是物体受到光源(白光)照明后所呈现的色彩。

物体本身的色彩就是反射色和透射色。反射色是指物体表面对投射的白光吸收一部分光谱色后,被反射的光谱色就构成了物体的反射色。例如绿色物体就是对白光中的蓝光和红光吸收,而反射绿光,所以人眼看到的就是绿色物体。透射色也是一种选择性吸收,白光投射到透明物体时,吸收一部分光谱色,透射一部分光谱色,透射过的光谱色就是人眼看到的物体颜色。

1. 色彩的基本特性

色彩有三个基本特性:色相、色的饱和度和色的明度。色相是人们认识各种色彩差别的途径,它是光谱上各种不同波长的光在视觉上的反映。最基本的三种色彩就是红、绿、蓝,即所谓的三原色。这三种颜色通过各种组合形成了五彩缤纷的世界。不过人的眼睛识别色相能力是有限的,据统计大概在一百种上下。色的饱和度又称色的纯度,光谱色是饱和度最好的色。色的明度指色的明暗程度,物体色的明度与它的反射率有关,一般来说,反射率高,色的明度就高,反射率低,色的明度就低。色的饱和度越好明度越高、越鲜艳,对人的视觉刺激就越大,所以往往显得热烈;相反,色的饱和度差、明度低,对人的视觉刺激也就弱,所以往往也显得平和或沉静。

2. 色彩的象征寓意

我们在生活中无时无刻不与色彩发生着密切的联系,色彩的自然属性成为生活中客观对象的一种表象和标记。我们中国人的头发是黑色的,皮肤是黄色的,树叶是绿的,天空是蓝的,等等。色彩学认为,色彩本身并无什么抽象含义,但当色彩进入到人类社会就被打上了时代、阶级、宗教、伦理等烙印,产生一种约定俗成的社会寓意。比如说中国封建社会中明黄色是帝王的"专用色"。平民百姓只能"望而生畏",就是一个十分生动的例证。五星红旗就会让我们联想到革命先辈抛头颅、洒热血的悲壮情怀。人们对色彩的运用,都是致力发掘它的象征寓意,本书援引1964年中国电影出版社出版的《电影摄影师的创作》(朱静编写)对颜色象征寓意的表述:

红色——热烈、喜悦、勇敢、斗争;

黄色——醒目、庄重、高贵、光辉;

蓝色——安静、深远、幽清、阴郁;

绿色——生意、健康、活泼、平和;

白色——清洁、坦率、朴素、单调;

紫色——柔和、优婉、华贵、娴静;

品红——秀丽、鲜艳、飘逸、悦目;

黑色——沉着、恐惧、严肃、神秘;

灰色——和谐、浑厚、静止、大方。

3. 色彩意义形成探源

色彩,作为一种物质现象,其本身的色相特质几乎是恒定不变的。色彩所形成的感觉多变性,实质上是反映色彩与自然现象、生理现象、人为现象和社会现象的复杂关系。图5-23以红色相为例,表述红颜色与自然、生理、人为、社会四类现象的35种象征意义的变量关系,概括性地说明了色彩形成诸多感觉的依据和规律。

三色学说的创立者认为,任何一种物体的色彩都是由一定比例的三原色彩组成的,在人眼的视网膜上存在着能分别对红、绿、蓝光产生反映的感红纤维、感绿纤维和感蓝纤维。它们在相应色光刺激下会发生兴奋,并通过视神经将接受的色光信息传递到大脑,形成一定的色彩感觉。三种感色纤维接受相应色光刺激时,产生的兴奋程度是不同的,其中感绿纤维最大,感红纤维次之,感蓝纤维最小。这种兴奋程度的差异,是人类在适应赖以生存的自然环境的过程中,经过长期进化、遗传所形成的。

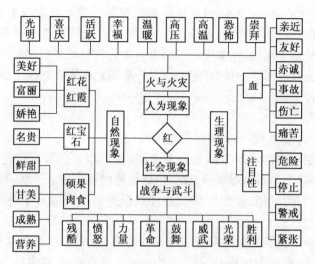

图 5-23 红色相象征意义图示

　　人类在进化的历史过程中,为了适应自然条件求得生存,逐渐形成了能够感觉与区分色彩的视知能力。当人类还完全依赖自然条件生存的时候,所处的基本环境是阳光、野火、蓝天、江河湖海、冰雪以及绿色植物。如果不能感觉与区分这些自然现象,便无法寻找食物、水源以及栖身场所,也无法逃脱危险、避开严寒。火红的太阳带给人们光明与温暖、炽红的野火带来烤熟兽肉的甘美、红熟的野果带来鲜甜、森林大火带来死亡与恐惧,由于这一类外界条件的长期影响,在人眼的视网膜上就逐渐形成了一种对红光敏感的感红纤维(红色觉)。人们最初对色彩形成恒常反映,是以自然现象和生理现象为基础的,随着社会的进化、部落的斗争,流血现象又表明着胜利和喜庆以及残酷和失败,同样是红色,于是又有了社会现象和人为现象的反映。这是红色感觉的形成和发展。同样的道理,感蓝纤维(蓝色觉)的形成,与原始生活中的蓝天、蓝天映照的江河湖海、呈蓝青色调的冬雪寒月有着密切关系,沉寂、冷清、安静之类的心理感觉亦由此生成。感绿纤维(绿色觉)的形成,则是因为广袤的大自然中的绿色植物为人们的衣、食、住等生存需求提供了丰厚的条件,引起人们常年关注生存和向往的结果。虽然感绿纤维最易兴奋,但也最易抑制,这是远古的原始绿色教人们敏锐地从绿色的大自然中寻找生存条件,和绿色给人们以庇护和享受所形成的。所以,绿色在心理上影响包含着动与静的融合,且以静为终结的特点,产生清新、明快、宁静的感觉。比如,绿色的群山使人心旷神怡,绿色的田园使人感到清新明快,绿色的地毯使居室显得宁静平和,整个人类以绿色象征安全与和平。

综上所述，我们认为：人们对于色彩的感觉源于自然现象与生理现象的有机融合，色彩感觉的发展则与人为现象、社会现象有着千丝万缕的联系，色彩感觉是一个实实在在的哲学现象，正如图5-23所列举的色彩与自然、与生理、与人、与社会的既分离又关联的那样一种哲学关系，只有准确地理解并把握了这一关系，才谈得上对色彩语言的真正驾驭。

4. 色彩语言在电视画面创作中的运用

电视画面创作中色彩语言的掌握和运用，应该以三色成因理论为基础，对色别、色调、色彩搭配、画面色彩基调控制、色彩还原内容作深入了解，综合考虑环境、时代、季节和人们的风俗、思想情绪及心理状况等多个因素对于色彩语言构成的影响。

当我们了解了色彩的象征寓意和意义的形成后，有必要对在电视画面中如何运用好色彩要素，即色彩构图作进一步的分析。色彩构图的内容，包括色调的冷暖、色度的明暗、色彩的变化、对比、和谐、渐变以及画面上的色块分布等。

（1）色彩的基调与主题。色调是画面中呈现的色彩总和，它指的是画面上给人总的色彩感觉，也就是画面的整体色彩效果。色调犹如音乐中音调的概念一样，和谐的音调给人以深刻的感染（传播效力）。色调不仅对表现时间、环境、气氛等作用有很大的渲染作用，一个画面都是可以根据主题的需要确定色彩基调的。暖色调画面表现为红黄基调，冷色调画面则以明亮的蓝色为基调。比如在一个篝火晚会的大环境下，当要表现众人的欢乐时，应以篝火的暖色调为基调；当要表现篝火圈外人们小聚低语时，应以如水的月色形成冷色基调。

（2）色彩的对比与和谐。自然界景物是具有丰富多彩的色调关系的，它们互相联系、互相影响，形成多样而统一的整体。这种多样性的对比，称之为色彩反差；这种多样性的统一，称之为色彩和谐。在处理色彩的反差关系时，必须考虑到色彩的和谐，在色彩和谐的前提下，又要充分考虑色彩的多样性。所以也可以说，色彩反差就是颜色的对立，色彩和谐就是颜色的统一。调和与对比是相辅相成的，过分强调和谐，色彩将失之平淡，甚至产生灰暗，致使画面眉目不清；过分强调对比，会造成色彩堆砌，以致喧宾夺主，杂乱无章。因此，色彩运用要恰到好处，达到色彩反差与色彩和谐的统一。

（3）色彩的渐变与分布。自然界景物的色彩给人的感觉是，近处景色要比远处的景色鲜艳、饱和，它能使彩色画面更富于变化，我们将这一现象称之为色彩渐变效应。颜色在画面上的分布大都成块状，我们称之为色块。色块分布表现出不同颜色在画面上的组合、穿插。构图时，要注意观察被摄对象是由哪几种色块所组成,然后决定取舍。应使近景中有较大面积的饱和色块,给人以强烈的视觉印象;同时尽量避免出观面积相等、大块的、互为补色的色块相邻。

(4) 色彩与光的配合。色彩的表现与光的亮度、色温及环境色光的反射有着密切关系,彩色构图必须注意光的配合。实践表明,各种类型的光线,会表现出种种不同的色相。例如顺光色彩饱和、透明度高,但缺乏阴影,色调平和,适宜于表现色形丰富的题材;侧光色彩阴暗对比强,应加补充光,以降低反差;斜射光能表现景物的丰富色彩,富有质感、立体感,而逆光则使色彩大量失落。

总之,色彩构图主要是要求色彩饱和明快、色调统一、色块组合和谐、邻色过度柔和,给人以鲜明舒畅的感受,以提高画面内容的有效传播为最终目的。

第二节 电视画面结构的实体元素

画面,是一切平面造型形式的第一语言。画面语言的运用都是表现为对社会、自然对象的取舍与安排,使之组织成为一个可以理解的整体。那些被取舍、组织的对象是画面构成的实体因素,它们通常包括主体、陪体、前景、背景等内容,前景、背景是主体与陪体生存的环境。无论是绘画还是照相,无论是电影还是电视,它们的画面构成都离不开这些实体因素的支撑。尽管这些实体因素在形成概念时染上了浓重的绘画性和照相性色彩,电影、电视还是无可回避地要运用这些实体因素。电视画面的构成,依然是以这些实体因素为基础。

一、主体——画面结构的灵魂

主体,是电视画面中的主要对象。它可以是一个对象,也可以是一组对象;可以是人,也可以是物;可以是事件的主角,也可以是配角。主体是根据表达内容的需要、上下镜头的衔接,以及构图形式的规律来安排的(图 5-24)。比如拍摄一条英模报告团在基层单位作报告的消息,作报告的那位英雄是当然的主角,配角则是其他与会者。在一连串画面中,报告者是许多个画面中的主体。为了反映与会者听报告的反应,镜头摇至

图 5-24 画面中的白塔是主体,对画中的山、水、树起着统领与组合作用,此谓之"画面结构的灵魂"

群众场面,与会者(配角)成为画面中的主体。镜头以配角为主体,目的还是要表现主角。这种主体转移现象,是由电视画面"动"的特点所形成的,是绘画和照相构图过程中所没有的。

　　主体是表达画面内容的主要对象,也是画面结构的重点,在结构画面时,应以一切摄影的表现手段使主体突出,给人以鲜明的印象。有条反映当地政府为教师办实事、小学老师搬进新居的新闻,镜头以迁居后在大门口说话的一老年教师为主体,这无甚不当。但新闻缺乏感染力,因为观众没有看到他住房的具体情况,这是主体选择单一造成的结果。如果能以老教师的居室为另一主体,听他讲述的同时,镜头摇至客厅、卧室、书房,声音作为画外音,效果就大不一样。由于电视"动"的本性所决定,电视画面的主体可以是单主体、双主体、多主体交替出现。如在中央电视台的《艺术人生》、《实话实说》,香港凤凰卫视中文台的《锵锵三人行》,美国CBS的《60分钟》等访谈类节目中,就经常运用这种画面表现手法,主持人和嘉宾的画面一般都是轮流出现或同时出现。不过目前电视节目中一些目的不明、主体缺失(图5-25)、内容不实的"推、拉、摇、移"画面,使观众不明就里、迷惑不解,不属于这种"主体"有意识转移之列,而是电视新闻从业者亟待戒除的无意识"推、拉、摇、移"的"技巧性习惯动作"。

图5-25　画面为无主体的空镜头,为主体的出现准备空间

电视画面创作中突出主体的方法很多,常见的方式有——

1. 构图处理

　　按照人们心理注意的规律,处理构图时,将主体安排在观众视线最易集中的画面部位。实践表明,在4∶3和16∶9的电视屏幕方框中,运用"黄金分割"的1/3原理,可以得到四个视知强点,这四个点的视知觉强度按照左上1/3、右上1/3、左下1/3、右下1/3的顺序依次递减。在这四个点上,都可以获得掎角之势便于对画面各部分进行顾盼和照应。而且这些点都是临近边缘的黄金分割点,容易获得开拓与均衡的视觉效果。画幅正中是视觉的最薄弱地区,因为人用双眼观看对象时,很难从正中顾及两翼,只有倚居一隅才能轻松地纵览全局。所以如果电视画面中只出现一个主体时,一般这个主体的位置不会在画幅的正中间,而是稍微偏左或偏

第五章 电视画面的基础结构

右。只要留意一下电视新闻画面中主播出现的位置就可以发现这个原理。根据以上规律,在构图处理时,将主体尽可能地安排在视知强点和注意优势区域,可以获得最佳视觉冲击力(图5－26)。这一规律对于电视画面抓取活动对象,进行动态构图有很高的指导价值。当然,这一规律的运用是以内容表达的需要为依据的。关于电视画面构图的内容在本书的第六章还要详细论及。

图5－26　画面中机车(车头)由右1/3处向左运动,画面结构均衡,动势明确

2. 光影布置

主要是通过用光控制,形成不同程度的反差对比,使主体获得突出效果。一般来说,主体的光线比非主体要明亮一些,这样符合观众的观看习惯。大部分电视画面的用光都是遵循这样的原则的。但也不是千篇一律,有时候,主体的光线亮度低于画面的其他部分也能取得意想不到的效果。如中央电视台《焦点访谈》节目的开头的主体光影处理就令人耳目一新。片头过后,出演播室全景画面,明亮的背景画面前衬托着尚未被灯光照亮的节目主持人。此时,观众看到的只是主持人的昏暗模糊的轮廓,明显区别于背景的亮色。接着运用了一个推镜头,把主持人拉近,伴

图5－27　《焦点访谈》2005年2月15日播出《禁赌风暴》系列报道《网上赌球》,背景为某足球赛的场面

随这个过程,主持人的画面由暗变亮,最后正面呈现在观众面前,开始侃侃而谈(图5-27)。这样的处理,在节目的一开始就把观众的注意力集中在主持人这个画面中的主体上来,起到了突出主体的效果。

3. 色彩配置

色彩配置主要是运用"对比"与"和谐"的手法突出主体。色彩的对比关系可以产生强烈的视觉效果。在现实生活中五颜六色的实景中进行拍摄时,会有千差万别的色彩和多种多样的对比关系等着我们去提炼和选择、去搭配和表现,蓝天白云、青山绿水、金黄的收获、火红的太阳等等,无一不显示着自然造化的神妙(图5-28)。电视从业人员只有善于观察、发现和提炼色彩,才能充分利用电视画面色彩表现的资源宝库,创作出主体明确、结构合理的电视画面。关于色彩的配置内容可参见

图5-28 画面以落日的天空为曝光标准,作为主体人与马成为黑色的剪影,映衬在火红的天空背景上,主体分外突出

本章第一节中"色彩——对生命历程的体悟"的有关内容。

4. 焦点虚实

通过调焦控制景深范围,在虚实对比中,突出主体的"实"像(图5-29)。所谓实,就是画面影像清晰度好,视觉能迅速、准确地捕捉到它的特征并认识它,即画面内望之可及的实体。所谓虚,就是指画面的影像清晰度比较差,难以辨认其面貌。在电视画面的创作过程中,可以通过控制景深的手段,使焦点上的物象清晰,而焦点外的物象虚化而难以认清其面貌,从而做到以虚衬实的画面效果。也就是说,将画面中的主体处在焦点上,使

图5-29 在虚实对比中,突出主体的"实"像是各种节目的常用手法

它清晰,因为主体是画面上最主要的表现对象,观众是要看到主体才能来明白画面所要表达的思想,感受画面的审美价值。而前景、背景则处于焦点的清晰度以外,影像虚化,以达到突出主体的效果和目的。电视从业人员常常利用大光孔和长焦距长镜头等技术手段以造成画面的虚实对比关系。

5. 动静对比

电视画面中,大多数构图因素都处于运动状态,即便是静止的山峦,因为机位在行驶的车船上,山峦也飞奔起来,相对静止的倒是车船。这就要求电视从业人员找出相应的动或静的参照因素,在动或静的对比下,达到突出主体的目的。针对画内主体的运动节律而言,画面的动与静的多样式相接,所形成的节奏、传达的气氛和情绪是不一样的。动静画面相接一般有四种情况:

(1) 动接动。动接动又有两种类型(图5-30,图5-31):

动接动之一:两个在视觉上都有明显动态的画面的连接。

它是不同主体画面的连接,运用上下画面之间的逻辑关联因素进行过渡,采用"切"的技法,节奏明快、流畅。从画面连接所产生的含义看,这是一种"对列式"的连接。如美国国家地理杂志频道播出的《鳄鱼考察》,考察过程中上一个画面主体是浅溪中的皮划艇,下一个镜头则接水中受惊快速逃逸的大小鳄鱼,下一个画面的来由及动因,得之于上一画面考察行程皮划艇的惊扰,这种"主观角度"的连接,都借助于观众的联想。

图5-30

动接动之二:运用动作剪接点使两个画面相接,这是两个画面同一主体的动态相接。

这是一种连续性连接,诸如人们业已熟知的一个人"进门"、"关门"、"坐下"之类的几个动态镜头连接就属此类。这一技法运用的关键是要找准动作速度快、幅度大的那些转折点，以明显的变化引起注意，收到最佳转换衔接效果。这类动作点的选择，并非要重现活动的全过程，适当省略过程动作（如上例省去"关门"动作），可使结构更加紧凑。图为国际奥委会官员罗格在北京考察 2008 年北京奥运会场馆建设情况，罗格在车上、车下的场景转折明确，省去上车下车过程，剪接显得简洁、流畅。

图 5-31

（2）静接静（图 5-32）。

这是在视觉上没有明显动感的画面相接的形式。

这种相接不强调运动的连续性，而注重画面内部情节线索、感情线索的连贯，系采用"切"的技法实现彼此的连接。这种连接是对列性的，借助事物内部的对比、隐喻、抒情、心理诸因素为连贯条件，其组接效果是节奏流畅而情调含蓄。

图为谈话的切换镜头，这类静接静的方式在各中节目中广泛应用。

图 5-32

(3) 静接动(图 5-33)。

这是动作不明显的画面与动作十分明显的画面相接。

这种衔接推动情节的加剧发展,压缩屏幕时间,视觉效果简明而洗练。如许多径赛项目画面的组接,前一画面是等候发令枪声的运动员,后一画面则是枪响后奔跑的运动员。诸如游泳赛运动员等待发令枪响的瞬间和泳道的拼搏,足球、篮球罚球前的静止和罚球后的拼抢,都是"静接动"的典型组合。

图 5-33

(4) 动接静(图 5-34)。

这是在动感明显的画面后紧接静感明显的画面。

这一组接技法能造成明显的停顿效果。这一技法要慎用,因两画面间不易寻找到应有的逻辑关系,以致隔断动作、情节上的连贯。2004 年雅典奥运会上我国运动员刘翔以 12 秒 91 平世界纪录的成绩获男子 110 米栏冠军,终点冲线后,刘翔

图 5-34

兴奋地奔向观众,几分钟后站在领奖台上,两组镜头一动一静,合乎事件的发展进程,典型的"动接静"组合。

以上四种组接方式中,"动接动"、"静接静"能较好地体现画面的连贯性;"静接动"、"动接静"都可谓是特例,运用时应谨慎铺垫,找准关系,力求连贯、流畅。

二、陪体——凸显主体的绿叶

陪体是相对于主体而言的,它是指与拍摄主体有紧密联系的对象,是画面中陪衬说明主体景物或人物的那些元素。

1. 陪体的作用

陪体主要是陪衬、烘托、突出、解释、说明主体。形象地说,陪体就是突显"红花"的"绿叶",其在画面中的状况、作用分述于下:

(1) 帮助主体说明、揭示画面所要表现的中心含义。

图5-35 画面中,船前的鸭群是陪体(同时又是前景),具体说明了主体人物的行为内容

在电视画面中,人与人之间、人与物之间、物与物之间都存在主体与陪体的关系(图5-35)。如在拍摄一个演讲的场面时,演讲者就是画面的主体,听众就是画面的陪体;在拍摄一个人给花浇水的画面时,浇花者就是主体,被浇的花就是陪体;在拍摄火车进站的场面时,鸣着汽笛、徐徐开进火车站的火车就是主体,而铁轨、站台就是陪体。陪体也是画面的重要组成部分和画面构图的重要内容。虽然主体对表达画面的中心起主导作用,但缺少陪体的映衬,画面的意义在流动的节奏中难以充分显示,以致影响内容的充分表达。

(2) 帮助突出主体。

主体虽然反映一定的内容,如果单只是表现主体而没有陪体,其内容往往显得单调、贫乏,如若有适当的陪体加以陪衬,则画面内容会更加丰满,使主体更加突出,所谓"红花还要绿叶扶",就是作为构成画面主体的"花",因为有绿叶相伴而显得鲜明、突出(图5-36)。但是这里要注意一个过犹不及的问题。如在节目制作者对人物进行采访时,有些人喜欢和新闻人物一起出现在摄像机的前面。这种陪体不仅不能突出主体,反而会分散观众接受信息时的注意力。要知道观众想得到的是丰富的信息享受,而不是记者的漂亮脸庞。制作者的"出镜瘾"是需要努力戒除的。对陪体进行安排时,必须要有一定的目的,使它在画面中确能起到应有的作用,凡是内容所不需要的,就应通过镜头的运动、机位的变化,及时将其"清除"出画面。陪体只能处于与主体相应的次要位置,既与主体相呼应,又不让它分散观众的注意力,更不能喧宾夺主。一些电视画面的语言模糊,看了叫人不知所云,如说是某模范

图5-36 画面中的阶梯、墙壁等陪体呈射线汇集状,有效地引导观众的视线关注主体

的事迹,而画面中有一群人,这就没有突出主次关系。

(3)均衡画面、渲染气氛和美化画面。

图5-37 陪体均衡画面、渲染气氛

通过陪体的画面配置,可以丰富影调层次,均衡色彩构图,加强画面的空间感和纵深感,活跃画面,增强画面的感染力和表现力。如图5-37画面中少女步履款款走上拱桥,身前阳光明丽,身后绿树成荫,成串的日式大红灯笼与树绿相映点缀填补了少女身后的空白,动静均衡、明暗得体、红绿相融,空间立体的美学效应跃然于画面中。

(4)陪体处于画幅之外的陪体给人以联想和为镜头转场提供方便。

有的画面中仅有主体,但主体的注意力、运动方向都朝向画外的某一方向,这是陪体在画外的"间接"作用。如纪录片《日本茶道看习俗》,采访主持人以参观者的身份,在去茶道的路上侃侃而谈:日本茶道是如何在"日常茶饭事"的基础上发展起来的,以及它是如何将日常生活行为与宗教、哲学、伦理和美学熔为一炉,成为一门综合性的文化艺术活动。主持人还说,日本茶道不仅仅是物质享受,而且通过茶会,学习茶礼,陶冶性情,培养人的审美观和道德观念。至此,观众对茶道已经兴致盎然,来到茶道门前主持人并不急着

入门,而是侧身引颈向门里看去,画面中只有主持人(主体)孤身一人,陪体(茶道馆)在画外。观众从主体惊喜的情态中可以间接领悟到日本茶道的魅力。下一画面则十分自然转场到参观茶道的镜头(图5-38,图5-39)。

图5-38 主持人面对茶道馆引颈相向,陪体在画外

图5-39 来到茶道听茶道情况介绍(穿和服者为陪体),介绍者(也是陪体)在画外

图5-40 在广告片中时而可见的无陪体双主体画面

(5)双主体无陪体画面渐成潮流。值得指出的是,因为电视画面的"流动性",电视从业人员在创作画面时,还可以"反客为主",颠倒主体、陪体的关系以适应内容表达的需要。这种颠倒关系一般出现在主体、陪体同处一个画面的条件下,这与双主体、多主体画面有所区别。近些年来,随电视观念的变化,镜头景别有特写化趋向,许多谈话节目、电视剧中过肩镜头的比例愈来愈多,较好地满足了观众通过人物特写洞察画中人物心理活动的需要,无陪体的双主体、多主体镜头随之增多,这一现象在广告片中尤为多见(图5-40)。

2. 陪体的安排

对于绘画和照片的画面构成与分析,我们都是采用单幅和静止的思维方式。

一般来说，一张照片或绘画的主体和陪体是同时出现的；而作为活动的电视画面，它的主体和陪体却是可以同时出现在同一个(段)画面中，也可以出现在两个(段)画面中。在许多情况下，为适应内容表达的需要，主体、陪体关系还是颠倒的，即先出现陪体画面(值得提醒的是，从静态的画面观念看，先出现的陪体画面中的"陪体"又是该画面中的主体，为保证画面构图的完美，拍摄时还得认真安排好这个"陪体"再现这段"陪体"画面中的主体结构地位)，再出现主体画面。如何处理安排，下面我们将对其进行逐一分析——

(1) 主体和陪体出现在同一画面上。

在这种情况下，主体和陪体共同完成传递信息、表达内容、表现主题的任务。但是，这时要牢记它只是"陪"体，只能是在画面构图中作陪衬处理的对象，只能处于相对于主体来说的次要位置，陪体要既能与主体构成呼应关系(图5-41)，又不至于分散观众的视觉注意力，更切忌喧宾夺主。这时要与双主体或多主体区分开来。

(2) 主体和陪体出现在不同画面上。

这在电视画面中是经常出现的构图现象，按照主体与陪体出现的先后关系，我们把它分为主体在前、陪体在后，陪体在前、主体在后两种情况。

第一种，主体在前、陪体在后。

这时候，主体出现在上一个画面中，根据主体的暗示或呼应情况可以预想和推

图5-41 画面中的杠铃是陪体，具体说明了主体的活动

图5-42 单主体、双陪体特例

测到陪体的内容，接着在下一个画面中出现陪体，前面说到的"处于画幅之外的陪体给人以联想和为镜头转场提供方便"也是属于同类情况。在射击竞赛中，运动员和靶的传统画面关系也是这样安排的：先有运动员射击的主体画面，再有射击靶面的陪体画面，在射击竞赛中，主体、陪体画面这样依次出现还可以向观众传达竞赛中的悬念与紧张气氛。图5-42画面中，运动员是主体，手中的枪是第一陪体，第二陪体(靶

149

图 5-43 主体陪体合一特例

环)陪体射击在下一画面中,这是单主体、双陪体的特例。现代电视是无所不能,一些电视体育直播节目为了及时传达比赛状况,充分发挥电视压缩空间、时间的特性,将本不可能清晰地出现在同一画面中的主体、陪体,运用双视窗的手法完美地将其组合在一起(图5-43),使得竞赛的紧张气氛得以当然同步传播,这种蒙太奇的组合手法只是特例,在直播性、记录性节目中要慎重使用。

值得披露的是,一些电视台为追求所谓的同时空效应,在做所谓的"连线节目"时,主体和陪体并未相隔千里万里之遥,他们只是将主体(主持人)和陪体(受访嘉宾)放在两相隔壁的房子里演绎欺骗观众的"假连线",这种有伤职业道德品格的做法实不可取。

第二种,陪体在前、主体在后。

这可以说是影视画面摄制中的特有现象,我们很难想象在照片和绘画等静止性画面中会出现这种情况。但是,在电视画面中,根据内容传达的需要,用变化的、连续的画面语言来艺术地表现主体和陪体是完全可能的。也就是说,让陪体先在画面中出现,然后随着镜头的运动和内容的转化,与其具有情节呼应关系的真正主体才会出现。主体、陪体的关系也就在画面语言中得以诠释,在镜头变化的过程中,陪体便体现了其陪衬的性质和作用。先出现陪体,然后在接下来的画面中展现主体,一方面可以交代下一个画面中的细节或情节重点,成为一种在镜头间进行场景转换的方法;另一方面也能够丰富画面语言,避免主体一览无余的直露和堆砌,从而加强画面表述的表现力。如2005年2月27日CCTV-1《东方时空》之《高端访问》栏目播出《专访土耳其副总理兼外长居尔》中,居尔为《东方时空》节目组签名留言的一组镜头就是先出手(陪体)的特写画面,再出居尔(主体)的画面(图5-44)。一些表现学生刻苦学习的画面,不少是先用一个特写镜头来表现握着钢笔在纸上奋笔疾书或双手捧读课本的画面,然后推到或切到该学生的中景或全景镜头,在这里,前一个画面就是陪体,它先于主体画面出现,对主体起引导作用,从而更清楚地表达了学生刻苦学习的情态,便于观众理解和欣赏。再比如,很多的电视作品中在表现某人发生了意外,而在医院进行急救时,一般是先出来一个陪体性的镜头,如急诊室的横眉上写着"手术进行中"的提示牌或急诊室门外焦急等待的病人家属,然后才是主体性画面,医生和护士推开急诊室的门,众人围上去向他们打探病人的情况。

图5‑44　陪体在前、主体在后,土耳其副总理兼外长居尔为《东方时空》节目组签名留言的一组镜头

需要特别提起注意的是,我们虽然可以运用多种多样的方法来表现主体和陪体的关系,但在这个过程中一定要把握好分寸,以防犯主体不"主"、陪体不"陪"的错误。也就是说,陪体始终应当与主体紧密地配合,而不能妨碍甚至削弱主体的表现力。

三、前景、背景——主体生存的环境

前景是指在主体前面或靠近镜头位置的人物或景物。用前景有时可以是主体也可以是陪体,但多数情况下是环境的组成部分。我们常常可以利用前景来安排画面构图。前景在电视画面中能够起到积极、活跃的作用。

1. 前景的作用
（1）烘托主体或直接帮助表达主题。

有些画面内容,单靠主体很难完整地表现,甚至可能产生歧义,给观众造成误解。而前景就能在一定程度下与主体互相结合,帮助主体表达画面内涵。如在电视会议新闻报道中,一般拍摄在主席台就座的会议参加者的电视画面时,会把他们桌子前面的姓名牌也拍进画面。这样,观众就知道画面中的新闻人物是谁,而不会张冠李戴。这类介绍牌就是画面中的前景。当然这是前景在表现主题、烘托主体的最简单的运用(图5‑45)。

图5-45 各级电视台的新闻节目都会在播音员(主体)前挂出相应的资料牌(陪体)

图5-46 拱形前景拉开了与广场的塔楼(主体)的距离

(2) 增加画面的层次,表现空间深度。

本书在有关"电视画面的假三维形态"的内容中已经阐明了电视画面实际上是一个二维的画面,但在电视画面创作过程中我们能够运用一些画面创作技巧,使其具有三维的性质(图5-46)。前景的运用就是其中的一种。在电视画面的构图过程中,通过有意识地选择一些前景,能够在画面中表现出三维立体空间的透视感和距离感,从而形成一种生活的真实感。

图5-47 图为韶山毛泽东主席旧居,屋前的树丛成前景使整个建筑显得开阔宁静,均衡秀美的构图令人赏心悦目

(3) 均衡美化画面,使构图增加变化。

在电视画面的拍摄过程中,我们常常会发现,如果孤立地去拍摄一个景物,在视觉上往往会感到很单调,因为画面构成上缺乏变化。如果我们善于在拍摄现场选择一些景物做前景,使它与主要的被摄景物相呼应,共同构成画面,就能使构图富有多样性的变化,并且达到视觉上的和谐与均衡(图5-47)。一些富有特征、美感和装饰效果的前景,能够给主体的展现提供空间,使画面更加具有视觉美感,从而更好地表现主体。

（4）"框"起主体，具有装饰趣味。

拍摄中有时会遇到一些物体本身具有框架形状，我们可以利用它把要表现的被摄主体"框"起来，使画面的构图紧凑，并随框架本身的形状或线条，使画面富有装饰趣味，增强画面的形式美。这种构图方法，使画面具有"向心"特点，很容易把观众的注意力引导到框架之内的被摄主体上，使那儿成为视觉趣味中心。图5-48画面中的主体是岳麓书院大门及对联匾额，前景是院内曝光不足的廊檐、立柱形成凝重、对称的黑色框架，有效地引导观众关注主体的视线。

图5-48　主体岳麓书院与框架式前景

图5-49　画面中主体人物的投影构成前景，使主体显得更加敦厚，与上下左右的陪体相呼应

（5）有利于影调和色彩的对比。

前景能够丰富画面的影调和色彩，增强与主体、背景的影调和色彩对比，使平淡的景物显得更有生气。如雾天、阴雨天中的景物或者另外一些明暗反差较弱、画面影调平淡的景物，拍摄时如果能够适当地在画幅内包括一点暗影调的前景，就能增加画面的影调变化，扩展影调之间的对比，使画面表现得更加生动。同样，也可以利用前景的色彩去丰富画面的色彩构成，使它具有多样变化。甚至可以强调前景的某种色彩，给观众一种特定的色彩印象（图5-49）。

（6）在运动摄影中能增强节奏感。

我们在拍摄行驶着的汽车时，摄影机与汽车运动速度同步，路边的建筑或花木等前景从镜头前一一掠过，这时主体汽车是相对"静止"清晰，掠过镜头的花木（前景与背景）显现出快速的横向运动的影子，主体汽车在花木前景的影子中时隐时现，因而增强了画面的运动节奏感。请注意图5-50的画面中因摄影机的快速运动，作为前景与背景的树木都已经变成一团团的虚幻的影子，特别注意落在车身卡

图 5-50　画面中作为前景、背景的树木都已经虚化

的前景的虚影,领悟运动摄影的节奏魅力。

前景的运用在构图中积极的作用毋庸多言,必须强调的是:运用要得当。否则,也会适得其反。首先,前景与画面所展现的环境应该具有内在的联系,应显得协调、自然,如在写字台上摆放一盏台灯,显得和谐自然,但若换为一件玩具,恐怕就很不协调。其次,前景的形状宜美。前景处在画面的最前沿,在视觉上相当醒目,它本身的形状美不美就显得十分重要。难看的前景不如不用。如一个轻松愉快的游园活动,当然是以轻飘的垂柳枝叶作为前景恰当,如果是以一个粗笨的物体为前景则大煞风景。再者,一般说来,前景的影调比后景暗一些为好。这样有利于表现空间深度,也不至于因为前景的影调太亮而分散观众的注意力。构成前景的对象可以是任何物体,但是要有助于内容的表达,有的甚至还应与画面的情绪、气氛相吻合。总之,前景处于靠近镜头的位置,在画面上成像大,如果处理不当,容易破坏画面的完整,甚至淹没主体。

2. 背景的作用

背景是指画面中主体背后的景物。背景可包括后景、远景中的人物、建筑、山峦、大地、天空,也可以仅仅是人物、景物的衬底,只是一面墙、一方台面、一块布幔或色底。

背景有动态背景、静态背景,有绘制的、幻灯照明的、搭建的以及由特技合成的各种背景。可归纳为有像背景与无像背景两种。有像背景应注意选择典型环境,确定恰当的景物范围以及影调、色调的处理,无像背景可有影调明暗部位、面积大小以及光影的变化,以烘托气氛,也可作装饰性处理。

电视创作中的虚拟演播室是一种新兴的计算技术,它可以通过背景画面的变化,或者背景保持不变而主体不断改变来表现我们所需要的内容。

它的作用大致有四个方面(图 5-51 至图 5-55)——

(1) 能表现人物和事件所处的时空环境。

用花朵、柳絮、枫叶、冰雪等季节特征来表现主体所处的时间环境;用有鲜明特点的建筑、景物、地域特征来表明主体存在的空间环境。美国《国家地理杂志》频道播出的系列电视纪录片《企鹅的命运》中记录了一群企鹅为躲避海狮、海豹的袭击,不时在冰雪中迁徙的艰苦过程,背景就是一望无际的皑皑白雪冰原,其中一系列画面就很好地表现了企鹅生存环境的艰难(图5-51)。

(2) 能表现主体所处的空间之大小。

背景紧靠被摄主体,显得空间小;背景远离主体,显得空间大。在电视画面创作中我们常常可以利用这一点来表现被摄主体所处的空间之大小。比

图5-51 在一望无垠的冰雪背景中艰难迁徙的企鹅

如,利用长焦距镜头,把城市街道上的车辆拍得很拥挤,背景上的建筑物离车辆很近(压缩效应),显得城市格外繁华。也可利用短焦距镜头使背景的成像缩小,显得离被摄主体更深远(扩散效应),夸大主体所处的空间。

图5-52 主体船与背景船因镜头压缩几乎贴在一块

图5-53 短焦镜头的扩散效应使画面中的主体(画面中右前的车)与背景的距离明显扩大

(3) 能烘托主体,使它的形状及轮廓显著。

我们在观看电视画面的时候,总是希望画面中主要的被摄主体形状鲜明突出,而不喜欢它被湮没在纷杂的背景之中。那么,在拍摄时就要注意把被摄主体与背景区分开来。图5-54中的主体人物安排在接近道路两边树木形成的透视线的交

汇点上,显得突出。

图5-54 捕捉透视线条突出主体典型片例

图5-55 远远近近的山和水优雅地映衬着主体轻舟

(4) 能造成各种画面气氛、情调,帮助解释内容。

某些背景,或具有一种特定的含义,或富有一定的造型特征,如果把它作为一种画面的构成因素包含在画幅之中,不仅有利于照片的构图,也能对烘托照片的主题起到一定的作用。图5-55远远近近的山和水优雅地映衬着画面中的主体——轻舟,和谐的配景,充满诗情画意。

3. 为主体营造最佳生存空间

在电视画面结构中,背景与前景是主体生存的环境,两者对于突出与表现主体都有着重要的作用,处理好它们与主体的构成关系,将会有效地提升画面质量。相对而言,驾驭处理背景碰到的难题几率要多得多,前文在阐述"前景的作用"时已经一并涉及如何处理安排的基本方法。在此有必要对背景的安排处理做专节提点。在上一章讲"画面细节"时我们学习过"图"与"底"的视觉转化关系,其原理正好说明主体与背景的衬托关系。主体与背景正是"图"与"底"的构成关系,作为"底"的背景,可以衬托主体,表现空间深度。为了保证主体形象鲜明,处理背景时,必须注意主体与背景的影调、色彩、动静、虚实关系,以便相互形成对比,达到突出主体的目的。其要义有五个方面:

(1) 注意影调的深浅。利用被摄体亮暗影调的互相衬托,将被摄主体的形状及轮廓交代清楚。例如,亮主体衬托在暗背景上,暗主体衬托在亮背景上,或者利用中间调的背景分别衬托主体的亮部和暗部。总之,主体与背景的影调要有区别。

（2）注意色彩的变化。利用被摄主体与背景颜色上的差别，把它们区分开来。如暖调子的主体衬托在冷调子的背景上，鲜艳的主体衬托在晦暗的背景上，甚至同等鲜晦的物体因颜色不同而区别开来。

（3）注意虚实的对比。利用清晰与模糊的差别，将主体与背景区分开来。经常是利用大光圈及长焦距镜头景深小的特点，使背景的影像变模糊，并与主体区分开来。在拍摄现场难免要遇到背景杂乱不合人意的情况，这时常利用影调的明暗和使背景变虚去掩盖那些杂乱的背景，使它变得不那么刺目，达到使主体鲜明的目的。如可利用薄雾所形成的亮影调，把远处杂乱的背景掩盖起来，使主体的形状和轮廓鲜明突出。有时也可利用大片的阴影把纷乱的背景掩盖起来，使主体处在亮光下，形成较亮的调子而突出之。

（4）注意动静变化。动中有静或者静中有动都能使被突出者显现。川流不息的人群中的一个站立不动的对象就能吸引住观众的注意力。

（5）警惕背景的破坏性。电视画面是二维平面，当记录现实生活场景时，它会将三维的立体空间按透视关系压缩为二维平面空间，这样一来就会出现远处物体与近处物体相叠的现象，如果百米之外的电线杆正好与主体人物相叠，就会闹出"后脑勺上长杆子"的尴尬画面，这就形成了背景对主体的破坏作用。由于电视画面的流动性，短暂的破坏性重叠是难以避免的，需要注意的是起始镜头、结束镜头、定格镜头的拍摄，这些镜头除了要有完整的构图外，绝对不

图 5－56　画面中主体人物被横七竖八的背景线条所包围，摄影者巧妙地避开了它们的破坏性

能有破坏与分散主体视像的背景线条出现，因为这些镜头大多用于转场连接，停留时间较长，容易引起关注。优秀的摄影师是具有"瞻前顾后"的视觉选择修养的，他们在注意眼前主体的同时，是绝不会忘却远近的背景的，图 5－56 就是摄影师避让背景线条可能造成破坏主体形象的典型成功画面。以上五要义的相关画面在此之前都相继出现过，为节省篇幅，就不一一列举。

4. 背景中派生出来的概念——后景

后景，是指与前景相对应，靠近主体后面的人物或景物。在有前景的条件下，

后景可以是主体,也可以是陪体,但多数是环境的组成部分,是构成生活氛围的主要成分。

后景的作用表现为:可以丰富画面形象,揭示内容,交代画面内容的背景性材料,可以使画面产生多层景物的造型效果,增强空间深度感。

画面中的后景与背景相比,后景更贴近于主体和陪体,以俯角拍摄的效果最佳。在拍摄过程中,因场面调度与摄影机位的多向变化,后景有时相应转换地位而成为主体或是前景。

图5-57 画面中主持人正在采访,他们身后人物就是"后景",随着主持人再采访"后景"中的某一位,"后景"中的人物又成为主体了

后景在一定条件下亦称背景。不过,背景与后景虽然位置接近、功能相似,但电视画面创作者却不能模糊不清、混淆概念。从概念上来看,背景有时可以包括后景,与后景一起构成了"图—底关系"的"底"。但是,从严格意义上说,后景与背景还是有一些区别的。后景位于主体之后,是与前景相对而言,因为场面调度和摄像机机位的多向变化,后景也有可能相应地转换位置而成为画面中的前景(图5-57)。背景则属于距镜头最远端的"大环境"的组成部分,只能起到主体背后的"衬底"作用。之所以在这里特别指出后景和背景的区别,是为了进一步提醒大家,虽然电视画面是二维的"平面造型艺术",但是我们必须具有三维的立体造型观念,应该运用各种摄像技巧在画面上表现出三维空间的纵深感和透视感。其中,合理地安排画面中的前景、后景和背景,是表现空间深度、塑造立体空间的有效途径之一。

以上所说的前景、背景、后景统称为环境,在电视画面的拍摄中,环境诸因素除了突出主体,还有下述不可忽视的作用:说明事件发生的时代,表明人物活动的季节、时间和地点,有助于刻画人物的性格以及表现一定的气氛。这些作用都是电视画面创作者在实际拍摄中不可忽视的。

总之,要想表现好画面的主体和取得满意的构图,非常重要的一个环节是处理好环境因素。既要让环境发挥其补充说明、客观交代和阐释内容等作用,也要注意对进入画面的环境严加选择,那些与主体无关的"杂乱"景物一概要排除出画面;否则,环境因素所形成的"包围圈"就要淹没主体,最终妨碍了电视画面的内容与主题思想的表现。

第五章　电视画面的基础结构

第三节　电视画面结构的特殊元素——空白

一、空白的结构功能

中国画非常讲究审美联想和审美想象,不把所有的物体都画上去,不把想说的话全说出来,要给画面留有空白,要给观众留有审美联想的余地,以使"虚实相生,无画处皆成妙境"。有此"妙境"方能"通幅皆灵"。画中之白,自有其景在,领悟此景,又会丰富对画中之黑的审美感受。可见,画中之白没有确定的美,却正可以使人想见种种美。

空白也是电视画面创作中的一个十分重要而又特殊的因素,它是指画面中处于背景位置、实体对象之间的单一色调的空隙。在电视画面中,落在清晰范围之外,失去了原有实体形态的天空、大地、水面及一切景物,由于其色调的单一,都可视之为"空白"(图5-58)。空白不是实体因素,没有具体的形象,空白是一条无形的纽带,使画面内各个实体因素之间沟通联系为一个有意义的整体。如果一个画面中没有空白,填满了主体、陪体和环境的线条,那必然使人的视觉应接不暇。这样既杂乱无章,使人感到烦闷窒息,又削弱了画面的表现力量。空白的作用是重要的,一切平面造型作品都有着恰到好处的空白。我国清代画家华琳是这样论述空白的:"于通幅之空白处,尤当审慎。有势当宽阔者,窄狭之则气促而拘;有势当窄狭者,宽阔之则气懈而散。务使通体之空白毋迫促,毋散漫,毋过零星,毋过寂寥,毋重复排牙,则通体之空白,亦即通体之龙脉矣。"这段论述,精当地阐明了空白与画面中实体因素

图5-58　两幅画面中的天空就是处于背景位置上的空白,它们各自起着
为画面提供了疏通透气和连接诸实体景物的纽带作用

的辩证关系,及空白运用要点,虽是论画,但对电视画面的构成仍然启发甚大。

在电视画面的构成上,"白"和别的视觉元素一样,也是一种视觉元素。电视画面中的"白",是将"自然白"转换成"艺术白"。所谓自然白,是指人的视觉感知到的那些高亮度的景物,如白墙、白雪、天空和其他的大面积的白色物体等。所谓艺术白,是指经过摄影师的技术处理和艺术处理后形成的一种视觉形象,使观众感到它的存在,并随之形成一定的情感作用。在一些电视画面的创作过程中,可以利用自然界中的自然现象或用人工手段刻意营造画面中的"白"。例如自然界中的雾、细雨蒙蒙等都会在画面的远处画面中造成"白"的效果。也可以利用人工施放白色烟雾,形成白色的雾状效果。如有一个这样的电视画面场景:画面的近处,几个身着黑色衣服的人神色木然地站立在一个墓碑前,他们在悼念逝去的友人,与他们全黑的穿着形成强烈对比的是画面中的环境——被大雪覆盖的白色大地。这里,大面积的白色背景形成了画面中的"空白",充分表现了他们当时的悲苦、哀悼的心情,引发了观众情感上的共鸣,画面所要表达的意蕴呼之欲出,观众可以根据自己的经历、体验去进行联想和填充。

具体来说,空白在电视画面的构图中主要有下列结构功能。

1. 空白是画面空间分配的重要手段

图 5-59 水面的空白使画面显得优雅悦目

在画面构图时,我们一般讲究疏密有致,即"疏能走马,密可透风"。实体要素往往是画面中的"密",空白则一般构成画面中的"疏"。过密,会使画面过于集中而有堵塞感,并会影响主体的表现以及画面合理结构,被挤成一团;过疏,则会使画面过于松散、不集中,而有凌乱之感。画面中空白元素的合理配置,就会使画面精炼、不会有堵塞之感,突出画面所要表现的主体,让观众有更多的想象余地,取得画面构图的和谐和统一。图 5-59 采用俯拍角度将地平线安置于画面上方边缘,大面积水面空白使画面充满诗情画意。

2. 空白是构成画面影调、色调的重要因素

一般来说,空白处于电视画面中的背景位置上,空白部分的光线、颜色构成和

第五章 电视画面的基础结构

分布在很大程度上决定了整个画面的影调和色调。在表现恐怖、凝重、罪恶、紧张等气氛时，空白部分构成一般会选择较暗的光线和色彩；而在表现欢快、轻松等情绪时，空白部分一般都会选择亮的影调和明快的色彩。央视在报道首都2005年春节的祥和气氛时，就曾经着力反映过夜色中的彩灯美景，夜空的深色调将灯光和建筑物表现得美轮美奂（图5-60）。诸多通过在画面中运用空白元素，使之与主体等实体因素构成或对比、或和谐的关系，共同构成画面的影调和色调手法，是电视制作者大有可为的创造空间。

图5-60 大反差深色调空白（夜空）将主体建筑衬托得美轮美奂。

3. 空白使画面简练

图5-61 逆光剪影，空白空灵，主体突出

电视画面构成中空白元素的运用，能使画面看起来显得简洁、流畅。这是因为实体元素的减少，就会使画面一目了然，而有空灵之气。空白的这种功能在处理电视画面的转场时也非常有价值。美国国家地理杂志的一个电视片在描写动物们为争夺生存场地时，就是运用空白来连接两类动物的出场与进场。图5-61画面中即将走画面的大猴子，已经留出大片空白，猴子出画后，镜头连续保持原景物5秒钟的空镜头，为下一动物（主体）出场（既是转场）做好了空间准备，有效地控制了画面节奏。这里，逆光剪影拍摄所形成的空白就屏蔽了画面中的一些无关紧要的背景环境，使它们从画面中消失，突出了画面中的主体构图元素。

4. 空白可以营造意境

电视画面中空白与实体景物的面积比例关系，是画面布局的一种重要方式。一般来说，如果画面中实体对象面积大，空白面积小，画面就趋于写实；如果画面中

161

空白面积大,实体对象面积小,画面就趋于抒情写意。画面中的空白当然不是真空和死白,而是意蕴生发的空间。所谓"画留三分白,生气随之发",讲的就是这个道理。茫茫江水中的一叶扁舟、无垠沙漠中的骆驼队、蔚蓝天空上的一行大雁等都能达到这样的效果。其原因就是在画面构成中,保留了大量的空白,给观众留下了能够自由飞翔的想象空间,意境深远,耐人寻味。这类镜头本书以上章节中已经有诸多范例,请注意研读。

5. 空白给物体带来动向、动势,使画面充满可感的情绪

当表现欢乐场面时,就应该有足够的空白让感情升华、发展。例如篝火上方需要大片的上升空间,奔跑需要开阔的前进方向;而当要表现主体人物愁苦沉默时,就应尽量缩小画面空白,最大限度地制造压抑不堪的情绪效果。我们知道,电视画面与其他类型的画面,如绘画、摄影照片等相比,一个很大的特征就是它的运动性。画面中的空白可以为画面中主体人物的运动预留空间。一般来说,画面中人物开始运动的位置应该是画面的三分之一处,否则的话,人物在运动时就会碰壁。在电视体育新闻报道中,特别是长跑、短跑等运动强度比较大的体育项目中,如果不给选手运动的前方预留出一段空间,就难以表现出运动的动势。也就是说,我们要注意"人有向背、物有朝揖",现实生活中,事物往往都是有方位和朝向的,所以在处理有方向性的物体时,一般情况下在其前方应留出较多的空白。如在人的视线前方留较多的空白(图5-63);同一物体,往往在入射光线的方向留较多的空白;在画面构图时,要注意事物的方位与朝向,注意空白位置、面积的处理,以避免"闭门思过"式的构图失误。

图5-62　画面中右边预留的空间
　　　　（空白）显然不够

图5-63　在主体人物的视线左上方
　　　　留有足够的空间

二、空白的人文魅力

生活被搬进艺术作品时，有各种各样的方式和途径，艺术美的显现形态也就多种多样。在各类艺术创造中，有的表现在艺术作品所塑造的典型形象或离奇紧张的情节上；有的表现在细节的精心设计上；有的表现在入眼的色彩、线条、动作等形式上。但艺术美的表现形态不仅是这些，有时候单凭视觉在表象上是捕捉不到的，真正的美是看不见形式的。准确地说，表象所表现的美不是真正的美，真正的美是艺术上的空白。美的极至常常在此得到真正的体现。

1. 美与空白是一个古老的话题

美与空白的关系的理论在先秦时代已露端倪。孟子曾认为"充实之谓美"，孔子认为美在于"文质彬彬"，然而儒家并不把"文质彬彬"和"充实"看作至美，他们认为至美在于"文质彬彬"和"充实"之外，"充实而有光辉之谓大，大而化之之谓圣，圣而不可知之之谓神"。道家阐述得更加透彻。其创始人老庄并没有论述美与空白的问题，只是创造了一个哲学上的范畴"道"。老庄并没有明确其确切的定义，只说"道可道，非常道"。但却描述了"道"的表现形态："惚兮恍兮"、"惟恍惟惚"，似有形象又没有什么具体形象，"无形无象"，表面上空无一物。"道"是"无"，是"空"，是"虚"，"视之不见"、"听之不闻"，但老庄认为空、无、虚的美比所有的境界更美，因为它是万事万物生发的本源，"天下万物生于有，有生于无"，可见他们把"道"的境界看作是至善至美的境界。这种美无形式，它可存在于任何地方。无疑艺术创造也是如此。按照老庄的观点，空白能创造大美。故老子在论艺术时提出了"大音希声"的命题。"大音"，是最美的声音，也是听不到的声音，是一个空白，而没有声响的音是最美的境界。所以"道"的无、虚、空进入到美学层面便演化为艺术空白。艺术美的极致与道同一，也不存在于外在的形式或表象，真正合乎"道"的美的创造又无造美之痕，体现了完美。庄子的"至乐无乐"的美学思想也与老子的这种思想一脉相承。因此美的显现形态也是空、虚、无，即空白。

老庄这种美学思想对后世的艺术创造起到了积极作用，促进了艺术的发展。从汉代《淮南子》提出的"君形"说到东晋顾恺之"以形写神"论的形成，在创造上完全摆脱了对客观事物做简单静止的描摹的方法，标志着艺术空白创造在实践上达到了成熟。以后皎然讲究创作上的取境，司空图强调含蓄，严羽的"无迹可求"使艺术上的空白更加突出。这些美学理论表明，艺术创造并非只对客观对象进行全方位的摄入，而要以无显示有，越隐越美，其方式就是创造空白，这也是艺术创造的一条规律。这一思想深刻地反映了艺术的审美特征。

2. 美与空白是一个多维相通的话题

艺术上的许多道理是相通的。音乐中的歇拍、戏剧中的静场、影视中的空镜头等，都是一种空白艺术。

在中国绘画艺术中，空白是一个非常重要的术语，它是指中国画构图中的无画处。表现为绘画时，不论是画人物、花卉或山水，不是将画面全部涂满，也不是堆砌得越多越好，而是要在画面上留出一定的空间，让观众去联想，去填补。这留出来的无画处，谓之"空白"。中国画把空白称为"计白"，素有"计白当黑"之说，显然，空白也是画，而不是普通的白纸。空白不是无意间造成的疏漏，而是画家有意为之的。评价一幅画之优劣，空白留得适当与否是一个重要因素。因为，空白可使画面虚实相生，取得"无画处皆成妙境"的艺术效果。《清明上河图》宋代画家张择端作。画的主题是描绘北宋首都汴京（今河南开封），在清明节那天从城郊到城内街市的繁华热闹景象，是流传至今的反映当时汴京生活面貌的宏伟巨作。它以全景式的构图，精细的笔法，细致而生动的描绘，广阔而详尽地展示出当时各阶层人物的生活和动态，包括经济状况、城乡关系、民情风俗等。画的内容结构大体可分为三段，开首一段是京郊的农村风光；中段是以"虹桥"为中心的汴河及两岸船车运输、交通、手工业和商业、贸易等紧张忙碌的活动；后段是城门内外街道纵横交错，店铺鳞次栉比，人流汹涌，车水马龙的繁华热闹景象。画家鲜明地描绘了劳动群众为主体的人物活动，相对后面骑马坐轿的权贵，无所事事的悠然游逛，形成强烈的对比，增强了整个画面波浪起伏的变化和引人入胜的艺术净效果，汴河作为空白元素穿流画面中心，使得繁华中蕴涵着宁静[1]。

据传，古代有一个画师以"深山藏古寺"为题选徒，应试者三人，一人画群山环抱一精雕细刻的古寺，惟妙惟肖；一人只是在峰峦叠起的群山中留一塔尖；最后一人画得非常巧，只见嶙峋的怪石，飞流直下的瀑布，下方一小和尚正弯腰提水。结果第三者入选。第三者的高明之处在于没有直接画出古寺，留下了形象的空白，但却给欣赏者创造了一个更奇妙、更幽美、更神秘的古寺形象。空白最真实，因为怪石、瀑布只有深山有，和尚只有寺院有，至于古寺什么样，必须借助欣赏者的想象和联想，想象有多美就有多美。这真是一幅神韵绝伦的画作。所以对画家来说，在创作时，"全裸是不好，半裸也未必好，含而不露，暗藏枢机"最好，因此，艺术创造有必要创造空白。

齐白石笔下的虾荟萃了最高的空白美。他笔下的虾活泼可爱，玲珑剔透，充满

---

[1] 《清明上河图》点评文字引自中国画院网张伟明的文本，略有修改。

图5-64 《清明上河图》中的河流形成空白，使得繁华中蕴涵着宁静①

生机，给人以无穷的审美享受。可是他画的虾有的只有五只脚，有的竟有三只脚！人所共知，虾有十只脚，齐白石积几十年的功夫，却将虾的脚越画越少，可他的画却越画越美！再仔细看，虾的头部是浓浓的重墨，虾的背部晶莹透明，周围轻轻拉墨，背部中间无丝毫点墨，形成一块空白，正因为无墨之处，使虾顿时有了跃动的生命，虾的神态才跃然纸上。那种玲珑剔透劲儿，使虾美到了极致！如果缺少了这块空白，虾便失掉了这种特殊的审美效果（图5-65）。

空白艺术在文学中的运用，也是十分广泛的，尤其在文艺作品的写作中。白居易的《琵琶行》里有"凝绝不通声暂歇"，可以看成是这首琵琶曲的"歇拍"。话剧《丹心谱》里，写老中医方凌轩夫妇在冬夜里，在逆境中，突然接到周总理从医院打来的电话，询问他们新药的研制、关心他们的情况。此时此刻，这对老夫妇心潮澎湃，热泪盈眶，默然相对，无语凝噎，剧中出现了长时间的静场。契诃夫的著名小说《变色龙》中的席加洛夫将军，则是从头

图5-65 注意欣赏齐白石笔下虾身的空白

① 《清明上河图》复制于中国画院网。

到尾都没在作品中出场。都德的名篇《最后一课》结尾时,韩麦尔先生本来是有许多话要说的,可是作者写他"脸色惨白",哽噎得说不出话来,只用一个手势动作,就戛然而止了。这些,都是作者在作品中留下的空白。这些空白处不但不是作品的缺陷,反而为作品增加了艺术表现的时空,使物象更具空灵飞动之美,给读者(观众)留下了回味、思索和联想的广阔天地,取得了"此时无声胜有声"的艺术效果。

　　文学中形象的空白有时表现为人物主体行为的省略,以形象本身的表象显示空白的存在,调动欣赏者的想象能力,造成心理上的审美感受。鲁迅在《祝福》中几次描写祥林嫂的外部形象:"脸色青黄,但两颊却还是红的";"脸色青黄,只是两颊已经消失了血色";最后是"两眼上便围着大黑圈",暂时省略了对祥林嫂被婆家卖到山里后又回到鲁镇这一段经历的描写,留下了一段身世的空白。可是这段空白的审美内容并非完全虚空,它在对祥林嫂走前和回来后的外貌的变化中显现出来。祥林嫂脸色前后的变化说明她的磨难,至于磨难到什么程度,到底发生了什么,作品到这里并没有交代,作者把它留给了读者,鉴赏者的注意力由此加强,美就于此显现。艺术美的最高境界常在表象之外显现。柳宗元在《小石潭记》中有一段对游鱼的描写:"潭中鱼可百许头,皆若空游无所依。日光下澈,影布石上,怡然不动,俶尔远逝,往来翕忽,似与游人相乐。"给欣赏者留下一幅清新秀美的画面:清澈透明的水中,上百条鱼自由自在地来回游动,岸上的景物的影子倒映在水下石头上。空明碧透的潭水简直抚人肺腑,越发显得美,给人感受不尽、言语难表的审美享受。可是柳宗元整段没有用一字来形容水如何清、如何美,却处处让人感到水的存在,真是"不着一字,尽得风流",达到了无迹可求的境界。这种空白在文学创作中有很多,在叙事类文学创作中,有时不安排人物出场,这反而能推动剧情向前发展,造成一种神秘美感,促使欣赏主体形成追求欲望而产生审美愉快。如《钦差大臣》中的钦差大臣不出场,《药》中的丁举人不出场,成为加强悬念和推动情节发展的潜在因素,使欣赏者始终感到他们的存在,起到了愈隐愈显的审美效果。未出场之人与出场之人形成鲜明对比,突出了主人公的命运及形成悲剧的根源,从而显示了审美价值。所以艺术美在于不取之美、无象之美。

　　3. 空白的人文魅力就在于它是审美感性生成的中介

　　可以说,空白是艺术达成审美交流的中介机制,它深刻地展开了艺术的创作过程与接受过程的视野融合,引发了艺术文本与艺术接受者的审美交流活动,具有多层次、多维面的蕴涵。从艺术美学的文本结构上看,它是艺术形式自身历史发展的必然结果,是含蓄的笔法、隐喻的技巧,是一种无法之法的暗示,是一种无表达的表达;从人类学美学的感觉机制来看,它是人类审美感觉历史的生成和发展的巨大成

第五章 电视画面的基础结构

果,具有心理学的充分依据,并在审美感觉的活动中显示了主体的召唤与调节功能;从艺术美学与人类学美学的交融,从文本与接受者的动态的交流活动层次上看,空白作为艺术潜在的最高审美本质之所在,其实现有待于在艺术文本与艺术接受者的双向交互作用的建构活动中全面地生成审美意味世界。

从审美心理学的角度来看,接受者对于空白的填补具有心理追求的内在要求,有相应的心理学依据。格式塔心理学对空白造成的心理效果的解释充分揭示了这一心理学依据。格式塔心理学认为,当不完全的形(例如一个未画出顶角的三角形,一个缺了一边的正方形,或是一个有缺口的圆),呈现于人们眼前时,便会引起人们视觉中的一种强烈追求完整、和谐和简洁的趋向。换句话说,会激起一种填补空白、消除未定、追求一种"完整"状态的冲动力,从而使知觉的兴奋程度大大提高。但是,将它们恢复到完整形态的活动是相当复杂的,它起码要涉及一种相互间的协调活动——想象中的这一图形的完整形式同现存的残缺不全的部分所暗示的可能图形之间的协调或和谐。

拿一个缺少顶角的三角形为例,它既可以在知觉中被恢复为一个三角形,一般来说,这是最简单、最直接的方式,因而可以使知觉的"完形需要"立即得到满足。但是对于那些知觉能力更为发达或更追求知觉创新的人来说,他们又能将它恢复成复杂的图形。例如,可以将其底线一分为二;还可以在原来的图形上加一个与之形成上下对称的同样的图形。这样的图形就复杂了一些,不仅有了多样统一性,而且有了重复、对称、平衡等特征。从理论上讲,这种空缺的填补或补充是无限多样的。随着填补结果的不同,与之伴随的感觉也与先前对三角形的感觉不同。一个三角形,只能激起一种稳定的单调的感受,而后面的图形由于有更多的起伏和变化则愈益增加了感受的难度,从而更富于刺激力。对于它的补充一方面表现了更高层次的审美能力,另一方面也获得了更高的心理满足。特别是如将填补后的各种图形与现实生活和艺术创造中的各种形象联系起来,则更将获得无可比拟的生动性和丰富性。

格式塔心理学认为,每一个形,都是紧张力的呈现,都存在于某种特定的"力"场之中。格式塔心理学的实验证明,在大多数人的心理知觉中,这种力的变幻是能够被感觉到的。如在绘画中,人们常常感到某种形是"稳定的",某种形处于危险的平衡之中等等。任何创新的艺术形式,都是对常规形式的破坏或偏离,因此必然引起再平衡的紧张活动。空白本身作为一种创造性活动打破了接受者原先的心理平衡,因而必然造成巨大的心理振荡,形成心理中的某种能力。而人类消除张力的本能愿望又唤起了填补空白,解除未定状态的创造性活动。

按照格式塔心理学,由空白引起的"形",本质上都是心理的"紧张力的式样"。

这种紧张来自于一个想象中的或暗示的"最优格式塔"与一个未定的非定形之间的对比和变化。这种对比和变化激起大脑力场的相应的对比和变化，由此展示出一种鲜活的生命的运动和创造的活力。格式塔心理学家鲁道夫·阿恩海姆从视觉的认识功能出发，论证了"在很多情况下，即使是事物的缺席或隐匿的部分，也会成为知觉对象的一个积极的或肯定的成分"[①]。因为记忆形象可用于对知觉对象的空白部分的补充，人们总是借助于自己的记忆仓库来创造更为完满的知觉形象。这是一种"知觉补足"。看到"空白"，这意味着他在知觉对象中补充了一件本应该在而不在的东西，而且把这种"不在"——即空白视为眼前所见物像的一个"特征"。阿恩海姆认为这种类似的经验经常发生，这就是知觉中的"中断部分"的可见性。它是通过从记忆库中提取"过去的经验"，参与到目前的视知觉中实现的。这种参与并不真正改变眼前的刺激材料，而是尽量利用材料所提供的空缺而已。因此，艺术文本中的空白，本身就是一种刺激式样，是产生审美式样的基底。从某种意义上说，它是更强烈、更突出的刺激式样，因而达到的效应也更显著。

从艺术形式的角度来看，艺术作品作为参与交流、建构意义的一方是直接指向接受主体的。意义的最终获得必然依赖接受者的生成和建构，所以艺术作品必得以其充满空白的空框结构来召唤另一方，激起主体相应的艺术感觉。这里艺术文本从两个层次上展开这种空白。一方面，艺术文本作为作者创作的制成品，包含了作者设计的全部空白，充分表现了作者的召唤。它是以"不全"向"全"作出的心理诱导，是通过"未到顶点"唤起感受者对顶点的期待与丰富的想象，是通过悬念、象征、暗示，引导感受者在运动中实现对最复杂意境的体验。另一方面，艺术文本作为一种语言形式本身便存在着语言本体上的空白。我们说文本尚不是作品，是说文本在被阅读、被理解之前，意义始终处于形成途中。作品的意义始终是未定的，它具有向一切时代、一切接受者开放的性质。在时空距离中，语言必然会产生不同的意义的变化，而处于历史中的一代代读者则须用这种处在不断变化中的语言来解读作品。这种语言本身的历史性造成的空白更深刻也更具本质性。显然，正是由于艺术形式本身在漫长历史中发展起来的空白引导和召唤审美感觉的参与，创造和深化着审美感觉的全部丰富性。

任何艺术形式欲实现其意义，又必得有相应程度的艺术感觉能力。在缺乏这种艺术感觉能力的情况下，一定程度的艺术形式及其空白，既不可能历史地发展起来，也不可能在审美实践中获得实现或填充。马克思指出："从主体方面来看，只有音乐才能激起人的音乐感，对于没有音乐感的耳朵来说，最美的音乐也毫无意义，

---

① 鲁道夫·阿恩海姆，《视觉思维》（中译本），光明日报出版社1986年版，第152页。

第五章 电视画面的基础结构

不是对象,因为我的对象只能是我的一种本质力量的确证,也就是说,它只能像我的本质力量作为一种主体能力而自为地存在那样对我存在着,因为任何一个对象对我的意义都以我的感觉所及的程度为限。"①这段话告诉我们,艺术形式与审美感觉两者互以对方的存在为前提,互以对方所达到的历史程度为程度,互以对方为作用的目标。其次,在这双向的相互作用中,感受者也必定要将自身的全部审美理想、审美意志、审美期待以至全部审美能力作为一种本质力量对象化,创造性地参与建构艺术作品的意义。在这种对象化中,审美感觉以其高翔远举、精妙深邃的想象,创造性地展开或填补艺术文本的空白的广阔天地,不断丰富着艺术作品的意义。

理论和实践证明,艺术创造与空白的关系十分密切,它恰恰是美的创造的奥妙所在,这是艺术本身的特性决定的,也是欣赏者的审美需求决定的。艺术正因为有了空白才更加美,更增强了美感的层次和深度,更能体现艺术的价值。

本 章 小 结

电视画面的基础结构包括基础元素(光线、线条、影调、色彩)和实体元素(主体、陪体、环境、空白)两大部分。

有光,才有影,才有形。光线是电视画面构成的重要条件,没有光线影像无从谈起;线条,是人们认识事物的起点,千变万化的形态,无不发端于线条。在画面构成中,首先需要的是发现线条和捕捉线条;影调在电视画面的创作中的作用至关重要。不同亮度的景物会形成有明亮差别的影像,这些阴暗差异所产生的黑白灰级差,谓之影调,影调使万事万物得以具象、生动;色彩给人带来各种各样的联想和感情,人们把自己的生活经验与色彩联系起来便产生丰富的联想,是电视画面创作中的一个非常重要的元素。

主体是画面结构的灵魂,它是电视画面中的主要对象,可以是人,也可以是物,可以是事件的主角,也可以是配角;陪体是突显主体的绿叶,它是相对于主体而言的,它是指与拍摄主体有紧密联系的对象,是画面中陪衬说明主体景物或人物的那些元素;前景背景是主体生存的环境。前景是指在主体前面或靠近镜头位置的人物或景物。用前景有时可以是主体也可以是陪体,但多数情况下是环境的组成部分。背景是指画面中主体背后的景物。背景可包括后景、远景中的人物、建筑、山峦、大地、天空,也可以仅仅是人物、景物的衬底。虚拟演播室则可通过背景画面的

---

① 《马克思恩格斯全集》第42卷,第126页。

变化或者背景保持不变而主体不断改变来表现我们所需要的内容;空白,是电视画面结构中的特殊元素,空白的本质作用是"虚实相生"产生无形的结构美。

娴熟运用上述诸元素,是电视节目制作人必备的功夫。

问题与思考

1. 画面结构的基础因素和实体因素其本质差异与联系何在?
2. 如何理解线条的抽象含义?
3. 电视画面中的主体与照相画面中的主体有何不同?
4. 背景中的破坏性线条是如何产生的?
5. 运用格式塔心理学原理具体分析一段节目中诸要素运用的成败。

第六章 电视画面的总体结构——构图

"构图"一词来自拉丁语,其意思是结构、组成、联结和联系,即构成画面,确定画面中的各个构成因素的相互关系,以便最终组成一个统一的整体——线条、光线、色彩和影调等结构上完美的画面。

构图是电视画面的总体结构。所谓结构,是"文艺作品的组成方式和内部构造。作家、艺术家根据对生活的认识,按照塑造形象和表现主题的需要,运用各种艺术表现手法,把一系列生活材料、人物、事件等分轻重主次合理而匀称地加以安排和组织,使其既符合生活的规律,又适应一定作品的体裁要求,达到艺术上的完整和谐"[①]。构图的重要性表现在两个方面:第一,它是画面各形象元素的组织方法。没有构图,画面就没有秩序,各视觉形象元素就会杂乱无章。第二,它是各形象元素间组合关系的结构样式,没有这种结构样式,形象元素间的组合关系就体现不出来,所要表现的思想就体现不出来。

作为电视画面的总体结构,构图要考虑的是:围绕着作品的思想、主题,如何安排电视画面结构的实体元素——主体、陪体、背景和前景?如何处理电视画面结构的基础元素——光线、线条、影调和色彩?如何运用电视画面结构的特殊元素——空白?如何根据诸多元素的变化规律和艺术法则作出恰当的安排,找到头绪、理清脉络、分清主次,有机地组织起来?这些思考是摄像师在摄像前或摄像时必须进行的,正如北宋画家文同落笔画竹前,已"胸有成竹",意在笔先。

构图,诸如绘画、摄影(照相),都有这个概念。人们在对绘画、摄影构图的研究中,还形成了一些视为定论的模式,如绘画里的"三角形"、"金字塔形"、"S曲线形"构图;摄影里的"对角线"、"放射形"、"中心形"构图。由于电视画面以连贯的活动的图像为主,绘画、摄影等旨在表现瞬间的构图法则不完全适用(可不少电视摄影构图类的文章仍套用静态构图的理论)。但电视画面和绘画、摄影的构图仍有共通

[①] 《辞海》缩印本,上海辞书出版社,第1317页。

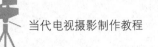

的地方,这是因为静态画面的构图规律,对于电视的单帧画面来说依然是个基础,其画面活动的起点还是静态的画面。因此,结合电视画面的特点,进行静态画面的研究,是电视画面构图的登堂入室之径。

那么,电视画面构图时需要明了的自身特点有哪些呢?

首先,画幅比例的固定性。电视画面不似绘画、照相,后两者在绘制过程中从不为画幅比例所框限,五代南唐顾闳中画的《韩熙载夜宴图》画幅长宽比为12∶1,宋代张择端的《清明上河图》,为表现一座古都,选择了一丈二尺多长的横幅。照相作品在放大机下也以多种比例尺寸表现相关的内容。但电视画面没有过多选择的自由,它只有两种固定的幅边比:4∶3和16∶9,这两种画幅比,可参见本书第四章第二节画面与镜头的相关图片比较,体悟固定"画幅比"限制的不同效果。

鉴于此,在电视画面构图时,必须接受"固定边比画幅"的限制,在一个不变的画框中反映千变万化的画面内容,这就形成了"画幅比例的固定性"这一特点。电视从业者必须遵循这一特点的规定性,训练自己在这个固定方框中处理构图的本领。技巧高超者,应以这个固定的框架为窗口,利用摄影机的运动、场面的选择、景别的变换、光影的处理,在提供好的画面形象的同时,使人们感觉不到"窗口"的存在。努力突破固定画幅形式的束缚,是获得优秀画面的起点。

其次,画面构图的连续性。电视画面的构图不像其他任何视觉作品中的构图。它的关键在于活动,因为没有一个画格跟另一个画格完全一样,影像是在不断变化的,画面的这一"活动"特性,带来了画面构图的连续性这一特点,这是区别绘画、照相构图的重要特征。这种活动着的画面显示出明显的承前启后关系,每一个画面都是在补充、丰富上面一个画面,且又依赖下一个画面继续传达要表述的内容。

电视画面连续性构图的关键,是不断调整好画内诸构图因素的"相互关系"。"一切围绕中心",无论是起幅画面,还是落幅画面,都要找准与主题相关的对象,作为构图的依据。要突出某个对象时,应以该对象作为构图的结构中心。在机位变动、镜头变动、人物活动的综合活动中,要根据内容要求,抓住主要因素的变化进行跟踪构图。在运动中构图,始终要注意方向、速度和节奏等因素的变化。

第三,画面形象的时限性。电视画面的连续性也造成了一个镜头画面的特定时间长度,也就有了画面形象的时限性。电视画面不能像绘画、照相那样让观众反复观看,特别是电视新闻画面,还不能像艺术类电视画面进行"慢镜头"处理,让观众在"放大了"的时间节奏中从容欣赏。电视画面无法摆脱时间流动对它的约束,它所叙述的空间形象只能在有限制的流动时间内展示。

这就要求电视摄像者在处理构图时尽可能抓住事件的典型细节,简洁、鲜明地反映画面形象,以相对集中的画面加深观众的瞬时印象,提高传播质量。尤其新闻

第六章 电视画面的总体结构——构图

类电视画面,一个镜头仅有几秒钟(如若拉长镜头又减少了节目的整体信息量),其画面形象的时限性表现十分突出,需要记者具有一定的画面构图时间意识。

第四,画面构成的一次性。从构图的整体过程看,电视的画面构图是一次性的,一开机,构图伴随开始,一关机,构图也就结束了。它的技术过程,决定了它必须一次完成,它不像文字、绘画可以数易其稿,也没有照相暗房加工增删构图内容的可能,因此电视可谓是一种产生"遗憾"的工具。

新闻类的电视画面的构图,还必须是新闻现场同时间、同空间的实录,须一次完成,而且不允许它以补拍、重演的手法弥补因种种不慎造成的失误,这就要求记者以十分纯熟和精确的手法构建画面,画面结构的内容处理得愈精确,他就愈能完整而清楚地向观众传达新闻内容。

"世界上没有无局限的艺术,艺术在局限中展示各种个性",因为有局限性才激发出创造性。音乐被七个音符所局限,诗歌为文字所驱使,摄影、绘画为瞬间形象所凝固,它们在各自的局限中发展,造就各自独立的品格。电视画面的构成同样无法逃脱"局限规律"的局限,在构图的种种局限中形成了自身的特点。

依据这些特点,我们接下来进一步研究和把握电视画面的构图。

第一节 电视画面的总体结构的美学基础

构图,作为视觉传播的产品,无疑其美学基础应立足于人的视觉上。电视画面的总体结构亦不例外,这也是我们在本书中反复比较人眼和镜头异同的原因所在。电视画面构图的目的就是要从人的生理—心理结构出发,符合人们的审美习惯,使观众在收视中认同,进而满足审美要求。

一、视觉的美学框架——黄金分割

马克思主义哲学的实践观告诉我们,审美结构不是人们头脑中先天固有的,而是客观事物的本质、规律、秩序等,通过人类的长期反复实践和认识活动,在人脑中逐渐内化积累的结果。一方面主体"顺应"客体秩序,将客体"内化"为主体的审美图式;另一方面主体又以既得的图式去"同化"更多的客体,外化为客体,整理规范客体。视觉的美学结构的形成也是如此。它是人们在认知和审美活动中所获得并逐渐积累起来的相对稳定的概念、范畴体系的总和及其联结方式,在人们审美过程中,视觉的美学结构发挥着对客体信息进行接受、整理、加工、改造、制作的能动创造性作用。长期以来,人们不断地探求视觉艺术的美学规律。其中,黄金分割作为视觉的美学框架,很早就被确立下来,被认为是一切造型艺术的不二法则。

1. 何谓黄金分割

图6-1 从腿根部到肩的躯体中,两乳头的连线和以肚脐为基点展开的横线,都正处于黄金分割线上,这是体型美的基础要素

黄金分割,亦称"黄金律"、"黄金段"。即把一直线段分成两部分,使其中一部分对于全部的比率等于其余一部分对于这部分的比率,约相当于5∶8,这样的分割称为"黄金分割"。

朱光潜说:"'黄金分割'是最美的形体,因为它能表现'寓变化于整齐'这个基本原则,太整齐的形体往往流于呆板单调,变化太多的形体又往往流于散漫杂乱。整齐所以见纪律,变化所以激起新奇的兴趣,两者须能互相调和,'黄金分割'一方面是整齐的,因为两对边是相等的;一方面它又有变化,因为相邻两边有长短的分别。长边比短边较长的形体很多,而'黄金分割'的长边却恰到好处,无太过不及的毛病,所以最能引起美感。它是有纪律的,所以注意力不浪费同时它又有变化,所以兴趣不致停滞。"

黄金分割的发现最早可追溯到古希腊的毕达哥拉斯学派。该学派从数学原则出发,在五角星中发现了黄金分割的数理关系,并以此来解释按这种关系创造的建筑、雕塑等艺术形式美的原因,同时也最早提出最美的线形为长宽成黄金分割比例的矩形。文艺复兴时期艺术家利用数学和几何学的成就企图找到艺术形式中最美的比例,注意到了黄金分割在艺术中的意义。19世纪德国学者蔡辛克深入研究黄金分割原理,认为黄金分割无论在艺术、还是在自然中都是形成美的最佳比例关系。德国近代实验美学家费希纳曾根据黄金分割原理作心理学实验,发现在用于实验的几何图形中,最

图6-2 双眼和嘴巴两条横线处于黄金分割线上,是脸庞显得秀美的基础要素

第六章 电视画面的总体结构——构图

易被人接受的比例关系与黄金分割十分接近。

现代研究证明,人体结构里也有不少符合黄金分割的比例关系:手长和腿长的比例、腿长与身长的比例、上躯体两乳头的连线和以肚脐为基点展开的横线,都正处于黄金分割线上——上躯体构成的长方形的 1/3 处(图 6-1),若以人的脸庞为一个长方形,双眼和嘴巴两条横线处于黄金分割线上(图 6-2),即脸庞构成的长方形的 1/3 处,如果一个人的体型、脸型结构符合或接近上述比例,那么他(她)就会显得健美、漂亮。有鉴于此,我们可以认为,黄金分割能成为审美主体和审美对象的联结因素,是其与人类长期实践活动形成的生理—心理结构协调的结果。

2. 黄金分割在电视画面构图里的意义

在视觉注意的范围内,被注意力指向和集中的少数对象,获得清晰、完整、深刻的反映,这个区域叫做注意中心;而另外一些事物则处于注意中心的周围,反映得模糊不清,但不是没有完全反映,这个区域叫做注意边缘。注意中心和注意边缘都在注意范围之内。电视是在固定的画幅内表现物体。生活中物体的形状,只有在电视画面上占有一定的位置,并和画框的各边线形成某种对应关系才能引起视觉的注意。构图最重要的是决定被摄体在画面上的形状,以及它们各自在画面中所占的面积大小和位置。电视画面构图就是按照人们视觉注意的规律,将主体安排在观众视线最易集中的画面部位。因此,黄金分割律给我们确定电视画面的注意中心提供了一个坐标。

电视屏幕这个长方形的平面是由两对互相平行的边线构成的。这四条边线并不是静止线段,而是四条具有张力的线,因此,画平面实际上成为这四条线的作用力所构成的力场。实践表明,在 4:3 的电视屏幕方框中,运用"黄金分割"原理,可以得到四个视知强点,这四个点以 A 点的诱发力最强,依次 B、C、D 各点都有相应强度的诱发力(图 6-3)。在这四个点上,都可以获得掎角之势,便于对画面各部分进行顾盼和照应。这些点都临近边缘的黄金分割点,容易获得开拓与均衡的视觉效果。有人认为,幅面的正中心(画幅中央)是画幅中最端正部位,它能不偏不倚最宜集中观众注意力,在画幅正中,也易于形成对称结构。不过,实际上人用双眼观看对象时,很难从正中顾及两翼,只有倚居一隅才能轻松地纵览全局。根据同样的道理,我们还可以在这个方框中分割出不同的"优势注意"区域(图 6-4)。它的最强优势区域在左上方,依次下来是右上、左下、右下。也有一些人认为:"人类在感知外部视觉材料时,对不同位置上的材料的感知是有区别的,那些处在视域右方的物体,总是更容易被感知一些。"虽然目前没有定论,但根据以上规律,在构图处理时,将主体尽可能的安排在视知强点和注意优势区域,可以获得最佳视觉冲击力。

这一规律对于电视画面不论是静态构图,还是抓取活动对象、进行动态构图,都有很高的指导价值。

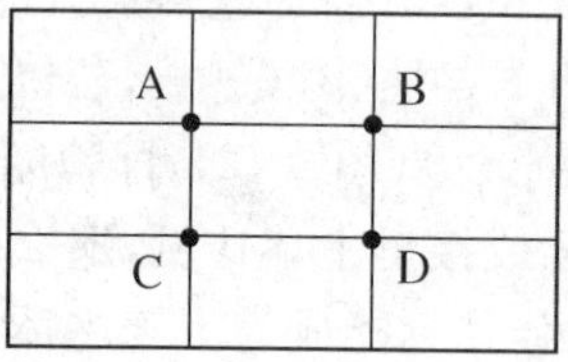

图 6-3　四个视知强点的注意力转换次序

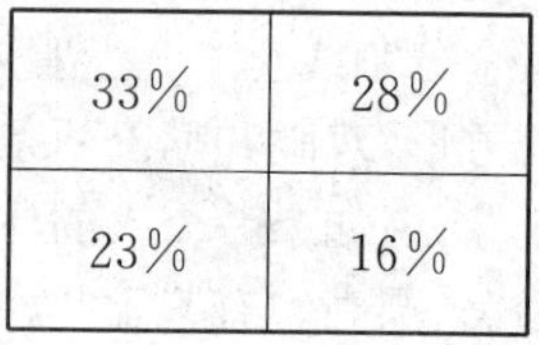

图 6-4　画面视觉区域的强度分配

在电视画面的静态构图中,运用"黄金分割"的例子常见的有:

(1)人物在画面的空间位置,如新闻播音员的出镜。

图 6-5　中央电视台新闻联播播音员的位置都是在画面中央,有着平实、面对面的感觉

新闻播音员出镜除了播报少量口播新闻外,更多时候是播报新闻导语。我们会有这种体验,无论是坐在电视机屏幕的哪一侧(当然不能坐在背面),始终感到播音员的眼睛望着自己。这是因为他们的眼睛处理在视觉强点上,能够造成与观众"面对面"的交流感。还有人物出镜的肢体比例,中央电视台《新闻联播》播音员常出的半身画面,其头颈部和其余部分的比例就是"黄金律"的关系。另外,注意中心的原理告诉我们,当一个播音员出镜时,并不是处理在画幅正中最强势,而是处在黄金分割的垂直线那样略微偏离画幅中心线之处,视觉效果更佳。港台电视台的新闻节目中,由一个主播播音时,他大多出现在黄金分割线上,使右、左上方的黄金视点成为整个画面中最突出的部位。香港的翡翠台(图 6-6)、本港台的新闻播音员都是出现在画幅中心线偏右或偏左的位置——空出的位置,另一侧则配上与新闻内容相关的画面,我们将其称为"导语画面"。"导语画面"在内容上形象地提示了新闻内容,在形式上则平衡了画面构图,播音员与"导语画面"的组合运用,反映了香港电视制作人精良的制作作风。总之,人物在画面空间的位置,以偏于一隅者为多,京剧艺术家对此有更切身的体会,出场时略偏舞台的中心比在正中央给观众的和自我的感觉要好。

第六章 电视画面的总体结构——构图

图6-6 香港翡翠台和本港台新闻播音员都是安排在画面一侧，另一侧是新闻导语画面。图为两台2005年3月5日报道北京大学、清华大学在香港招生新闻的导语画面中运用校徽的比较

（2）地平线、天际线、水平线分割画面的位置。

电视画面经常有表现环境的远景和大全景，如海天一色、瀚海无边……这些镜头亦可反映人物的情感。地面和天空的交界处或水面与天空的接壤处，常常有一条平直的线条，这就是地平线。地平线在画面中所处的位置，会明显影响构图的基本形式（图6-7，图6-8）。地平线应处理在画幅的黄金分割的水平线上，已经成为定论了。如果地平线在画面中央，就很容易在视觉上把画面割裂为上下两个部分，破坏构图的完整性，垂直线条的处理亦是如此。当然，为了表现地面景物及其水中的倒影，地平线则安排在画面中央。

图6-7 地平线在画面上1/3处时前景显得开阔

图6-8 地平线在画面下1/3处时背景显得开阔

在电视画面的动态构图中,也同样适用"黄金分割"的原则。我们知道,对视觉而言,活动的物体比静止状态的更易引起人们的注意。如果视觉强点上是静止的物体,而活动的物体安排在非黄金分割线上,就会导致互相干扰,观众的注意力或是涣散、或是混乱。所以,不是有意营造特殊效果的话,活动物体应处理于"优势区域"。

二、视觉的美学强势选择

所谓视觉的美学强势选择,是人们在长期的审美实践中对构成可视形象的各因素进行有效取舍后积淀了具备可供审美的规律性的属性,这些属性符合人们的生理—心理结构,对人的眼睛的选择和集中具有定势效果。

人不仅在实际活动中不断改变世界,认识和创造美的形式,而且也造成能感受形式美的眼睛。这种感官的人化和对象的人化是视觉美学活动发生的前提和根据。如我们前文提到的万事万物的象征——线条。运用自下而上的垂直线条,会产生生活中所常见的大树或高耸雄伟的建筑物一样的感觉,给人以庄严、高大、昂扬、岿然不动、严肃、端庄之感,有代表尊严、永恒、权力的意味;运用自上而下的垂直线条,则造成深不可测、一落千丈之势;而水平线条引导我们的目光向左右两边延拓,形成宽广开阔的气势,可以表示大海的平静、无垠的大地和天空的寂静与安定,常给人以平静和安宁的感觉。

当然,对电视画面的构图来说,探求的不仅仅是线条的处理法则,它是主体、陪体、背景、前景、光线、线条、影调、色彩和空白诸多形式因素有规律的组合。这些在长期社会劳动实践和审美实践中发现的组合规律,能通过生理机能引起人的情感活动,是电视画面的美学习惯性选择。

电视画面构图的规律主要有多样统一、平衡、对比、对称、比例、节奏、宾主、参差、和谐等。由于连续性的构图特点,电视画面构图时,不能着眼于单个画面,而要通盘考虑。柏拉图认为,美并不表现于事物的某一部分,而是永恒地自存自在,以形式的整一永与它自身同一;亚里士多德认为,和谐是艺术的重要标准之一,艺术的各部分关系形成一定的比例和秩序,融合为一个有机整体,能见出和谐。先哲的话告诉我们,多样统一、变化和谐、讲求节奏可谓电视画面构图的总体把握规律,平衡、对比、对称、比例、宾主、参差等是具体运用的法则。

1. 画面构图法则的具体运用

(1)平衡法则。

平衡,原指衡器两端承受的重量相等,引申为几方面在数量上或质量上均等或大致均等。在电视画面构图里,平衡主要是构图诸因素的组合排列能给人带来视觉上和心理上的力的统一均等感觉。如果不是为了刻意制造某种特殊气氛,电视画面应该遵从平衡法则。

平衡包括对称平衡和非对称平衡。对称,是事物中相同或相似形式因素之间相称的组合关系所构成的绝对均衡,在形式上有左右对称、上下对称、两侧对称、辐射对称等。在电视画面中,如果通过直线把画面空间分为相同的两个部分,则处于对称关系的物体不仅量质相同,而且与分割线的距离也相等。

对称形式因其差异面较小,一般较少活力,但宜于表现静态,容易使人感到整齐、稳重和沉静。如电视剧《大宅门》就使用了大量对称平衡的构图(图6-9),常见的有两个人物坐着面对面谈话,或在堂前或在炕上,都是桌子摆放在人物中间,光线(阳光或烛光)均匀地洒在两人身上,于是,色调也得以均衡。这样的构图给人的画面感觉特别稳,观众可以集中注意力凝听对话的内容,不受其他因素干扰。

图6-9 《大宅门》中老太爷白萌堂与大儿子商议如何应对詹王府的陷害,对称的画面显得气氛凝重

非对称平衡,其原理类似于力学中的力矩平衡。假设分割画面的直线依然在,非对称平衡的构图于直线两边在明暗、大小、形状、布局等方面有着很大的差异。现实生活中,人即使只通过视觉感受色彩或形体,也能根据一定心理经验获得重量感,这种现象反映到电视画面构图中,就使人有可能对画面中不同造型对象形成不同的轻重感觉。一般来说,较大的物体,较浓的色彩(或冷色调),较暗的光影给人重的感觉;较小的形体、较淡的色彩(或暖色调)、较亮的光影给人轻的感觉。为了获得平衡,按照力矩平衡原理,较重的物体比较轻的物体靠近支点而达到力的平衡,较浓的色彩(或冷色调)、较暗的光影会处理在注意力中心的偏远处,或是把另一端的较小的形体增加数目。

(2) 对比法则。

对比,又叫"对照",其特征是使具有明显差异、矛盾和对立的双方,在一定条件下共处于一个完整的艺术统一体中,形成相辅相成的呼应关系。在电视画面构图里,对比的形式有形体大小、色彩浓淡、光线明暗、空间虚实、线条曲直、形态动静、节奏快慢等。这种利用差异进行对比的构图,目的是显出和突出被表现事物的本

图 6-10 庞大的犀牛对比于人体，凸现出人的伟大

质特征，以加强某种艺术效果和艺术感染力。以形体大小对比为例：在 AXN 动作频道的纪录片《拯救》里，转移国家公园中陷入干旱危机中的犀牛（图 6-10）、救护受伤的鲨鱼，都可以看到人与鲨鱼、犀牛的形体对比，通过弱小的人体与庞大动物的对比，凸现出人的力量无比巨大。所以，在任何一个大小匀称的构图中，为了打破其均匀性，突出某一成分，就要依靠对比。

色彩浓淡、光线明暗、线条曲直的对比等也是常见的电视画面构图形式。如果想把一个纪念性建筑物拍摄得雄伟、壮丽、庄严，画面就应该包括能够衬托这些特点的内容，如物体的鲜明轮廓、挺拔的树木、天边的云彩，它们都构成了一定的形状、线条、立体感和质感，由于和谐一致并形成了对比，从而烘托了气氛。另一方面，假如你的目的是要表现对某一纪念物的不满或鄙视，那么，你所选的景色内容和天空就应该不那么庄严。背景可以摄入令人不愉快的物体，而前景可以显得肮脏而杂乱。这里不宜使用横平竖直这种明快的对比，因为这种对比表现力量和稳定，而应当使用不规则的斜线条和拙劣的形状对比。

(3) 比例法则。

比例，实质上是指对象形式与人有关的心理经验形成的一定对应关系，源于数学。当一种艺术形式因内部的某种数理关系，与人在长期实践中接触这些数理关系而形成的快适心理经验相契合时，这种形式可被称为符合比例的形式。艺术中的比例关系不像数学比例那样确定和机械，它往往是围绕一定数理关系上下波动，随人的不同心理经验而变化。不同时代、不同社会中的人的心理经验不同，往往导致许多不同比例标准，电视画面构图上公认的形式比例关系，是著名的"黄金分割律"，前文已经介绍，不再赘述。在电视画面构图里，运用比例法则的地方很多，如主体与环境之间的比例。主体与背景相比，所占画面面积比例小，能展示较为开阔的意境，画面写意性强；比例大，则着重展示主体自身的特征。当一个人置身于莽莽沙海中，人在画面所占的面积越小，越会显得沙漠广阔无垠、个人渺小无力。这个法则的图片可参见上一章"画面的拍摄距离"中全景到特写的相关内容。

(4) 参差法则。

参差，原指长短不齐，在电视画面构图里，指事物形式因素部分与部分之间既变化又有秩序的组合关系，它的特点是有整有乱，整中见乱，乱中见整，形成不齐之齐，无秩序之秩序。参差一般通过事物外在形式因素如物象的大小、高低、隐现、有无，位置的远近、上下、纵横，色彩的浓淡、明暗、冷暖等无周期性的对比、变化表现出来。诸如人群的高矮、建筑群的错落等等（图6-11）。参差不是杂乱，它仍然在交错变化中按照一定的章法使主次分明、错落有致，以形式的参差表现整体的内在和谐统一。

图6-11 错落有致的建筑群透现出生活的诗意

（5）主次法则。

主次，又称"主从"、"宾主"、"偏全"，指事物各形式因素之间，主体与宾体、整体与局部的呼应组合关系，具体体现了形式美"多样统一"的基本规律。在电视画面构图里，主次法则要求各部分之间的关系不能是同等的，其中必有主要部分和次要部分。主要部分有一种内在的统领性，往往影响辅助次要部分的有无取舍。这种根据主体需要而设置的次要部分，可多方面展开主体部分的本质内容，使画面富于变化和丰富、多样。次要部分则具有一种内在的趋向性，这种趋向性又使画面显出一种内在的凝聚力，它通过层层递进使主体在多样丰富的形式中得到淋漓尽致的表现。主次法则是为了把画面的各个部分联结为一个有机体系并和周围的环境分离开来，通过光线的强弱、影调的明暗来突出主体与趣味中心。在大景别、多元素画面中，突出主体除了通过位置方法外，还可采取以下方法：通过面积突出，即哪个物体在画面的面积最大，它就突出；通过光线突出，即在最亮的光线下的物体就最突出；通过色彩突出，即色彩与众不同的物体就最突出；通过线条突出，即处于线条的顶端的物体就最突出；通过角度突出，即处于正面角度的物体最突出。这一法则的图片可研究本书上一章关于"主体、陪体"的相关内容。

（6）整齐法则。

与参差相对，一般指事物形式中多个相同或相似部分之间重复的对等或对称。其基本美学特性是能造成一种特定的气氛，给人一种稳定、庄重、威武、有气魄、有力量的感觉（图6-12）。在电视画面构图里，我们常常可以看到，把许多大体相同的对象作一种线形的排列，往往比一个对象单独存在时更能使人产生美感。最有说服力的例子,莫过于阅兵、军训一类的镜头:整齐划一的方阵、迎风飘展的彩旗,相同的方形、明亮的色彩、饱满的画面,给人以力量与威严的感觉。

图6-12 整齐飘扬的旗帜透现出活力

图6-13 画面中小胖墩与画外主持人的呼应感人至深

(7) 呼应法则。

景物之间相互的联系,是使画面统一的一种构图方法。它可以利用光、影、色调,实体、虚体及大小各异对象的相互关系,使画面整体布局达到含蓄、均衡、统一的效果。在安排画面构图时,摄影师从一定的拍摄角度选取画面范围,同时也确定了其中各部分的相互关系,使人物与景物、光与影、虚与实之间一呼一应,因而形成画面内部的有机联系。这种联系既表达出一定的涵义,也有助于达到画面的整体性。我们常常见到这样的画面,一个人在与他人对话,另一个人不在画内,那必定有他(她)的声音和画中人物呼应。图6-13是央视少儿频道《和小朋友说减肥》中小胖墩与主持人对话的镜头,手拿奶油甜筒的主持人正启发小胖墩回答多吃甜筒的害处,小胖墩说:"今天吃一个不要紧,我答完问题,你们就必须得给我(甜筒)。"镜头中虽然只有小胖墩的特写,但通过眼神、脸部表情,小胖墩与画面外主持人相呼应的情景感人至深。

(8) 集中法则。

依据景物的空间定向、趋势以及人物的视向、动态、表情或景物的明暗、线条结构、色彩关系等,使画面有机结合成一个整体。具有突出主体,加强主题表现的作用。构成的方法有:利用相对方向和动作构成呼应关系;利用线条走向和趋势构成相同指向关系;利用影调构成大面积亮中的暗或大面积暗中的亮以及色彩配置,使观众视线集中到主体或趣味点上。在复杂的景物动态、多方向的条件下,利用感情和共同的意志的呼应集中表现主题。如利用人物的视向集中,拍一个会场先来一个交代环境的全景,画内的人物目光都会朝向同一个方向,这样就使画面组成了一个整体。图6-14为一个成功运用集中法则的石油电视广告,前景中的水面、路桥、汽车、管道形成引导性线条,将观众的注意力引向画面中上1/3处的主体——厂房,及其主体上方的品牌标识,此广告不失为一个成功运用集中法则的范例。

图6-14 前景中的水面、路桥、管道形成引导性线条将观众的注意力引向画面中上1/3处的主体

2. 电视画面构图的总体把握规律

(1)"多样统一"是对形式美中对称、平衡、整齐、对比、比例、虚实、宾主、变幻、参差等规律的集中概括。

它在电视画面构图里的基本要求是:在形式的多样性、变化性中,见出内在的和谐统一关系,使形式既具有鲜明的独特性,又表现出本质上的整体性。也就是说,画面要构建一个主要注意中心,但并不意味着画面只有一个形体、一种构图元素,那样的画面单调乏味,应该还有其他的陪体和元素,有多样方能生动。但这些物体和构图元素不是画面构图各部分之间的机械相加,而是各部分之间通过多样统一关系组合达到内在的和谐。

追求电视画面构图的多样统一,我们首先要明确拍摄意图必须单一,使景物多而不乱。为画面选景时,应该确定好主体与陪体,拍摄对象在主题中始终统一。要充分地利用造型元素的有机组合,做到画面主次分明,空间分配疏密相间,隐去不必要的东西,使画面上视觉中心的事物突出,让观众一眼看上去感觉这就是主体,它是造型的主要部分。选景要学会舍弃。一般只能有一件事、一个东西或一种思想要加以强调而使之居于优势地位,画面中其他东西都应当降低到次要地位。如果容许那些可能引起强烈兴趣的景物很清楚地保留在画面上,它们就会同选定的主体分庭抗礼。即使画面中只有两个同样具有吸引力的景物,也会分散观众的注意力,从而破坏画面构图的目的。

在处理光线、色彩、形和线时,可以采用以下方法:

1)通过线条求统一。流畅的线条始终是达到统一的可靠手段。线条在画面

图6-15 画面中两条楼层结构曲线将空间和谐地分为上中下三层,统一为一个整体,建筑美感尽显其中

中可以构成一定的结构,流畅的线条在画面上移动,勾勒出彼此相邻物体的轮廓线,如果这些轮廓线使用水平线结构、垂直线结构或是曲线形结构(图6-15),这种有机的排列结构可以使画面得到统一的效果。如一棵棵直立挺拔的参天古木,一座座高耸入云的摩天大厦,彼此依托就有了垂直线的排列结构,共同蕴含了奋发向上的意义。

2)通过色彩和色调的连贯性求统一。色彩作为构图的视觉重要元素,对创造画面统一的效果有着重要的意义。如暖色——红色,我们生活里的喜庆场面离不了它,红旗、红灯笼、红地毯……每年春节联欢晚会的电视现场直播画面里都会用红色作为主色,渲染一派欢乐、热闹的节日气氛。色调的连贯性也是统一的重要因素,如果必须把几个独立的物体拍在一起,而又缺乏适当的线条或形状可以帮助实现统一的时候,我们可以让明和暗的色调渐次过渡以实现整体化。图6-16是《西游记后传》中的一个描写孙悟空即将升空的画面:风起云涌、乌云蔽日。画面结构是:以地平线中分画面,上1/2的乌云、群山、云隙阳光等实景都倒映在下1/2的湖面上,云隙阳光形成的红霞渐次与深厚的乌云交融,云与水整体相化,亦幻亦仙的天地合一景象激起观众万千想象。画面中的山、水、云皆因光与色在变幻中统一,不失为"通过色彩和色调的连贯性求统一"的佳作。

图6-16 云与水整体相融,亮色调与暗色调浑然一体

3)通过照应组合求统一。照应组合是多样中求统一。照应就是类同的形、线、色反复间隔出现或重复出现。例如纪录片《国庆阅兵》(图6-17)中经常利用短焦距(广角)镜头的功能,拍摄一个个走过天安门检阅台的方队,使画面上出现了一排排整齐的队列,形、色、线的质相近,但又多样,使画面显得十分和谐统一。组合

是把拍摄对象适当地组织起来,可以按照物体的尺寸大小、形状异同、线条的特性等进行组合,利用它们的相似性,建立起重复的或渐变的节奏,或者把它们安排成一个流畅的曲线。

4) 通过对比求统一。对比是统一中求多样。电视画面构图中,通过不同的明暗、不同的色彩、不同的形状、不同的线条等差异构成对比,使人的视觉注意力集中到画面上主

图 6-17 阅兵过程中的队列方阵,类同的形、线、色反复间隔出现在天安门前

要的成分上去,并表现主要对象的特征。对比本身就含有多样,对比组织得成功,使对比的双方互相衬托,构成一个整体。图 6-18 中明亮的天空和海面与深色凝重的海滩形成鲜明的反差,使海滩边错落跌宕的岩石显得分外突兀,海天相接的中灰云层又使得海、天、石融为一体构成壮美的图景。

(2) 变化和谐,使审美对象各组成部分之间处于矛盾统一之中。

变化和谐是相互协调、多样统一的一种状态。在变化中,对象各要素由形、质、量的差异、对立、冲突转化为内在具体同一,就是和谐一致了。黑格尔对和谐有着深刻的见解:"比单纯的符合规律更高一级的是和谐。和谐

图 6-18 海、天、石融为一体,构成壮美的图景

是从质上见出差异面的一种关系,而且是这些差异面的一种整体,它是事物本质中找到它的根据的。和谐关系已超出了符合规律的范围,正如符合规律虽包含整齐一律那一方面而同时却越出了一致和重复。但是同时这些质的差异面却不只是表现为差异面及其对立和矛盾,而是表现为协调一致的统一,这统一固然把凡是属于它的因素都表现出来,却把它们表现为一种本身一致的整体。各因素之中的这样协调一致就是和谐。和谐一方面见出本质上的差异面的整体,另一方面也消除了这些差异面的纯然对立,因此它们的互相依存和内在联系就显现为它们的统一。人们常谈形状、颜色、声音等等的和谐,就是来取这个意义。例如蓝、黄、青、红四色

根据颜色的本质是颜色所必有的差异面。在这些差异面里我们见到的不只是像在整齐一律里那样,由一些不一致的东西整齐一律地并列在一起,造成一种外在的统一,而是直接对立面,例如黄和蓝,经过中和而成为具体的同一。这两种颜色的和谐之所以美,是由于它们的鲜明的差异和对立已经消除掉了,因而在黄蓝差异本身就见出它们的协调一致。它们互相依存,因为它们所合成的颜色不是片面的,而是一种本质上的整体……在声音方面,基音、第三音和第五音就是声音的这种本质上的差异面,它们结合成整一体,就在差异面中现出协调。形状以及它的位置,静止、运动等方面的和谐也可以由此例类推。在和谐里不能有某一差异面以它本身的资格片面地显出,这样就会破坏协调一致。"[1]

在电视画面构图里,变化和谐的基本内涵有布局的平衡、光线的调和、色彩的悦目等。一部成功的电视作品,既要变化,又要和谐。缺乏变化,画面单调,了无生气,会令人视觉疲劳、注意力下降;没有和谐,则出现无主题变化,同样让人视觉上无所适从,注意力涣散疲倦。变化和谐的画面,构图的光线、色彩、影调等浑然一体,观看者不会因为某一元素的大量存在而忽视了注意主体,也不会因为某一元素的大量存在而感到索然寡味。也就是说,构图的诸多因素既要充分发挥自己的独特个性,富有变化,又必须完美地结合起来,形成新的质——共性,而不是喧宾夺主,影响画面构图的意图。图6-19是反映上海近年市容变化的画面,东方明珠等的标志性建筑物处于主体位置,乍一看去,似乎统一和谐,但观众的注意力很快会飘移到形态多姿的云彩上去,产生此等现象的原因就在于审美对象各个元素之间未能处于矛盾统一之中,画面中非主体的"白云"争夺了主体的视觉强度。

图6-19　画面中非主体的"白云"喧宾夺主,争夺了主体明珠电视塔建筑群的视觉强度

(3)节奏是电视画面构图的"神韵",它联系、维系着画面诸要素的活力。

"比物以饰节,节奏以成文",亚里士多德认为人生来就有喜爱节奏与和谐的天性。节奏是一种合规律的周期性变化的运动形式。在电视画面构图中,节奏主要是通过线条的流动、色块形体、光影明暗等因素的反复重叠等有规律的运动,引起

---

[1] 黑格尔著:《美学》第一卷,文献出版社1995年版,第180—181页。

欣赏者的生理感受,使观众的视线追随着它们产生有节奏的视觉运动,进而引起心理情感的活动。

节奏一旦确定后,光线、色彩、影调等有了相同秩序的步调,人们会顺应它,产生一种预期的心理满足。反之,画面诸要素的运用也体现着节奏。一般来说,主体运动快,则节奏快;主体运动慢,则节奏慢。主体运动方向一致,则产生平稳、流畅的节奏;主体运动方向相反,则产生跳跃、急促的节奏。景别越大,运动节奏感越慢,反之,运动节奏越快。横向运动的物体,用广角镜头拍摄显得速度慢,用长焦距镜头拍则显得快;对于纵向运动的物体,用以上两种镜头拍效果则相反,摄像机运动速度越快,节奏感越快,反之越慢。一种主要构图元素的重复,如相同的曲线的反复出现,就会产生富有节奏感的画面亮度好的画面,节奏明快醒目;灰暗的画面,节奏压抑低沉。相似色调的画面,节奏舒缓;对比色调的画面,节奏强烈。活动的主体的画面,节奏快,易唤起观众的注意;静态的主体的画面,节奏慢,视觉反应也迟些。

以中央电视台晨间的两个片头节奏为例,早6点的全天节目开始的片头《开始曲》(图6-20),以国歌激越的旋律为中心内容贯穿始终,拍摄了雄狮、华表、长城、国徽、国旗、天安门、人民大会堂、人民英雄纪念碑、毛主席纪念堂等标志性建筑物。画面线条以竖线、水平线为主,给人以庄严、昂扬、宽广、开阔的感觉;色彩为大块的暖色,热烈、欢快;影调是高调的,雄壮、明亮,其节奏感也与国歌的旋律节奏相契合。而早8点半面向老年人的专栏节目《夕阳红》的片头则是在《夕阳红》的幽婉的音乐旋律中出现安闲祥和的画面(图6-21):朝阳里老者向往晴空的兴奋、奶奶与孙女剪纸红太阳的温馨、夫妇相濡以沫的恬静、老者温馨从容蹬车郊游的惬意,等等。画面构图以幸福、温馨的基调为主,影调是中调的,较为舒缓;色彩也是暖色,

图6-20 《开始曲》画面中的竖线条透现着庄严、昂扬的感觉

图6-21 《夕阳红》片头曲中夕阳里老者向往晴空的兴奋

但较凝重；线条比较柔和。因此，整个片头节奏要比《开始曲》"慢了半拍"，其节奏感是慢速的、匀速的，这也与老年人生活意境的安详稳健相吻合。从对比可以看到，《开始曲》与《夕阳红》的片头，节奏不同，诸要素的表现形式各异。

第二节　电视画面构图的形态

当我们掌握了电视画面构图的美学基础知识，就可以接下来研究电视画面构图的形态。电视画面构图的形态相当于应用了视觉美学规律的文本。它是以摄像机和拍摄对象的运动状态来划分的，一般有静态性结构、动态性结构和综合性结构三种。

一、电视画面的相对静态性结构

电视画面的基本特征是"活动"，然而为了满足观众"定睛细看"的视觉要求，因此在画面摄制时就有了相对静止的构成。

1. 何谓电视画面的相对静态性结构

电视画面是摄像机从开机到关机不间断地拍摄所记录下来的一个片段，是摄像机在机位不动、镜头光轴不变、镜头焦距不变情况下（亦被业界称之为"三不变"）拍摄的，拍摄对象也处于相对静止状态（没有大幅度的外部行为动作），我们把它称为相对静态性构图的画面。这里所说的静态，并不排除人物的语言、神态及表情动作等的变化与表现，关键是人物的活动没有改变构图。静态构图最主要的特征是：摄影机和被摄对象（主体）基本固定，主体所占据的上下、前后、左右幅面位置始终不变。

相对静态性构图的画面在各类电视节目中占有相当大的比例，根据笔者对6类节目各20个样本的统计，其静态构图在整节节目（一集剧集、一个完整节目、一场完整比赛）中所占比例的数据如表6-1所示。

表6-1　电视节目相对静态性构图画面比例统计

项目 节目	静态构图形式	占节目比例	镜头切换形式
电视剧	人物对话	35%—55%	对话者中近景切换
谈话节目	人物对话	90%	对话者中近景切换
新闻导语	导语播报	98%	基本无切换

(续 表)

项目 节目	静态构图形式	占节目比例	镜头切换形式
新闻访谈	采访问答	15%	对话者中近景切换
综艺节目	问答说唱	28%	对话者中近景切换
体育节目	起跑罚球	8%	随运动进程切换

上述统计表明了相对静止构图形式在节目中的生存状态,为节目制作人提示了重视这一形态要素的重要性。

2. 静态性构图的作用

静态构图是指体现摄影者的视点、视线、视野处在固定状态下集中注意力去看清对象的一种构图形式。静态构图由于消除了画面的内外部运动因素即摄像机的运动和主体改变构图的活动,便于观众看清对象的体积、空间位置及对象与环境的关系。其具体作用有三:

(1) 以静制动,从静态的形式传递深层动荡的内容。《大宅门》里多处关于白家大宅门的静态构图,体现了悠久厚重的中医药文化底蕴;表现主体虽然静止不动,但内在思绪、情绪变化都是激烈变动的、表象的静态构图,能使人感受"虽静实动"、"于无声处听惊雷"的强烈震撼,比如展现一个人在做激烈的思想斗争;静态构图运用,可赋予静态行为动作以更深刻的含义,如一位伟人站在山顶眺望远方的背影,静态构图能使观众体会其"先天下之忧而忧,后天下之乐而乐"的博大胸怀。

图 6-22 《大宅门》中老太爷白萌堂在养鱼池前与二媳妇商议认为不可小视詹王府的陷害,静态性构图形式传递白家将面临动荡瓦解的深层内容

(2) 表现静态环境,突出静态信息。随着人们对电视语言涵括内容的全方位认识,抽象语言符号在电视节目中的应用得到前所未有的重视,因此,整屏文字传播在各类电视节目中都占有相当比例,运用好这一形式,对于加大电视节目的单位时间信息含量、提升节目的文化含量、增强其与网络报刊等文字媒体的竞争力有着不可忽视的作用。电视新闻节目里口播新闻读报形式风行全球的电视媒体,面对

整屏文字,唯有静态构图形式才能让观众好整以暇地享受阅读的乐趣(图6-23)。还有,电视节目中出同期声的人物画面通常为静态构图。由于画面框架与主体、陪体及背景之间相对静止、关系明确,观众的视觉注意力会在静态的人物上停留足够的时间,便于仔细凝听同期声的内容。还有,在电视剧中,当表现特定情境下特定人物的特定表情或动作时,也经常采用静态构图,如定格画面。电视屏幕上动作中的影像突然静止(冻结画面),使被停顿的画面延伸到所需要的长度,造成强调和渲染某一细节、某一动作、某一人物的特别效果。像一对情侣相见,比如拥抱、旋转,用定格画面,则可起到延长幸福时刻的感受。

图6-23 屏幕文字传播已经是电视节目制作中十分重要的样式

(3) 适于传递客观信息。它与运动构图相比,由于没有推、拉、摇、移镜头,表现出较多的中立性。举例说,拍摄一位节目主持人,如果画面时而推至他的手部,时而摇到他的面部,那么给观众的感觉就是"要我看"他的手、他的脸。即使他并没有太多的形体动作,但仍会给人夸夸其谈的感觉。倘若用中景的静态构图,观众感觉镜头在平和、亲切地记录主持过程。因此,静态构图是对各类节目主持人记录的主要构图形式(图6-24)。

(4) 产生平面定格的审美效应。静态构图一般为单构图,即一个镜头

图6-24 中近景静态构图是记录节目主持人的主流形式

第六章 电视画面的总体结构——构图

内只表现一种构图组合形式。它同绘画、摄影在构图结构处理上颇为相似。实际上,绘画作品和摄影作品是电视画面静态构图的一个组成部分。作为假三维形态的电视画面,其本质上是一种平面形态的空间。因此,电视画面反映绘画作品和摄影作品,不需要经过多少转换。目前,照片已经在电视新闻画面里得到广泛运用,特别是包容着"过去时"的节目内容,历史照片使制作人不必为"重现过去"而"补拍再现"、拼凑"万能'资料'画面"。凤凰卫视在报道刘翔、邢惠娜等人2004年在雅典奥运会上夺得冠军的一条新闻时,用的就全是照片(图6-25)。阳光卫视播出美国The History Channel制作的纪录片《克林顿》记录了克林顿自幼年到当总统的"拉链门事件"50余年的时间历程,50分钟的节目中使用克林顿各个时期的照片达218张之多,生动还原了克林顿的平实生活(图6-26)。另外,从系统论的观点出发,我们可将整节电视节目视为一个流动画面系统,而照片的静止画面,则是这个流动系统中的一个波折或停顿。这波折或停顿在观众心理上会产生一种巴甫洛夫所称的"定向反射"效应。它与活动画面形成强烈的动静对比,以其静止的瞬间而引起观众新的定格审美情趣。

图6-25 凤凰台用10张照片报道了三位中国运动员雅典奥运夺冠的重大新闻

图6-26 大学一年级的克林顿当了学生会主席,他一一拜访同学,其恭谦神态在电视片中的照片上定格

当然,绘画作品、摄影作品在电视画面中构图仍会有所变化。这主要因为时间的缘故。绘画、摄影无论是表现静止对象还是运动对象,只能安排、处理表现对象所占的空间位置,不能表现运动时的空间位移和运动中的时间延续。电视不仅能够表现静止或暂处于静态中对象空间安排,而且可以处理它所占有的时间过程。还有,人们欣赏绘画、照片,时间是由自己支配的。而电视画面里的绘画和照片,观看时间由电视屏幕时间决定。所以,电视画面构图必须考虑,在单位时间内让观众

从画面内获得足够应知的信息。也就是说,像西方的达达主义、野兽派的绘画,电视静态构图要确保观众在有限时间里看清楚、看明白。

3. 静态性构图的形态

电视画面静态构图的魅力毕竟在于它的三维立体效果。它营造物体的真实感比绘画、照片强得多,例如,一个人思考问题时的面部表情动作:一会儿皱眉,一会儿微笑。这些动作,是绘画作品和照片不能表现的。电视画面的立体感在于画面内物体和摄像机的运动,同样,静止构图的立体感也主要来自运动,当然不是摄像机的运动,而是被摄人物作不改变构图的运动。有鉴于此,静态性构图按照被摄对象的交流、呼应关系,可分为封闭式和开放式两种形态。

(1) 封闭式静态构图是主体、陪体等之间的交流、呼应都在画内空间进行,往往呈对称、平衡状态(图6-27)。如电视剧中,一个人在烛光餐厅里独自静静地托腮沉思。那么画面里只有他(她)一个主体,餐桌上的烛光摇曳,象征着主体的心绪不定。这种封闭式的

图6-27 《锵锵三人行》的封闭式静态构图是当今各类谈话节目的结构样式

静态构图很适合表现主体的内心活动,为后面情节的发展进行铺垫。当封闭式静态构图里的人物超过一个,就要安排他们之间的交流关系。比如《大宅门》里有多处人物谈话的静态画面。当白景琦和家里的佣人说话时,由于地位的关系,白景琦正襟危坐,是画面的主体,佣人们往往站着,是陪体。当白景琦和妻或妾交流时,两人都为主体,常表现亲密的举动。凤凰卫视的谈话节目《锵锵三人行》里,通常是三个人围着桌子呈三角形,犹如三足鼎立。这样,构图平稳,体现了谈话者没有地位高低尊卑的区别,有利于

图6-28 画面中的主体人物转向背景上的电视,形成画面的呼应,将背景画面转接为主体画面

他们信马由缰、无拘无束地侃大山。

(2) 开放式静态构图则是主体和画外(内)空间相呼应。如新闻节目里，电视主播、记者出镜(或转场,或结语)，主播或记者的面向、视线主要投于画外，与观众建立联系。电视剧里，开放式静态构图的主体与不在画内的人物交流，那么一定会有一个相邻的画面(或前或后)给另外一个人物进行交代。单独的这个画面，构图形式的平衡一般由对话者的声音呼应来构建，也可由主体的视线来掌控。现在更流行的呼应转接方式是：画面中的人物转向背景方位的电视图像，随之将背景电视图像切为主画面(图6-28)。

4. 静态性构图的景别时间

景别时间是制约节目静态性构图传播质量的重要因素。静态性构图一般为单景别。因为，如果多个景别切换，画面构图结构就会发生变化。关于景别要明确的是：由于画面物体离观众越近，面积就越大，在画面的地位就越突出，重要性也就越大，因此，拍摄距离以及由此所决定的景别与画面停留时间就成为强调元素的有力手段。关于景别问题本书第四章第三节的"电视画面的拍摄距离"中已有系统涉及，本着重点内容"螺旋重复"的原则，此处的学习重在体验景别与时间的关系。下面，我们看看景别与时间在静态构图里的状态。

(1) 远景和全景。实践中，我们常常拍摄会议、庆典等较大场面的事件新闻，比如报道世人瞩目的每年一度的全国两会，有经验的新闻摄像记者报道新闻时，在主要新闻人物出场前，会先来一个交代会场环境的全景画面，像手持各种现代化采访设备的庞大的记者队伍，或在主席台下就座的与会代表。这样，有力地烘托了现场气氛，有"红花也需绿叶扶"的效果。全景及远景画面的特点就是对静态环境的表现十分有效，能够清楚看出人物及周围广阔的空间环境、自然景色，还能强调人和周围环境的关系(图6-29)。这类镜头运用在新闻专题片中，可以用来宣泄某种情绪。像各种高级别的球赛，当对垒激烈大局将定时，观众倾向性的呐喊助威震撼赛场，这时候电视转播会不断转向观众席，给了一个个全景镜头。只见全场观众舞起了

图6-29 会议环境、会议主题在工整对称的大全景画面中交代得清楚明白，停留时间应不少于7秒

人浪(没有改变构图结构),鼓乐轰鸣,手舞足蹈。这些全景画面,当然对电视观众也起着感染作用。

早期的电视理论认为电视画面是不适宜于用远景、全景景别的,理由很简单:看不清。然而,随着摄制、播放、收看设备质量的提高,远景、全景的屏幕效果已大为改善,这类景别已大量进入电视屏幕且受到欢迎。由于远景、全景所包括的内容多,屏幕又小,观众看清楚画面所花的时间也应相对延长,远景画面的时间长度不应少于8秒,全景画面的时间长度不应少于7秒。

静态构图里主要表现对象行为动作的景别是中景和近景。中景和近景是电视节目中最常用的两种。

(2)中景为表现成年人膝盖以上或场景局部的画面,只是环境气氛不及远景和全景。这个景别的画面里可以清晰地容纳3—5人,人物较为突出,能够清楚地展现人物的动作和感情。它既能表现一定的环境气氛,又能表现人物之间的关系;既能表现外部动作,又能适当表现人物内心活动

图6-30 HBO频道的电影《爱因斯坦》中4位科学家(中景)在听一位女士(近景)的少年故事。停留时间应5秒左右

和人物之间的感情交流。中景画面的时间长度比远景、全景要短,但也应该给足5秒以上(图6-30)。遇有谈话则视谈话时间的长短调动机位、切换镜头。

(3)近景是表现成年人腰部以上或物体局部的画面。这个景别的内容往往以人物为主,景物为辅。近景画面中人物细小的动作也得到显著的表现,人物心理活动和面部表情都能被观众看清楚,易于产生心理参与、交流作用。这个景别同样是电视节目的常用镜头。像电视新闻使用同期声的静态画面,一般都是说话人的近景景别。观众既能耳闻其声,又能观其表情,和日常生活中的交谈没什么区别。这个景别的画

图6-31 近景是人际交流的重要景别,使用概率甚高。停留时间不应少于4秒

面里可清晰地容纳 2—3 个人,是各类电视节目中交谈、采访的镜头,它在整个节目中的使用概率高达 50% 以上(图 6-31)。由于在这个景别中人物的动作与表情都得到细腻清晰的记录,所以在拍摄纪实类节目时千万要恪守真实性原则,摒弃摆布、导演的陋习,遇假定性节目时亦要等待人物进入角色后方可拍摄。这个景别至少应保持 4 秒的时间,遇有更长的对话交流则视其长短进行切换。

(4) 静态画面里适于表现人物内心情绪变化的景别是特写。特写能突出拍摄对象的某一局部,从细微处揭示对象的内部特征,揭示事物局部的外部特点和质感,所以特写镜头有强烈、深刻的表现力,富有寓意性和抒情性,使人感到许多话语不能表达的微妙含意。特写包括大特写。它是用画面的全部来表现人物或事物的某一重要的局部,如人的一双眼睛、一只拳头,救护车上的红十字等。"手是行为的焦点",很适于大特写这种表现细节的景别。像台湾《华视新闻》播出的国民党代表和民进党代表为选举席位争斗的新闻,第一个画面是两双互相指责的手的静态特写,用手的动作表现了双方激烈对抗的情绪(参见第四章图 4-11 至图 4-14)。

特写这一景别在电视新闻画面中有着十分重要的作用,无论是揭示人物的内心世界,还是展现新闻事物的内在特征,都是能以最为肯定的信息内容供人们洞察秋毫,消除不确定性。除此以外,特写还可以弥补新闻消息一般不太涉及的"心理情绪"这一内容,使人们在接受基本信息的同时,感受特写细节所传递的感情信息。比如一些报道文物出土的消息,人们往往可以从"特写"画面中看到器物上斑驳的纹理、奇特的造型细节,从中感悟到历史步履的沉重等情趣,而这些感情内容,电视新闻的文字声音是不涉及的。特写的内容单一、集中,观众一眼便可看个清楚,画面的时间长度一般为 2 秒钟(图 6-32)。

图 6-32 手是行为的焦点。电视剧《完美》中一对无法走进婚姻的男女痛苦惜别,手的特写将他们依依不舍的情感表现得淋漓尽致。停留时间应在 2 秒以上

各种景别都有自己的表现力,各有所长,各有所短,不能互相代替。只有充分理解各类景别符号的划分和它的表现力,才能得心应手地在静态画面构图中加以应用。

关于电视新闻的"画面景别时间",因为画幅大小的关系,它和电影的景别时间有一定差异,具体差异见表 6-2:

表 6-2　电影电视画面景别时间比较

项目 景别	电视新闻画面景别时间	电影画面景别时间
远景	10—12 秒	8 秒
全景	8—10 秒	6 秒
中景	6—7 秒	5 秒
近景	4—5 秒	3 秒
特写	2—3 秒	1 秒

静态构图由于机位、光轴、焦距三不变,因此有人认为缺乏技术性,不太重视。但静态构图是其他两种构图形式的基础,很难设想,一个把握不好静态构图的摄像师,能够拍出运动流畅的活动画面。

二、电视画面的动态性结构

相对于静态性构图的机位、光轴、焦距三不变要素而言,动态性构图则是缺失了其中某一个元素的构成方式。

1. 何谓电视画面的动态性结构

如果说机位、光轴、焦距"三不变"和拍摄对象相对静止是电视画面静态构图的必要条件,那么,动态构图则以不遵守其中起码一个条件为前提而进行。动态构图或是以固定的机位变化的光轴或焦距拍摄某一对象在时间、空间中的运动;或是以运动的机位拍摄某一静止对象在时间、空间中的静止形态;或是以运动的机位拍摄某一对象在时间、空间中的运动,此谓之动态性构图。

动态构图经常应用在:1)对象运动用固定视点宜于体现,如飘雪落雨、树影摇曳、麦浪起伏;2)只有采用运动拍摄才能追寻对象的运动过程,如鹰击长空、鱼翔浅底;3)只有用不断改变构图结构的动态构图才能将运动中不断变化、不断重新组合出的情境、气氛突出地展现出来,如直播一场扣人心弦的乒乓球比赛。

动态构图体现了人不断改变自己的观看距离、方位、角度来观察对象,表现了摄像机的工具特性,是电视区别于绘画、照相等静态造型艺术的重要特点之一。动态构图一般为多构图。所谓多构图,指画面结构连续或间断发生变化的构图形式(图 6-33)。动态构图通过连续的记录呈现了被摄主体的运动过程,利用摄像机的运动使不动的物体和景物发生了运动和位置的变化,表现了人们生活中流动的视点和视向,产生了多变的景别、角度、空间和层次,形成了多变的画面构图和审美效果。

图6-33 动态构图一般为多构图。指画面结构连续或间断发生变化的构图形式。许多访谈性节目的画面就是在采访双方(二人)与采访对象、记者(一人)间切换。上图两画面是机位不变,镜头焦距变化拍摄的结果。左一幅为中近景,右一幅为镜头推上去的特写

由于动态画面的构图形式不断变化,因此构图最讲究画面起幅和落幅的平稳。起幅是画面运动镜头开始的部分,要求由固定转为移动时自然流畅,长度适当,有运动的场面应使观众能看清动作,无运动的场面应使观众能看清环境。落幅是画面运动镜头终结的部分,要求由移动转为固定时能平稳自然,尤其重要的是准确,即能恰到好处地把主体停在画面的适当位置上。画面停稳后,要有适当的时间长度使运动告一段落,在特殊条件下,运动镜头之间相连接时,画面也可不停稳,采用动接动的衔接方法。

2. 动态性构图的基本形式

动态性构图是为追随被摄对象的活动,尽可能地满足观众对运动对象的"窥视"。动态性构图大致有以下两种基本形式。

(1)摄影机在固定机位上拍摄对象运动。

即在固定的空间范围内,主体作水平或纵深运动,出画入画(图6-34)。主体运动带来画面构图的变化。比如,主体运动方向不同,就会有:如果对象从画面左方走向画右,或者相反,虽无景别变化,但会不断变换其在画面中的位置。主体如果作纵向运动,即沿光轴走近或远离镜头,就会不断改变自身的景别,但不会改变对象在画面中的位置。例如,对象原处于特写位置,在拍摄过程中,沿光轴向镜头

图 6-34 让主体急速入画又急速消失,是美国《国家地理杂志》表现车辆、动物快速运动的常用手法

走远,那它就会从特写变至近景,再到中景,及至远景。若向反向运动,就会从远景至特写。对象这类运动,使画面主体转移。一般来说,变动的对象应该成为画面构图中心,成为观众视线所向。因为从视觉特点来说,运动的物体比静止的更为醒目。

摄像机固定的画面的功用是能够比较客观地记录和反映被摄主体的运动速度和节奏变化。如许多电视片中为了表现事态紧急、汽车飞驰就采用固定视点动态构图法。从车辆闯入空镜头到绝尘飞奔,最后为一个黑点消失在画面纵深处,只是一眨眼的功夫。倘若用运动镜头跟摄,那么观众没有一定的参照物来进行对比,汽车呈现出与画面框架匀速齐动的相对静态,也就无法感觉汽车究竟跑得有多快。美国《国家地理杂志》频道还经常运用这一手法来表现虎、豹、狮等猛兽的逃逸与追逐。利用画面框架因素,固定视点的构图还能强化运动对象的动感。如拍摄火车行进,以低角度的固定视点来拍,只见火车呼啸而来,然后以高大的车头牵引着长长的车身飞速驶出画外的画面,此时火车飞驰的动感得到了非常鲜明的体现。

主体在空间中的移动,必然会改变固定视点画面的构图结构。像上面的两个例子,汽车的奔驰使得空镜头有充满活力的主体;火车驶过,留给画面的为大片空白。因此,画面构图的关键在于运动结束后转为静态画面的构图是平稳均衡的,也就不必考虑运动打破了画面的平衡,更重要的是先考虑好落幅画面的设计。

(2) 摄像机在运动中拍摄静止对象。

运动视点体现了观察物体的主观性。摄

第六章 电视画面的总体结构——构图

像机的运动可以划分为两类:一类是摄像机通过自身机位的运动或光学镜头焦距的变化,使观众从电视画面中直接感知到镜头的运动。比如,摄像机向后拉出的拉镜头,使观众的视点随着镜头运动向后移。另一类则是过蒙太奇编辑完成的,观众在画面里没有直接看到镜头的运动。

我们要介绍的是直接的摄像机运动。它包括推摄、拉摄、摇摄、移摄、升降摄像等。具体来讲有五种情况:

第一,推摄是摄像机向被摄主体的方向推进,或者变动镜头焦距使画面框架由远而近向被摄主体不断接近的拍摄方法。推镜头相当于一个人逐渐走近一个目标的感觉(图6-35)。推摄时由镜头向前推进的过程造成了画面框架向前运动,从画面看来,画面向被摄主体方向接近,画面表现的视点前移,形成了一种较大景别向较小景别连续递进的过程,具有大景别转换成小景别的各种特点。随着镜头向前推进,被摄主体在画面中由小变大,由不甚清晰到逐渐清晰,由所占画面比例较小到所占画面较大,甚至可以充满画面。与此同时,主体周围所处的环境由大到小,由所占较大的画面空间逐渐变成所占空间较小,甚至消失。这种使用推摄镜头的动态构图,有一种把主体从环境中显出来的感觉,与文学里的烘云托月手法异曲同工。

图6-35 新闻节目中双播音员报新闻提要,然后推镜头突出其中之一,是国际电视界的流行手法

第二,拉摄是摄像机向被摄主体的方向拉出,或者变动镜头焦距使画面框架由近而远向被摄主体不断脱离的拍摄方法。不论是移动机位向后退的拉摄,还是调整变焦距把长焦拉成广角的拉摄,其镜头运动方向与推摄正好相反,拉镜头使被摄主体随着镜头向后拉开由大变小,取景范围和表现空间是从小到大扩展的。因此,拉镜头相当于一个人把视线从一个目标收回和扩散的感觉。由于拉镜头从起幅开

199

始画面表现的范围不断拓展,视觉元素不断入画,原有的画面主体与不断入画的形象形成新的组合,产生新的联系,每一次形象组合都可能使画面发生结构性的变化,使得画面构图形成多结构变化。它不像推镜头,被摄主体和环境一开始就在画面中间表现出来,观众对起幅中就已出现的结构关系早有思想准备。拉镜头的画面随着镜头拉开和每个富有意义的新形象的入画,促成观众随镜头的运动不断调整思路,去揣测画面构图中的变化所带来的新意义、引发出的新情节,这样逐次展开场面形成的两极镜头(全景—特写)所产生的画面冲击是极易抓住观众的视觉注意力的。

《阳光卫视》的纪录片《旅美画家王已千》说的是与国画大师张大千齐名的 97 岁国画家王已千(1907—2003年)的故事。王已千五岁开始随父学习国画,旅美 55 年旨趣不改,画画、藏画成大业,美国柏克莱加州大学艺术系主任 James Cahill 赞誉王已千是"当今海外最具影响的水墨画家、书画收藏家、鉴赏大师","纽约都会博物馆"历史上首次为他个人的收藏设专馆。《旅美画家王已千》的采访过程中多次出现这样的镜头变化(图 6-36):从王已千的大特写拉至中景、全景。特写时,王已千饱受中国文化熏陶的气质透在画面中透现至极;近景画面时,老人的中式对襟上衣与背景桌面上的文房墨宝和谐呼应;拉至全景画面时,古香古色的生活环境将王已千思乡恋国的情怀宣泄至尽,其情其景感人至深。

图 6-36　镜头由特写到全景,使观众具体真切地看到了王已千旅美 55 年华夏情怀不变的生动细节

这就是摄影机在运动中利用景别的变化所营造出来的"好看"、"好听"的画面细节。

第三，摇摄是摄像机对拍摄对象进行上下或左右的运动拍摄。摇镜头相当于一个人在一个点上摇头环顾的感觉。摇镜头的运动形式是多种多样的。比如水平移动镜头轴的水平横摇；垂直移动镜头光轴的垂直纵摇；中间带有停顿的间歇摇；摄像机旋转一周的环形摇；各种角度的斜摇；摇速极快形成的甩镜头，等等。不同形式的摇镜头孕着不同的画面语汇，具有各自的表现意义。抽象地看摇镜头的运动轨迹，就像一个以摄像机为中点的对四周立体空间的扇形以至环形的扫描。摇镜头犹如人们转动头部环顾四周或将视线由一点移向另一点的视觉效果。在镜头焦距、景深不发生变化的情况下，画面框架发生了以摄像机为中心的运动，观众的视野随着镜头"扫描"过的画面内容而相应变化。摇镜头的运动使得画面的内容不通过编辑发生了变化，画面变化的顺序就是摄像机摇过的顺序，画的空间排列是现实空间原有的排列，它不破坏或分隔现实间的原有排列，而是通过自身运动忠实地还原出这种关系。

报道"9·11"美国受袭击的新闻中就有不少摇摄的画面(图6-37)。图像起幅是地面被如絮的烟尘笼罩，惊恐万状、择路奔逃的人群，然后镜头从下往上摇，画面落幅在双子塔的浓烟滚滚上，于是观众明白了人们的惊慌来自"双子塔"遇袭被毁。应用摇摄的动态构图，能够逻辑地表现现实生活中的变化与联系。

图6-37 摇摄的动态构图宜于交代事件的前因后果。图为美国"9·11"遇袭的情景，地面的烟尘源自空中"双子塔"遇袭爆炸

第四，移摄是将摄像机架在轨道车上随之运动而进行平行移动拍摄。平行移动摄像是以人们的生活感受为基础，依次从画面一侧移向另一侧。在实际生活中，

人们并不总是处于静止的状态中观看事物。有时人们把视线从某一对象移向另一对象;有时在行进中边走边看,或走近看,或者退远看;有时在汽车上通过车窗向外眺望。移动摄像正是反映和还原出了人们生活中的这些视觉感受。摄像机的移动使得画面框架始终处于运动之中,画面内的物体不论是处于运动状态还是静止状态,都会呈现出位置不断移动的态势。移动镜头表现的画面空间是完整而连贯的。移动摄像根据摄像机移动的方向不同,大致分为前移(摄像机机位向前运动)、后移动(摄像机机位向后运动)、横移动(摄像机机位横向运动)和曲线移动(摄像机随着复杂空间而做的曲线运动)等四大类。在移动摄像的画面中,被摄对象没有近大远小的透视性变化。

前面我们讲了电视画面构图的画幅框限,移动摄像便是突破这种限制的有效选择。我们平日乘坐的各类车辆,车窗就是取景器(寻像器),就是画面的边框,随车辆的运行,透过车窗我们就可以充分体验因移动摄影而扩大视野的真谛之所在。低空(离地面百米左右)航空摄影是更大范围的移摄。在各种节目里,城市建设、田园山野等图景通过航拍来表现的现象已比比皆是。图6-38是电视剧《追日》中的一组平行移动镜头,镜头从右向左移动,依次出现众多医生、护士们注视着正在进行显微镜下血管缝合技术竞赛的两位医生(在画外)。因为是慢速移动,逐一展现着医生、护士们关注比赛的神情,将比赛的气氛渲染得格外紧张。

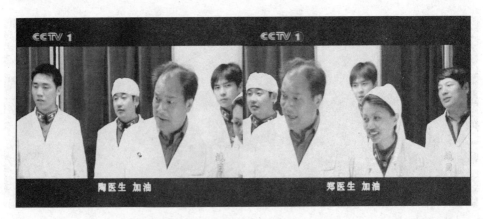

图6-38 研读这两个镜头时注意三要点:1)画面里背景中白色柱子由右侧移至中间;2)画面中人员位置的变化;3)画面中人与物的透视关系没有变化

第五,升降拍摄是摄像机借助升降装置等一边升降一边拍摄的方式。升降拍摄在新闻节目的拍摄中并不常见,在电视剧、文艺晚会、音乐电视等的摄制中运用

第六章 电视画面的总体结构——构图

得较为广泛。这大概也跟升降镜头对特殊升降设备的依赖性不无关联。升降镜头的升降运动带来的基本变化和移动摄影一样，是画面视域的平行变化。其中不同的是，因为升降还会产生视野开合度的变化。摄像机的机位就如同人的站位。"登高而望远"，当摄像机的机位升高之后，视野向纵深逐渐展开，还能越过某些景物的屏蔽，展现出由近及远的大范围场面（其实，这时俯摄角度已经成为主要成分）。而当摄像机的机位降低时，镜头距离地面越来越近，所能展示的画面范围也渐渐逼仄起来。因此，升降拍摄手法很适于表现人物和环境的关系。就学生来讲，可以在有观光电梯的地方体验升降时所见景物的变化关系，如果能在观光电梯上用摄像机实地拍摄，其体验就会更加具体深刻。还以电视剧《追日》为例，为表现显微镜下血管缝合竞赛的难度与紧张，剧中运用多组或升或降的连续镜头，图6-39四个镜头以"升"的方式逐一展示参赛医生的神情与动作，最后将镜头定格在缝合血管的双手上。

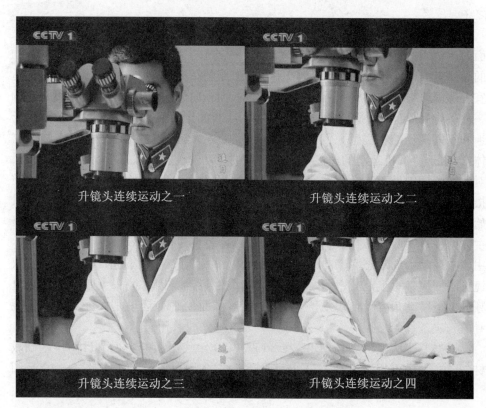

图6-39

不论是推、拉、摇、移拍摄，还是升降拍摄，运动构图不仅仅在于单一画幅上构图的完整、和谐、均衡，而且还要求整个拍摄过程的适时与和谐。一般来讲，运动的全过程应当稳、准、匀，即画面运动平稳，起幅、落幅准确，拍摄速度均匀。当画面景别转为远景或全景时，如无特殊表现意图还要注意画面内地平线的水平。

（3）摄影机在运动中拍摄对象运动。

摄影机和表现对象都在运动，一切构图因素的匹配都在于突出对象运动及运动过程，这一摄影方式的运用概率很高，是节目制作人必须认真掌握的基本功。

在镜头的诸多运动样式中，跟随摄影是运动摄影的主要方式。跟随摄影是摄像机始终跟随运动的被摄主体一起运动而进行的拍摄，镜头运动速度与物体运动速度保持一致，主体在画面上的位置和面积相对稳定，背景空间始终处于变化之中。

从被摄主体的正面拍摄，这时摄像师是倒退拍摄。这类镜头拍摄的是物体正面的运动，因此它是正面角度与移动角度的结合体，适合表现长距离运动中的人物的面部表情。还有摄像师在人物背后或旁侧跟随拍摄的方式。侧面跟随的镜头适宜表现运动速度，因为它拍摄的是横向运动，而横向运动是平面画面上速度最快的一种运动。背面跟随适合营造跟在剧中人或新闻记者后面步步深入一个陌生场地和新闻现场的真实感。跟随拍摄的画面始终跟随一个运动的主体（人物或物体）。由于摄像机运动的速度与被摄对象的运动速度相一致，这个运动着的被摄对象在画框中处于一个相对稳定的位置上，而背景环境则始终处在变化中。被摄对象在画框中的位置相对稳定，画面对主体表现的景别也相对稳定，如是近景始终是近景，如是全景始终是全景，目的是通过稳定的景别形式，使观众与被摄主体的视点、视距相对稳定，对被摄主体的运动表现保持连贯，进而有利于展示主体在运动中的动态和动势。不管画面中人物运动如何上下起伏、跳跃变化，跟镜头画面应基本上是或平行、或垂直的直线性运动。因为镜头大幅度和次数过频的上下跳动很容易使观众产生视觉疲劳，画面的平稳运动是保证观众稳定观看的先决条件。

根据上述认识，我们从BBC在20世纪70年代出版的电视节目制作基础教材《开拍了》中引用改编有关户外运动摄影的经典样式介绍如下（图6-40至图6-53）。

第六章 电视画面的总体结构——构图

《开拍了》户外运动摄影经典样式简介

典型镜头	文字稿	典型镜头	文字稿
图6-40 全景,是节目的起始画面	用前景来交代环境,也可用作空镜头、介绍镜头用。	图6-41 中景,采访谈话的主要画面	摄像机位与被摄对象要适当,让谈话人可以走一段距离。
图6-42 动态画面体现出节目的真实性	摄影师适当时机停下来让谈话人穿过摄像机,以表现动态。	图6-43 背面角度可舒缓节目节奏	摄像师必须随着谈话的人一齐移动,跟在背后可以过渡。
图6-44 侧面摄影要防止人物重叠	侧面移动摄影也是一个动态十足的角度,但时间不宜过长。	图6-45 要给他们一定的行走空间	谈话的人不能放到画面的边上去,像是在边沿碰撞。

205

(续表)

典型镜头	文字稿	典型镜头	文字稿
 图 6-46 谈话行走要提醒保持匀速	从正前拍最好也保持拍两个人。	 图 6-47 行走中的站立可改变节目节奏	老是边走边说,太长了也令人讨厌,最好是找个地方站住聊聊。
 图 6-48 车上谈话,增加运动感	开车谈话效果尚佳,从一部汽车,可以说明关于某人的许多问题。	 图 6-49 这种画面可以作空镜头用	从车后座拍前面的两个人时间不能太长,因为拍不到主角的脸部。
 图 6-50 这是在后座拍到的记者镜头	记者可以帮个忙,坐得稍侧一些,这是一个很好的反应镜头。	 图 6-51 近距广角拍摄,防止人物变形	摄像师最好的位置是坐在前排,这里可以拍到嘉宾的侧面头像。

第六章 电视画面的总体结构——构图

(续 表)

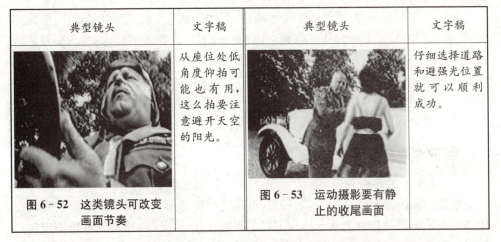

典型镜头	文字稿	典型镜头	文字稿
	从座位处低角度仰拍可能也有用,这么拍要注意避开天空的阳光。		仔细选择道路和避强光位置就可以顺利成功。

图6-52 这类镜头可改变画面节奏

图6-53 运动摄影要有静止的收尾画面

从《开拍了》这个案例中我们不难领悟摄影机在运动中拍摄对象的要义,运动画面构图的要领仍然为须注意起幅和落幅部分的平稳与完整,《开拍了》的案例画面已经为我们提供了具体的规范参照。在实际的电视摄像中,为了表现主体的运动过程,摄像机并不是单一形式的运动,而是综合多变的,即推、拉、摇、移等镜头穿插着用。特别要提醒的是不能一味地利用镜头运动(变焦推拉)替代摄像机运动(运动推拉),它们各自产生的影像背景的包容量和清晰度是不一样的(图6-54),这就需要摄影者纯熟掌握诸多运动变化技巧。与镜头运动技巧相制约的理论认识是:运动摄影过程中尽可能让被摄对象运动,摄影机多拍固定画面为好,过多的推

图6-54 两图主体大小相仿,左图为摄像机运动推拉,视角不变,背景清晰有6辆车;右图为镜头变焦推拉,视角变小背景模糊只有3辆车

207

拉摇移易使观众眼花缭乱，可以这样说，推拉摇移过滥将伤及节目的制作质量。

在镜头综合运动中，景别、角度等诸造型手段都不是孤立地出现和发生作用的，往往共同为构图发挥作用。在综合运动的画面中改变景别时，同样需要目的清楚，推拉心中有数，停得果断，跟随运动时，要始终将动体保持在相对稳定的景别之中，并且在相对稳定的画面位置上，做到内部秩序井然。也就是说，镜头运动应力求平稳，每次转换与人物动作和方向转换一致；机位变化时注意焦点的变化，始终将主体形象处理在景深范围之内。

三、电视画面的综合性结构

1. 综合构图的两种形式

电视画面的综合性结构，顾名思义，可见这种构图形式包括了静态构图和动态构图。由于画面是摄像机从开机到关机拍下的片段，因此拍摄时，既可用固定视点拍摄静态物体，又可接着使摄像机运动起来，当然亦可接着拍摄运动物体。很显然，综合构图，是多变化构图、多层结构构图。

综合构图为有动、有静、有行、有止的构图形态，赋予了事物事件、人物情感外在多样性的表现，能突出描绘情节内容重点，着力强调细节，吻合了人在观察事物时，随着心态或者对象存在形态的变化，视点、视线、视野发生或动或静、或随意或凝神的变化。实践表明，单一的静态性结构或动态性结构，会使人感到厌倦，综合构图复杂多变可产生新异效果，满足了观众的视觉生理—心理结构。

比如电视新闻纪录片《探索》里关于狮子捕猎的综合构图：起幅为一静态画面，一只狮子在茂密的草丛中卧着，慢慢地它开始匍匐前进，这时候的镜头仍然是固定的。随着狮子前进的速度加快，镜头也运动起来，开始跟摄。只见狮子冲入野牛群，野牛四散奔逃。狮子已经选中了目标，追赶其中一只，最后它一口咬住了野牛的喉管，把野牛拖翻在地，于是落幅的镜头又停止了运动，画面里狮子咬着野牛的咽喉一动不动。这个画面由静态构图到动态构图，再到静态构图，完成了狮子捕猎的全过程。

综合构图作为综合性结构，既有以静态构图为主的构图，也有以动态构图为主的构图，还有动静参差的构图形式。

所谓以静态构图为主的构图，是画面主体表现以静态表现最为合适，必要时，又不失时机动起来，或者完成表现对象、表现重点转移，或者伴随对象运动，追索过程表现，或转移观众注意力构成虚写，以时空统一方式表现连续发展的事件、情绪、陡转、跌宕以创造出富有表现力的动人效果。所谓以动态构图为主的构图，是以对象运动过程为表现重点，但某些情节、情绪行为又表现为暂停静止状态。比如表现两个人边走边谈,偶尔停下来的情节。所谓动静参差的构图形式,是静态画面所表现的对象有行有止,内容也要求动静有致地予以展示。

无论哪种形式的综合构图,关键在于,由于摄影机拍摄的镜头画面是缺乏意识活动的,只能由对对象画面位置安排、光色强度、清晰度、景别、景次的不同运用来区分哪些是主要的,哪些是次要的。只有表现对象处于前景,景别很大,在焦点面上,并占有重要的幅面位置,或其在光、色、形、运动等方面比其他对象更吸引观众注意力,才能突出于其他对象,成为主要表现对象。在镜头画面中的各个对象,哪一个进行纵深空间运动,哪一个就能改变自己在幅面中的位置、景别和景次,如走向镜头、进入第一景次的对象就突出,相反,那些退处第二景次、离开焦点清晰范围、或走出画面的就已不是主要表现对象。

由于综合构图变化复杂,因此要讲究场面调度。电视场面调度和电影有类似的地方,都是要按照构图意图,调动各种积极因素(人物、镜头),表现出人物和事物相互联系的时间和空间,创造出典型化、富有概括力的视觉形象。也就是说,综合构图既有不间断的连续表现,又有重点突出描绘,要求摄影师充分运用运动中变化着的环境背景、光色效果、图底配置关系、幅面空间范围、景别、角度等,以便在统一时空中建构适于不同内容要求的各种气氛。所不同的是,新闻类电视节目的构图必须维护其真实性原则,忌讳一切"导、摆、补"的行为。出镜记者在拍摄现场的选位、采访路线的安排等,都是自然的,与带有表演性、假定性的电影场面调度有本质的不同。

2. 综合构图要符合视觉规律

电视画面的综合构图最重要的是,无论镜头如何运动,都要符合观众的视觉规律,遵守轴线运动的规则。所谓轴线,是指被摄对象的视线方向、运动方向和对象之间的关系所形成的一条假定的直线。在实际拍摄时,拍摄人员围绕被摄对象进行镜头调度时,为了保证对象在电视画面空间中的正确位置和方向的统一,摄像机要在轴线一侧180度之内的区域设置摄影角度,这是形成画面空间统一感的基本条件。任何一个由多数镜头画面组成的场面,如果拍摄过程中摄像机的位置始终保持在轴线的同一侧,那么无论摄像机的高低俯仰如何变化,镜头的运动如何复杂,都不会使观众的视线发生180度的大调换。

如果摄像机越过原先的轴线一侧,到另一侧进行拍摄,即是"越轴"。"越轴"后所拍摄的画面中,被摄对象与原先所拍画面中的位置和方向是不一致的。比如越轴前的画面里,列车从画面左面向右方行驶,如果摄像机越过轴线(此处为铁路轨道)到另一侧接着拍,列车就变成了从右向左驶,这样的画面构图无疑会使观众糊涂(图 6-55)。需要说明的是,拍摄过程中越轴现象总是难免的,只要在编辑阶段注意处理,类似图 6-55 的"低级错误"是不会出现的。

图 6-55　左右两图是剪接一组广告镜头虚拟"越轴"的典型。"越轴"是一个十分复杂的操作问题,有轨车辆的轴线是十分清楚的,只要恪守轨道一侧拍摄就不会发生越轴现象

拍摄运动的画面时,保持运动方向一致是最基本要求。如果为了寻求富于表现力的电视画面构图,摄像角度要越轴,可以采取以下方法:在拍摄过程中,观众直接看到对象改变自己的空间位置和空间方向,比如看见列车在车站换轨掉头;穿插一些描写镜头画面,表示过去一段时间,省略了位置变化的交代;两个以上对象,可先运用客观视点拍摄一个主体的正面,表现他看到另一对象变换空间位置,然后用一个主观视点拍下位置变换,接下去的镜头画面均可越轴拍摄。

3. 综合构图与长镜头

综合构图多与长镜头结合在一起用。长镜头,又被称作"段落镜头"或"多构图镜头",它是指在一个持续时间比较长的镜头内,用推拉摇移多层次多景别地表现同一景物。它有利于保证时空的连续性、完整性和真实性。长镜头发源于电影。早期的长镜头,是把摄影机固定在一个不变的位置上,镜头的视点和视角自始至终都不改变,画面不免平淡。后来,随着摄影设备的不断改进,几种移动摄影的"长镜头"得到公认和普遍运用,这就是沿用至今的摇镜头,跟镜头,推、拉镜头等镜头方式。

随着电影美学理论的发展,长镜头技巧被作为实现场面调度的技巧,人们将它与其他蒙太奇理论相提并论,并称之为"镜头内部的蒙太奇"。到了 50 年代,法国

第六章 电视画面的总体结构——构图

电影理论家巴赞和德国电影理论家克拉考尔提出并建立了纪录学派美学理论。巴赞认为,长镜头"遵守事件的空间统一性",保证了事件的时间进程受到尊重,景深镜头能够让观众看到现实空间的全貌和事物的实际联系,保持了时空的完整性、可信性;长镜头注重通过事物的常态和完整的动作揭示动机,保持了生活的透明性、暧昧性和多义性;连续性拍摄的镜头——段落,充分体现了现代电影的叙事原则,再现了现实生活的自然流程,因而更具立体感,使观众能以多角度洞察生活。

长镜头理论及其技法,对于电视画面构图特别是电视新闻画面构图来说,有其不可忽视的指导与实用价值。首先,长镜头由于不间断地表现一段相对完整的事件,因此它具有传达信息完整性的功能。电视节目的完整信息是由声和像两方面组成的。用分解的方法拍摄,用分切镜头的方法剪辑,在很多时候不能保证完整信息的传达,不是声音的连续性被破坏,就是画面的连续性被破坏。机内剪辑,由于使声画保持连续和同步,从而保证了叙事结构的完整,也使其传达的信息有了完整性。

其次,它能表现事态进展的连续性。电视新闻中长镜头的最大优势,在于它可以连续地使用现场的图像和音响,把亲身介入转为心理介入,将亿万观众"带到"新闻现场,通过视觉和听觉,综合获得与在现场相似或基本相同的感觉。记者对现场情况熟悉,又能熟练地按照客观事物的发展顺序和观众的认知规律拍摄编辑画面,使得观众可以获得比本人在现场更丰富的整体了解和细节感受。一条成功的电视新闻,它所带来的现场感完全来源于现实,同时应该比现实更集中、更细腻、更深刻。

再次,它有不容置疑的真实性。由于机内剪辑不是靠动作的分解和组合来表现运动过程,而是把连续的动作完整地展现在屏幕上,所以排斥了一切造假的可能,使影片所表现的事实具有不容置疑的真实性。

名列美国1994年十佳电视作品之首的"追捕辛普森",几乎全部采用了长镜头,以表现追捕过程的不断发展。自20世纪50年代法国电影理论家巴赞提出长镜头理论以来,在电影界出现了不少成功使用长镜头的范例,对后来兴起的电视摄像产生了极大的影响。在许多纪录片中,由于写实的需要,长镜头得到了更多的运用。通过纪实性长镜头,观众看到一个不间断的新闻事件和一个不分割的新闻现场。在这个现场内,人物的行为、事物的运动都是相对完整的,使人更感到真实可信。特别是一些生活细节自然而然地在现场内出现,对于烘托主要新闻事实和主要新闻人物起到了不可替代的作用,是表现现场气氛不可缺少的因素。长镜头不仅可以忠实地再现物质的自然运动,同时,它作为一种表现手法,最大限度地减少

了画面编辑过程中对事件发展过程人为的曲解与限定,保证了观众认知过程的自然流畅。

日本 NHK 电视台曾播出的一条新闻"水野被刺"就是成功运用了长镜头的范例:诈骗集团的头目水野,骗取了大量钱财,罪行败露后躲在家内闭门不出,不见任何人。水野家门口前人群杂乱。突然,出现了两名凶手,砸门叫喊,打碎玻璃跳入室内。一声惨叫之后,两人跳窗而出。警察把两人押入警车。警车驶去。整个新闻全长近6分钟,几乎是用一个长镜头一气呵成的。观众在电视机前面目不转睛,好似身临其境。

由此可见,长镜头叙事通过镜头的运动连续拍摄,保证了时间与空间的连续和统一,从而形成了一种有别于分切镜头蒙太奇叙事风格的独特的影视语言。但同时需要指出的是,运用长镜头时也要格外小心,因为如果运用不当,就会在心理上产生一种低沉的、压抑的甚至拖沓的效果。英国 BBC 广播公司出版的《开拍了》对此做了生动浅显的阐述:"摄像机拍动作,会叫人感到太慢,比如这个人到屋子里拿钥匙,出来把摩托车开走,实际上不过几十秒钟的事(屏幕计时 38″),可是到了屏幕上显得长达几分钟"。正因如此,长镜头还需慎用。既然长镜头的使用不是不分场合的,那么我们在使用它的过程中就应该考虑它的适宜性。

四、电视采访方法案例示范

电视采访,是各种电视节目中必不可少的环节,采访过程中很自然就会涉及上述讲到的各种构图技巧。电视采访场合虽多,但采访摄影的方法却大同小异,我们从 BBC 广播公司制作的电视教学片《开拍了》中选择典型采访片断,改编为图文组合的方式介绍给大家。这个电视教学片虽然发行于 1975 年,但它涵括了采访过程中所需用到的永不过时的基础技法,30 年来它抚育了一代又一代电视制作人,堪称为电视采访方法的经典。本示范文本的文字稿本基本援引原文(译文),图像因多次转录、采集,影像锐度略有衰退,图片中的说明文字为本书作者制作添加,阅读时关注其节目制作思路、过程、样式即可。为清晰、准确显示摄像机与被摄对象的关系,《开拍了》的示范镜头大部分是在制图网格环境下用垂直俯视的角度拍摄,画面布局一目了然,实拍效果画面则用小图叠放在大画面的一角。由于电视教材是用多个镜头诠释一个概念,研读下列图文时能进行镜头运动联想则可收到最佳阅读效果。

1. 单机采访的思路与过程（图6-56至图6-75）

图6-56 假如你是单机采访，一般就用摄像机指向记者和被采访人，可是这样的布局总是拍到侧面头像，记者和被采访嘉宾都是侧面

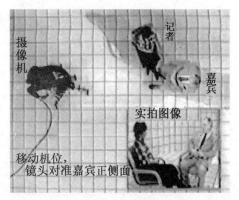

图6-57 侧面像稍长就会令人讨厌，观众希望自己是参加采访的一员，而不是无关者，如果把机位转过去一点，拍到了嘉宾的脸部，那样就会使效果好得多了

图6-58 要拍到两只眼睛，因为眼睛是和其他人建立联系最直接有效的。可是怎么也做不到既能拍到嘉宾的一双眼睛，又能拍到记者，除非是侧面像，否则在一个画面是不可能拍到两个人相互看着的图像的，要不就得通过镜子来拍

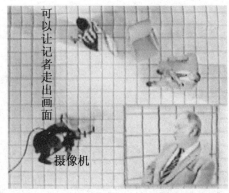

图6-59 处理这个问题的方法是以嘉宾为主来拍摄，暂时不拍采访的记者。当然，记者还是要在画面外离嘉宾最近的地方，甚至就坐在嘉宾对面（不入画面），以便交流、提示采访内容

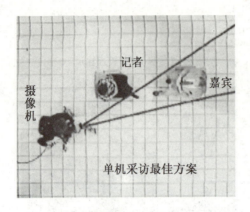

图 6-60 首先把嘉宾放在一个背景前,然后由于人们谈话时自然地要相互对着讲,所以把记者安置在摄像机的一侧。记者放在摄像机前侧,这是单机采访的关键,这样就给了摄像机也就是给了观众以最好的位置,这是单机采访的最佳方案了

图 6-61 把摄像机放在这个位置上,你可以拍到有关嘉宾从全景到特写的所有镜头。中景可以用来介绍这位被采访的嘉宾,这样的镜头中还可以看到一些环境

图 6-62 如果再拉出来,还可以拍记者过肩的镜头,嘉宾则正好面对摄像机,这样的镜头常用来作为采访的开始镜头

图 6-63 把镜头推上去,去掉记者,可以拍嘉宾的近景,这是标准的采访镜头,足以表现眼神细节,但是又不要太近而显得强加于人

图 6-64　特写则是表现内心情绪的最佳景别

图 6-65　大特写就更加表现神态和内在的感情。从这个拍摄点可以拍到这么多的镜头，不必移动机器

图 6-66　如果你让摄像师在提问题的时候改变景别，那就会使你以后剪辑的时候方便多了

图 6-67　在客人答话的时候变动景别，这是挺讨厌的，比如当嘉宾说话的时候，你把镜头拉出来了，就给人一个印象，认为你对他的讲话没有兴趣

图 6-68 在回答问题的时候推上去也显得过火,没有必要,尤其是当谈话比较轻松随便的时候。实际上拍谈话时应尽量少用推拉镜头,如果推拉结束时,景别正好合适你剪辑的要求,那你算是走运了

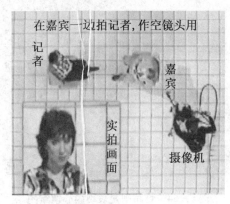

图 6-69 拍摄完后大都会再编辑加工,你需要有一些空镜头。最普通的空镜头就是把机位调过去放在嘉宾的那一头,这样拍记者,记者应该面向右看,以便和将军面向左看相呼应

图 6-70 如果你把两个镜头来回切换,观众就会知道他们两人是在谈话

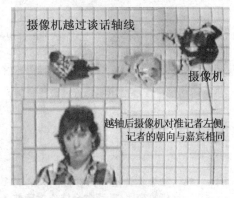

图 6-71 如果机位放到嘉宾的另一侧去的话,就造成了跳轴,这样采访的记者将和嘉宾面向同一个方向看

第六章 电视画面的总体结构——构图

图6-72 如果把机位安在靠嘉宾的正确的一边，就可以拍到记者在听的各种各样的反应镜头。记者只要听就可以了，可以动一动，不要做大动作，画面中这样太过分了。当然，一点不动也显得做作

图6-73 让记者重复提几个采访中的关键问题，这是很有用的。有的时候移动机位来拍反应镜头，可能挺费时间，也许地方狭小，没法移动，也许还得重新布灯

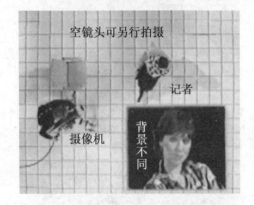

图6-74 这时候可以借一个角度来拍摄，只要嘉宾面向一方，记者面向另一方，而记者后面的背景与嘉宾有所不同就行了。这么做因为观众从来没到现场看记者实际背后是怎样的背景，观众也就不会发现你的提问镜头、反应镜头并未同步录制

图6-75 单机采访是中国基层单位电视节目制作过程中的主要方式，进入现场时，制作人员遵循"六注意"操作当可获得满意效果

217

2. 双机采访的思路与过程(图 6-76 至图 6-85)

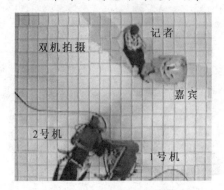

图 6-76　如果有两台摄像机那就容易多了

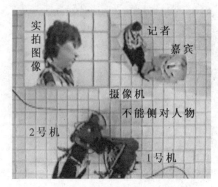

图 6-77　但是不能把两台机器都对着记者和嘉宾

图 6-78　这样的话又只能拍到正侧面的像了

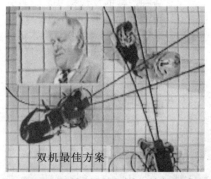

图 6-79　要拍到正侧脸部,就得两个机位分开,交叉拍摄,这是双机拍摄的最佳方案

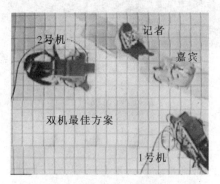

图 6-80　记者和客人的座位布置成一个随便的角度,或是面对面谈都可以

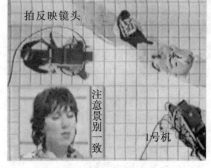

图 6-81　这样交叉拍摄时反应镜头就不成问题了

第六章 电视画面的总体结构——构图

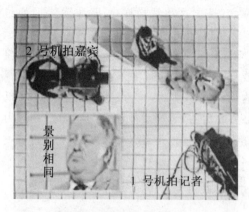

图6-82 景别要一致，这点很重要

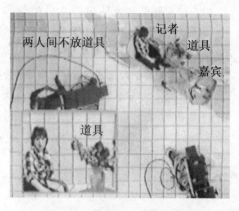

图6-83 交叉拍摄时要注意别在谈话的两人中间放上什么道具

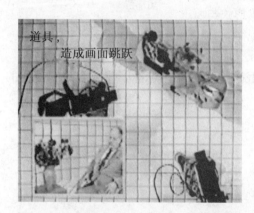

图6-84 要是景别稍大一点，这个道具在记者和客人的镜头中都会出现，可是却在相反的位置上，对切的时候，就造成了跳跃

图6-85 引人注目的东西不放在两人中间，而放在一侧，这样就可以避免镜头切换带来的跳跃了

双机拍摄的基本要求实际上包括了单机拍摄的全部内容，在节目拍摄过程中注意综合镜头的静态性构图和动态性构图原理，协调灵活运用。

本章小结

构图是电视画面的总体结构。构图的重要性有二：其一，它是画面各形象元素的组织方法。没有构图，画面就没有秩序，各视觉形象元素就会杂乱无章。其

219

二，它是各形象元素间组合关系的结构样式，没有这种结构样式，形象元素间的组合关系就体现不出来，所要表现的思想就体现不出来。

电视画面构图的目的就是要从人的生理——心理结构出发，视觉的美学框架"黄金分割"符合人们的审美习惯，能使观众在收视中认同并满足审美要求。电视画面的构图，大多数情况下是以综合性构图样式出现的，作为综合性结构，既有以静态构图为主的构图，也有以动态构图为主的构图，还有动静参差的构图形式。因此，从静态和动态两方面修炼对"黄金分割"熟练控制，是驾驭图像趋于完美的唯一选择。

构图有规律，结构无戒律，"好看"的画面源自制作人对"黄金分割"的禅悟。

问题与思考

1. 从构图的角度出发了解"黄金分割"的美学原理与使用价值。
2. 熟悉动态构图与静态构图的基本形式与要求。
3. 掌握综合性构图的拍摄方法与规律。
4. 电影和电视画面的景别时间为什么应该有差异？
5. 《开拍了》中的一些基本方法在我国电视界流传近 30 年，至今最有价值的内容是什么？

第七章 电视节目编辑概论

自1936年英国广播公司（BBC）创立了世界第一座公众电视台,开始定期播出节目以来,电视已在不断的探索、前进之中走过了六十多年的发展历程,实现了在大众媒介中角色与地位的巨大转换。从一开始的不入流,到逐渐跻身于主流传播媒介之列,再到风靡全球,赢得越来越多的受众。如今电视已是最为重要的媒介之一,成为人们工作和生活中不可缺少的一部分。与此同时,在科学技术的支持下,电视本身也发生了巨大的变化,自1953年起,黑白电视陆续为彩色电视所替代;20世纪60年代,卫星电视转播逐渐普及,有线电视开始发展;70年代,录像机武装了电视台,使电视节目可以大量保留,节目形式变得更加丰富多彩;1984年,世界第一颗直播卫星升空,直接从卫星接收节目成为现实;而后,又是高清晰度电视的开发与面世。与诸多变化相适应,电视节目编辑也在经历了机械编辑、电子线性编辑、非线性编辑几个阶段性的发展后,进入了理论与方法上的一个新层次。

第一节 关于电视节目编辑

说到编辑、编辑工作,人们想到的形容词总是"为他人做嫁衣"、"幕后工作者"、"默默奉献"等等,这成了一般人对于编辑工作的主导观念。在其依附性、服务性被过度强调的同时,编辑工作的创造性与重要性在无形之中被忽略了、淡化了。而事实上,编辑工作是大众媒介传播过程中不可或缺的重要环节,具有无可替代的重要地位与作用。电视节目的编辑工作尤其如此。

一、电视节目编辑概念

编辑工作是一个整体的大概念,涵盖了编辑部的全部业务工作。既包括前期的准备工作,又指与受众见面前的最后一道工序;既有对报道、节目的全面策划,又包括对个别细节部分的加工;既指对记者等人完成的单个稿件或节目的润色修改、进一步完善,又有独立于原作者之外的直接创造,例如写作串联词、旁白(文字稿、报道词、解说词)、配音乐、音响等。总之,这一工作贯穿着媒介传播过程的始终。电视编辑也不例外,它包含了方方面面的工作,诸如节目的设置、编排,对主题与素材的选择,以及文稿、旁白(文字稿、报道词、解说词)的组选、编写,图像、画面的剪辑、组合,音乐的选取和编辑等,都属于电视编辑业务的范畴。本书着眼于讨论电视节目的编辑技巧,所涉及的电视节目编辑概念更多地是指电视播放前的最后一道工序,即电视节目后期制作,把原始的素材镜头编辑成电视节目所必需的全部工作过程,如撰写文字稿本、整理素材镜头、配合语言文稿录音、叠加屏幕文字和图形、编配音响效果和音乐、审查与修改,最后把素材镜头组合编辑成播出带。

二、电视节目编辑的地位与作用

编辑工作是电视传播工作的一个有机组成部分,必须服从于电视台的根本任务。不过,作为一个独立的工作部门,电视节目编辑还担负着特定的任务,在整个节目制作过程中发挥着不可替代的重要作用。电视节目编辑必须通过对素材的选择、加工,把好的内容组合成优秀的电视节目版面,奉献给受众。在这一过程中,电视节目编辑承担了再加工的任务,起着把关与中介的重要作用。

1. 电视节目编辑担当总合成工作,对节目素材进行再加工,使节目得以最终成形

电视节目经过了策划、摄制等工序之后,还只是一些零散素材的集合,大量的整理与加工工作,都要靠编辑来完成。首先是对素材进行认真整理、取舍、增删,而后要进行加工、修补、串联,使其成为一个整体,并加以完善。一个电视节目,不可能是几个人策划、采访一下就能做成的,编辑人员的工作在节目制作中占据了很大比重。是他们将摄像采访、文字写作等人员的劳动汇总起来,最终编出赏心悦目的电视节目。编辑工作是一个总体整合加工的工作。如果没有最后的编辑工序,即使有再好的节目素材,也只能是一些散落的珠子,缺了编辑这根串珠的丝线,它们就无法成为美丽的饰品。

不仅如此,电视节目编辑还是对已经摄录的材料进行再加工、再创造的过程。记者前期采访、拍摄的成果,对于他们自身而言是一种最终产品,但到了编辑手中,还只是加工的素材。他们首先要按照一定标准对素材进行筛选,这本身就是一种追求新颖性、深刻性的创造过程;在加工中,编辑人员则把这种创造付诸具体实施,通过对声音、画面等各个要素的编辑,对文字稿的润色,以及写旁白(文字稿、报道词、解说词)、串联词、评论,直接进行创造。此时,编辑工作已不单纯是一种技术加

工程序,而是一种提炼与升华。同样的电视素材,经过不同的编辑之手,就可能会编出风格完全不同的节目。BBC的电视经典教材《开拍啦》中列举的一个例子(表7-1、7-2)就充分说明了这一点。

表 7-1　BBC电视经典教材《开拍啦》"体育锻炼有益于提高生产效率"报道(版本一)

镜头序号	镜头景别	镜头运动	画面内容	声音内容
1	近	固	一个气垫的侧面,中心是拉链入口,一个女工走过来,蹲下去,拉开拉链,钻进去了。	旁白:有一家新建的工厂,这个厂想了一个使工人精力充沛的新方法。
2	全→近	推	汽车从右边开进画面,由小到大,直至车前灯的特写。车停稳之后,车门打开了,一个人走了出来。	旁白:经营这家工厂的老板是安得鲁·布朗。他过去是搞汽车行业的,可是他怀疑汽车工业能否保持长期繁荣。
3	特	固	老板讲话时的面部特写。	老板:在我考虑该干什么的时候,我碰巧看了场电影,片名叫《毕业生》,影片中有个人说:"你想干什么,你知道吗?有一件事你应该做,有一个词我得告诉你,就是'塑料'。"
4	中	固	一个充气的柱子向我们倒下来,女工人蹲下来检查柱子底部。	旁白:安得鲁就开始干起塑料行当来了。
5	全	固	一个三面有围栏的大充气床,两个男工人在上面不停地跳。	旁白:他开始搞充气玩具和用品,销路不错。
6	特	固	跳跃的双脚。	旁白:儿童和广告商都挺喜欢。后来,为了提高生产力,他出了个新点子。
7	全	固	几个工人和教练围成一圈做高抬腿,他们的腿也是不停地跳。	旁白:每天早晨,生产之前,全体职工都要进行十分钟的体育锻炼。

（续表）

镜头序号	镜头景别	镜头运动	画面内容	声音内容
8	近	固	一名男职工正在做运动。	旁白：负责锻炼和负责生产的是同一个人。
9	近	固	几名职工做弯腰的动作。	旁白：生产部长克雷夫·克来克。
10	特→全	拉	生产部长的面部特写→他带领大家一起做操	部长：开头，这只是个试验。嗯，通常工人的工作效率从上班开始逐渐提高，到下午两三点达到最高，然后慢慢降下来，直到下午回家。然而体育锻炼以后，能让他们一上班就能以平常两三点钟那样的效率来干活。
11	特	固	生产部长讲话时的面部特写	部长：这在一定程度上是工厂在时间上的投资，虽然时间很短，却能使得全天的生产量得到提高。
12	特	固	老板讲话时的面部特写	在这之前，我们碰到这样的问题，就是什么时候才能真正地开始工作。嗯，好像随着人员的增加，差不多要半小时到45分钟才能开始工作。
13	中	固	生产部长带领大家做腰部运动	老板：我们的生产部长就说："行了，我知道了，我们来试试吧。"
14	近	固	工人们做肩绕环运动	老板：于是每天只要5分钟到10分钟就可以进入生产状态了。
15	全	固	生产科长和工人们一起做肩绕环运动	老板：每月的生产数值上去了，效果很明显。
16	特	固	一名男青年工人的面部特写	他说：通过体育锻炼，我的体重减轻了，使我感到浑身是劲儿。我认为，这样使工厂的气氛更加和谐了。

(续　表)

镜头序号	镜头景别	镜头运动	画面内容	声音内容
17	特	固	一名中年女工的面部特写。	她说：开头，我想这是可笑的事儿，坚持不了一周，可是你看，我们已经干了几个月了。
18	近→特	推	另一名女工的面部特写	她说：嗯，起初，我也想得不多，只不过早上把我们聚到一块儿，不过你瞧，现在还挺不错。
19	近	固	两名年轻的男工人坐在一起，前面的一位说	他说：早晨这么干挺新鲜的。
20	特	固	后面一位工人的面部特写	他说：所有筋骨都活动开了，可棒了。
21	特	固	一名年轻女工的侧面特写，她边说边转过头来，说完便笑了。	她说：大家现在身上都有点儿脏，老板和生产部长也一样，我也就觉得不怎么露丑了。

表7-2　BBC电视经典教材《开拍啦》"体育锻炼有益于提高生产效率"报道(版本二)

镜头序号	镜头景别	镜头运动	画面内容	声音内容
1	特	固	工人们做手指运动的手部特写	旁白：是业余艺术家吗？
2	近	固	一位年轻的男工人做手部运动。	旁白：还是在教演奏？也许是上健美课吧。
3	特	固	两名女工人在做头部运动	旁白：这个人看上去可不像健美操中常见的人。可是这些人就是在做操，做了操还有人给钱呢。这是在南威尔士艾泊尔附近新建的工业区。
4	特	固	另两名女工人在做头部运动	
5	中	固	一名男工人在做头部运动	
6	特,近	拉	生产部长带着大家做运动	

(续 表)

镜头序号	镜头景别	镜头运动	画面内容	声音内容
7	全→近	跟	一辆车从远处开到镜头前，而后转弯，并在工厂门口停下来了，车门打开了，出来了两个人。	旁白：新搬进来的公司想出了这么一个新点子，早晨做10分钟体操，让那些还没有睡醒的工人醒过来后再开始上工，这家公司名叫"大气空间"，它有一种新产品是巨型充气用具。
8	特→中	拉	从一双脚在充气床上跳动的特写拉到两名工人在充气床上跳。	旁白：检验这个充气床，你身体得比你想象的更健康才行呢，不过不是所有的工作都这么费力的。
9	特→中	拉	从一把剪刀正在剪开一个东西拉到该名女工正趴着剪东西。	旁白：戴维斯的工作就是把这板块剪成不同的形状。他们生产15种不同的充气制品，她对这种规定的锻炼是怎么想的呢？
10	特	固	戴维斯的面部特写	戴维斯：呃，我认为这是件好事，我有气喘病，这个锻炼有助于我的呼吸，晚上我出去跳舞，跳了很久，这就是锻炼的结果，你说呢？挺有趣的。
11	特	跟	一双手的特写，正在粘东西，镜头跟着她的手。	旁白：哈伯尔是给大海龟装底壳的。
12	特	固	哈伯尔的面部特写，她发表看法	哈伯尔：呃，起初，我也想得不太多，只不过是早晨大家聚到一块儿，可你瞧，还挺有意思的。真的，挺有意思的，真的。
13	特	固	电子焊接机工作的特写	旁白：奥克拉汉是用电子焊接机把塑料片焊在一起的。他在这个厂里是新来的。
14	特	固	奥工作时的面部特写。	奥：我是6个星期以前来这儿的。我可从来没听说过在工厂还要做操。可我来了……来了这以后，还真的，我的身体比以前好多了。

（续表）

镜头序号	镜头景别	镜头运动	画面内容	声音内容
15	特	上移	镜头从她手中的机器上移到面部	旁白：查里是给做好的成品充气的。充气后用水洗检验。
16	特	上移	查里水洗已充气的成品。	查里：开始，我感到实在别扭，我想大家也许都觉得别扭。后来，大家都认识了，在一起也很自然，我也感到好受些了。
17	特	固	查里的面部特写，她由侧面转过头来，边说边笑	查里：大家身上都带点儿脏，老板和生产科长也一样，这样我也不露丑了。嗯，我看有的人体重减轻了。保尔和克来斯的身体好像苗条多了。他们好看多了。
18	近	固	三名男工人坐在那里，后面的一名说	后：在此之前，没做操的时候早上上班半死不活的，到焊接机上就把自己给烫着了。这会儿，你瞧，醒过来了，这不，事故少多了，不老烫着自己了。
19	特	固	一双在气垫床上跳跃的脚。	旁白：查里曼和斯多克对产品进行弹性试验之后，得有人去检查里面的接口。
20	中	固	切到两名在气垫床上跳跃的男工人	
21	特	固	气垫的拉链被拉开，一个青年女工爬进去。	旁白：这个人就是杰安，听她说的就知道，她的"夜"生活是挺热闹的。
22	近	固	杰安在气垫里面，一边向我们爬来，一边沿途检查接口。	杰安：一般早上起来都感到累了，一直到11点也清醒不了，昏昏沉沉的，什么事也干不了。可是早上做点早操之类的，首先是伸伸胳膊，蹦蹦跳跳。这么一来要提前清醒，好多了。嗯？我在这里边干什么？啊，检查所有的焊缝儿，把这个固定的玩意儿去掉之后，可不能有一处漏气。 旁白：那么，这个体育锻炼最后是不是真的使生产增长了呢？这位是生产科长科雷夫。

(续 表)

镜头序号	镜头景别	镜头运动	画面内容	声音内容
23	特→全	拉	生产科长的面部特写,他正带领大家做运动。	科长:我们可还没有做真正的调查呢,是否做操后生产力比以前提高了。可是,你就看着这些人吧,早上没做操之前他们还是半睡眠状态,他们会给焊接机烫着的,而且什么事都是做得挺慢的,而现在呢?他们好像都竭尽全力地工作了,快得多了。 大家做操的现场同期声。

  这两个版本,就是对相同的素材用不同的思路编辑出来的。第一个版本是按照事件发展的时间顺序来编辑的,在一个工厂的场景镜头之后,从该工厂的老板怎么想到办这个厂、工厂的效益情况讲起,然后讲到他们如何想到用做早操的方法来提高工人的工作效率,在这个过程中出现的画面一直是工人们在做早操,最后才接上工人们对这一做法的评价。第二个版本的时间、空间节奏有很大的跳跃性,一开始就展示出工人们做早操的画面,并用"是业余艺术家吗?还是在教演奏?也许是上健美课吧。"的旁白来引起悬念。在简单介绍工厂的情况后,就开始让单个的工人谈他们对做早操的看法。最后是通过一问一答来结束的,旁白提出问题"那么,这个体育锻炼最后是不是真的使生产增长了呢?"用对生产科长的采访作为结尾。两相比较,第一个版本比较呆板;第二个版本则曲折跌宕,有悬念,有问答,层次清晰,更有节奏感。毫无疑问,如果让观众选择的话,他们会喜欢看第二个版本。至此,我们不难明白,相同题材的不同编辑产品,体现出的是编辑思路的不同和编辑水平的差异。

  2. 电视节目编辑担任"把关人"的重要角色,在决定节目质量方面起着举足轻重的作用

  一个电视节目播出前,必须有各方面的严格把关,防止出现各种差错,保证传播质量。为了这一目的,各个制作环节都应尽职尽责。不过,编辑工作在这个问题上的任务更艰巨,责任更重大。因为它是传播的最后一个环节。他们不仅不能依靠别人来发现和改正自己的错误,还要以在长期工作中形成的敏锐,及时发现和纠正前面工序中的错误与不足,以高度的责任心确保自己工作的高水准、高质量。此外,电视节目经过编辑的整理加工之后,就被推到了受众面前,编辑人员是联系节目与受众的最后桥梁,各种问题与差错,在这里高度集中,一旦闯过这一关,就无法

挽回与弥补。因此，编辑工作认真负责的程度、技术水平的高低，会直接影响到电视节目的内容与形式。

把关的含义是极为广泛的，它包括了政治关、事实关、文字关和形式关等各个方面。以政治关为例，与报纸、广播一样，电视在报道与反映社会生活的同时，不可避免地也会流露与表明自己的态度立场，尤其是新闻类节目，更是要旗帜鲜明地亮出自己的观点，实施正确的舆论引导。这是电视作为大众传播媒介的重要社会功能之一。而编辑工作就是体现这种发言与引导的关键环节，编辑部就是这种"发言人"。发言的方式是多种多样的，可以是直接表态，也可以进行间接的引导；可以采用鲜明泼辣的风格，也可以婉转含蓄，编辑要根据不同的内容，灵活采用不同的方式制作节目。具体的操作方式掌握在节目编辑人员的手中。比如在电视新闻节目中，编辑就是通过对新闻条目的先后排序、对播出时间的选择等，来完成对电视新闻版面的组合。

事实关，主要指在电视节目编辑中要遵循客观、真实原则，使节目报道与实际发生的事实现场、过程等要素保持高度一致，避免虚假、失实现象的发生，维护电视台在受众心目中的公信力。

把好文字关，则要求编辑人员对文字稿、旁白(文字稿、报道词、解说词)等进行认真的润色、删改，以做到文从字顺，通俗易懂，增强节目的易受性，提高节目质量水准。

而形式关，则对电视节目编辑人员提出了更高的要求，要求他们以自己的审美情趣及修养不断完善节目的传播样式，增加电视节目的可鉴赏性，创造出精品。

在此，我们必须对"把关"作一个相对宽泛的理解。一方面，它是一种"阻塞"，挡住那些坏的、错误的、格调不高的东西，不让它们混淆视听；另一方面，"把关"也是一个张扬的过程，对于那些正面的、美好的东西，必须要不遗余力地加以宣传、放大，使其进入受众的意识与心灵，起到陶冶情操和提升品格的作用。

三、电视节目编辑的主要工作内容与工作流程

根据前文对于电视节目编辑的定义，其工作内容主要包括以下几方面。

1. 文本撰写

根据节目主题、内容的总体要求和前期声画资料，确立文本的叙述脉络、模式、风格，撰写出包括旁白、同期声语言、屏幕文字等内容的文字稿本，为声画剪辑提供蓝本。

2. 素材的选取与删改

节目编辑人员必须把记者等工作人员所摄录下来的全部素材集中起来观看，

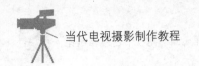

一边熟悉材料,一边对素材的选取进行构思。然后对选取的素材进行整理、修改。

3. 画面编辑

这一工作程序,就是选择合适、精彩的镜头和片段用到节目中去。针对不同的节目,画面编辑工作的难易程度会有很大区别。有的可能只需要简单地组合几个镜头,有的则需要用计算机来编辑合成成百上千的镜头,才能最终组成一个完整的节目。关于画面编辑的具体技巧,本书第三章有详细的介绍。

4. 声音编辑

声音编辑包括旁白、音响、电视配乐等各方面,编辑成功的一个最终标准就是必须达到声音与画面的和谐。播音员的语音语调要与画面协调,音响、音乐的出现要恰到好处,总之,加入各个声音元素的目的是使节目更完美,而不能破坏其整体风格。本书以后的章节将专门探讨关于各类声音元素的编辑技巧。

5. 屏幕文字、特技、动画的编辑

这一部分的编辑工作做得好,可取得锦上添花的效果,是一项不容忽视的编辑工作,本书专门辟出了一章篇幅来进行讨论。

6. 加入现成的视听材料

对于有些电视节目,需要在后期的编辑中加入一些现成的视听材料,如一些历史专题片、一些需要进行背景资料介绍的新闻及其他节目。

7. 审查与修改

在基本的编辑工作都完成之后,编辑人员还必须从整体出发,对各部分进行检查与修改,以确保节目的质量。

四、电视节目编辑工作的特点

电视节目编辑工作的内容与性质决定了它必然具备以下一些基本的特征。

1. 涉及面广

电视节目的内容是各种各样、无所不包的,而它们最后又都会集中到编辑那里,由编辑进行处理,制作成优秀的节目奉献给受众。因此,编辑必须具备各方面的基本常识,才能做好这项工作。

2. 时间性强

电视节目不同于期刊或是书籍,可以有很长的时间进行酝酿,为满足观众的欣赏需求,电视台每天都必须提供大量的节目,因此各个节目的制作过程不可能太长。尤其是新闻类电视节目,对时效性的要求就更高,碰到重要的新闻,必须随到随编。时间就是收视率,就是对受众的争取。因此,相关从业人员必须熟悉各项技能,在尽可能短的时间内制作出优秀的电视节目。

3. 综合度高

前面已经提到,编辑工作是一项总装配、总整理的工作,这就决定了它必然是一项综合程度很高的工作。而且,编辑人员应该有整体的把握能力和全局观念,使所有的元素在整合之后,呈现出 1+1>2 的理想效果。

4. 总体要求高

电视是综合性的视听媒介,具备了以丰富的手段冲击视听通道的传播力度,节目编辑人员应该发挥自己的聪明才智,对各类手段与工具进行恰到好处的运用,优化电视传播效果,使受众在接受节目所传递信息的同时,又可以获得视听的享受。

第二节 电视节目编辑人员的素质

电视编辑在整个电视节目制作过程中的重要地位与作用,决定了在这一领域的从业人员必须要具备相应的高素质,否则便不足以担当此任。可以说,人员素质的保证是解决电视节目编辑质量问题的关键所在。而一个合格的编辑人员所应具备的素质包括了方方面面的内容,从政治思想素质到技术业务素质,从理论到实际的操作,从道德品格到美学素养。"冰冻三尺,非一日之寒",从业人员必须在平时就处处严格要求自己,才能在实战中有上佳的表现。

一、电视节目编辑人员职业素质概论

所谓职业素质,是指人们在专门职业实践要求下,经过积极锻炼,所具备的一种超乎寻常发展的心智。人的职业素质,是由先天遗传下来的固有心理特征与后天环境教育、职业实践结合而发展起来的。任何一个从事专门职业的人,都应该从基础概念入手,树立起强烈的"职业素质意识",以获得一种清醒地认识自身与职业实践差距的能力,进而努力消除这一差距,获得优良的职业效率。如果只是一味盲

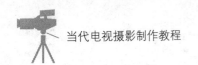

目地努力工作，就很可能是事倍功半。因此，从业者必须时刻研究事业本身对人的素质要求，借鉴同行业中优秀人才的经验，不断地把握自己素质的特征，探明自己素质结构中主次、优劣、高下的各种秩序排列，不放过每一个微小的细节，以便扬长避短，不断发展和完善自我的素质构成，为自己所从事的事业准备最佳的条件。

那么，究竟电视节目编辑人员应该具备哪些方面的素质，评估其职业素质的指标体系又是由哪些要素构成的呢？概而言之，电视节目编辑人员主要应在政治思想品质、知识技能素质，以及美学素养方面符合一定的标准，达到相应的高度。

二、电视编辑人员的政治思想品质素养

1. 电视节目编辑人员的政治素质

电视的媒介功能包括传播信息、娱乐、环境监测等各个方面，与此相应，其节目种类也极为繁多。但是，在各个不同的节目中，都应该有一个思想主线贯穿，电视台必须通过节目来传递、表达一个主旨，宣扬一种理念。特别是电视新闻节目，肩负着宣传国家政策、传递社会信息、教化大众的任务，其思想性、指导性无疑更强，电视编辑人员作为生产制作电视节目的一个重要环节，作为节目各方面质量的把关人，其本人所应达到的政治思想高度，就不言而喻了。

世界上的事物十分复杂，表象与本质间存在一定的差距，这就需要编辑人员运用自己的智慧进行辨别，然后才谈得上把正确认识贯彻到具体的节目中，实现对受众的正确引导。如果编辑人员的理论基础根底扎实，政治敏锐性强，就能见微知著，运用唯物主义的观点和方法观察问题、分析问题，在宣传报道上时时掌握主动地位，大大提高宣传的质量和加强新闻报道的时效性，及时引导受众坚持正确的方向，抵制错误的思想。因此，要提高节目的引导性，编辑人员必须加强自身的政治理论修养。

2. 电视节目编辑人员的思想素质

思想素质是指人们在理性思维基础上所表现出来的，对待事业与生活的道德理想。编辑人员的思想素质主要有以下几方面的内容。

（1）要有执著的事业追求。

事业追求，也就是通常所说的一个人的事业心，并非因一时激动而表现出来的某种热情，它是人们在追求社会理想、完善理想人格过程中所表现出来的实践精神。它蕴含于日常的工作之中，是一种十分稳定的态势。无论工作内容如何变化，工作条件如何恶劣，事业心态稳定者都会发扬主观能动性，化劣为优，将工作做好。

编辑工作千头万绪，十分繁杂；同时，它还是一项需要在幕后默默奉献，为他人

作嫁衣的工作,如果从业人员不具备对事业的真诚热爱,不具备奉献的坚定信念,是很难做好这项工作的。也就是说,编辑人员必须具备十分强烈的事业心,对事业执著追求,在从业过程中不断求新求好,追求尽善尽美,制作出精彩的节目。

(2) 要有为受众服务的真诚信念。

受众对电视人来说,就是他们要争取的市场。电视观众的多少,决定着收视率的高低,进而影响电视事业的兴衰。然而,编辑人员对受众的认识不能只停留在这一层次上。因为电视这一大众传播媒介主要是作为一项公共事业而存在,电视编辑人员必须深刻了解,满足观众需要是电视事业存在的前提,从而牢固树立为受众服务的思想。有了这样的认识深度与高度,电视节目编辑人员的作品才能真正具备贴近性,做到在制作节目过程中以受众为中心,在选择取材角度时努力对准其品味,顺应其需求;同时,电视节目也才可能往更高层次上发展,做到想民众之所想,言民众所欲言,抨击时弊、为民呼吁,把节目制作成有高收视率的精品。

(3) 要有清正廉洁的工作作风。

清正廉洁的工作作风,实际也就是要求编辑人员不徇私情,秉公办事,遵守该领域的职业道德。编辑是选稿审稿的关键环节,可以说具有对节目"生杀予夺"的大权,因此,编辑人员是否能出以公心,正确运用自己手中的权力就显得极为关键。如果编辑人员具备了很高的道德修养,真正按原则办事,就为制作好节目奠定了良好的基础;反之,则可能将电视台弄得乌烟瘴气,不正之风横行。现实中,编辑人员不秉公办事的现象是存在的,他们要么是破坏质量至上的原则,发关系稿;要么是利用手中的权力,接受请客送礼,结果大大损坏了编辑工作在人们心目中的形象,也使电视节目的质量大打折扣。

三、电视节目编辑人员的知识与业务素质

1. 电视编辑人员必须有深厚的理论知识功底

知识,是人类实践经验的总结与概括,是培养与获得能力的基础。知识水平的高低和专业知识的结构合理与否,决定着能力的大小。电视编辑工作是一项渗透性极强的工作,各个领域、各行各业、各种学科,其触角无所不及。所以,一名编辑人员应该具备广博而又精深的知识,在制作各种各样的节目时,才能得心应手。电视编辑人员的知识体系应包括:坚实而系统的理论知识;精深而实用的采编知识;广博的其他知识。

坚实而系统的理论知识是培养和发展电视编辑人员能力的基础。众多行业的实践经验证明,坚实而系统的基础理论知识是形成高层次应用能力的基础。这是因为基础理论不仅具有专业知识的基础性和先导性,而且为今后适应各种各样的

工作提供了可能性；而系统的基础理论，还有助于客观地认识或理解专业知识构成的内在联系和理论体系，从而使从业人员有得心应手处理工作的能力。因此，电视台选用编辑人员，不能只看重他们在某方面的一技之长，而应该判断其是否具备了综合的知识架构。一技之长虽然可以暂时支撑一阵场面，但毕竟只是一种短期行为现象。何况编辑工作是一种综合性很强的范畴，其工作人员必须具备更坚实的理论知识根底。

精深而实用的电视采编知识是产生传播效益的关键。无论是理论知识，还是电视专业知识，运用的目的都是为了获取最佳的传播效益。精深而实用的采编知识往往表现为一种职业技能，以手脑并行的方式体现在平时的工作之中。只有在精深采编知识的指导下，编辑才能使平庸的画面焕发出趣味，获得出奇制胜的传播效果。由此可见，编辑人员应当以不懈的努力和坚韧的意志去刻意探求知识，只有这样才能在知识的更替中获得新的灵感，才会形成本专业特有的思维方法和得心应手的驾驭本领，才有可能获得理想的工作效益。

电视节目涉及社会各个层面，因此，拥有广博的知识无疑也有助于编辑做好工作。要求编辑人员知晓所有节目中涉及的所有知识，当然是不可能的，但是，在知识爆炸和学科交叉的当今时代，电视事业确实需要有一批精通专业、熟知百科的"通才"在编辑岗位上工作。

2. 电视编辑人员的业务素质

电视是一门综合性的艺术，制作一个节目，必然会涉及许多技术领域，如摄影、照明、美工、音响、音乐等，作为一名编辑人员，必须了解这些领域的专业知识，在制作节目过程中以一种整体意识对各个元素进行统一安排利用。其具体的体现就是：用完整、连贯、流畅、精致的电视语言，制作出令受众赏心悦目的电视节目精品。为提高自身的业务素质，电视节目编辑人员必须从以下几个基本方面着手进行训练。

（1）电视编辑人员必须精通画面编辑之道。

一个优秀的节目编辑人员，应该是一位画面编辑的专家。画面承担着传递信息的重要功能，它以具象符号的色彩、形象、动态、空间等因素与抽象的语言联袂，向人们传递着完整的信息。除了展示静态的空间外，更主要的是时间上的展开，以时空相兼的特点反映事物发展动态。"动"，是人们对视像的第一要求，电视的画面正好能满足人们的这一心理欲求。因此，画面在节目传播过程中具有无可替代的重要性。做好画面的编辑，是节目编辑工作的重中之重。在画面编辑过程中，有以下几点原则是编辑需要特别注意的：

1) 编辑在剪辑画面过程中,要带有强烈的目的性,有明确的组接、整合的意识,而不能漫无目的地随意剪切。
2) 要研究受众的视觉习惯和接受心理,把握好画面节奏。
3) 熟知各种镜头组接形式,掌握画面转换技巧。
4) 利用蒙太奇手法加强画面的表现力,丰富画面的表现形式。

关于画面的编辑技巧,在后面的章节中将进行详细讨论。总之,掌握画面的剪辑原理,对制作好节目是必不可少的,必须避免一种倾向,就是在掌握了电子编辑机的操作程序以后,便认为大功告成,不再花力气去研究视觉理论和剪辑理论,结果导致编出来的片子画面组合没有章法,或是交代不清,或者缺乏流畅性。

(2) 电视编辑人员必须精通声音处理的技巧。

与画面编辑具有同等重要地位的是声音的编辑。作为综合性艺术,电视是视觉媒介,同时也是听觉媒介,在绝大多数电视节目中,声音是两个要素之一,与画面处于相同的地位。许多时候还可以成为节目中最出彩的部分,许多画面平淡的节目,在配了音乐、音响及解说之后,就呈现出了完全不同的屏幕效果。而在新闻节目中,声音主线的叙述功能更是不容忽视,缺了它,信息的传播将不复完整。因此,编辑人员是否熟练掌握了有关声音编辑的业务技能,对节目的编辑质量、传播效果都会产生深刻的影响。声音编辑包括了音乐、音响、旁白(文字稿、报道词、解说词)等各个声音元素的编辑,编辑人员都必须熟练掌握。另外,在声音编辑中还必须考虑到与画面的配合,在电视节目中,画面和声音是一个整体,声画结合构成分立和对位的关系,声画结合的形式可以是同步,也可以是平行或是对立。在节目编辑过程中,应按照表现内容的需要,从节目整体出发进行通盘考虑,进而决定采取哪种具体的声画结合形式。

电视节目编辑人员的业务素质,还体现在其他各方面,如特技运用、打屏幕文字等,这些在本书中都会进行详细讨论。

四、电视节目编辑人员的美学修养

电视节目编辑是一项技术性和艺术性兼而有之的工作,美在节目中是一个重要的构成要素,一个风格好、形式美的节目,对受众的吸引力必然更大,能取得更好的传播效果。这就对编辑人员提出了一个较高的要求,要求其不仅要掌握技术设备应用的专业知识,还应对相关的艺术原则运用自如,用美的形式对节目进行包装;不仅仅满足于把内容、信息传播给受众,而且要努力带给受众美的享受,给受众美的熏陶。从某种意义上说,编辑人员就是美的创造者与传播者。

电视节目形式的美,贯穿于节目制作的每个制作细节之中。例如,为屏幕文字选择色彩，为画面配上和谐的背景音乐，都需要编辑人员有一定的艺术鉴赏力，才能选择到最合适的对象，达到最佳效果。编辑人员只有自身意识到这一点，明确认识其在这一方面肩负的责任，才会主动提高自身的美学修养，在节目制作中贯彻美的原则，使之成为电视节目的构成要件。

本 章 小 结

编辑工作是大众媒介传播过程中不可或缺的重要环节，具有无可替代的重要地位与作用。电视节目的编辑工作尤其如此，它是一个大概念，涵盖了编辑部的全部业务工作。既包括前期的准备工作，又指与受众见面前的最后一道工序；既有对报道、节目的全面策划，又包括对个别细节部分的加工；既指对记者等人完成的单个稿件或节目的润色修改、进一步完善，又有独立于原作者之外的直接创造，总之，这一工作贯穿着媒介传播过程的始终，它的二度创作成分远远大于其他精神产品。

由于电视节目编辑的二度创作成分大，其制作人员主要应在政治思想品质、知识技能素质，以及美学素养方面符合一定的标准，达到相应的高度。

问题与思考

1. 为什么说电视节目编辑的"二度创作成分"远远大于其他精神产品？
2. 《开拍了》中的两个版本中体现了怎样的差异？
3. 列出本书中没有涉及的电视节目编辑的"把关"十要点。

第八章 电视画面编辑技巧

电视画面编辑是电视节目制作中的一个重要方面,是电视节目后期加工中的主要任务之一。电视画面编辑的具体内容涉及镜头的选择、镜头的组接、镜头长度的确定、镜头间的转换,以及画面与声音的组合等。本章将介绍这一编辑过程中所要用到的一些相关技巧。上两章提供的大量图片对本章的叙述有触类旁通的阅读效应,学习时可参照。

第一节 镜头的选择

电视节目是由若干画面按照一定构思组接而成的。镜头,是电视节目的基本构成单位和表意单元,是电视节目的思维语言,也是电视画面编辑工作的主要对象。不懂得镜头,就谈不上对画面的准确选择与组接。

一、电视画面编辑是素材镜头选择的内容要求

本着"内容为王"要求,电视画面编辑是从庞杂的素材镜头中选择最好的画面的最佳内容部分,按照最有利于叙事、表达思想的顺序组接成一个完整的电视节目。镜头的选择是画面编辑的第一步,也是具有头等重要意义的一步。它不是简单、随意的,而是一个复杂的、有意识的取舍过程,不同的编辑(只要他不是完全照本编辑,而是具有创作权)可能由于编辑思想、创作意图、审美观念、编辑条件等主客观因素各异而对镜头的价值做出不同的判断,对镜头的取舍做出不同的决定。从节目内容上讲,画面选择的要点有两个方面。

1. 应有利于完整、准确地交代节目内容和表现节目主题

镜头的选择同样是一个创作过程,但不能为了创作而创作,天马行空,完全忘记镜头选择的根本目的——用最恰当的镜头组接成完整、清晰的电视节目,让观众

最好地了解节目内容,理解节目所要表达的思想。简单来说就是为了叙事、表意。

表8-1是一个关于布什在美国总统大选诉讼中获胜后发表演说情况的电视新闻镜头编排统计表,香港两家主流电视报道的文字稿内容大致相同,但镜头的选取上却各有侧重。

表8-1 布什在美国总统大选诉讼中获胜后发表演说的新闻镜头编排比较

镜号	本 港 台	翡 翠 台
01	布什夫妇步入会场并与有关人员握手(中景)	布什夫妇正走进州议会大厦(全景)
02	布什演讲(近景)	布什夫妇携手步入会场,向众人挥手致意(全景)
03	会场情况(全景)	布什演讲(近景)
04	布什演讲(近景)	会场情景(俯拍大全景)
05	会场情况(中景)	布什演讲(近景)
06	布什演讲(中景)	布什夫人劳拉与众议员们也在认真听讲(中景)
07	会场情况,布什夫人劳拉静听演讲(中景)	布什演讲(近景)
08	布什演讲(中景)	会场情景(俯拍全景)
09	布什父子在竞选集会上的情景(全景)	布什演讲(近景)
10		听众鼓掌,做胜利手势,布什与夫人在台上相互亲吻,离去前同众人握手致意(中景)

显然,新闻的主要场景在布什发表演讲的会场内,因此,两台在画面编辑上都重点交代了布什演讲及当时会场的情况。即便如此,对于这样简单的对象,仍然可以用不同的镜头加以表现。比如,对会场的情况就可以分别用远景、全景、中景、俯拍、平拍、正面、侧面等镜头来表现,而布什夫妇进入会场这一动作也可用固定镜头或者摇、跟等镜头来表现。从两台各自的新闻报道中,我们不难发现其中的区别。特别值得一提的是翡翠台使用的10号镜头,画面中听众鼓掌、做胜利手势,布什与夫人在台上相互亲吻,离去前同众人握手致意等图像充满人情味,拉近了观众与政治人物的认同距离,增加了节目的可看性。在"布什发表演说"的例子里,本港台将

布什父子在竞选集会上的情景用作资料性镜头使用无可厚非,但如果因为演说现场场景较单一而脱离会场画面全部使用资料性镜头,则明显与新闻的主题不符。因此,能否完整、准确地交代节目内容和表现节目主题,是我们在选择镜头时首先应考虑的问题,其他的所谓风格、个性等因素应该是以此为基础的。

通过上面的例子,我们主要想说明镜头的选择对于画面编辑的重要意义。事实上,镜头的取舍并没有具体的模式,编辑可以根据各自不同的风格、喜好等做出不同的选择,但它也不是任意的、随机的,而必须将各种具体因素考虑在内,实现完整、准确地交代节目内容和表现节目主题的目的。

2. 应与节目内容的类型特点相符

电视节目可分为新闻、娱乐、文艺、戏剧、体育、社教等数类,不同类型的节目具有不同的内容特点,对镜头形式的要求也各不相同。如电视新闻这类时间短、节奏快,要求真实、客观的节目,就适宜选用画面结构稳固、安定,形象主体平凡、和谐、清晰、真实的镜头,如平拍镜头、固定镜头等。前者因其视觉效果与日常生活中人们观察事物的正常情况相似,被摄对象不易变形,而给人平等、客观、公正、冷静、亲切的感觉;后者则有利于让观众在较短的时间里看清画面内容。慎用过度仰拍等可能产生夸张的视觉及心理效果的镜头以及推、拉、摇、移等运动镜头,因前者通常带有明显的感情色彩,而后者如果使用不当则容易造成观众注意力的分散,增加新闻信息的冗余度。音乐电视这类娱乐性节目则正好相反,它往往需要利用快推、快拉、俯拍、仰拍、甩、旋转等镜头制造视觉冲击,最大限度地调动观众情绪,在电视新闻中常用的镜头类型放到这类节目中就可能显得过于平凡甚至呆板了。因此,我们在选择镜头时要因节目制宜,充分考虑镜头本身的视觉特点和节目的类型特点,否则,张冠李戴将损害节目内容的传播效果。

二、电视画面编辑是素材镜头选择的形式要求

"形式是金"是相对于"内容为王"的平行补充,是笔者对诸多电视节目制作审查过程中"重内容、轻形式"诟病的理论诊治。笔者认为,好的电视节目必须是"内容为王,形式是金"完美整合,真正做到"好听好看"。电视节目的语言、构图、摄影、策划、编排,它们首先表现为声画兼备的时空传播形式,电视节目传播形式的良莠,决定频道的生死存亡。笔者5年间对3 000个受众调查样本研究表明:新闻节目在60秒内、综艺节目在90秒内、电视剧在120秒内、纪录片在80秒内若不能在光、影、声、色上给人以耳目一新的形式冲击,观众则按动遥控器宣判该频道的死亡而另寻"新欢"。笔者的受众调查样本研究还表明:某一频道的某一节目能在节

开始的60—120秒以过目难忘的形式留住观众3次,该频道某节目往往会成为某观众下次开机的首选。从上述意义上说,电视节目传播,形式大于内容! 有鉴于此,我们应看到,在电视节目传播过程中,节目首先吸引观众的是形式,因此,在编辑过程中必须在节目形式上下足工夫。

1. 应符合人们的视觉习惯和思维规律

镜头本身包括了长度、角度、运动、景别等若干视觉因素,这些因素决定了不同种类的镜头各自可以产生不同的视觉及心理效果。而镜头的作用归根结底是由人们的视觉习惯和思维规律决定的,所以它在使用上有其习惯上的定规;虽然这种定规有时也会被突破,但我们不可能期望用一个拉镜头来引起观众对某一事物的注意,也不会用一个全景镜头来表现某个人物的脸部表情。对电视而言,镜头就是观众的眼睛,要想让观众看清楚、看明白镜头展示的内容,就不能不考虑人们的视觉习惯和思维规律因素。

2. 镜头的选择还应有利于节目整体风格的统一和色调、影调的和谐

节目镜头应根据场合气氛、人物神态、动作、画面构图等因素以及镜头组接的具体需要来决定镜头的取舍。如果把电视画面编辑比作写文章,镜头的选择就是遣词造句的过程。文章要写得通顺、精彩,词句使用的恰当、巧妙十分重要,同样,电视画面要组接得好,镜头的正确选择及灵活运用也必不可少。当然,好文章应该是神形兼备的,没有思想,没有情感的文章纵使词藻华丽,也无法真正打动人。电视编辑如果只满足于将节目呈现给观众,对传播效果漠不关心,或只为了编辑而编辑,机械地堆砌镜头,编出来的片子肯定千篇一律,单调乏味。只有自觉注入情感与思想,才可能在镜头的取舍过程中细心挖掘、大胆创新,找到更具说服力、表现力、感染力的镜头。例如,在新闻采访的画面中,一个反映被访对象手部小动作的镜头在一般的编辑看来可能是无关紧要甚至多余的,但在有心的编辑看来,它就是反映人物情绪、心理状态的最好细节,一舍一取,效果大不相同。同是报道一项体育比赛,一般的编辑可能只满足于反映比赛本身的情况,而有头脑的编辑在此基础上还会注意选择一些反映比赛双方以及观众的情绪、动作的镜头,使节目的内容更饱满,观众的感受更丰富。

电视片的编辑就好比建造一座房子,对镜头的取舍就是选择建筑材料,镜头的组接是利用建筑材料进行搭建。没有优秀的、适用的建筑材料,就是再好的建筑技术也不可能建造出高质量的房子。但是,如果有好的建筑材料而没有优秀的建造技术,也是无法造出质量一流的房子。

由此可见，镜头的选择是镜头组接的基础。但在业余电视短片的创作中，镜头的选择和镜头的组接可以说是一件事情的两个方面，特别是纪实性电视节目，如电视新闻片、电视纪录片、电视教学片的编辑，镜头的选择和镜头的组接几乎是同一个内容，这就要求在具体镜头拍摄时，注意镜头拍摄的有关构图要求和注意事项，尽可能为画面编辑提供有一定技术和艺术质量的镜头，为画面组接提供方便。

　　总之，镜头的选择是电视画面编辑的第一步，也是重要的、复杂的一步，镜头选择的恰当与否、巧妙与否，直接反映了编辑人员编辑素养的高低。

第二节　画面长度的确定

　　选好镜头后，接下来要做的就是确定画面的长度。从理论上讲，画面的长度既可长至拍下整个电视节目（如现场中央电视台每年"春节联欢晚会"不加剪辑的重播），也可短至只有几帧画面，但在当前的电视技术条件下，我们几乎不会采用一个镜头到底的做法（当然也不会走另一极端）。既然我们要用多个镜头来组成一个完整的节目，就必须考虑每个镜头的长度问题。因为素材镜头并不总是完全符合要求，在编辑时常常需要根据实际情况做一些删减或者增补，所以成品节目的单个镜头在时间长度上可能等于，也可能小于或大于相应的素材镜头。从编辑操作来看，镜头长度的确定就是编辑入点、出点的设定，并不复杂，但要确定这两个编辑点之间的时间长度所需考虑的问题却并不简单。

　　节目画面长度的确定，归根结底就是要满足观众的收视需要。我们可将这种需求简单地划分为三个层次：看清画面展示的内容→领会画面表达的意义→产生共鸣。因此，镜头的长度首先应保证让观众有足够的时间了解其中的信息、意义。如果观众还来不及看清楚、弄明白，镜头就切换了，观众就会有仓促、急迫、甚至莫名其妙的感觉。镜头过短，轻则造成观众收看的不适（容易感到目眩），重则令观众思绪混乱，严重损害传播效果。当然，在某些电视节目中，为了制造令人目不暇接的视觉效果，也会故意采用快切的手法，例如迅速变换各种动物形象的镜头。尽管如此，每个镜头的长度也不应短于让观众看清画面内容的最少时间。也就是说，这些一闪而过的镜头即使短得无法让观众看清一头狮子的确切模样，但至少要让观众知道那是一头狮子。对那些包含重要内容或表现复杂对象的镜头则更应保证足够的长度，例如既有图像又有解释性屏幕文字的新闻画面。但是，镜头也并非越长越好。所谓"过犹不及"，画面内容对观众的吸引力并不是始终不变的，一个长时间没有明显变化的镜头会使观众丧失兴趣，甚至感到不耐烦，因此，如果观众已经看清了画面内容，领会了其意思，镜头就该及时切换，否则，拖泥带水同样会损害传播效果。

一般说来，决定镜头的长度应综合考虑三方面的因素，即镜头的内容长度、情绪长度和节奏长度。

一、内容长度

内容长度，是指把画面主体内容展示清楚的镜头时间长度。这一长度受到画面主体、陪体的位置、状态，造型的繁简以及画面明暗情况等因素的影响。

1. 因主体位置不同而时间长度不同

根据人的视觉特征，近处的（或前面的）的景物要比远处的（或后面的）的景物看得清楚。因此，如果主体位于画面前部，镜头可短一些；如果主体位于画面后部，镜头则应该长些。

2. 因主体运动状态不同而时间长度不同

画面中，运动的主体容易引起观众的注意，引发兴趣的刺激强度大，镜头可短些；而静态的主体传递给观众的是舒缓的情绪，视觉反应也迟钝，镜头给的时间要相应长些。比如，马路中央竖着交通灯，各种车辆在它的两侧川流不息。在这个画面上，若要表现交通的繁忙情况，镜头可短些；若要刻意表现不断变换着信号的交通灯，则镜头应相对长些，使观众有足够的时间把注意力从运动物体移向静态物体，领会其中的含义。

此外，同是运动的主体，动作幅度大的主体要比动作幅度小的容易吸引观众的视线，运动速度快的主体要比速度慢的容易引起观众的注意。因此，如果主体的运动幅度较大或速度较快，镜头可短些；如果主体的运动幅度较小或速度较慢，则镜头可相应长些。比如，在一座刚建成的跨江大桥上，汽车一辆接一辆飞驰而过，大桥的人行道上，来参观的人们悠闲地走着。在这里，由于汽车的运动速度较快，很容易吸引观众的线视，因此若要表现大桥的通车情况，镜头可短些，若要表现游人的悠闲自得，则镜头要留得长些，因为观众的注意从高速运动的汽车转移到缓慢运动的行人身上需要的时间长些。

3. 因景别不同而时间长度不同

在上一章我们已经讲到，不同景别的画面所包括内容的繁简情况不同，观看的时间长度应有所不同。远景、全景镜头包含的景物多，观众要看清画面内容，所费时间长；近景、特写镜头则正好相反，包含的信息量较少，画面景物相对单一而且醒目、突出,观众一眼就可以看清楚,因此不需要太长的时间。画面时间长度的参考数据是,全景约需 8 秒,中景约需 4—6 秒,近景约需 3 秒左右,特写约需 2 秒左右。由于电视屏幕与电影银幕在面积上有较大差异,且电视开放式的观看环境也与电影相对封闭的观看环境不同,因此,电视镜头与电影镜头在景别时间上不能等同视之。不同景别镜头的时间差异主要是由画面面积的差异和观赏距离的差异造成的,这种差异有着不同的视觉冲击力,编辑时要注意加以把握,保证镜头有足够的时间长度,以免因镜头时间太短而丢失宝贵的信息。

4. 因画面亮度不同而时间长度不同

亮度好的画面,明快醒目,易一目了然,时间长度可短些;灰暗的画面,压抑低沉,视觉反应相对迟钝,所给停留时间应比亮度好的画面长些。比如,一个表现警察埋伏在草丛中准备抓逃犯的中景镜头,如果事件是发生在白天只需要 7 秒左右的时间就够了,如果事件是发生在夜晚,则需要 10 秒或更长的时间,以便使观众看清画面主体的情况。

除了上述几点外,根据画面内容在整体中的重要程度也可确定不同的镜头长度。对那些画面内容不重要、可有可无的镜头,时间可尽量短些。例如,记者在采访某一人物时,若被访者的谈话内容较长,摄像记者通常会拍摄一些记者聆听谈话时的反应镜头。这些镜头对整个采访而言并不重要,其作用主要是技术性的(即避免编辑人员对被访者的谈话进行剪辑时出现画面跳动的情况),在编辑时只需保留很短的时间。与此相反,表现被访对象的表情、动作的镜头则应较长,因为被访对象才是整个采访活动的主体。

二、情绪长度

如果我们把镜头的内容长度视作一种"叙述长度",它旨在让观众看清画面所表现的对象,了解画面所反映情况,那么镜头的情绪长度就是一种"描写长度",它是通过渲染气氛、营造氛围、抒发情感,让观众进一步感受、体会镜头所传递的信息,并产生情绪上的共鸣,即达到收视需求的第三个层次。正如写文章时描写的部分往往为了细致、生动而需多费些笔墨一样,要想把观众带入特定的情境中,使观众受到情绪的感染,也是需要一定时间的。因为观众的情绪不可能转瞬即变,而是有一个从感知到感动的过程,所以有些描写性的镜头,在高潮的前后或段落的末尾往往需要一个动作的停顿,或是一段抒情的空画面,以充分表达未尽的情绪。这就使这类镜头的长度突破内容长度的限制,在时间上明显长于后者。

1. 情绪长度以主体的情绪发展所需要的时间长度而定

所谓情绪长度就是镜头所表现的主体的情绪(包括情感、气氛等)发展所需要的时间长度,编辑时可以此为依据确定镜头的长度。内容长度主要由人们的视觉特点决定,而情绪长度则主要由人们的心理特点决定。如果用1秒钟表现一个男人落泪的镜头,观众只得到一个简单的印象:那人哭了或者那人在哭;如果用5秒甚至更长的时间来表现,观众便会琢磨和体味那人的感情,并逐渐被这种情感所影响,产生共鸣。前者的长度只能让观众看清"是什么",后者的长度则足以使观众了解、体会"怎么样"、"为什么"。

笔者在广东电视台卫星频道《前沿对话》节目组任策划、编导期间,曾经请电影《邓小平》中邓小平的扮演者卢奇上节目讲述他饰演这一角色的感受(图8-1),卢奇虽然已不是第一次在影视剧中饰演邓小平,也不是第一次接受媒体采访谈饰演体会,但是提到敬爱的小平同志时,卢奇仍然十分激动,忍不住热泪盈眶,主持人亦被感染得哽咽无声,面对节目主持人和卢奇这一激动无声的场面,我要求摄影师将镜头从全景慢推至特写,镜头突破特写时间的常规,"此时无声胜有声",充分揭示了卢奇当时的内心感受,在第一时间给观众以心理上的冲击,深深地感染了观众,这个长达十几秒的镜头细致、生动地表现了卢奇内心难以抑制的激动,给人留下了深刻的印象。

图8-1 特型演员卢奇在广东电视台《前沿对话》栏目谈在电影《邓小平》中饰演邓小平的体会时多次禁不住哽咽落泪

又如,韩国电视连续剧《蓝色生死恋》中,主人公尹俊熙和"妹妹"崔恩熙彼此深爱对方,却迫于种种压力不得不分开,两人都因此陷入深深的痛苦之中。一个晚上,俊熙的父亲来看儿子,俊熙向父亲透露了内心的痛苦,他求父亲告诉自己"怎样做才不会难过",父亲没有回答,默默地走了。俊熙靠在门外的墙上,呆呆地站着,目送父亲的车子远去,神情忧郁、苦闷。镜头从俊熙身边的小茶几(后景是俊熙父亲远去的车子)缓缓摇至呆立一旁的俊熙背影,长达 20 秒。这是一个为了延续情绪而刻意拖长时间的镜头,一般情况下,这种距离短且对象简单的摇镜头只需 10 秒就足以让观众看清画面的全部内容。导演通过延长镜头的时间表达并延续了这样一种情绪:与爱人分离的痛苦令俊熙心力交瘁,他渴望得到父亲的帮助,但无能为力的父亲一言不发地走了,留下他一人独自面对一切。望着父亲远去,俊熙的心中充满痛苦、郁闷、矛盾、彷徨与无助。看着俊熙孤独的背影和他抑郁的表情(20 秒的长镜头后接的是一个 5 秒的俊熙正面近景镜头),观众不能不被他的情绪所感染,心情因此沉重起来。

在《蓝色生死恋》的另一场戏中,俊熙背着身患绝症的恩熙在海边走着,恩熙在"哥哥"的说话声中安详地合上了双眼。虽然明知恩熙已经死去,但俊熙仍然背着她在沙滩上不停地走着、走着。片中用一个大全景镜头来表现了这一情景,俊熙就这么走着,慢慢地,画面暗了下来,俊熙和恩熙都不见了,只隐约看见灰白色的海浪,再到后来,画面变得一片漆黑,什么都看不见,只听见一阵响似一阵的海浪声,显得那么凄凉、悲怆。整个全景镜头长 40 秒,其中全黑画面整整持续了 30 秒,这是按情绪长度处理的典型做法,该镜头向观众强烈地表达了这样一种含义:最爱的人走了,对俊熙而言,一切都仿佛停止了,天地顿时一片黑暗,他的内心也一片漆黑。这样的镜头对观众内心造成的冲击是不言而喻的,它使前面未尽的情绪得到了充分的延续,难怪有人要戏称这 30 秒的时间是专门给观众擦眼泪的。

2. 情绪长度视多个镜头的组合情况而定

需要指出的是,我们上面讲到的"情绪长度"主要是针对单个镜头而言,而事实上,在编辑中常常是通过一系列镜头的组接来制造某种情绪氛围的,在这些由多个镜头组成的情绪段落里,单个镜头在时间上不一定都要长于一般的长度限制,相反,还可能短于这一限制,关于这一点我们在节奏长度中还会提到。

三、节奏长度

节奏,是生活与事物发展中的起伏、高低、强弱、快慢、明暗、曲直、粗细的一种不平衡运动的反映。节奏存在于一切表述思想的结构、形象、情节、语言之中。对电视节目而言,节奏指节目内容和形式的长短、起伏、轻重、缓急、张弛、动静等有规律的交替变化,给电视观众造成了一种或激动或平静、或紧张或松弛的心理感觉。

1. 根据节目的节奏需要确定镜头的长度

电视镜头的长度直接影响着电视节目的节奏,对节奏起控制作用。相同的画面内容,用长镜头表现给人舒缓的感觉,用短镜头表现则可造成紧迫感。换言之,我们可以根据节目的节奏需要确定镜头的长度。在节奏缓慢的段落,镜头可稍长些,在节奏较快的段落中,镜头则可短些。

例如,美国影片《生死时速》(Speed)中,一辆载满乘客的公共汽车被恐怖分子安装了炸弹,只要车速低于每小时50英里就会自动引爆。公共汽车因此不得不在人车密集的市中心高速行驶,险象环生。警察为了将可能造成的伤亡降到最低,决定通过直升机空中指挥,将该车引离市区。然而当指挥员将出口位置告知车上的警员杰克时,车子已经驶近出口处,前面是一个急弯,小型的警车减速转弯尚且难以控制,载满乘客的大型公共汽车要以50英里/小时的高速转过这个急弯无疑将面临翻车的危险。杰克决定冒一次险,他与代替受伤的司机驾车的安妮合力将车安全地转入了公路的支线。影片用18个镜头(包括杰克、安妮合力转动方向盘,乘客被汽车的惯性推向一边,杰克凝重的表情,汽车因急速转弯导致左侧两轮悬空,悬空的车轮重重落地,公共汽车撞开一辆警车等镜头)共计27秒的时间表现了汽车急转弯的惊险场面。18个平均长度只有1.5秒的特写、近景镜头的快速切换,使剧情气氛高度紧张,观众的心情也顿时紧绷,为剧中的人物捏了一把汗。在这一片段中,短镜头的快速切换成功地制造了惊险、紧张的视觉效果。

当我们需要制造一种舒缓、平和的气氛,比如表现一个歌唱家演唱抒情的民歌时,则可以选用一些较长的镜头。当然,缓慢的节奏有时也能产生相反的效果。例如,香港亚视本港台播出的纪录片《在森林和原野》中,有一集讲到:猎豹兄弟在捕猎时失散,它们各自焦急地寻找对方。失魂落魄的猎豹哥哥阿坚慌乱中两度闯入了同一头狮子的领地,这一举动极大地激怒了狮子,它决心狠狠地教训阿坚。狮子自知跑不过猎豹,为保证一击即中,它悄悄靠近阿坚,准备在有效范围内发起突然袭击。而阿坚只顾呼唤弟弟,全然不知杀身之祸就在眼前。此时,狮子每朝前迈一步,阿坚离死亡就靠近了一步。导演并没有急于在狮子与猎豹之间切换镜头,而是用一个近20秒的近景镜头表现狮子抬腿、迈步的动作和它紧盯猎豹,眼露杀机的神情;一个6秒左右的中景镜头表现声嘶力竭呼唤弟弟的猎豹阿坚。缓慢的节奏带给观众的是一种强烈的压迫感:狮子将满腔的怒火化作了惊人的耐心,此刻的慢正是随后痛下杀手的前奏,因此它越慢越显得恐怖,猎豹阿坚在劫难逃。这就是长镜头所产生的特殊效果。

2. 利用镜头的长度控制节目的节奏

除了根据节目的不同节奏需要来确定镜头的具体长度外,也可以利用镜头的长度控制节目的节奏。在单位时间里,单个镜头越长,镜头间的转换就越慢,节目节奏就越慢;镜头越短,镜头间转换得就越快,节目节奏也就越快。有人说95%的电视节奏来自剪辑,其实就是一个镜头长短问题。

我们将内容长度、情绪长度和节奏长度分开来讲只是为了便于大家理解,事实上,这三者并不是孤立的,而是紧密联系,彼此交叉的。我们在确定镜头长度的时候,应该将这三者以及其他的相关因素综合起来考虑。

第三节 镜头的组接

如果你已经了解了镜头的选择及其长度的确定,我们就开始学习镜头的组接。在这一节里,我们主要解决这样几个问题:什么是镜头的组接? 为什么要进行镜头的组接? 不同的镜头为什么能够组接在一起? 镜头组接有哪些原则? 镜头组接的方式有哪些,其效果有何不同?

一、什么是镜头的组接

我们前面讲过,镜头是影视节目的基本构成单位。然而在最初的电影中,是无所谓"镜头"的,只有当胶片不够长或需要改变场景时,才把内容分成几段来拍摄。后来人们认识到了分镜头拍摄的好处,便开始有意识地利用它来划分影片中的不同时间、地点、人物、动作甚至每个细节。当今的电视节目都是用分镜头拍摄的,即使是直播节目也不例外。既然电视节目不是开着摄像机从头到尾一气拍完的,而是分切成一个个的镜头来拍的,那就存在一个将这些分散的镜头整理、加工后重新排序,组成连贯的、完整的电视节目的问题。这就是镜头的组接。

1. 何谓镜头组接

所谓镜头组接,就是把单个的镜头依据一定的规律(包括人们的视觉特点、思维逻辑等)和目的(如创作者的表现意图等)组接在一起,形成具有一定含意、内容的完整的电视节目。镜头组接是影视作品特有的表现手段。在电视片的整个创作中,它始于文字稿本的构思、写作,完成于技术操作。镜头组接的目的就是为了系统、完整地叙述事情、表达思想、制造效果。镜头的组接不是简单地将零散的镜头拼凑在一起,而是一种目的明确的再创作。在镜头组接过程中,单个镜头的时空局限被打破,意义得以扩展、延伸。电视片正是通过不同镜头的组接而获得生命力的。我们可以通过典型例子来加深理解。

例一 俄国电影艺术家、理论家普多夫金所做的著名试验

有这样三个镜头:① 一个人(我们称之为"甲")在笑;② 一人(乙)端着枪;③ 甲惊恐的脸。普多夫金把这三个镜头按照两种顺序加以组接,获得了全然相反的表现效果。

第一种:①→②→③,给观众的印象是这个人(甲)很怯懦。

第二种:③→①→②,给观众的印象是甲很勇敢,临危不惧。

例二 俄国电影艺术家、理论家库里肖夫所做的著名试验

库里肖夫从资料片中找出一段名演员莫兹尤辛毫无表情的脸部特写镜头,然后用这段画面分别和三个不同的镜头组接,再放映给观众看,也获得了不同的效果。

第一组:莫兹尤辛——桌上的一碗汤,观众的印象是,这个男人饥肠辘辘,一脸馋相;

第二组:莫兹尤辛——一个在玩玩具熊的小女孩,观众的印象是,这个男人对小女孩满怀关爱;

第三组:莫兹尤辛——一个躺在棺材里的老妇人,观众的印象是,这个男人悲痛不已。

由试验我们不难发现,普多夫金与库里肖夫将几个原本各自独立的镜头按照特定的排列顺序组接在一起后,产生了超出单个镜头自身含义的更新、更深刻的含义,而不同的组接方式又能产生不同的意义。这就是镜头组接形成的效果。

2. 镜头组接的类别

镜头的组接可以细分为衔接和转接两大类。衔接是各种组接操作的总称,它指的是单个镜头间的连接。衔接的关键是选好剪接点(或称连接点),做到镜头间的连接光滑、流畅,在视觉上不出现明显的跳跃。转接是镜头衔接的一种特殊形式,它是指电视片中场景与场景间的镜头转换。主要作用是进行时空转换,创造镜头间新的时空关系和逻辑关系,制造特定的效果。转接的关键是转场的手段,要做到前后场景或上下段落间过渡的合理、自然。

对电视编辑来说,镜头组接的操作本身并不困难,只需将选择好的分镜头连接起来就行了,但是要使组接完成后的电视片连贯流畅、条理清晰、富有感染力,让观众看得清楚明白,在了解信息的同时体会、接受其中所包含的思想情感,却需要相当的技巧。我们知道,在现实生活中,事件发展的进程是连续的,不会令人产生什

么困惑。然而,当我们用电视镜头去叙述同样的事件时,则是先打乱原有的时空顺序,分段拍摄,然后再进行组接、合成。因为用镜头说话要经历一个"拆分"到"重组"的过程,而镜头中的事件是经过时空压缩后的、相对完整的事件,所以尽管镜头组接是一种主观的再创作,它是作者创作思维、意图在操作中的体现,但是我们在选择镜头组接方式时,也不能随心所欲,必须遵循一定的规律,否则就会表达不清,使编好的片子难以被观众领会。

二、镜头组接的依据

先来看两个例子。

例一 在一个课堂上,老师要求学生用一组镜头叙述这样一件事:甲和乙在图书馆附近相遇,握手问好,在甲的提议下,两人一同去图书馆看书。学生用了以下几个镜头:

① 甲与乙在某地相遇,握手,甲抬手指向某处,乙朝甲所指的方向看去;
② 某高校的图书馆外观;
③ 一排楼梯;
④ 两双正在上楼梯的腿;
⑤ 室内,甲、乙在看书。

老师和同学们看过之后都认为这五个镜头组接在一起后能够表达指定的意思。而事实上,这些镜头是分开拍摄的,镜头②中的图书馆与镜头①中甲乙的相遇之处不在同一个学校,甲用手指的并不是镜头②中的图书馆;镜头③中的楼梯是学生宿舍的楼梯;镜头④中上楼梯的腿属于另外两名学生,而不是甲和乙;镜头⑤中甲和乙是在某单位的会议室里看书,而不是在镜头① 所表现的图书馆中。

例二 有人编了这样一段片子:

① 一支被举起的发令枪鸣枪发令→② 树上落下几根枯枝→③ 跑道上运动员你追我赶。

作者试图用这段片子表达"活力剪除衰朽"的寓意。但它给观众的直接感觉则是枪没打准,打下了几根枯树枝。

两个例子的相同之处在于,原本毫不相干的镜头组接在一起之后产生了一定的意义。不同的是,例一的片断令观众产生的意义联想与作者所要表达的意思一致,而例二的片断令观众产生的意义联想却与作者的本意相去甚远。这一反差说明了一个问题:电视镜头组接(当然也是整个电视节目的制作),尽管是一种创造性的工作,但也必须遵守人类视觉与思维的一般规律,符合一定的逻辑要求。任何主观臆想的、只有自己才明白的东西,无论多高深也不能说是完美的。就如写文章

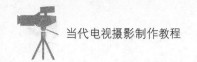

一样,无论采用何种修辞手法、表现形式,都必须以统一的语法规则为基础。例二中的创作者之所以失败,就是因为他过于强调"个性",而忽视了视觉的表意规范,所以不被认可。可见,镜头组接,必须做到自然、符合实际,才能取信于观众。那么,为什么有些镜头这样组接可以,那样组接却不行呢?镜头组接(或称转换)的依据究竟有哪些?

1. 依据人类的思维逻辑和视觉原理

电视是拍给人看的,因此镜头组接首先应该遵循人的思维逻辑和视觉原理。任何事物的发展、运动都有其自身的方式和规律。人们做事有动作的顺序和规律,比如先吃饭、后洗碗,先洗衣、后晾衣、再收衣等;事件的发展有其固有的过程,比如砌房子就要经历设计、备料、施工、落成这些阶段;自然界的变化也有其自身的规律,如太阳从东方升起,由西方落下,动物的成长是由小到大,植物的生长有其季节性等。这都是生活本身的规律,人们也正是在观察与体验生活的过程中形成了自身的思维逻辑。电视反映的是生活,但它不可能也没必要把现实生活原原本本、事无巨细地搬上屏幕。镜头组接的作用就是要表现一种人的视觉所能接受的、屏幕特有的(即跳跃的)时空连贯,它是对现实时间和空间的重新组合。这种重新组合,要想被观众所理解、接受,就必须符合人们的视觉规律及思维逻辑。

(1) 人们具有将两相邻事物联系起来考虑的倾向。

人们的思维习惯于在相邻的事物(如两个前后相连的镜头)间建立某种逻辑联系。客观事物之间本来就存在广泛的联系,这种联系既包括了外部特征上的明显相关,也包括了内部逻辑上的相互贯通。这种逻辑关系包括了因果关系、对应关系、并列关系和对比关系等。人们在观察事物时,会自然而然地以此为依据强化这种联系的思维定势。由于这种思维定势的存在,当我们有意识地把某些电视镜头组接在一起时,就很容易在观众头脑中建立起它们的特定关系。或者说,由于这种思维定势的存在,当我们通过镜头组接交替表现两个或更多的主体对象,交代两条或更多的线索间的联系或冲突时,观众的注意力会自然地从一个主体对象转向另一个,而不会感到困惑。下面我们分别从因果关系、并列关系、对应关系和对比关系四个方面来说明。

1) 因果关系。这是事物间最常见的逻辑关系。一定的原因会引起相应的后果,这是事物发展的规律,也是观众欣赏节目时的思维逻辑趋向。当人们看到一个动作建立时,通常会下意识地想知道这一动作有什么结果;反过来,当人们看到一件事的结果时,也会希望了解造成这一结果的原因。我们来看下面两组镜头:

① 甲举枪射击(动作)→乙中弹倒地(结果)

联想：甲开枪打倒了乙。

② 乙中弹,两眼惊恐地看着某处,倒地(结果)→甲举着枪,枪口还冒着烟(动作)

联想：乙被甲开枪击倒在地。

同样是叙述甲开枪击倒乙这件事,A 先交代动作,即事情的起因,然后告诉观众结果,一清二楚;B 先展示事情的结果,制造一定的悬念,然后告诉造成这一结果的原因,解除了观众的疑问。这两种组接方式都合乎因果逻辑,是可行的。但如果将甲举枪射击的镜头与倒卧地上的乙爬起来的镜头组接在一起,就不知所云了,因为这两者之间不存在逻辑上的相关性。

2) 并列关系。相互关联的两件事或几件事同一时间在不同地点发生,或者某一时间内,某一事件在不同范围内产生相互联系的反应等等,是生活中常见的事。比如某假期到了,各地群众用不同的方式度假;春运高峰,大批民工返乡,运输部门投入更多的人力、物力疏导客流;北京申奥成功,举国欢庆;中国加入世贸,其可能带来的种种社会问题引起人们的关注等等。通过镜头组接并列表现两条或两条以上的情节线索,揭示诸多现象之间的联系,即可省去多余的过程,节省时间和篇幅,加快节奏,渲染气氛,又有助于表现事物的广度和深度,增加信息容量。

在新闻报道中,利用并列关系组接镜头的情况就很常见。例如香港凤凰卫视直播"法门寺佛指舍利抵台,台两万信众恭迎"的新闻实况时,镜头就在护送佛指舍利前往台大体育馆的车队和台大体育馆外恭迎的人群间不断切换,让观众在了解车队行进及沿途信众的恭迎情况的同时,又能看到恭迎法会地点台大体育馆门外大学生和其他信众等候的盛大场面。在电视剧中,这种组接方式也很常见。需要注意的是,并列表现、分头叙述的事件必须是相互关联的,能够统一在一个完整的情节结构之中的。如果将毫无关系的情节组接在一起,就会让人莫名其妙。

3) 对应关系。在生活中,一个动作或事件往往会引起某些反应。如体育比赛、文艺表演等活动,既有场上、台上的运动员、演员,也有场下、台下的观众,他们形成一种对应关系。利用这种关系在表现比赛、演出情况的过程中适当插入观众的反应镜头,既合乎逻辑,也能满足观众的欣赏需求。但反应镜头的插入并不是随意的,要注意时机。反应的高潮点,如最全神贯注、最感动(如落泪)、最忘情(如笑得前仰后合、摇头晃脑跟着唱、振臂高呼等)、最紧张(双拳紧握、双目圆睁等)的时候,往往是表现对应关系的最佳时刻。例如,相声、喜剧小品表演到最精彩处,掌声、笑声四起,这时插入现场观众大笑的反应镜头,能够进一步烘托现场热烈的气氛,拉近电视观众与现场的距离。但如在动作连续性很强的镜头中插入反应镜头

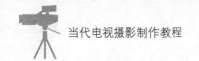

就容易破坏动作的连贯性,影响观众的收看效果。例如在排球、乒乓球比赛一个球没打完时,或体操比赛一套动作没做完时插入反应镜头,就如人为地挡住观众的视线一样,影响观众看比赛,属于多此一举。

在电视采访中,通常需要对被访对象的谈话进行剪辑,但如果被访对象镜头的景别、角度类似或相同,直接组接在一起就会出现画面跳动的现象。这时,适当插入记者倾听谈话的反应镜头既可制造谈话的互动效果,又可避免上述现象的出现。此外,由讲话人讲话内容引出插入镜头,也是一种合乎逻辑的对应组接方式。这在新闻片中十分常见。例如某校长介绍该学校的教学情况,在他的谈话过程中,就可以用他的谈话声作为画外音,插入教学设施、学生们上课、课外活动等镜头,或者将他谈话的镜头和教学设施等镜头交替组接在一起,这样可避免画面的单调、枯燥,起到证实的作用,增加新闻的信息量。

4) 对比关系。生活中充满了矛盾和冲突,这本身就是生活的逻辑。因此,我们就可以不以叙述的顺接关联而以其对比(冲突)关系为依据,将不具时空连续性的镜头组接在一起。通过镜头(或场面、段落)之间在内容或形式上的强烈对比,来制造出对比合成的意义效果。卓别林影片中就常用瘦小伶仃的流浪汉形象与脑满肠肥的富翁形象进行镜头组接,从而造成强烈的对比效果。电影《祝福》结局部分,鲁四老爷家点灯放炮辞旧迎新,接下一个场景则是祥林嫂孤苦伶仃走在风雨交加的荒路上,也是运用两者间的对比关系进行组接的一个例子。

在生活中,事物间的逻辑关系是错综复杂的。我们这里只是举出了其中较常见的几种情况。镜头组接时,要充分考虑各个镜头所展示的内容之间在外部特征上的相关之处,以及内部逻辑上的相通之处,否则,胡乱拼凑在一起,就可能有悖常理,不符合人们的思维逻辑,无法让观众形成特定的联想,其结果只会使观众不知所云。

(2) 人们在观察客观事物时具有忽略次要情节的倾向。

这是人类思维,尤其是视觉思维和形象思维的一个重要特点。现实生活中的人不会对周围的东西事事关心,而通常只关注那些主要的、能够引起自己兴趣的事物。科学研究表明,人的大脑会对一再出现的外来刺激停止做出反应,换句话说,人具有对那些连续出现的因素置之不顾的趋向。这种能力使人能免于对周围一成不变的环境(次要的情况)加以直接意识的关注,而只集中精力注意那些新的(最必要的)情况。人类的这一思维特征使电视画面剪辑成为可能,也奠定了电视存在的基础。因为电视节目是对现实时空高度压缩的产物,它要在有限的时间(节目播放时间)与空间(电视画框)内表现超出这一时空界限的内容。而镜头是一个选择性很强的单位,它所表现的"不连贯的形象比眼睛看到的同一形象的连续性图案更加突出,因为镜头中的每一个画面都排除了无关的细节"(斯坦利·梭罗门《电影的观念》)。现实生活中的事情往往是琐碎、重复的,如果观众事无巨细什么都要看的话,就没有电视了。所谓"有话则长,无话则短",电视画面编辑所做的正是选取那些最能引起观众注意的,对叙事表意最具重要作用的镜头,将它们组接在一起;舍弃那些次要的(包括观众不看就能知道的、带有必然性的)情节,不影响叙事表意的无关紧要的情节,以免造成观众注意力的分散,或引发厌烦情绪。

比如,我们在电视剧中常常能看到这样的情景:小偷作案后逃离→警察在案发现场调查;一人被袭昏倒→这人躺在医院的床上;一人在家中接到朋友的电话→这人出现在朋友约他去的咖啡厅里;一人走进一家商店→这人拿着一袋用品从商店里走出来……这些镜头的连接都省去了诸如事主报案、警察赶来,赴约路上,购物情况等中间过程。但由于它们都属于不会对叙事的连贯性与完整性造成影响的次要情节,所以将其省去不会使观众感到难以理解。据此,许多影视作品得以用较少的镜头实现较大的时空跨越。例如,电影《少林寺》中,有一个表现李连杰在少林寺后山习武的情节,李连杰不断变换着手中的武器,刀、枪、棍……画面的景色也随之变换,春、夏、秋、冬……仅用几个镜头就表现了李连杰数年里不分寒暑刻苦习武的情况。在韩国电视剧《蓝色生死恋》中,男主人公俊熙消失在隧道中时,还是一个16岁的中学生,在下一个镜头里,当他在同一条隧道中重新出现时却已经是一个26岁的青年了。两个镜头间的时间跨度达十年,但由于它符合人们的思维特点,因此观众不会感到唐突或无法接受。

需要强调的是,编辑过程中舍弃的情节必须是那些次要的、观众不看也能想象得到的具有必然性的情节。否则镜头之间就会"跳跃",衔接不上,使观众感觉交代不清,甚至不知所云。

(3) 人们对客观事物的观察是渐进式的。

在现实生活中,人们的观察是连贯的,看东西总是由粗到细、由远及近,先观察事物的全貌,后看局部,再看事物的某一细节特征;或者反过来,先关注局部特征,再推及整体形象,并在这种分析、综合过程中循环往复。人们即使是在集中看某个东西时也很少会把视野中的其他一切都排除在外,很难想象人们的观察范围始终限于事物的局部或整体。这种视觉规律和思维方式成为镜头组接的前进式、后退式、循环式句子(这一点在后面的小节将详细说明)的依据。这三种句子对观众所造成的影响既有视觉上的,也有心理上的,它们的一个共同要求是,景别的变化要循序渐进,逐步推进或逐步拉远,前后镜头之间的景别差距不可过大。例如,在许多影视作品中,开场介绍环境的镜头多采用前进式句子,从大全景开始,进而推及中景、近景,直到观众看清某一具体的人或物。而在情节告一段落或故事结束的地

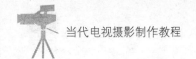

方则多用后退式句子,镜头由近景逐渐拉远,直到主体对象消失在画面中。有时候为了在第一时间引起观众的注意,制造视觉冲击或悬念,也可以采用先展示局部特征、再扩展到整体的组接方法。

(4) 在一定的时间内,人们对事物的观察具有一致性。

这一点并不难理解,因为人的思维具有一定的逻辑性,事物发展的客观规律和人的生活经验决定了人们在同一时间内观察事物总会带有一致的眼光,那种混乱或自相矛盾的判断、描述是不被接受的。由于电视通常是分镜头拍摄的,不同的镜头在拍摄时间、地点上往往也会有所不同,这就更要求我们在组接镜头时要合乎逻辑,合乎情理,保持前后镜头的连贯、一致,否则就会闹笑话。有些电视剧中会出现一些错误:上一个镜头中人物左手受伤,下一个镜头中却是右手缠着绷带;人物出门时穿的是这件衣服,到了大街上却成另一件衣服,等等。这就是在转换场景时没注意保持镜头内容前后一致的结果。具体来说,要注意两方面的因素:

1) 时间的连续。把动作、事件的发展过程,通过镜头组接清晰地反映在屏幕上,是电视画面编辑工作最常做的。但现实生活中,动作和事件发展的过程是连续的,而编辑人员面对的则往往是打乱了原有时空顺序、分段拍摄成的零散镜头。因此,要做到屏幕表述的清晰、无误,编辑时就必须注意时间连贯和空间统一这两个因素。所谓"过程",其实就是一个时间问题。我们说镜头组接要做到画面连贯,而时间正是造成这种连贯感的主要因素。组接镜头时如果忽略了时间的连贯性,就容易造成逻辑错误。

比如表现军队领导到某部队视察工作的过程,前一个镜头领导已经和该部指战员握手告别,离开营区了,后面又接一个领导检查营区建设的镜头,显然就不合逻辑了。又如,同是以下几个镜头:

① A 国元首(M)在机舱门口挥手;② M 在机场上与被访的 B 国的官员握手,一旁的群众挥旗欢迎;③ M 在机场接受记者采访。

如果我们按照①→②→③的顺序组接,给观众的印象就是 A 国元首 M 到访 B 国,他首先受到 B 国官员、民众的欢迎,然后在机场接受了记者采访(或发表了简短演说)。而如果我们打乱这一时间进程,按③→②→①的顺序组接,给观众的印象就会变成 M 结束了对 B 国的访问,乘机离开了。可见,时间进程的改变往往会直接造成镜头意义的改变。对电视新闻而言,破坏了时间进程的顺序,有时甚至就破坏了新闻的真实性。因此,在编辑时要特别注意掌握时间规律,充分考虑其连续性问题。

2) 空间的连续。电视片的镜头组接经常要在大幅度的空间跳跃中建立连续的空间感觉,这就要求编辑人员要有连续空间的概念。根据表现内容的不同,空间连续,大体可分为统一空间连续和相似空间连续。

统一空间连续,就是借助某些环境、参照物制造视觉上的空间统一感。换言之,就是借助交代环境、表现参照物(如房间里的家具、图书馆里的书架、手术室中的手术台、一些具有代表性的背景等)手段让观众相信他们所看到的动作、事件是发生在同一个空间内的。通过这种方式,我们就可以把不同地方拍摄的镜头组接在一起来表现一个统一的空间。这种组接方式在电视剧中十分常见。我们前面提到的学生作业就是一个例子,某校图书馆外景接两人相遇的镜头,就好像两人是在那间图书馆外相遇了。这就是利用交代环境使人产生的错觉。运用这种组接方式要注意两个问题:一是事先要有整个空间环境的交代,最好运用全景之类景别较大的镜头,使观众对动作或事件发生的地点有个清晰的印象;二是要选好参照物,要具有代表性,最好没有背景,以免露出破绽。

相似空间连续,是通过类似环境背景镜头的组接造成一种视觉上的空间连续感。有时,我们为了某种目的,要把不同地方拍摄的镜头组接在一起,但又要造成一种连续的视觉感受,就必须注意空间的相似性。例如一个人在街上走,一会儿经过商店,一会儿穿过马路,一会儿挤过人群,这都有一种空间的相似性。虽然环境背景不同,但都在同类的变化中,因此仍能造成连续的感觉。在组接一些不是以动作为线索,而是以形态、环境为主的镜头时,空间环境也应尽量保持相似,如果一会儿白天,一会儿晚上,一会儿是乡村,一会儿是都市,一会儿室内,一会儿室外,没有空间相似感,就会给人跳动感,造成视觉上的不适。除非你是故意要制造这种效果。

在镜头组接时,只有充分尊重人们的思维逻辑和视觉规律,才能获得真实、可信的效果。

2. 依据人们对电视节目的审美需求

电视画面的剪接之所以能够实现,首先在于镜头间的组合符合人的视觉、听觉及其思维的基本规律。但仅此一点是不够的。电视是反映现实生活的,但它不是对客观现实的机械复原和简单再现,它是创作者对现实生活素材进行选择、加工、提炼、典型化之后的产物。既然电视节目来源于生活,由创作者搬上屏幕后又以高于生活(即使是新闻类的节目,其实内容也是被概括化了、集中化了的东西)的面貌展现在观众面前,那么在这一转化过程中就必然要融进创作者自身的思想、感情、态度、创作意图以及审美标准。换言之,面对数量庞大、内容繁杂的素材,制作者在归纳、整理时之所以要选取这些而舍弃那些,要这样组接而不那样组接,一方面是出于人们视觉及思维规律要求,另一方面则是出于制作者自身的审美意识。镜头组接手法的运用就充分体现了制作者在反映事物的规律性、表现时空变化时对美的追求。

观众对电视节目同样存在着审美需求。在现实生活中，人们不仅创造有用的东西以满足自己的物质需要，还按照美的规律进行创造，使物品成为美的东西以满足自己的审美需求。比如人们购买手机，就不只要求它功能齐全、性能良好，还要从色彩、造型、式样等整体外观上加以选择，考虑它是否符合自己的身份、个性等，即强调其实用功能和审美功能的统一。人们在看电视时同样追求着这种统一，就是不但希望获取信息，也希望参与到节目情节之中去，受其感染，产生共鸣，从而获得美的享受。所谓审美，就是观众对美的对象——电视节目的观察和欣赏。从这个角度来看，审美需求就是观众对电视节目的收视需求。根据这种需求，我们在制作节目时，就不但要考虑告诉观众什么，还要考虑如何告诉；不但要考虑这样处理（如组接镜头）行不行，观众看不看得明白，还要考虑这种方式好不好，观众看得舒服不舒服，能不能令其赏心悦目。简而言之，就是要考虑用一种美的形式去表现既定的内容。一种编辑手法（当然包括镜头组接方式），当它符合了人们的审美标准，满足了人们的审美的需求时才更容易为人们所接受。

镜头组接要解决的问题主要有两方面：一是转换镜头，并使之连贯流畅，也就是做到内容连贯，画面清晰；二是制造效果，创造新的时空关系和逻辑关系，表达一种情绪、情感和审美观念。电视节目中，镜头的组接在许多情况下并不是为了去叙述一件事、一个过程，而是出于一种对视觉美的追求。比如视觉节奏的运用，就是一种独特的影视造型手段。它能通过镜头长度的变化，在观众的感受上引起完全不同情绪。短镜头的组接，可以造成紧张的感觉（比如表现警匪追逐的场面）；而较长的镜头组接，则可以造成一种舒缓、平稳的情绪效果（比如表现一群老者打太极拳的情况）。这其实就是一种审美心理感受，如果我们把处理方式调换一下，用长镜头、慢节奏表现前者，而用短镜头、快节奏表现后者，就会给观众拖沓或者急促的不适感，因为它不符合人们的审美需求。

当然，人们对于不同类型的节目有着不同的审美需求，因此我们在编辑节目时既要把握电视节目的审美共性——即形象逼真、时空跳跃、多种语言符号结合等，又要把握各种不同节目的审美个性。比如新闻的美在于其真实性，人对收看电视新闻时的审美需求，就是清楚地了解新闻的内容，满足"眼见为实"的欲望。对电视新闻而言，画面主要起一个证实作用。因此在编辑时，应采用较平稳的镜头组接方式，即应以清晰展示画面内容、确保其真实客观感为目的，避免过多的人为效果，如特技切换、刻意制造紧张情绪等。把娱乐节目、电视剧等其他节目的镜头组接方式用在电视新闻中，显然不合适，因为它不符合人们对电视新闻节目的审美需求。

第八章 电视画面编辑技巧

人们对电视节目的审美需求,是我们在组接镜头时需要考虑的另一重要因素。

电影、电视的产生与发展都是以影视技术为基础的。一切美妙的艺术构想要成为现实作品展现在世人面前,都离不开技术条件的支持,所以,除了上面讲到的人自身的因素以外,镜头的组接还必须以特定的制作材料和技术手段为依据。

3. 依据影视作品制作的技术条件

为什么我们能够对影视作品进行剪辑,把选定的镜头按照既定的创作意图组接在一起?这是由影视作品的物质载体决定的。电影、电视片是用胶片、磁带记录的,这些载体具有可剪辑(或可编辑)性,这使影视镜头的组接成为可能。编辑人员可以根据特定的创作意图将各种已经拍摄完成的素材镜头经过一定程序的处理和组接后,变成一部完整的影视作品。如果有需要,还可以依照最新的创作灵感,追拍镜头,然后将这些镜头与原先的镜头重新排序组合,产生新的画面效果。今天,科学技术的发展,尤其是数字技术的迅速兴起及广泛应用,赋予了镜头组接工作(或者说电视编辑工作)更广阔的创作空间,使更多妙不可言的想象能借助这些科学技术转化为现实的影视作品展现在人们面前。

总而言之,镜头的组接是一个能动的再创造过程,但无论编辑人员多么富有想象力,都必须遵循人类思维的基本规律、原则和电视节目的审美需求,同时要考虑是否有相应的技术条件作为支持。否则,要么就是编辑完成的作品无法为观众所承认、接受,要么就是美妙的构想成为空想,无法转化为现实作品。

三、剪接点的确定

剪接点,即镜头之间的连接点。确定剪接点与确定镜头长度在操作上没什么区别,所不同的是,前者着重在哪一个点上结束上一个镜头,开始下一个镜头,后者则着重确定每个镜头应讲述多少内容。确定剪接点,是镜头组接的重要步骤,它直接影响着组接完后的画面质量。

1. 遵循规律,找准感觉

剪接点是个很微妙的东西,有时只差几帧画面就会给人很不同的感觉,多几帧会使人感到不舒服,少几帧就会觉得很流畅。镜头组接质量的优劣往往就在"稍微"之中,稍多一点、少一点、左一点、右一点就能改变画面连接的准确性与美感。在艺术创作中,那种美妙甚至神奇的感觉往往就在毫厘之间。对于镜头剪接而言,也是如此。有人曾说过,剪接工作往往不是靠规则,而是靠感觉。严格遵照各项规则机械地组接镜头,不见得能获得好的效果。而所谓的感觉,也就是强烈的画面意识,是建立在大量实践的基础上的,有时要经过反复的实验、总结经验,才能慢慢摸索到。因此,对一个电视编辑来说,不但要掌握画面编辑的各种基本规则,还要培养自己的画面意识,培养一种对画面的特殊感悟。画面意识简单来说包括以下几个方面。

（1）画面形象感。

在得到一大堆素材后,应当预先知道,这些素材是否可以形成形象动作的连续和联系,是否符合主题表现的要求,还缺什么或存在什么问题。也就是应当大致想象出"这段片子编出后是什么样子"。

（2）画面效果感。

在决定了组接的初步方案后,大致可以想象出这段片子会产生一种什么样的效果,这种效果是否就是我们所需要的,怎样才能更好些。

（3）剪接感。

在素材面前,大致感到,哪两个镜头相接比较好,它们之间相互连接的因素是什么,两个镜头之间的剪接点选在哪里比较合适、比较流畅。

2. 剪接点的确立①

镜头组接的目标之一,就是使不同内容的镜头连接在一起后,能够形成一个连续完整的动作、过程,或者表达一个完整的意思。只有选准了剪接点的位置,镜头的转换才能实现从形式到内容的紧密结合,使片子内容的发展更合乎一定的逻辑关系。剪接点主要包括以下几个内容。

（1）动作剪接点。

以画面的运动过程为基础,根据实际生活规律的发展来连接镜头和转换场面,使内容和主体动作的衔接、转换自然流畅,这是构成影片外部结构连贯的重要因素。关于确定动作剪接点的具体规则,我们将在"运动的组接"中详述。

（2）情绪剪接点。

以心理活动为基础,根据不同形式的表情因素,结合镜头造型特性来连接镜头和转换场面,造成一种情绪的感染和感情的生发。这是构成影片内部结构连贯的重要因素。

与动作剪接点不同,情绪剪接点在画面长度的取舍上余地很大,不受画面内人物外部动作的局限,而以描写人物内心活动、渲染情绪、制造气氛为主。动作剪接点的选择,只要掌握动作的规律,就容易把握好,因为这些规律是看得见的,只要注

---

① 本书第五章第二节《电视画面结构的实体元素》中"动静对比"一段有诸多镜头图片,可供参看。

意观察,就不难找到合适的剪接点。相比之下,情绪剪接点的确定,全靠编辑人员对电视片剧情、内容、含义的理解,对人物内心活动的心理感觉,看不见,也摸不着。从这个意义上讲,情绪剪接点的选择是无规律可循,也很难用概念加以阐述的。编辑者对电视片的内容,对人物在特定情境中的心态,理解的程度不同,剪辑出来的画面效果也就不同。所以,情绪的剪接点最能检验编辑人员的艺术素养。编辑人员只有具备了一定的功力,才能在影视片中充分地展示人物的情感世界。

(3) 节奏剪接点。

主要以事件内容的性质和发展过程的节奏线为基础。根据运动或情绪的节奏以及镜头造型特性,用一种比较的方式来处理镜头的长度和衔接。它要求重视镜头内部动作与外部动作相吻合的有机因素。

(4) 声音剪接点。

以声音因素为基础,根据内容的要求和声音与画面的有机关系来处理镜头的衔接。它要求声音的完整性和连贯性。关于这一点,我们将在《电视声音编辑技巧》一章中详述。

四、运动的组接

目前,国内电视界一个通行的说法是,镜头组接的基本原则之一是要"动接动"、"静接静"。作为镜头组接的一般规律,它在大多数情况下是适用的,也是编辑人员在剪接操作时应该遵循的原则。但在现实生活中,事物除了运动与静止这两种状态,还存在由动而静或由静而动或更为复杂的状态,因此,在组接镜头时,为了保证画面的连贯与流畅,我们也要考虑"动接静"、"静接动"的方式方法。这里要指出的是,对"静"与"动"的含义,从不同的角度来看,也有不同的内容。它们究竟包括哪些不同的所指,我们将在介绍运动组接的具体方式时一并解释。

1. 根据画面主体运动状态组接镜头

这里所说的画面主体的运动,是指固定镜头(即摄像机焦距、机位固定不变拍摄所得到的镜头)中画面主体的运动状态。例如,用固定镜头拍摄的走动的人物、行驶的车辆等,或是天空、花草树木、建筑物、室内的摆设等。前者是处于运动状态的主体,后者则是处于静止状态的主体。换言之,在这种组接方式中,"静"与"动"指的都是画面内主体的运动状态。依据画面内主体的运动状态进行镜头组接的方法主要有以下几种。

(1) 静接静。

即静止的主体接静止的主体,是两个静态构图画面的组接。这是电视片中十分常见的镜头组接方式。如大片的果树接枝头累累的果实,建筑外景接室内摆设,等等。两个静态构图画面的组接,要尽力寻求两个画面主体在空间关系、逻辑关系以及造型特征等各方面的联系,以使镜头的组接合乎情理。

(2) 动接动。

即运动的主体接运动的主体。可以在主体的运动中进行切换,通过两个以上不同景别、不同角度的同一主体运动的组合,来再现同一主体完整的运动过程。此外,两个主体运动的画面相组接,也可能是两个主体而不是一个主体。具体从两方面讲:

1) 同一主体的动作连接。画面主体动作的完整性是由动作过程中若干变化的片断——既相互联系又有瞬间间歇的动作——所组成。同一主体同一运动的组接和不同运动的组接,一般都称为"接动作"。在镜头组接时,通常可以用动作分解法来把握剪接点。

对于同一主体发出的同一个完整的动作,可以用不同的景别和角度加以表现。这种情况下时间因素严格受到动作的制约。比如,一个人走到椅子前,坐下去,这是一个简单的动作过程。要使它既保持动作的连贯,又不产生视觉跳动,剪接点应选择在动作中间,或动作瞬间停顿的那一点上,也就是选择他走到椅子前停住的瞬间或是坐下的过程中切换。具体的切换操作可以这样:

镜头 A(全景):一个人走到椅子前,预备坐下(坐下的动作尚未做出)。

镜头 B(近景):这个人已经坐在椅子上。

或者是:

镜头 A(全景):一个人走到椅子前,弯腰坐下(尚未坐到椅子上)。

镜头 B(近景):这个人已经坐在椅子上。

又如,一个人拿起一个苹果来吃这个动作过程,也可分解成两部分,用不同的景别来表现。

镜头 A(中景):一个人伸手拿起一个苹果。

镜头 B(近景):这个人正在吃苹果。

或者是:

镜头 A(中景):一个人伸手拿起一个苹果递向嘴边(尚未递到)。

镜头 B(近景):这个人张嘴咬苹果。

动作中切,这是最常用的动作剪接方法,因为,景别变化造成的视觉不协调会由于动作动势(运动的趋势)的流程使观众觉察不出来。在接动作时,一般来说,全景中的动作应占整个动作过程的三分之二,因为全景中动作幅度较小,需要较长的视觉感受时间,近景应占动作的三分之一。剪接点选在这些点上为宜。剪接时,可

第八章 电视画面编辑技巧

供镜头转换的动作依据有很多,如人的起身、坐下,行走时身体的起伏,讲话中头部的摆动,拿东西时手的起落等等都可以作为镜头切换的契机。

另一种情况是,同一主体发出不同的动作,但前后动作间紧密联系,构成一个完整的过程。这种动作的组接一般有三种处理方法:

第一种,将分别拍摄的完整动作的不同部分连接在一起。比如,工人在车床前工作,开动车床加工零件,零件加工成后检验一下是否合格,这是一个连续的完整过程,组接时可以将分别拍摄的工作镜头和检验镜头组接在一起,来表现一个连续的动作过程。

第二种,在前一动作的某一停顿处切断,再从下一动作的停顿处开始,省掉中间的一段动作。比如,一个人在图书馆的书架前找书,走到某处站住,这是一个动作的暂时停歇,下一个镜头切到从书架上抽出一本书,或一本书已拿在手里,翻开书,这都是另一个动作的开始,这样都能建立起一个连续的动作。

第三种,利用插入镜头将前后两部分动作连结起来。比如,一个画家在画一幅画,前一镜头落笔开始画,插入一个用笔蘸墨的特写镜头,再接下一镜头时,那幅画已经快完成了。这也是一种动作连贯的方法。

2)不同主体的动作连接。把不同的运动主体组接在一起,要使前后两者的运动产生一种顺畅感,需要注意以下几个问题:

依据主体运动的动势组接镜头。在镜头组接时,要注意保持前后镜头主体运动走向的自然相连。向一个方向运动的主体,组接时要保持前后镜头主体运动方向的一致。如前一镜头表现的是汽车从画左向画右运动,下一个镜头中行驶的船只也应该从画左向画右运动。作抛物线运动的主体,组接时则要注意保持前后主体动作的连贯性。例如,单杠的大回环接跳马的空翻落地,高山滑雪的飞起切换到高台跳水的落下等等。根据主体的运动动势来组接镜头,能保持视线的连续,使镜头的切换平滑。

依据动作形态的相似性组接镜头。如舞蹈运动员练功,在她跃起时接到另一个跃起的动作,滑冰运动员的一个旋转动作接另一个旋转动作等等。

依据主体在画面位置上的同一性组接镜头。在组接镜头时,要注意使前后镜头的运动主体保持在画面的同一位置上。比如,跟拍街上熙熙攘攘的人群,无论主体向哪个方向走动,都应让它保持在画面的中间,这样就能得到流畅的视觉效果。

(3) 动接静。

即运动的主体接静止的主体。这种组接方式,一般剪接点应选在前一镜头中主体运动当中的瞬间停歇处或某一动作全部完成之后,这样才能保证运动主体与相对静止主体间的顺畅连接。例如,编辑刘翔奥运会夺冠,前一个镜头是他终点冲线后奔向观众席致意(切出),(切入)后一个镜头是他静静地站在颁奖台上等待领奖。

(4) 静接动。

即静止的主体接运动的主体。这种组接方式,一般选择后一个镜头中主体动作即将开始的瞬间作为剪接点,使前一个镜头中静止的主体与后一镜头中主体动作即将开始的瞬间相组接。例如,编辑一组食品加工车间里工人操作的画面,通常前一个镜头是车间的全景,尽管食品运送带是动的,但从全景的视觉感受来看,画面主体还是基本处于相对静止状态的,第二个镜头则是以一位工人拿起加工好的食品准备进行包装的动作为开始。

2. 根据镜头外部运动与镜头组接

我们通常把运用推、拉、摇、移、跟、甩等运动摄像技巧拍摄的镜头,叫做运动镜头。这种拍摄技巧引起的镜头运动,称为镜头外部运动。从镜头外部运动因素来看镜头的组接方式,有以下四种情况。

(1) 静接静。

即固定镜头接固定镜头。固定镜头,即摄像机焦距、机位固定不变拍摄所得到的镜头。从镜头的运动形态来看,固定镜头呈现静止状态,因此固定镜头之间的组接也叫"静接静"。但从镜头内的画面主体的状态来看,主体既可能是静止的(如景物、物体、不活动的人物等),也可能是运动的(如活动的人或物)。这样,"静接静"就具有了两层意思:一是画内静止物体间的组接,一是静止动作间的组接。前面我们讲过的画面主体运动与镜头的组接方式,指的就是固定镜头相接这种情况,我们这里不再重复。需要提醒的是,采用静接静的组接方式,要根据画面内主体运动的方向、速度、画面造型等因素来确定剪接点。

(2) 动接动。

即运动镜头接运动镜头。只要是运动镜头间的组接,不论画面中的主体是运动的,还是静止的,都可以视作"动"与"动"的组接。在具体解释之前,我们有必要先介绍一下运动镜头的构成情况。运动镜头一般由三个部分组成,即起幅、运动过程与落幅。起幅是镜头开始运动前的暂时停歇,相当于较短的固定镜头;落幅则是镜头运动结束后的停歇,也相当于较短的固定镜头;运动过程即镜头作推、拉、摇、移等运动的过程。起幅、落幅在后期编辑时,对确保镜头组接的平稳、流畅往往具有不可或缺的作用,因此在拍摄运动镜头时,通常应保留一定长度的起幅和落幅。现在回到刚才的问题上,这类"动接动"的组接,根据前后镜头运动方式的不同,可细分为以下三种组接方式:

1) 前后两个镜头的运动方向一致或相近。这种情况下应直接在运动过程中切换镜头,不必停顿,即不需要保留前后两个运动镜头的起幅和落幅。这是典型的"动接动"。例如,组接长跑比赛场面,上一个镜头是用侧面角度跟移拍摄奔跑的运动员全景,奔跑的方向是从画左向画右,下一个镜头是用前侧面角度跟移拍摄同一个运动员的中景,奔跑的方向是朝向画面的右下角。这两个镜头如果在运动当中组接在一起,就会给观众留下运动员奔跑是连贯的、持续进行中的印象。相反,如果用前一镜头静止的落幅和后一镜头的起幅相组接,就会给人造成运动员在奔跑中突然停顿了一下的错觉。又如,表现某风景游览区的自然风光,摇镜头在运动中组接,一个摇镜头紧接着又一个摇镜头,能使画面的秀丽风光犹如长卷式的画卷。在表现某人的美术作品时,连续的推镜头能给人层出不穷的感觉;在表现某一建筑上的装饰时,连续的拉镜头能使细部与全局浑然一体。需要注意的是,用这种方式组接时,前后两个镜头的运动方向要保持一致,最忌讳那种摇过来又摇过去,或推上去又拉出来的做法。

2)前后两个镜头的运动方向相反。这种情况下不宜在运动中组接,而应保留运动镜头的起幅和落幅,也就是把上一个镜头的落幅与下一个镜头的起幅组接在一起。这种方法的好处,一是易于把握,二是使观众在视觉感受上减少了突兀的跳动感,保证了画面组接的平稳。对于一些前后镜头运动方向相同的情况,这种方法也适用。

3)需要表现繁乱、复杂的环境或两个镜头主体间的对立、呼应、面对面奔跑等关系。这时可运用交叉运动的组接方法,亦即将两个运动方向相反的镜头组接在一起。如,表现车水马龙的街景,就可以把反向运动的车辆组接在一起。

"动接动",除了要注意镜头运动的方向问题外,还要尽量保持两个镜头运动速度的一致,以免造成前后运动节奏的明显改变,组接后产生忽快忽慢的不稳定感。

(3)静接动与动接静。

静接动,指固定镜头后面接一个运动镜头;动接静,指运动镜头后面接一个固定镜头。这是一种突破常规的组接方法。在选择剪接点时,应注意把画面中主体运动因素和镜头外部运动因素结合起来考虑。概括讲,有五种操作方法。

第一,利用固定镜头内主体运动的动势,寻找恰当的动作剪接点,把镜头的运动与固定镜头内主体的运动协调起来。例如,一辆汽车行驶的跟拍镜头,切到一个固定画面汽车驶向画面深处,就是利用了画面内主体运动的动势使两个画面产生了和谐的运动流程。

第二,利用前后两个画面内主体的呼应关系,来表现运动镜头与固定镜头之间的内联系。比如,跟拍马拉松选手的比赛,下接一个表现观众为运动员鼓掌加油的固定镜头,就是两个画面内主体的呼应关系将两者自然地结合在一起,完成动静之间的转换。

第三，利用画面内运动节奏的改变，使动与静自然地转换。例如一片平静的水面，微风吹动芦苇，突然一艘小艇驶入画面，打破原有的静寂，接下来的一个镜头，则是随着小艇的运动（移动）拍摄芦苇快速在画面中闪过，由静到动，顺理成章。

第四，利用相对运动的因素实现动静的转换。比如，从行驶中的汽车里向外拍摄景物从镜头前划过，下面接一个固定镜头，表现一个人凭窗眺望。利用人物身体的颤动和背景的变化这些相对运动的因素使两个镜头和谐地连接在一起。

第五，将固定镜头与运动镜头的起幅或落幅相组接。例如，上一个运动镜头的落幅，接下一个固定镜头；上一个固定镜头，接下一个运动镜头的起幅。这是利用起幅和落幅的静止，用"静接静"来处理动静相接的办法。这种组接方法的特点是画面过渡比较平稳，平稳之中又有连贯。

五、轴线规律及其应用

在上一章里我们从构图的角度涉及了"越轴"的概念，知道在多人拍摄的情况下"越轴"的素材在所难免。然而在编辑过程中就不能将"越轴"的画面组接在上下的镜头里，因为镜头的方向性也是关系镜头组接连贯流畅的重要因素之一。在电视画面中，被摄主体的方向不是由主体本身的方向决定的，而是由摄像机的拍摄方向决定的。换言之，被摄主体在画面中的方向与其现实方向并不一致，它具有一定的假定性。这是因为电视屏幕的画框空间为主体的方向提供了无限的可能性。在现实生活中沿一个方向直线运动的物体，在屏幕中就可能因摄像机拍摄方向的不同，而显出平行运动（向画左或画右运动）、垂直运动（向画上或画下运动）、斜向运动（向画面对角线方向运动）和弧线运动（在画面上呈环形运动）等不同的运动形态。

在现实生活中，人们可以从任何一个角度观察一个物体的运动，而且绝对不会搞错运动的方向。这一方面是因为有环境参照物可供参照，容易把握物体运动的总方向；另一方面是因为有视点转换的心理依据。由于可以同时看到物体本身及其所处的环境，所以当人们从运动物体的一侧移到另一侧时，就已经意识到了视点的变化。但反映在屏幕上的运动就不同了，摄影机的位置对画面中物体的运动方向起着决定性的作用。朝同一方向运动的物体，站在不同的侧面去拍摄它，在屏幕上会出现完全相反的运动方向。因此，我们在组接镜头时，要注意处理好相邻两个镜头之间的方向关系，也就是要熟练掌握轴线规律，保证画面空间的视觉完整感与统一感。否则，画面中的方向关系就会混乱不清，甚至造成画面意思的改变。

1. 轴线和轴线规律

轴线，是指被摄主体运动（包括位移、视线运动）或交流所形成的一条假想线，它是制约摄像机水平拍摄方向的界线。轴线可以是直线,也可以是曲线,大致包括运动轴线、方位轴线和关系轴线三种,我们下面会具体分析。

轴线规律则是影视摄制中保证空间统一感的一条规律。它规定在用分切镜头拍摄同一场面的相同主体的时候,摄影的总方向必须限制在轴线的同一侧(如果轴线是直线,则各拍摄点应规定在这条线的同一侧180度以内)。任何越过这条轴线所拍的镜头,都会破坏画面空间统一感,造成视觉方向的错误。如,驶去的火车又驶回来了,相对坐着谈话的人们不是互换了位置就是背对背或冲着一个方向说话等,即画面主体的运动方向或视线方向无缘无故发生改变,就是所谓的"越轴"、"跳轴"现象。

(1) 运动轴线。

也叫动作轴线,它由被摄主体的运动方向、路线或轨迹构成。运动轴线会随主体运动方向的改变而发生变化。为了保持运动主体在画面中运动方向的前后一致,编辑时应将在运动轴线同一侧拍摄的镜头组接在一起,如果把在轴线不同侧面拍摄的镜头直接组接在一起,画面中主体的运动方向就会出现前后相反的情况。

例如有一辆行驶中的汽车,我们根据它运动的方向,在其运动轴线一侧180度的范围内设置机位拍摄(见图8-2),那么在3、4、5号机拍出来的画面中,汽车总的来说是向画面的右方行驶。1、2号机由于是直接架在轴线上,因此所得的画面中汽车是直向摄像机(观众)驶来或驶离摄像机。这五个机位都处于运动轴线的同一侧,在同一组画面的组接中,将这些位置上拍摄的不同景别的画面组接在一起,就能保证画面主体运动方向的一致,不会产生越轴的错误。需要指出的是,位于运动轴线上的1、2号机所拍摄的画面,其方向属于"中性",即可以表现汽车前行(或驶近)或远去,可以做处理越轴时的插入镜头,关于这一点我们下面还会讲到。

相反,在同一个场景内拍摄这辆汽车时,如果违背轴线规律,在轴线的两侧分别设置机位(图8-3),那么在1号机拍出的画面中,车向右行驶,而在2号机拍出

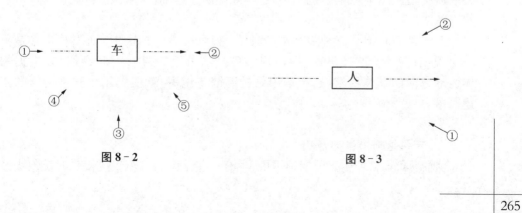

图8-2　　　　　　　　　　　　图8-3

的画面中,车向左行驶,将两机拍出的画面直接组接在一起,就会造成"撞车"的现象,令人搞不清这辆车到底是向左开还是向右开。

(2) 方位轴线。

方位轴线是由静止的单一主体到它对面支点间的垂直线。以人来讲,则是处于相对静止状态的人物直视时的视线与其所看到的物体之间构成的轴线。所谓"相对静止",是指人物没有进行离开所处位置的较大幅度的移动,但不排除人物腰部以上的动作。方位轴线,通常是拍摄主体人物时应遵循的原则,即各分镜头的机位和拍摄方向须保持在这条轴线的同一侧。

如图8-3所示,主体人物的目光与其所看的物体之间构成人物方位轴线,摄像机在图中的机位拍摄出来的画面,人物面向画面右侧。如果在没有任何轴线转换依据的情况下越轴拍摄,1号机移到轴线的另一侧拍摄,那么它拍下的画面人物面向右,而2号机拍下的人物面向画左。如果将这两个镜头组接在一起,产生的效果是人物一会儿面向右(向右看),一会儿面向左(向左看),观众就会搞不清这个人究竟在向哪边看。

(3) 关系轴线。

指两个以上静态主体每两者之间的连接线。如果屏幕上出现两个主体,那么只形成一条关系轴线,拍摄各个主体的总方向必须保持在这条线的同一侧180度以内。如果屏幕上出现三个以上的主体,那么每两个主体之间都可以形成一条关系轴线,主体越多,轴线也越多,拍摄总方向只能设定在每两条轴线之间的夹角之内。关系轴线通常由画面人物之间的交流(如对话、对视等)线构成。需要指出的是,与方位轴线不同,关系轴线是依据两个人物头部之间的交流线设定的,与人物各自的视线方向无关。换言之,无论人物之间的位置如何改变(如面对面、背对背或一人在另一人斜侧面),或者视线方向改变,他们之间的关系轴线都不会发生改变。因此,无论两个人物对话的方向是何种状态,我们始终要依据两人头部之间的关系轴线,选择在轴线的一侧拍摄,这样才能防止越轴,从而保证画面中人物方向的正确性。

上面我们介绍了三种最基本的轴线,然而在实际拍摄中,轴线并非总是单一出现,有时还会交叉出现,即出现"双轴线"甚至"多轴线"问题,只要根据物体运动方向的逻辑要求,选择运用好过渡铺垫镜头,就能编辑出脉络清晰的叙述段落。

2. 造成越轴错误的原因

越轴现象通常产生于前期拍摄中,也有一些是因为编辑组接镜头时疏忽大意所造成。

(1) 前期拍摄时出错。

拍摄时,由于摄像师没有掌握好轴线规律,拍回的素材镜头本身就存在拍摄方向不统一的情况。

(2) 多机拍摄造成混乱。

有些较大的场面(如联欢会、运动会、群众游行等)需要用多台摄像机从多个方位同时拍摄,如果摄像师事先没能协调好拍摄的总方向问题,各自为政,那拍回来的素材就可能产生某些越轴镜头,造成画面方向不统一。

(3) 镜头剪接时出错。

有时素材镜头本身的方向性没有问题,但在编辑时由于常常要打乱原来的镜头次序,拆散原来连续的画面或插入新的镜头,重新排列组合,一旦没注意镜头的方向性问题,就容易出现越轴的错误。

(4) 借用资料画面时出错。

编辑时经常会用到一些资料画面,如果其拍摄方向与正在编辑的画面不一致,也会造成越轴错误。

3. 合理越轴的方法

编辑的任务不是鉴别运动轴线正确与否,而是正确地把握轴线和校正拍摄时的越轴错误。如果拍摄的素材运动方向有错误时,就要采取一些补救措施,使轴线自然地转换过来,也就是使越轴变得合理化。改变轴线的常用方法有以下几种。

(1) 插入中性方向镜头。

中性方向镜头是指画面主体迎着摄像机前进(拍摄时用正面角度)或背向摄像机朝画面深处前进(离摄像机越来越远,拍摄中用背面角度)的镜头。中性方向镜头没有明显的方向性,以其作为过渡镜头,插在两个主体运动方向相反的镜头之间,可减弱越轴造成的视觉冲突感。因此在前期拍摄中,最好能拍摄几个中性方向的镜头,这样一旦出现越轴错误可以用来加以补救。例如,在拍摄天安门国庆50周年大型游行时,由于摄像师众多,多角度、多方位的画面资料一定很多,编辑时如果其中第一个画面是受阅方队从画右上向画左下行进,下一个画面是方队从画左上向画右下行进,这就犯了越轴的错误。此时,我们可以在上述两个镜头中插入天安门城楼上中央领导观看方队行进的反应镜头,或是军乐队演奏情况的镜头等与受阅方队相关的其他对象的镜头,这样就能实现合理越轴了(见图8-4)。

例如，越轴拍摄一辆行进中的汽车，1号机拍出的画面是车向右开，2号机拍出的画面则是车向左开，3号机拍出的画面是汽车朝摄像机开来。如果我们直接将1、2号机拍出的画面组接在一起就会造成"撞车"现象，但若在两者之间插入3号机拍摄的中性方向画面，观众就会理解为汽车是在行驶过程中改变了方向。

需要指出的是，这个插入的中性镜头最好是用长焦距拍摄的特写镜头。因为长焦距镜头的景深较小，拍出的画面视角较窄、包容的景物范围较小，能够将大部分背景排除出画外或模糊化，这样能在突出主体的同时最大限度地削弱主体所处环境的原有特征。这样的特写画面作为处理越轴画面起缓冲作用的中性方向镜头，比起中全景来在缓冲效果上会更好些。

（2）插入与运动主体有关的事物的局部镜头或反应镜头。

这类插入镜头也以特写或近景镜头为宜，因为这一景别的镜头能够突出被摄主体，且其本身在视觉上的方向性又不很明确，所以，将它插在两个主体运动方向相反的镜头之间，

图8-4　合理越轴要插入中性画面

能暂时分散观众的注意力，减弱相反运动的冲突感。这是一种很常用的方法。

（3）插入运动中人物的主观镜头。

主观镜头表现的是上一个镜头或下一个镜头中人物所看到的东西。它与上文讲到的与运动主体有关的某物体局部镜头或反应镜头的区别在于，它表现的是主体人物视线所及之物，其拍摄角度是人物的主观角度；而后者表现的只是与主体同处于一个场景中的相关物体，拍摄角度属于摄像机客观叙述角度，也就是旁观者的

角度。如上面提到的领导人的镜头就不一定是受阅者看到的对象。比如拍摄行驶的车外掠过的景物,一个镜头是景物从右向左掠过,一个是从左向右掠过,组接在一起显然不合理。这时可以在两者间插入一个坐车人转头从左往右看的镜头,这样那个景物从左向右掠过镜头就成了坐车人看到的东西,景物前后相反的运动也因此合理化了。

(4) 借助景别的改变合理越轴。

在一些运动速度较慢的画面主体改变运动方向(即轴线)时,我们可以从主体的近景直接切换到大全景,当轴线变回来后,再切换到小景别(如近景)。这样,运动主体的运动方向虽然改变了,但由于它在(大全景)画面中的形象不明显,因此其运动方向的改变不容易引起人们的注意。当然,这种"跳接"除了景别改变以外,通常拍摄角度也会随之改变。例如平摄的近景镜头接俯拍的大全景等,角度的改变更容易淡化人们对主体运动方向的注意。

(5) 利用主体自身的运动改变轴线。

就是在两个主体运动方向相反的镜头中间,插入一个有运动主体转向动作(如车转弯、人转身等)的镜头,利用这一动作合理越轴。例如拍摄一辆行驶中的汽车,由于越轴拍摄导致第一个画面车向右开,第二个画面车向左开。这时我们可以在远处拍摄一个汽车在公路中自然转弯的大全景,或是跟拍这辆车的转弯过程,在镜头组接时把这个车自然转弯的画面插在两个主体方向相反的画面中间,就能合理越过轴线了。运用移动拍摄直接拍摄运动主体转向过程的画面是解决越轴问题的一个便捷方法。

轴线问题直接影响到画面空间的统一性,甚至是逻辑上的合理性,因此一般来说,尤其在用切换连接的一组镜头序列中,是不允许出现"跳轴"现象的,当然,除非你故意这样做。有时也可以用"跳轴"制造特殊视觉效果。有的导演在表现劲歌热舞表演场面时就故意将越轴拍摄的镜头组接在一起,以制造强烈的节奏感;此外,为了表现街道上、公园或市场里人来车往,拥挤、热闹的场面或是某些混乱不堪的场面,也可以使用"跳轴"的组接方法。

虽然轴线规律是保证画面组接连贯流畅的重要因素之一,但也不是拍摄编辑所有画面时都要考虑轴线问题。轴线涉及的是一个方向问题,因此它只在拍摄、编辑方向性较强的人或物的画面时客观存在。如果是拍摄编辑方向性不强的人或物的画面,则往往可以忽略轴线问题。

4. 不考虑轴线因素的画面编辑

(1) 静止的物体。

即平常说的静物,如室内的摆设、建筑物、树木、花草等,它们不处在运动中,因此基本上不存在方向性的问题。比如在许多风光片里,各种自然景观的画面可以自由地换切,镜头的拍摄位置、角度、景别等也可以不断改变,不受轴线规律的约束。

(2) 不存在相互交流的人物。

正在睡觉的一个人或几个人,由于人物既无运动、视线方向,彼此间又不存在情感交流,所以也就无所谓轴线。

(3) 处于小范围环境内的人物。

几个人在较小的、环境较简单的空间内谈话、看书、写字等画面,只要一开始用全景镜头交代了画面人物的相对位置,在组接时可以不考虑他们彼此间的关系线。因为观众已经了解他们之间的关系,不会产生什么误解。

(4) 环形的场面。

对于一些人物围坐的场面,如"圆桌会议"等,在一开始交代过全景之后,观众已经对画面的方向性有所了解,一般就可以不再考虑轴线问题。这一点也适用于拍摄周围布满观众观看节目的场面,摄像机在人群的圆圈内拍摄,也不必顾及轴线问题。

(5) 同一场景内的单个具方向性的镜头。

轴线规律与越轴问题,是在同一场景的两个以上具有明显方向性的画面连续组接在一起后才可能出现。如果在同一场景内只需拍摄一个镜头,那么即使被摄主体具有很强的方向性,拍摄或编辑时也不存在轴线问题。例如,我们只用一个镜头表现一辆行驶中的汽车,那么无论车是向画左运动还是向画右运动,都无所谓。此外,即使在同一场景中进行了越轴拍摄,只要剪接时不将越轴拍摄的画面连续组接在一起,而是分别用在不同场景的画面中,也不存在越轴问题。

六、蒙太奇技巧

作为影视创作特有的一种思维方式和表现手段,我们在讲述镜头组接时不能不提到蒙太奇。蒙太奇理论是影视理论中一个重要的题目,其内容既深且广,不是几个章节所能尽述,因此在这里我们虽然引入了蒙太奇概念,但主要还是将它作为一种镜头组接的技巧加以介绍。

1. 蒙太奇的含义

蒙太奇(montage),法语音译词,原意为建筑学上的构成、装配之意,借用到影视领域中则是形式与内容组合、构成的总称。在各类影视摄制中,根据主题的需要、情节的铺陈、观众注意力和关心的程度,将全片所要表现的内容分解为不同的段落、场面、镜头,分别进行处理和拍摄。然后再根据原定的摄制构思,运用各种技巧,将这些镜头、场面、段落合乎逻辑地富于节奏地重新组合,使之通过形象间相辅相成和相反相成的关系,产生连贯、对比、呼应、联想、悬念等效果,构成一个连绵不断的有机整体——一个完整地反映生活、表达思想、传播信息、生动真实的影视片。这种构成一个完整影视片的独特的表现方法称为蒙太奇。

(1) 蒙太奇的完整概念。

蒙太奇的基础概念是针对画面的构建关系而言的。实际上,人们在运用这一概念指导影视片制作时,早已超出了它涵括的内容。"蒙太奇"的完整概念包含三层意思:1) 在影视文字稿本的创作中是反映现实的构思方法——独特的形象思维的方法,即蒙太奇思维或蒙太奇原理;2) 在分镜头稿本的创作中是影视片的基本结构手段、叙述方式,包括分镜头和镜头、场面、段落的安排与组合的全部技巧;3) 在后期制作中是影视片剪辑、声画合成的具体技巧和技法。

(2) 蒙太奇的基本内容。

从总体看,蒙太奇是摄制者对影片结构的总体安排,包括:叙述方式(顺叙、倒叙、分叙、插叙、复叙、夹叙夹议)、叙述角度(主观叙述、客观叙述、主观客观交替叙述、多角度叙述)、场景、段落的布局。

从横向看,包括:画面与画面的组合关系,画面与声音的组合关系,声音与声音的组合关系,以及这三种组合关系所产生的意义与作用。

从纵向看,包括:对镜头的运用和处理(如景别、角度、拍摄方式、长度等),镜头的分切和组接,切面、段落的组接及转换。

2. 蒙太奇的地位、功能

(1) 蒙太奇的地位。

蒙太奇是影视片反映现实的独特的结构方法,它贯穿于影视片摄制的全部过程之中:始于影视文字稿的构思,完成于影视片的最后剪辑、声画合成;既是思考认识过程,也是思维物化的技术过程。它的每一阶段都体现着摄制人员的蒙太奇思维。电视节目编辑,应该把握住从文字到画面的全部内容,在编辑合成中,要使思想与形象、形式与内容、局部与整体、主观与客观诸方面辩证地有机统一。

(2) 蒙太奇的功能。

蒙太奇的功能大致可归纳为以下六点:

1) 选择与取舍、概括与集中。通过镜头、场面、段落的分切与组接,可以对素材进行选择和取舍,选取并保留主要的、本质的部分,省略删节繁琐、多余的部分,这样可以突出重点,强调具有特征的富有表现力的细节,使内容表现得主次分明、繁简得体、隐显适度,达到高度的概括与集中。

2) 引导观众的注意力,激发观众的联想。由于每个镜头只表现特定的内容,组接有一定的顺序,就能严格规范和引导着观众的注意力,影响观众的情绪和心理,激发观众的联想,启迪观众的思考。这样不仅帮助观众理解片子的内容,而且引导观众的参与心理,形成主体、客体间的共同"创造"。

3) 创造独特的画面时间和空间。运用蒙太奇的方法对现实生活的时间和空间进行剪裁、组织、加工、改造,使之成为独特的表述元素——画面时间和画面空间,使画面时空在表现领域上极为广阔,在剪裁取舍上异常灵活,在转换过渡上分外自由,从而形成不同的叙述方式和结构方式,以反映丰富多彩的现实生活。

4) 形成不同的节奏。所谓节奏,本是一个音乐术语,指的是由节拍的强弱或长短交替出现,形成音响运动的合乎一定规律的轻重缓急。"节奏"借用到影视画面中,则是指主体运动、镜头长短和组接所完成的片子的轻重缓急。

蒙太奇是形成影视片节奏的重要手段,它将画面内部节奏和画面间的外部节奏、视觉节奏和听觉节奏有机组合以体现事物发展变化的脉络,使片子的节奏丰富多变、生动自然而又和谐统一,产生强烈的传播力度。

5) 组织、综合各种语言符号。通过蒙太奇将影视整体的各种语言符号(视觉语言人、景、物、光、影、色、画面和听觉人声、自然音响、音乐)融合为运动的、连续不断的、统一完整的声画结合的屏幕、银幕形象。

6) 表达寓意、创造意境。镜头的分切和组合,相互作用,要以产生新的含义,即产生单个的镜头、单独的画或声音本身所不具有的思想含义,可以形象地表达抽象概念,表达特定的寓意,或创造出特定的意境。

3. 蒙太奇的分类

要给蒙太奇分类是困难的,正如要对文章作法分类一样。文无定法,是反映写作方法多变的特征。蒙太奇,作为反映视觉感觉规律,进行图像写作及声画"作法"的方法内容,也是因时因事因景而异,并无定法的。在镜头组接中,由于采用的方式不同,形成了不同的蒙太奇类型。目前已有的蒙太奇名称不下20种,但根据它们所表述的生活内容及心理活动的共同规律,可分为叙事蒙太奇和表现蒙太奇两大类。

(1) 叙事蒙太奇。

又称叙事性蒙太奇,它以交代情节、展示事件为主旨(表8-2)。叙事蒙太奇是按照情节发展的时间流程、逻辑顺序、因果关系来分切镜头、场面和段落,表现动作的连贯,推动情节的发展,引导观众理解所反映事情的内容。它是影视片中最基本、常用的叙述方法。其优点是脉络清楚,逻辑连贯,明白易懂。

表8-2 叙事蒙太奇包括的细类及作用

类别	名称	主要内容、特点及其作用	例子
叙事蒙太奇	平行式蒙太奇(又称平列式或并列式)	两条或两条以上的情节线索的平列表现,将异地几乎同时发生的事件分头叙述而统一在一个完整的情节结构之中,亦即平时所称的"话分两头"的手法。这种叙事手法可省去多余的过程,节省时间和篇幅,加快节奏,渲染气氛,形成对比、呼应,有利于情节展开,增加信息容量。	韩国电视连续剧《医家兄弟》里身患绝症的秀亨与敏珠结婚一场戏,同时写男女双方,新娘在结婚礼堂焦急等待,而新郎却在前往礼堂途中病发,备受折磨。敏珠的焦虑不安与秀亨的痛苦不堪平行呈现,遥相呼应;让人感受到这对恋人的痛苦与无奈。
	颠倒式蒙太奇	一种打乱时间顺序的叙述方式。它将自然的时空关系变成主观的时空关系,使各镜头间的逻辑关系发生变化。可以表现为整个电视片的倒叙结构,也可表现为闪回或过去与现实的混合。	如美国电影《别问我是谁》中,在叙述男主人公受伤后情况的同时,不断通过回忆、复述、日记等形式穿插男主人公受伤前的情景,将故事的起因、过程逐渐展现在观众眼前。
	连续式蒙太奇(又称顺序式或线索式)	一个动作或一条情节线索的连续发展,采用平铺直叙的手法叙述事实及其经过,完全按客观事物统一的时间顺序和逻辑顺序组接镜头。其特点为层次分明、条理清楚、循序渐进、逻辑性较强,是最主要的叙述方式。	① 主人在看书,听到门铃声;② 主人打开门,认出在外等候的客人;③ 两人一起走进客厅。这三个镜头构成一组连续发生的动作。此外,《祝福》、《林家铺子》等电影都是用连续式手法叙述的。
	交叉式蒙太奇(又称交替式)	由平行蒙太奇发展而来,是平行动作或场景的迅速交替,它所表现的两条以上的具有因果或呼应关系的情节线索的严格的同时性是交叉的基础。它有助于加剧冲突、制造悬念,通常用于表现追逐场面或惊险扣人的情节。	如:① 日本电影《追捕》中杜丘和真尤美在前狂奔,而杀手在后急追的情节;② 电影《南征北战》中敌我双方为争夺一个山头阵地而在山的两侧同时发起急行军的场景。
	重复式蒙太奇(又称复现式)	重复出现前面已经出现过的具有代表性的各种构成元素(如人、物、动作、场面、声音等)产生独特的寓意和传播效果。	韩国电视连续剧《蓝色生死恋》中反复出现寄托了男女主人公无限感情的两个陶瓷杯子,表现了两人之间无法停息的思念和忠贞不渝的爱情。

(续表)

类别	名称	主要内容、特点及其作用	例子
叙事蒙太奇	积累式蒙太奇	将一系列性质相同或相近的镜头连接在一起,通过视觉的积累效果,造成强调作用。	① 彩灯、鲜花、各式商品、拥挤的人群等画面的连续出现形成热闹的节日气氛;② 用炮火纷飞、坦克冲锋、喊杀连天、我军出击、敌人缴械等镜头组成一幅壮观的战斗场面。

(2) 表现蒙太奇。

又称对列蒙太奇,它以加强内涵表现力和情绪感染力为主旨(表 8-3)。与叙事蒙太奇不同的是,它不注重事件的连贯、时间的连续,而注重画面的内在联系。它以两个镜头的并列为基础,在形式上或内容上相互对照、冲击,从而产生一种单独镜头本身不具有的更为丰富的涵义,以表达某种情感、情绪、心理或思想,给观众造成强烈印象。运用这一表现手法的目的不是叙述情节,而是表达情绪、表现寓意、揭示含义。

表 8-3 表现蒙太奇包括的细类及作用

类别	名称	主要内容及其作用	例子
表现蒙太奇	隐喻蒙太奇	这是一种比喻手法,通过镜头的连接将不同形象加以并列,以甲比乙,以此喻彼,暗示出一种视觉上的直喻,使内容更含蓄。它往往借助于不同事物间的某种相似点来实现这种隐喻比附。用后一镜头对前一镜头进行比喻,通过后者形象,深刻地表达某种意义。	普多夫金的《母亲》一片中将工人游行示威的场面与春天河水解冻的画面组接起来,以此喻示革命运动如解冻春水般不可阻挡的趋势。
	象征蒙太奇	通过景物表现某种意境,达到象征目的的方法。与隐喻蒙太奇不同,它存在于一个镜头的内部。	韩国电影《约定》的片尾,犯了杀人罪的男主人公常道决定去自首,他挥泪与妻子诀别后,在一条看不见尽头的林阴道上逐渐远去,终于消失不见。画面久久地停在已空无一人的林阴道上,象征男主人公走上了一条不归路。

（续表）

类别	名称	主要内容及其作用	例子
表现蒙太奇	对比蒙太奇	是不以叙述的顺接关联而以其对比关系为依据的镜头组接方式，它通过镜头（或场面、段落）之间在内容上或形式上的鲜明对比，产生相互强调、相互冲突作用，以强化所要表现的主题。	① 大腹便便的富豪用过丰盛的晚餐坐在沙发上→② 在这个富豪开设的工厂里工作的一位工人，因"罪"被关进监狱，坐在电椅上→③ 富豪按一下开关，天花板上的枝形吊灯亮了→④ 狱警也按了一下开关，电流通过那位工人的身体→⑤ 富豪打了个哈欠躺在椅子上睡去→⑥ 工人躺在那里已经死去。这六个镜头一褒一贬，寓爱憎于形象之中。
	心理蒙太奇	通过镜头或声音、画面的有机结合，直接而生动地展示出人物的心理活动、精神状态，其特点是叙述的片断性、不连贯性和时空上的跳跃感，常以回忆、梦境、幻觉及其他主观感觉的穿插闪回手法表现人物心理活动。	电影《小花》中，在小花寻找哥哥的过程中不断穿插出小花对儿时与哥哥玩耍、哥哥被迫逃离家乡等回忆的片断，表现了小花对哥哥赵永生的思念。
	抒情蒙太奇	通过画面组合、创造意境，使情节发展充满诗意。	美国电影《音乐之声》一开始，展现在人们眼前的是一幅幅雄伟壮丽、气势磅礴的奥地利山河图，抒发了主人公玛利亚对大自然的热爱以及愿为一切美好事物尽情歌唱的愉快心情。
	理性蒙太奇	通过画面组合、透过对列形式，产生深刻的内在思想涵义。它强调"理性反响"，忽视形象感染力，把镜头变成某种图形文字一样来直接表达思想或概念。它追求哲理性，激发观众对人生的思考。	电视剧《太阳从这里升起》中烽火台和出土文物是毁誉参半的象征，含有理性蒙太奇因素。
	节奏蒙太奇	通过若干镜头的相互作用（如不同长度的镜头按不同方式组接、不同情节或景别镜头间对列组接）产生张弛、起伏、快慢等不同的节奏效果，从而表现紧张、低沉、活跃、轻松、悠闲等不同的情绪、气氛。	一个母亲在熙熙攘攘的大街上寻找走失的孩子，用一组快速切换的街景镜头可表现其紧张、焦虑的心情。

4. 蒙太奇句子

蒙太奇句子,就是由若干单个镜头连接成的具有完整意义的一组画面。这里的每一个单独镜头,好比是语言文字中的"词"。说话写文章要求用词准确、鲜明、生动、简练。用蒙太奇(对列组接)手法造句也一样,除了要考虑每一个镜头的对象(内容)、长度、摄影造型(用光、视角、构图等)、拍摄方法(固定的或运动的)因素之外,还要特别注意视距(景别)的变化规律,它是决定蒙太奇句子句型的根本因素。不同的景别带给观众的视觉刺激有强有弱,一组镜头构成的句子,由于景别发展、变化形式的不同就形成了不同的句型,产生了不同的感染力和表现效果。

蒙太奇句子主要有以下三种句型:

(1) 前进式句子。

即由远视距景别向近视距景别发展的一组镜头。基本形式为:全景→中景→近景→特写。这是一种最规整的句法,它根据人的视觉特点把观众的注意力从整体逐渐引向细节,按顺序展示某一主体的形象或动作(表情)、事件的进程。对主体形象而言,它是先用全景交代主体及其所处环境,再用中、近景强调主体的细部特征。对动作而言,它是先用全景建立动作的总体面貌,再用中、近景强调动作的实际意义。对事件而言,它是先用全景建立总体的环境概貌,再用中、近景把注意力引向具体的物体,突出细节。前进式句型的特点是渲染越来越强烈的情绪和气氛,使人的视觉感受不断加强。

(2) 后退式句子。

即由近视距景别向远视距景别发展的一组镜头。基本形式为:特写→近景→中景→全景。与前进式相反,它把观众的视线由局部引向整体,给人逐渐远离、逐渐减弱的视觉感受。例如韩国电视剧《蓝色生死恋》中恩熙死去那场戏,恩熙在俊熙背上死去了,俊熙悲痛万分。这时,镜头从俊熙惊愕继而悲痛的面部特写、近景,逐渐变为俊熙背着恩熙在海滩上走的中景、全景、大全景,直至两个人的身影在画面中变得模糊。这一段所表现出来的气氛、情绪,是越来越低沉、压抑,直叫人透不过气来。

运用后退式句子可以把最精彩或最具戏剧性的部分突显出来,造成先声夺人的效果,先引起观众的兴趣再让观众逐步了解环境的全貌。运用后退式句子还可以制造某种悬念,先突出局部,使观众产生一种期待心理,再交代整体。例如这样一组镜头:① 特写,一只戴手套的手把钥匙插入匙孔;② 中景,一个蒙面人打开房门;③ 全景,几个黑影窜进门去。这种组接方式比前进式更容易吸引人。

(3) 环形句子。

第八章 电视画面编辑技巧

是前进式和后退式句子的复合体,即一个前进式句子加一个后退句子。其基本形式是:全景→中景→近景→特写→近景→中景→全景。需要指出的是,所谓两种句子的结合,并不是说镜头组接时必须严格按照不同景别的顺序"逐步升级"或"逐步后退",也不是要求所有前进式句子必须从全景开始,以特写结束(反之,后退式句子也一样,并非要从特写开始而到全景结束)。各句子所包含的镜头景别不一定要那么完整,个别景别之间也不是不允许有跳跃、间隔、重复甚至颠倒。所谓前进式、后退式,都只是指景别变化、发展的总的趋向而言。事实上,景别的发展变化,还可以根据影片内容的需要,做一些急剧跳跃处理,比如一个大特写同一个全景相接。环形句子所表达的情绪呈现由低沉、压抑转到高昂,又逐步变为低沉的波浪型发展过程;或者先高昂转低沉,然后又变得更加高昂。

七、转场的方法

构成电视片的最小单位是镜头,一个个镜头连接在一起形成的镜头序列叫做段落。每个段落都具有某个单一的、相对完整的意思,如表现一个动作过程,表现一种相关关系,表现一种含义等等。它是电视片中一个完整的叙事层次,就像戏剧中的幕,小说中的章节一样,一个个段落连接在一起,就形成了完整的电视片。因此,段落是电视片最基本的结构形式,电视片在内容上的结构层次是通过段落表现出来的。而段落与段落之间、场景与场景之间的过渡或转换,就叫做转场。转场的方法主要有两大类:一是技巧转场,二是无技巧转场。

1. 技巧转场

技巧转场是指利用电视特技制作设备,对两个电视画面的组接进行特技处理,以完成场景转换的方法。技巧转场是一种分隔方式的转场方法,它的主要作用是使观众明确意识到前后镜头间、前后场景间、节目的前后段落间的间隔、转换或停顿;同时,使镜头转换流畅、平滑,并制造一些直接切换不能产生的视觉及心理效果。常用的技巧转场方法有以下几种。

(1) 淡出、淡入。

又称渐隐、渐现。在上一个镜头的结尾,画面的光度逐渐减到零点,画面由明转暗,逐渐隐去;在下一镜头的开始,画面的光度由零点逐渐恢复到正常的强度,画面由暗转明,逐渐显现。前一过程叫淡出,后一过程叫淡入(图7-5)。淡出、淡入是电视片中最常见的一种表现时间和空间间隔的技法。常被用于表现电视片中一个情节或完整段落的结束和另一个情节或大段落的开始。与切换不同,淡入淡出是一种明显的转场设计,用于大段落转换,指明时间连贯性上有一个大的中断。其作用类似于舞台剧中的"幕落"和"幕启"。淡出、淡入的画面长度一般各为2秒,合并使用时衔接长度为4秒。但正如舞台剧有的场合需要"幕徐徐下",有时候则需要"幕急落"一样,淡出、淡入也有快慢、长短之分,其实际运用长度,要视具体的情节、情绪和节奏的要求而定。

使用淡出淡入手法转场,承接的画面间有一段黑画面,能给人以视觉上的间歇,让观众有时间对刚看到的内容作一番回味,或者为下面即将出现的内容作心理上的准备。淡出淡入的作用主要有三:一是实现场景段落间的转换;二是实现时空的压缩及转变;三是延伸情绪、调整节奏。例如,在编播的电视文艺节目中,不同的演出内容之间可以用淡出淡入的方法加以组接,既起到让人回味的作用,又起到间隔的作用。

在一些电视专题片中,也常用淡出淡入的手法间隔事件的叙述画面和主持人的开场白或结束语画面。

淡出淡入也可以单独使用,分别与直接切换的镜头相组接。"淡出、切入"或"切出、淡入",即前一个镜头是"淡出",画面逐渐隐去,而上一个镜头是"切入",效果是先慢后快;或前一个镜头是"切出",而下一个镜头是"淡入",效果是先快后慢。许多电视剧的片头屏幕文字与正戏之间就采用"淡出、切入"手法,给观众一种鲜明的感觉,节奏先慢后快,图8-5是阳光卫视一个节目的结尾,再后一个镜头是人群向画面深处走去,此画面慢慢"淡入"到"黑场"(黑画面),留给观众回味的时间,接着"黑场"中"淡出"片尾,直至片尾画面完全清晰。在正剧中经常可见这样的镜头片段:上一个镜头是热闹的婚宴情景,新人举杯向来宾们敬酒、碰杯(切出),下一镜头(淡入)是新郎新娘在蜜月轮船上的情形。节奏从快到慢,给人一种舒缓的感觉。

图8-5 "淡入"、"淡出"渐变示意

第八章 电视画面编辑技巧

需要指出的是，由于淡出淡入手法对时空的间隔暗示相当明显，因此不宜过多使用，否则会导致节目结构的松散零碎，影响内容的紧凑和集中，使节目的节奏显得拖沓、缓慢。在新闻片中更要慎用。

（2）化出、化入。

又称"叠化"、"溶变"。即前一个镜头逐渐模糊，直到消失，后一个镜头逐渐清晰，直至完全显现，两个镜头在渐隐与渐显的过程中，有几秒钟的重叠、融合，形成前一画面在逐渐模糊中转化为后一画面的视觉效果（图8-6）。化出化入与淡出淡入的区别就在于，其渐隐渐显过程是同时进行的，而不是分前后进行的，所以看起来两个画面是重叠的。化的速度也可根据内容的需要而变化，或快或慢。

叠化相对于"切"来说不那么突然，其过程具有柔和、自然的特点，一般可用于较缓慢、柔和的时空转换。比如要表现一段抒情的舞蹈动作，若将舞蹈者一连串的动作，从一个摄像机镜头直接切到另一个摄像机镜头，往往会显得很跳，不利于表现舒缓的节奏。但若采用叠化方式转换镜头，使转场成为一种平滑的流动，则效果会好得多。图8-6是南方电视台弘扬自身办台方针的形象广告：一个少女托着中国古代发明的指南仪器"司南"在大自然寻找方向，前三个画面是化入化出关系，最后一个画面切出办台宗旨："市井文化，大众品味"，十几秒钟的广告，画面优雅，寓意深入浅出，节奏舒缓，广告词到位，给观众留下十分深刻的印象。

叠化在叙事过程中主要用于较小或不完整段落的连接、转场，表示一个在时间或空间上的较小的转变，或表示在两个地方同时发生

图8-6 "化入"、"化出"
渐变示意

279

的事情。具体如时间的推移、事件的进程、人物的回忆、环境的更替等。例如,两个画面都是墙上挂钟的特写,前一个画面挂钟的时针指在6点钟,后一个画面指在12点钟,前一个画面渐渐融入后一个画面,自然而美妙地反映了一个时间跨度,这便是一个被经常采用的例子。又如,一个人在某一地点长时间等待朋友,他一会儿坐,一会儿站,一会儿打电话,一会儿看手表,由白天等到晚上也没见朋友出现。如果用叠化手法表现这一过程,让前面的画面逐渐融入后面的画面,那么人物动作的变化、周围环境更替就会显得平缓、自然。叠化在转换画面时,往往能产生柔和的、富有诗意的效果,使画面的转换显得颇具美感。但叠化比起切来,所费的时间毕竟较多,因此在一些时间性较强的节目中(如新闻节目)不宜使用这种手法,而应尽可能用切来换镜头,直截了当地把正在变化的事情告诉观众。此外,叠化手法使用的成功通常是建立在摄像机镜头正确的运动和恰当的时间选择的基础上的,任意选择两个镜头相融并不能产生理想的效果。

(3) 划像。

又称"划"、"划变",可分为"划出"、"划入"(或称"扫出"、"扫入")两种形式。划出是前一个画面从某一个方向退出屏幕画框,空出的地方由叠放在该画面"底部"的后一个画面取而代之;而划入(图8-7)则是前一个画面作为衬底在画框中不动,后一个画面由某一方向进入画面,取代前一个画面。"划"可

图8-7 "划像"的"划入"示意。左图在中图时为底图,右图在中图时为自右向左"划入"的图像,右图为最后完成的图像。中图的"划像"使用本书第一章介绍的 Studio8 制作

依照划动的出发点和终点,区分为左右划、上下划、对角划等不同方向。如果从前一个画面的某一点按圆形扩展开去,在这圆形的扩展部分出现下一个画面,则叫"圈出";而前一个画面由圆形缩小为一点,最后消失,显出下一个画面,则叫"圈入"。圈入、圈出是划的特殊形式。

早前,划像的形式很简单,就是用一个新的画面逐渐划过屏幕,以取代原有的画面,两个画面之间存在一条明显的界线,当新的画面完全取代原有的画面时,划的过程结束,界线也随之消失。随着电视特技手段的不断发展,划像的方式、方向也发生了极大的改变,除了上、下、左、右各个不同方向的划像外,还有星形、圆形、扇形等多种几何图形的划像。先进的数字特技制作软件能够提供无限多的划像组合形式。例如,现在常见的"软切格"技术,就是对传统有明显边界的硬划的重要改进。在"软切格"过程中画面之间没有明显的分界线,画面之间的转换是以画面的扩散、渐变为特征的,它减低了硬划的触目程度,使之看起来更像叠化而不像传统意义上的划像了。当然,选择划像形式时要注意切合全片内容、风格的需要,不要滥用技术,否则只会适得其反。

划像可用以表现地点、空间、场合的改变。因此,当前后两段节目在内容上属于同时异地或者平行发展的事件时,常采用划像手法来转场。"划"的变化节奏比之"淡"和"化"更紧凑。相对而言,划是人工痕迹最明显的一种镜头转换方式,因此在短新闻片中要慎用。

(4) 定格。

就是将画面中运动的主体突然变成静止状态,定格结束,自然转入下一个场景。定格的形式主要分为由动(活动画面)变静(定格画面)和由静变动两种,前者多用于一个较大段落的结尾或连续性节目每一集的片尾,也有的用于片尾作为屏幕文字的衬底来使用;后者用于段落开头和电视片头。也用于段落中间的定格形式,如静止的相片变活,可引起回忆或进行倒叙。定格是动作的刹那间"凝结",显示宛若雕塑的静态美,能够突出或渲染某一场面、某一形象、某种神态、某个细节等。但由于其视觉冲击较强,因此一般段落转场不宜多用。

(5) 翻转。

即前一个镜头的画面以屏幕的中心线为轴线,经过180度的翻转换成另一个镜头。其视觉效果犹如翻书页。翻转适用于连接对比内容的两段画面(比如今与昔、新与旧、穷与富、悲和喜等)以及变换时空。在一些娱乐性的节目中也常用翻转制造活泼的气氛、明快的节奏。

(6) 多画面。

即把同一个屏幕分割为多个画面的技巧(图8-8至图8-12)。这种存在多个

图8-8 3个视窗的全球连线节目

图8-9 多个视窗逐一推介其中人物

图8-10 利用视窗形成超时空对话

图8-11 模糊界限的对话两视窗

画面的屏幕可以用来表现同时发生的相关或对立的几个事件、动作,或从不同视点、不同距离表现同一个事件和动作;也可用来实现段落、场面交替更换。比如,我们可以在一段戏的末尾,运用多画面的办法,分出一部分屏幕来介绍与此同时发生的另外一场戏,并且在前面那段戏结束时,用后一场戏的画面填满整个屏幕,以此完成转场任务。又如,使打电话的双方同时出现在左右对分的两格画屏中,或者把贫富、善恶、美丑、雅俗、悲欢等场面并列于屏幕上。这样不仅扩充了画面的容量,而且更加突出形象对列的艺术效果。

需要指出的是,随意将一个电视屏幕分割成若干画面是不足取的,因为电视屏幕的尺寸有限,且观众在同一时间里也只能处理一定量的视觉信息,屏幕分割过频过碎,许多东西会被观众忽略掉,弄得不好还会造成混乱,使观众分心。

近年来随着数字特技手段的发展,技巧转场的方式也越来越多,我们在这里介绍的只是其中最常用的几种。使用特技手段转换场景、分隔节目段落，可使段落的划分清晰、分明，叙述性节奏更加突出，增加场景转换的艺术性。但这种方法也存在着弊端，主要有两点：其一，采用技巧（特技）转场，人为痕迹过于明显，影响节目的真实性、自然感；其二，过多地使用技巧转场，容易造成节目结构的松散和节奏的拖沓，使人觉得节目过于冗长或零碎。

因此，我们在使用技巧转场手段时要慎重，要从节目内容、风格的实际需要出发加以考虑，尽量少用或不用可有可无的附加技巧，不要为了卖弄技术滥用特技，以免因形伤义。

2. 无技巧转场

无技巧转场，是指用无技巧组接，即画面间直接切换手段实现转场的方法。这是一种连贯方式的转场。它之所以能够成立，是因为电视节目特殊的时空环境使跳跃组接成为可能。无技巧转场的最大功能，就在于省略了许多"过场戏"，缩短了段落间的间隔，加快了节目的内在节奏，扩充了节目的容量。但是，用无技巧转场，其段落转换处的画面必须具有可靠的过渡因素。这样，我们才能用直接"切入"来转场，使段落间的联系更为紧密，起到"承上启下"的作用。

(1) 段落转换处画面的合理过渡因素。

1) 相似性。即上、下两段相连的两

图 8－12 导演利用同一条隧道实现了镜头内容在时间上的大幅度跨越

个镜头的主体在形状上相似、数量上相等,或上、下两个镜头包含的是同一主体。

2) 逻辑性。即上、下两段相连的两个镜头在情节发展上具有逻辑性,包括互为因果、前后对应等关系。

3) 比喻性。即上、下两段相连的两个镜头的画面内容有着强烈的对列作用,而后一个镜头对前一镜头能产生比拟、隐喻的作用。

4) 过渡性。运用画面主体的运动或移动拍摄手段,来使摄影场转移,或借用人物的台词、旁白(文字稿、报道词、解说词)、音乐、声效来处理段落的转移。

以上所述四点段落转换的合理过渡因素,可以保证段落转换的连贯、顺畅。但是几乎所有的转场——即使是连贯方式的,直接"切入"的转场——都包含着段落之间既连贯又分隔两方面因素。在连贯方式的转场中,合理过渡因素是矛盾的主导方面。

(2) 段落之间分隔的因素。

与此同时,我们也不能忽视这对矛盾的次要方面——即段落之间分隔的因素。因此,我们在考虑到段落转换的合理过渡因素之余,也要注意使两个段落相连的两个镜头在内容上具有某些特征,使观众从画面本身的造型上,很快看出场面的转换。这些画面内容的特征,主要有下列几方面:

1) 在主体相同或相似的情况下,由于前景、背景的变化造成环境、地点、气氛的改变。

2) 同一主体在前、后两个镜头中的方位发生了变化,如原来是正放的,变成斜放的了。

3) 前后两个镜头在内容上虽有因果、对应或比喻的关系,但是主体根本不同了。

4) 同一主体在前、后两个镜头中运动状态不一样。比如在前一个镜头中是静止的,到了后一个镜头变成移动的(也可以反过来,由动到静);或是前一个镜头中主体由远及近,到了后一个镜头则由近及远。

(3) 常见的无技巧转场方法。

掌握了上述直接切换转场的规律,就可以在实践中摸索、创造出多种多样的转场方法。下面,我们列举一些常见的无技巧转场方法。

1) 同体转场。利用同一人物或物体连接前后两个场景或段落的转场方法。在镜头转换时,如果前后镜头主体内容截然不同,主体造型截然不同的话,会造成视觉的不流畅,特别是在同一场景下发生这种现象,不流畅感尤为突出。利用同一主体转场,可以帮助解决此类问题,使转场自然、流畅。

例如,香港喜剧片《难兄难弟》中,李奇在摄影棚内打算用录音机录一段表达爱意的诗送给恋人宝珠,这时吴佐治和他的朋友走了进来,李奇连忙躲到了屏风后,毫不知情的吴佐治得意地向朋友炫耀他如何施计骗取于大姐(与李奇同属一家电影公司的演员)的钱财,李奇觉得情况不妙,就悄悄把录音机伸到屏风外,录下了吴佐治和朋友的对话。这时镜头从吴佐治及其朋友的中景慢推至转动的录音机的特写。在下一个镜头里,镜头从转动的录音机的特写拉至中景,于大姐正和李奇坐在一张桌前听录音,于大姐得知吴佐治的诡计后气愤不已。在这里,影片利用同一台录音机顺利实现了场景的转换。又如,一条介绍农业科学家的新闻,前一个镜头是这位科学家在田间采集标本的中景,后一个镜头从他的近景拉开,已经是他在实验室里做实验的情况了。这是利用主体人物自身实现场景的转换。

需要指出的是,利用同一主体转场,在景别上大都是该主体的近景或特写,因为这一视距的镜头能排除画面环境中次要因素的干扰,较好地引导观众的注意力随画面趣味中心的转移而转移。

画面因素包括许多方面,如环境、主体造型、主体动作、色调影调、景别、视角等。除了运用相同的画面主体转场外,还可利用其他相同的画面因素转场。主要有:① 利用相同的背景实现镜头的转接。如韩国电视连续剧《蓝色生死恋》第四集,尹教授一家要移民美国了,小恩熙得知这一消息后,一路追赶教授的轿车,希望能和养育了自己十四年的"爸爸"、"妈妈"还有感情深厚的"哥哥"俊熙再见一面,可她最后还是没能追上,只能站在每天和哥哥上学必经的隧道口目送车子远去,伤心不已。在下一个镜头里,还是那条隧道,从隧道另一端缓缓走来的是八年后已经长大成人的"哥哥"俊熙(图8-12)。导演利用同一条隧道实现了镜头内容在时间上的大幅度跨越。② 利用特殊的色调影调的共同性来转接,如前后镜头皆一片火红。③ 利用特殊的景别的共同性作为转接的依据,如两个人物特写的转换。④ 利用特殊的视角的共同性来组接镜头,如仰视镜头和仰视镜头相接;根据镜头运动的共同性转接镜头,如摇镜头接摇镜头,移镜头接移镜头,不过,除了镜头运动过程中的间歇处或静止的起幅、落幅可作为剪辑点外,在镜头运动过程中间一般不宜多转换镜头,尤其不宜下接静态镜头。

2) 相似体转场。就是利用画面主体的相似性实现转场。所谓"相似性"包括两种情况:一是前后两个镜头表现的是同一类事物(但不是同一个物体),二是前后两个镜头表现的主体虽不属于同类,但在外形上相似。

3) 利用主体间的相似因素来转场。利用主体间的相似因素来转场,可使转场顺畅、巧妙。比如在墨西哥故事片《叶塞尼娅》中,在渠边的小树下,吉卜赛青年马尔多拉完提琴后,向叶塞尼娅吐露爱慕之意,叶塞尼娅拿着胸前的一枚金像,告诉巴尔多她身上挂着白人的护身符,命中注定要嫁给一个异族人。这时候,镜头推成叶塞尼娅胸前金像的近景,从而结束了这一段外景;下面一段开始,是一个往脖子上挂金像的特写,镜头拉开地点已成了路易莎家中的内景了。在这里,两个镜头中的两个金像都是特写,但它们不是同一个主体,而是处于两个不同场景之中的相似体。用两个金像的衔接完成场景转换,显得自然、巧妙,同时,由于两者的相似性,还能使观众对金像主人之间的关系产生联想。

又如,韩国电视连续剧《忽然情人》最后一集,女主人公汉妮和男主人公胜俊约定带上各自种的番茄在小公园见面。片中用一组镜头表现了两人各自摘番茄的情形。上一个镜头是汉妮在家中小心翼翼地摘番茄,镜头逐渐推至其手部的特写,下一个镜头由一只摘番茄的手的特写拉开,出现在观众面前的是正在摘番茄的胜俊,地点已转到了胜俊家(图8-13)。在这里,两人的手就是不同场景之中的相似体。上面说的是第一种情况,同类物体的相似性成为合理过渡场面的因素。第二种情况则是利用被摄主体在外形上的相似性来完成转场任务。如电影《少林寺》中,武僧们从菜园里抓来田鸡给受伤的小虎补身子。厨房里,一武僧"嗤"的一声把田鸡的皮撕开,紧接着下一个镜头是禅房里,师父"嗤"的一声把小虎的衣服撕开,替他清洗伤口。这里,就是利用撕田鸡皮与撕衣服这个相似动作实现转场的。此外,还有折扇接孔雀开屏、房门接洞口、手表接闹钟等。有的纪录片中前一场的最后一个镜头是果园里堆集的水果,下一个镜头是水果罐头商标上的水果特写,影片就由果园转到了商店,由生产转到了生活。这都属于相似体转场。

图8-13 运用相同因素(手)实现男女角色的画面转换

要运用好相似体转场的技巧,就要善于把握众多画面形象之间的外部相似因素和内在逻辑上的相似因素,一旦在拍摄和剪辑工作中遇到转场不顺利时,就可以在相似体上做文章。

4)特写转场。这是一种运用特写镜头的显豁作用,强调场面突然转换的手法。特写转场的特征是,无论前一组镜头的最后一个镜头景别是什么,后一组镜头都是从特写开始。图8-14是一个婴儿卫生用品的广告镜头组接,前三个镜头有两个是反轴的,中间插入特写动画转换,三个特写镜头转接自然流畅,画面形象目光中的期盼情态专注诱人,真是童稚呼之欲出,成功地将观众的注意力集中到产品画面上。

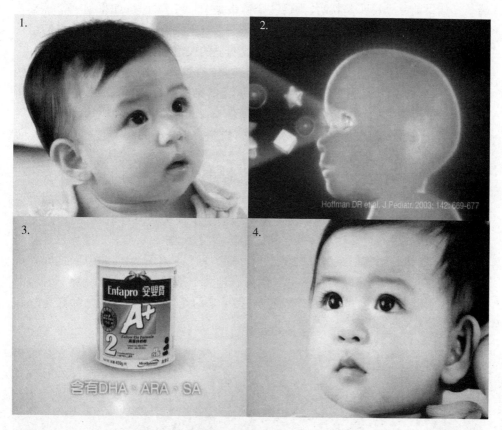

图 8-14 特写转场,有利于集中观众的注意力

　　运用特写镜头转场,能够暂时集中观众的注意力,使观众不至于感到太大的视觉跳动。电视新闻、纪录片、专题节目常用这一方法来转场。例如,一部介绍某个度假胜地的电视片,第一组镜头表现度假区内的特色建筑,第二组镜头一开始从一座精美的雕塑的特写拉开,介绍区内的工艺品商店,第三组镜头的第一个画面,是一个盛着绿色饮料的高脚玻璃杯的特写,由这个特写拉开去,是一张餐桌,场景又转到了区内的餐厅,介绍度假村的饮食情况。

　　至此,我们不难发现,特写镜头在转场中起着重要的作用,无论是利用同体转场、相似体转场,还是特写转场,都离不开一定的特写镜头。因此,在前期拍摄时应有意识地在每一个场景内拍摄一两个相关主体的特写镜头,以备后期编辑遇到转场不好处理时使用。

5) 两极镜头转场。即前一个镜头的景别与后一个镜头的景别恰恰是两个极端——如果前一个镜头是特写,则后一个镜头是全景或大远景;如果前一个镜头是远景或全景,则后一个镜头是特写。两极镜头本身就具有强调的意思,将它们组接在一起能够产生一种前后对比的效果,形成明显的段落感。

例如,一部德国人拍的电视纪录片《香港》中有这样一例:前一组镜头表现楼群建筑,最后一个镜头是大全景的楼房,后一组的第一个镜头直接跳到股票交易所里吵嚷着的投资者的特写,利用景别和声音的突然变化形成一种段落间的节奏转换。又如,电视连续剧《蓝色生死恋》第五集,恩熙在华真浦的海边遇见了分别八年的哥哥俊熙,她激动地跑过去从背后抱住了俊熙,兄妹俩终于相认,恩熙再也控制不住自己的感情,跌坐在她站立的地方掩面痛哭。俊熙怔了一下,然后蹲下身来安慰她。站在一旁的泰锡和幼美惊讶地看着这一幕,困惑不已。这时镜头逐渐拉开,变为大全景。海边的故事告一段落。接下来的一个镜头是泰锡的特写,由这个特写切换下去,故事地点转到了俊熙居住的工作室门外(图8-15)。四个人已经从海边回来了,泰锡和幼美坐在门外的椅子上,满脸不解,搞不清俊熙和恩熙之间到底是怎么回事。俊熙兄妹俩则在屋里谈话。通过大全景到特写的两极镜头切换,海边相认一场戏紧张、激动的气氛得以缓解,接下来的是一种真相大白之后较为平和的气氛。

图8-15 从大全景转特写,视觉跳跃大,冲击力强

两极镜头转场适用于较大段落的转换,在小的段落转换时则不宜使用。此外,过多地使用这种转换方法,会使节目显得零乱、不流畅。

6) 同景别转场。顾名思义,就是前一个场景结尾的镜头与后一个场景开头的镜头景别相同,常见的形式是全景接全景,特写接特写。蒙太奇方式的运用以前进式或后退式居多,首尾两个镜头多是全景或特写。全景接全景,是前一个镜头以空间环境或整体气氛结束,后一个镜头以空间环境或整体气氛为开端;特写接特写,是前一个镜头以突出一个段落,后一个镜头以富有感染力的细节来引出另一段故事。特写接特写,会使观众的注意力相对集中,使场面过渡转接更紧凑。

7) 出画入画,自然转场。电视片无技巧转场手法之一。即前一场景的最后一个镜头末尾,主体走出画面;后一场景的第一个镜头开端,主体走进画面。出画与入画的主体,可以是人,也可是动物,或者是车、船、飞机等交通工具。此外,出画入画的主体可是同一主体,也可以是不同的主体。从使用频率来看,以同一个主体出画入画转场的情况居多。

运用出画入画来转场,要注意把握好主体出画与入画方向的一致性。水平方向(左右方向)的出画入画,如果上一个镜头中主体是从画框右方出画,下一个镜头中主体就应该从左方入画(图 8-16)。如果从右方出画又从右方入画,就容易给人造成主体走出去又走回来的错觉。垂直方向的出画入画一般是主体从画框下方出画,又从画框下方入画。例如主体在前一个镜头中由站立而下蹲出画,在后一个镜头中主体则由下蹲位置起立入画。不过,垂直方向出画入画的情况较为少见。出画入画的运用,与剧情发展的关系十分密切,因此要结合到演员的表演动作中去。

图 8-16 出画入画转场示意

出画入画的动作可造成紧迫感,因此这种转场方法适用于角色情绪比较饱和、激动的地方;上一场"出画"在视觉上造成的短暂悬念,在下一场第一个入画镜头中立即得到解除。这种匹配连接显得十分顺畅、爽利,有助于造成明快或强烈的节奏。

8) 挡黑镜头转场。这种方法实际上是把相同体转场手法和"淡出淡入"相结合。其画面特征是:在摄像机镜头固定的情况下,前一个场景,主体逐渐靠近摄像机,直至其正面把镜头全部挡黑(即从镜头所处的位置出画),在后一个场景中,主体又从摄影机镜头前走开,即主体的背面先将镜头全部挡黑,然后向远处移动(即从镜头所处的位置入画)。这种方法中,前后两个镜头可以是同一主体,也可以是不同的主体。但必须是用来转换时间、地点,而不宜用作一般的镜头转换技巧。

在故事片《甲午风云》中,邓世昌听说李鸿章准备向日寇投降议和后,怒不可遏,急忙赶往李鸿章的行辕理论。他离开自己的衙门时大步直冲镜头奔来,前胸挡住了镜头;紧接着,当他背朝镜头向前走开时,场景已经转到了李鸿章的行辕。

主体挡黑镜头转场的好处是:在视觉上给人以较强的冲击,制造一定的悬念;同时,由于省略了"过场戏",画面节奏变得更加紧凑;由于主体要一直移动到镜头焦点之外(在画面中变模糊),实际上赋予主体动作一种强调、扩张的作用,因此,能与主体果断、干脆或者急切的心理状态相吻合;如果前后两次挡镜头用的是同一个主体或同类主体,对主体本身就有一种强调、突出感,使主体形象在观众视觉上留下更深刻的印象。

9) 主观镜头转场。所谓"主观镜头",是指摄像机以画面中人物的视线为方向拍摄所得到的镜头。主观镜头表现的是画面人物所看到的东西(即画中人物的主观映像)。用主观镜头转场,是按照前、后两个镜头之间的逻辑关系来处理转场的手法之一。比如,前一个镜头是片中人物在看,后一个镜头则是该人物所看到的目的物或场景,下一场景中的情节由此开始。故事片《林则徐》里有一段比较典型的例子:

中景:……(义律叫颠地离开广州逃到澳门去)。

颠地:"现在恐怕来不及了!"

义律:"现在还来得及!"

颠地:"好!你自己来看看吧(他拉义律走到窗前,拉起窗帘)!你看看——"

全景:江边码头,巡逻队走过去。渔民群集在商馆门口,指着商馆楼上咒骂着。

近景:阿宽夫妇愤恨地望着楼上。

中景:义律房间内,义律、颠地仍在窗前。

义律看了看楼下的情况,泰然地说:"颠地,不要紧!伍绍荣会帮助你的。"

颠地:(放下帘子)怀疑地说:"现在他会帮忙?"

义律:"肯定会!"

在这一段里,从义律的房间到江边码头、商馆门口,是用义律和颠地的主观镜头转场的;由商馆门口转回到义律的房间,则是用阿宽夫妇的主观镜头转场。

主观镜头转场往往是前一组场景以人物的"看"这个动作或沉思结束,下一场

第八章 电视画面编辑技巧

景就是这个人物看到的人或物(或其想象、回忆中的人和事),从而把两个场面连贯起来。例如美国纪录片《国家地理杂志之龙卷风》中,一名警长一边开车一边讲述他当日目睹及拍摄龙卷风的情形,他用手指着车外的某个方向说:"它(龙卷风)就是在那里出现的。"下一个镜头出现的就是他当日拍下的情景。

10) 空镜头转场。空镜头,又称景物镜头,是指电视片中作自然景物或场面描写而不出现人物(主要指与剧情有关的人物)的镜头。常用以介绍环境背景、交代时间空间、抒发人物情绪、推进故事情节、表达作者态度,具有说明、暗示、象征、隐喻等功能,在片中能够产生借物喻情、见景生情、情景交融、渲染意境、烘托气氛、引起联想等艺术效果,在画面的时空转换和调节故事节奏方面也有独特作用。空镜头有写景与写物之分,前者通称风景镜头,往往用全景或远景表现;后者又称"细节描写",一般采用近景或特写。

当情绪发展到高潮的顶点后,往往需要一个更长的间歇,使观众能够回味片中的情节和意境,或者得以喘息,稍微缓和一下情绪。在这种情况下,就需要安插一段具有一定长度的"空画面"来结束这一段落。空镜头转场的一大特点是使段落之间有一种明显的间隔效果。例如,电视剧《蓝色生死恋》中,俊熙带着恩熙"私奔",泰锡追到车站寻找两人不获,又急又气。镜头从泰锡的近景切换到一个大全景的空镜头——蓝天白云、青山绿草和一间小屋,在下一个镜头里,俊熙和恩熙出现在小屋前,两人已经来到了恩熙从前生活过的牧场(见图8-17)。借助空镜头,故事的

图8-17 空镜头转场图例

场景从嘈杂的车站转到了美丽幽静的牧场。而故事的气氛也由俊熙兄妹"逃跑"、泰锡追赶时的急促、紧张转为两兄妹享受二人世界时的轻松、愉快。电影《少林寺》中也有类似的例子：

……身负重伤的小虎(后来的觉远)逃到少林寺,被寺中的武僧救起

中景：武僧师父亲自替小虎疗伤

全景：众武僧进来,端来了刚煮好的田鸡粥,还递上两个鸡蛋

……

近景：师父小心翼翼地喂小虎喝加了鸡蛋的田鸡粥

特写：虚弱的小虎看着慈祥的师父心中感激不已,边喝粥边落泪(渐隐)

全景：(渐显)初升的太阳

特写：大钟

全景：梅林

近→全：飞檐一角、飞鸟

全景：山间小溪

全景：山间小溪

全景：山间宝塔

全景：前景是梅花,后景是一群羊和一个牧羊女

近→全：牧羊女在赶羊

全景：小瀑布的流水摇至山下的小溪,小虎跟着武僧们到溪中打水

在这里,直接的转场方式虽然是渐隐、渐显,但随后的7个共长37秒的空镜头也起到了明显的间隔作用。如果影片只用技巧转场手法,在小虎的特写镜头渐隐之后,在下一个渐显的镜头里立即讲述伤愈后的小虎,仍然会给人一种突然的感觉;如果随后的渐显镜头表现的仍是养伤之中的小虎,前面的技巧转场就失去了意义。插入一段较长的空镜头就解决了这个问题。这些空镜头无疑带给人一种时间流逝的感觉,而美丽的景色也暗示着生命的重燃。所以,当空镜头结束,小虎以生龙活虎的面貌出现在人们面前时,也就不会令人觉得突兀了。

11) 接动作转场。又称动作转换。它的意思是在主体位置固定的画面中,姿态的变化就是主要的动作转换。我们若在姿态改变的过程中,把镜头剪断,接下一个镜头,可以使画面的发展非常流畅。这原来是镜头转换的一种剪接技巧,通常是用来变换景别(或称连接不同景别的两个镜头)的,但有时也可以用来转场,使两段之间的衔接变得紧凑。其特点是,主体的一个动作是在两个不同场景中完成的。由于这种转场方式是在一个动作中完成的,因此适用于情节上紧密连接、直线发展,在角色情绪上也不中断两场戏的衔接。在武侠片中常常可以见到这种转场方

第八章 电视画面编辑技巧

式。比如人物在某一场景中飞身跃起,在空中打一个筋斗,当他(她)落地时(亦即动作完成时),已经到了另一个场景。

12) 运动镜头转场。利用摄像机机位的移动或镜头方向的移动所造成的视线、场景的变化,完成地点转换的任务,就是运动镜头转场。摄像机作升、降、推、拉、摇、移、跟、甩等运动拍摄,都可以用来作为转场的手段。其中以跟随或移动镜头较为常见,它可以连续地展示一个又一个的空间场景,从而顺畅、自然地完成场景的转换。

例如,一条反映私人制衣厂存在严重消防隐患的新闻,记者跟随检查人员脚步拍摄,从拥挤的车间转到封闭、无走火通道的工人宿舍,再转到没有任何消防设施的衣物、布料仓库。跟拍使场景间的转换顺畅、自然。电视剧《激情燃烧的岁月》中,有一场表现石光荣满屋子找妻子褚琴的戏,镜头跟随石光荣走了一个房间又一个房间,画面的场景也就从褚琴住的客房转到石光荣夫妇的房间,再转到三个孩子各自的房间,再转到厨房等等。又如,电视剧《文成公主》中,唐朝的送亲官员深夜求见文成公主,公主以"时候不早"为由不予接见。那名官员只好在帐篷外提醒文成公主要注意外交礼仪,然后离去。这时导演用一个移动镜头直接穿过帐篷,把场景转入了帐篷内,文成坐在椅子上想着官员刚才说的话。

用运动转场,如果摄像机运动速度比较缓慢,转场就显得十分连贯、柔和,可以制造出比较恬静、幽美的意境;如果摄像机急速移动,场景的突然变化会造成较强的视觉冲击,有利于表现紧张的情节和气氛。

13) 承接式转场。利用影片两段之间在情节上的承接关系。甚至利用两段之间相连的两个镜头在内容上的某些一致性,也可以达到顺利转场的目的。比如,电视纪录片《新上海的主人》中,有一段介绍某发电站胜利建成投产,输电线伸向远方;下一段第一个镜头是住宅区林阴道上的宣传画牌,画的是一位女电工在高压线塔上带电作业,镜头摇下来,下班后的工人们在林阴道上散步休息,影片就由生产转到了介绍工人业余生活的段落。

14) 隐喻式转场。这是一种运用对列组接手法来达到转场目的的艺术手法。它充分地发挥了蒙太奇比、兴的作用,富有寓意。例如爱森斯坦的早期影片《罢工》安排了两处地方发生的两种屠杀,并用屠宰场中的宰牛来比拟沙皇军警对工人们的杀戮:

A. 一头公牛的脑袋,屠刀对准公牛插过去。→B. 拿着屠刀的一只手猛插过去。

C. 千百个人从斜坡上滚下来,许多人在地上爬起来,张开双手。

293

D. 一个士兵的脸孔。倾听着。一排枪声。→E. 公牛的身躯抖动着。

F. 公牛的双腿抽缩着。牛蹄拍打着一摊鲜血。

G. 步枪的扳机。→H. 屠夫用绳子把牛头缚在木台上。

I. 四处奔跑的人群。

J. 在丛林后面,出现了一个士兵的身影。→K. 牛头。看不见的一击。

L. 两眼翻白的牛。

M. 步枪一阵齐射。→N. 公牛的双脚被缚紧。

O. 人们从悬崖上滚下来。→P. 切开公牛的咽喉,鲜血涌出。

Q. 人们站起来,两手张开。

R. 人群奔向栅栏,冲破栅栏。

栅栏外面有伏兵。→S. 公牛的脑袋和躯体分了家。

T. 一阵齐射。

……

导演根据巧妙、周密的艺术构思,将杀牛与杀人的两段画面交替、对列组接在一起。场面的转换,完全是根据隐喻的需要,在军警镇压工人们的现场同屠宰场之间来回跳跃的。由于两个场面之间的含义是共通的,因此,不论如何迅速、频繁地往返转场,人们都能接受。以上所讲的两种转场方法,实际上都是根据前后镜头间的逻辑关系来转场的。

15) 声音转场。这是一种运用声音与画面相结合来达到转场目的的常用方法。声音转场的形式包括:利用片中人物的对话、台词转场,利用旁白转场,利用歌词和音乐旋律的发展来转场等。

所谓对话、台词转场,就是利用一个场景结束前人物对白的最后一句话,与下一个场景一开始人物说的第一句话相衔接或相重复,来达到场景转换的方法。比如,电影《地雷战》中的一组镜头:

A. 在村路边,鬼子工兵队长皱着眉头,不停地甩着粘在手上的大粪,不解地自言自语:"这是什么地雷?"

B. 高高的山冈上,小娃子拍手欢叫着:"这是我的'巴巴'雷。"

上面两个镜头里,鬼子并不是向小娃子问话,小娃子也不是在回答鬼子的问题。影片只是利用两个镜头中一问一答的对白上的衔接,顺利实现了村道边场景向山冈场景的转换。

又如,美国喜剧片《成长的烦恼》中的一组镜头:

迈克提出周末去野营,还要玩惊险车技。麦琪听后叫丈夫杰森一同到客厅里谈谈。孩子们也在厨房里讨论起来。迈克说,要是能听到父母的对话就好了。于是他的妹妹卡萝尔和弟弟本恩就开始模仿父母的语气对话。

A. 厨房里。(卡萝尔之前学着妈妈的口气说:"可妈妈会说,这没什么不好,现在淘气的花样越翻越新了。")本恩接着姐姐的话,学着爸爸的样子说:"爸爸说,麦琪,你的做法太过分了!"

B. 客厅里,麦琪叉着腰,不满地对杰森说:"我的做法一点儿也没过分。"

和上面的例子一样,这组镜头也是利用人物对白上的衔接,自然地将场景从厨房转到了客厅。另一方面,从情节上来看,这种连接方式也证实了孩子们对父母谈话内容的猜测是正确的。

有时也可利用歌词来转场。如电影《少林寺》中,白无瑕唱《牧羊曲》,当她唱到"日出嵩山坳,晨钟惊飞鸟。林间小溪水潺潺,歌声轻轻扬"时,画面依次出现红日、大铜钟、空中飞鸟、林间小溪等景象,场景就在空中、山中、林间转换。又如,电影《闪闪的红星》中,潘冬子的妈妈唱《映山红》,当唱到"若要盼得哟,红军来,岭上开遍哟,映山红"时,镜头从冬子他们住的小屋内景,拉到了山岭上,下一段冬子与吴修竹的戏,就在山岭上展开了。有的纪录片中,由舞台上正演唱歌曲的演员的镜头,转到歌中所唱内容的实地情景,再转回到歌唱者,这时,演员的演出场地已经换了。

声音转场,除了在故事片中常见以外,在新闻片、专题片、纪录片中也很多见。主要可分为旁白转场、人物同期声转场、音乐或音响转场几种方式。

旁白转场。就是用旁白的内容充当段落划分的依据,利用旁白内容的起、承、转、合,来完成场景的转换。许多大型的纪录片会采用这种转场方法。如大型纪录片《邓小平》中,许多重大历史时期画面的转换、过去与现在画面的转换,都是由旁白来承担过渡、衔接作用的。

人物同期声转场。就是用另一个场景的人物同期声采访来做场景转换、承上启下的因素。电视新闻中常用这种方法:前一个场景是旁白对人物及事件背景的介绍,后一个场景则直接切入人物的同期声采访,与此同时完成场景的转换。

音乐或音响转场。专题片的画面与电视剧相比,较为零散,缺少情节性的连贯因素。音乐和音响有时可以弥补这一不足,担当起转场、过渡的责任。常见的方法有:在同一段音乐或音响的延伸中,画面自然过渡到下一个场景;用一段与前一段落不同的新的音乐或音响来引出下一组画面。利用音乐转场,通常是把音乐的间歇、节点、结尾作为画面转换的依据;利用音响转场,则要抓住音响的特点,依据它与现实生活的联系来转换画面。例如,一位父亲在家中焦急等待,一声婴儿的啼哭,场景就从家里转到了医院产房外。

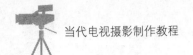

无技巧转场,对电视节目制作者提出了更高的要求,它需要严密的构思和精巧的设计,特别是要熟练地把握形象逻辑,尽量发现每一场景的画面与前后两个其他场景在外在形态和内部逻辑上的相关因素,抓取一些能够用于场景转换的画面,以满足后期画面剪辑中对承担转换时空任务的转场画面的需要。电视的制作技巧,是不断发展、丰富和成熟起来的。我们在这里介绍的只是电视节目中最常见的几种无技巧转场方法。只要我们在实践中从内容出发,不断地探索创新,将会创造出更多更好的转场手法,丰富电视片的形式。值得一提的是,任何技巧的运用,都应当服从表现的需要,尊重观众的欣赏习惯及视觉、心理规律,纯粹的技巧对节目本身而言是没有意义的。

本 章 小 结

电视画面编辑是电视节目制作中的一个重要方面,是电视节目后期加工中的主要任务之一。电视画面编辑的具体内容涉及镜头的选择、镜头的组接、镜头长度的确定、镜头间的转换,以及画面与声音的组合等。

镜头,是电视节目的基本构成单位和表意单元,是电视节目的思维语言,电视画面编辑工作的主要内容,对画面的准确选择与组接,源自编辑人员的图像美学修养。

本着"内容为王"的要求,电视画面编辑首先是从庞杂的素材镜头中选择最好的画面的最佳内容部分,按照最有利于叙事、表达思想的顺序组接成一个完整的电视节目。

"形式是金"是相对于"内容为王"的平行补充,是对诸多电视节目制作审查过程中"重内容、轻形式"诟病的理论诊治。

千姿百态的组接范式都是源自"蒙太奇",蒙太奇的基础概念是针对画面的构建关系而言的。实际上,人们在运用这一概念指导影视片制作时,早已超出了它涵括的内容。"蒙太奇"的完整概念包含三层意思:1. 在影视文字稿本的创作中是反映现实的构思方法——独特的形象思维的方法,即蒙太奇思维或蒙太奇原理。2. 在分镜头稿本的创作中是影视片的基本结构手段、叙述方式,包括分镜头和镜头、场面、段落的安排与组合的全部技巧。3. 在后期制作中是影视片剪辑、声画合成的具体技巧和技法。

问题与思考

1. 从完整叙事的要求出发,选择镜头有何要求?

第八章 电视画面编辑技巧

2. 为什么说"形式是金"是相对于"内容为王"的平行补充?
3. 画面长度的确立原则主要内容是什么,意义何在?
4. 熟悉镜头组接的各种方式与依据,并动手剪辑样片若干。
5. 掌握蒙太奇原理,熟悉转场技巧。

第九章 电视声音编辑技巧

人际交流不能离开声音。声音,对于电视传播来说,更有其特殊的意义。众所周知,电视有"视"、"听"两个通道,声音和画面,相互交汇,不可割裂。声音和画面是构成屏幕艺术的主要物质材料和运动形式,它们和我们所从事的电视工作休戚相关。然而,长期以来,电视从业者深受"重画论"的影响,对电视声音的研究比较漠视,影响了电视自身质量的提高。这一章,我们就是进行一次"回归",从编辑的角度切入到电视的本体,探讨具有电视特色的声音编辑技巧。

第一节 电视声音的意义

电视是通过空间传播影像(画面)和声音的视听兼备的先进工具。电视对声音的依赖,是一个与生俱来的"情结"。同时,电视声音不同于其他媒介的声音,它具有自己的特质。

一、声音是电视节目内容叙述的主线

1. 电影因声音而新生及其对电视节目的意义

关于声音对于电视的意义,我们只要研究声音进入电影时的那一段历史,就可以明白:声音进入电视,带给了人们音像兼备的精神享受,丰富了电视传播的信息量。

电影问世之初,虽颇有轰动效应,但亦有不少人视之为令人好奇开心的"杂耍",嘲笑它是一个"伟大的哑巴",直至备受市场冷落。是声音进入画面,赋予电影以说话、交谈、讲故事的能力,才挽救了它险遭覆灭的厄运。好莱坞编辑埃德蒙·古尔丁深知缺声之苦:"由于缺少声音,电影失去的岂止是它的制片人或观众已经意识到的东西。无声意味着观众损失百分之五十合乎逻辑的情感反应。"[①]1927年

---

① 引自《好莱坞大师谈艺录》,中国电影出版社1998版,第148页。

10月,《爵士歌王》的拍摄成功,正式宣告了完全有声片的诞生。自此以后,电影不仅可以反映生活中的视觉世界,并且也可以同样直接地反映生活中的声音世界,使它显得更为逼真。声音是画面的一项决定性元素,它赋予了画面深刻的表现力,重现了我们在现实生活中看到的人和事物的环境。事实上,我们的听觉在任何时间都容纳着我们周围全部空间,而我们的视觉每次却只能波及60度,甚至我们的注意力集中时,只有30度。声音的立体环绕,它不仅仅是物理性的,更是心理性的,"一个完全无声的世界……在我们的感觉上永远不会是很具体、很真实的;我们觉得它是没有重量的、非物质的,因为我们看到的仅仅是一个视像。只有当声音存在时,我们才能把这种看得见的空间作为一个真实的空间。因为声音给它以深度范围"①。

声音的力量是巨大的,"言语具有解释概念的力量和追忆过去、预测未来的能力,因而,在有声片里,人们就没有必要采取无声片的各种迂回曲折的手法(包括画面和音响的)"②。声音进入电影后,它使人类心灵产生远非旧式的无声影片可以比拟的生动性,不必费力地去揣测某些蒙太奇产生的多义现象。因为音像的交织,人们的情感和心灵反应,每一个戏剧性细节——紧张、悸动、崇高的情操和极端的卑劣——都不再是无力的模仿了,而是包括声音在内的实实在在的再现。声音加盟电影,在丰富电影情节、降低故事的智力门槛诸方面产生了重大作用。对于默片来说,因为没有声音的全方位指引(虽然也有字幕),观众付出的精力必然要大,"纯视觉的艺术需要有更高文化修养的观众。优秀的默片都是富有视觉诗意的。《战舰波将金号》、《圣女贞德》能吸引多少观众呢?正如,诗集哪里会像小说那样畅销呢?"③

相对有声片来说,许多优秀默片的"智力门槛"显然是高过前者。苏联的爱泼斯坦认为:"声音在电影中的出现,是一个历史的必然性,因为它是出现在电影手段将由此而得到进一步发展的时刻。由于情节正在变得规模越来越大,内容越来越复杂,只有语言才能把无声片从愈来愈多的累赘的字幕和为说明情节纠葛而必不可少的解释性画面中解脱出来。"④由此我们可以这样认为:录音技术进入电影之后,即宣告了依赖哑剧式形态语言(非语言符号语言)表演为主的"默片"的终结,电影从此进入了以对话、谈话(语言符号语言)为主的"语言叙述阶段",人们钟情的"画面"不再是绘画、摄影意义上的单一的"画面",电影画面已经有了承载语言符号

---

① 贝拉·巴拉兹:《电影美学》,中国电影出版社1986年版,第216页。
② 同上书,第224页。
③ 周传基:《电影中的声音》,中国电影出版社1985年版,第267页。
④ 贝拉·巴拉兹:《电影美学》,中国电影出版社1986年版,第180页。

和非语言符号的双重工具性。在声音中获得新生的电影以后又孕育了电视,声音对于电视的价值就不言而喻。

2. 语言的与非语言的声音赋予了电视驾驭时空、自由叙述的生命与活力

电视声音一般分为语言、音响、音乐三大类,它们各自发挥自己的功能:语言以表义和传达信息为主,音乐以表情为主,音响以表真为主。按照语言符号的分类,电视声音里的语言属于语言符号范畴,是电视节目叙述内容、情节的主体;音响和音乐则属于非语言符号范畴,它强调画面空间的真实感及多层次的表现力,像将写实音的"变形"和主观化处理的主观音响,就能够表现人物的精神状态。

电视从业者必须充分认识声音对于电视的意义,学会在节目制作过程中重视声音、善待声音。多个不同时间、不同空间的语言的与非语言的声音和画面相结合,可以形成多个声音空间与画面的复杂层次结构,使画面具有强烈的透视感、立体感,表现复杂、多样的意义和内涵,引起观众的联想和想象。声音可以用来转场,当出现在前一场景结束与下一场景开始时的声音一致或类似,时空实现了自然转换;如果画面切换后,通过前一镜头中出现的有声源声音延续,以画外音的形式出现于下一个镜头中,获得镜头转换的流畅性和情绪的连贯性;当场景转换时,后一场景的声音先于画面出现,能造成一种特殊的心理效果,被经常用以交代两个场景之间的时空关系(如闪回)或情绪等方面的内在联系。

还有声音淡入淡出与切入切出。声音淡入淡出,是利用声音的逐渐出现和逐渐消失来表现荧屏时空的转换或叠置,比如用于闪回场景,现实生活中的声音淡出,回忆场景的声音淡入,表现人物进入对往事的追忆。此外,声音的淡入淡出能够制造声音的运动感。声音的切入切出,是声音的突然出现和突然消失,通常与画面的场景切换一致,有时也可用来进行特殊的荧屏时空转换,当同一地点不同时间的两个镜头相接,画面内容暗示时间不同,用声音的切入切出来表现时间的转场。

二、声音成为电视画面思维、动作、情节的源泉和成因

1. 声音是新闻类电视画面的成因

我们知道,由于时间因素的制约,电视画面不能够担当传递信息的主渠道。它更主要的作用在于验证新闻的真实性,最大限度地消除信息中的"不确定性"成分,满足受众"眼见为实"的心理需求。电视新闻是以声音这条主线承担着"叙事"这一任务的,国内外的绝大多数电视新闻,关掉画面,只凭听声音仍然可以得到一条完

整的新闻。基于声音的主线作用,电视新闻的画面,没有情节性影视节目的画面所要承担的"叙述"任务,用不着情节性影视节目镜头组合的规范,也用不着构建画面与画面的承继关系。这样,声音成为电视画面动作、情节的源泉和成因。如果没有声音,不少优秀的电视新闻采用的"快切"画面带给我们的只会是混乱、不知所云;而有了和画面相辅相成、相得益彰的声音,画面就显得细节信息量饱满、可看性强。

2. 声音是艺术类电视画面的创作元素

匈牙利电影艺术家贝拉·巴拉兹在《电影美学》一书中指出:"对电影来说,声音还不是一个收获,而是一个任务,这个任务一旦完成,便将得益匪浅。但这要等到电影里的声音有一天能像电影里的画面那样成为一个可以驾驭自如的手段,等到声音有一天能像画面那样从一种复制的技术变成一种创造的艺术。"这同样适用于电视声音。

根据声音的规律性和特殊性,着意刻画声音,能使它成为电视剧传达内容和情绪的主体,成为一定的思维、动作、情节的源泉和成因,赋予剧作以新的意义,并贯穿在全部剧作的进程中。在电视剧中,经常通过声音来塑造荧屏形象和刻画特定的人物性格,如利用声音传达画面以外的内容,改变影片的节奏,或形成影片的特殊风格等。根据需要,运用和发挥声音的功能和作用,调动各种创作手段,用声音直接感染群众,把一些可能造成对比和一定意义的声音加以并列、组合,其效果可能要比画面形象的对比更为强烈。

第二节　电视语言的编辑

这里的电视语言是一种狭义上的概念,实际上就是人的言语。人的言语除了具有表达逻辑思想的功能外,还因其音调、音色、力度、节奏等因素而具有情绪、性格、气质等形象方面的丰富表现力。新闻类电视节目的语言主要有电视新闻的播音与同期声、电视纪录片和现场直播的解说等;艺术类电视节目的语言包括对白、旁白、独白、内心独白、解说等。

一、新闻类电视节目语言的编辑要求与技巧

1. 新闻类电视语言必须真实、准确、精练、贴切

新闻类电视节目的语言必须真实,同期声追求"等、抢",拒绝"导、补"。同时也要考虑语气美、重音美、节奏美、停连美等。衡量电视新闻播音语言是否达到要求,

首先应该看播音的文字稿是否准确,然后还要从下面几个方面分析:语言与画面的运动节奏是否合理;语言风格特色是否起到深化主题的目的;播音语言表达的方式、方法及特征的运用是否做到从主题思想出发;播音与画面的段落、位置是否准确到位。语言与图像的配合,应严密遵循视觉逻辑。电视新闻里的同期声能再现时空的真实感,具有生动性、客观性,要善于抓住稍纵即逝或存于世间的状态很短暂的现场声音、无可替代的同期声以及具有自身逻辑层次的同期声。要避免使用冗长拖沓、没有信息量的同期声,防止同期声中的表演倾向,导致该用的没用,不该用的用了。

电视纪录片解说词要注意解说与节目内容的贴切性,与其他电视表现手段的相融性,画面、音乐、效果声、字幕和解说词应组合为有机的整体。解说词可看作电视片的结构主架,与一般文字写作相比无疑存在共同的规律,共同的要求:立意清楚、层次分明、叙事准确、用词生动。要处理好与画面的关系,不必重复画面已经展示的东西,说明画面没有或不可能说明的问题。另外,考虑到电视观众需要时间来消化、吸收、回味画面提供的信息及解说词本身提供的信息,解说词要有较多的停顿和间歇。要处理好与视觉的关系,为了取得特定的声音配合和韵律效果,录制时尽可能与画面对准。但有时为了使声画配合得更密切,达到声画和谐一致,取得单声字和短镜头快速切换相吻合的动人效果,或者对具有诗和散文韵律的解说词与具有抒情节奏的画面相配合,剪辑时要对解说词作移位处理,在词句的间歇中挖格(缩时)或接空声(延时),或者调整画面的镜头顺序和长短,以适应解说词独特的节奏要求。为确保解说与画面相配,可把解说单独录下来,然后再与画面组合,但用得比较多的是直接录。在声音混录和声画合成中,要对音质进一步加以调节和控制,音量音调该提高的就提高,该降低的就降低;要进一步控制和调节声音立体效果;如有必要还可制造特殊音响,模拟各种自然音响和动作音响;考虑利用听觉因素制造各种声音蒙太奇和利用声音来串联、转换镜头;看声画是否同步,如果不同步,就要对声音部分或图像部分进行修改、增删,主要改声音部分。

2. 新闻类电视语言和画面组合要相得益彰

电视语言和画面的出现有同时和不同步两种处理方式。同时出现是一种直接切换的方法,有时使人感到突然。如果同时出现,但声音却是从低过渡到正常位置,这种做法在前面有旁白或表现群体场面时的效果更好。不同步有先闻其声,后见其人的方式,即将声音的开始部分叠在前一个画面上,讲几句话再出现其人,这样做不会使人感到突然。因为声音引起人们的注意,画面的变化就不太明显了;还有就是让画面结束在前,把声音适当地延后,在需要的讲话内容结束后,逐渐地把声音压低,表示讲话还在进行,同时旁白可将其内容概括讲出,以缩短讲话篇幅,避免给人以冗长的感觉。

电视语言和画面的组合关系有声画合一和声画对位两种。声画合一是指声音和画面同时指向一个具体的新闻形象的结合形式。它的特点是:声画同步发生、发展,视听高度统一,使画面和声音具有最高的保真性。声画合一,在电视新闻中又有两种形式:它们可以是画内音响空间与视觉空间的统一(如同期声与画面的统一),称之为"画内声画合一";也可以是画面空间与画外音响空间的统一(如播音语言与画面的统一),但它们必须是在时间上的同步,也就是说,必须指向同一时间内音响与画面的同一对象,称之为"画外声画合一"。画内声画合一这一形式,主要表现为画面物像及其声音的合一,各种器物音响作为背景使新闻现场气氛浓郁,各式人物的声音使新闻内容更为真切可信。新闻人物的声画合一是在新闻某个环节中插入,作为一条新闻内容的组成部分:以记者(主持人)的身份进行现场采访,记者(主持人)、被采访者声画合一。这一类声画合一的质量,取决于记者(主持人)和被采访者的水平,如果谈话、提问、回答都恰到好处,新闻内容为之增色,报道效果甚佳;如果是各方(或一方)语言不得要领,将使传播节奏显得拖沓、内容涣散。考虑到新闻节目的实效,在单条新闻中,同期声要用在"点"子上,切不可过滥。画外声画合一。这一形式适合于报道内容严肃、节奏缓慢的新闻使用。如庆祝会、追悼会,需要逐一介绍与会的主要人物,画外播报姓名的同时,出现相应的人像图像。

声画对位,这一形式在电视新闻中得到广泛使用。声画对位是指声音和画面围绕着同一个新闻内容中心,在各自独立表现的基础上,又有机结合起来的表现形式。声画对位,其声音与画面不同步显现,不是给人以"看图识字"的简单感知。"声画对位"传播,是利用声音和画面不同步产生的信息差距,充分调动人们视听两个感知通道的"注意力",引起声画叠加联想,加大感知深度,产生一加一(声加画)大于二(声画)的传播效果。请看2005年2月2日中央台的《胡锦涛看望慰问部队官兵》(表9-1),这条新闻的背景是胡锦涛第一次以中央军委主席的身份下基层部队看望官兵,因此,这次行动就格外引人关注。在新闻里,声音和画面围绕主题,各行其是。播音语言、同期声在报道胡主席勉励官兵们搞好部队现代化建设的同时,还多处看到他对战士嘘寒问暖、关怀备至场面。节目同期声画组合运用恰到好处,在"视"与"听"两个信息通道上充分满足了观众"知"的要求。

表 9-1 《胡锦涛看望慰问部队官兵》分镜头稿本

镜头号	画面内容	景别	技巧	声音内容
1	播音员播报导语	近景	固定	在中华民族的传统节日——2005年春节即将到来之际,中共中央总书记、国家主席、中央军委主席胡锦涛今天顶着凛冽的寒风来到北京军区空军某部和北京军区装甲兵某部看望慰问部队官兵。他代表党中央、中央军委向全军广大官兵致以亲切的慰问和节日的祝贺。
2 3 4	汽车由远及近 驶过胡锦涛与官兵握手	全 中 中	固定 移 固定	隆冬的冀北大地天寒地冻,但处处洋溢着迎接新春的喜庆气氛。上午九点四十分,胡锦涛和随行的中共中央政治局委员、中央军委副主席郭伯雄,在中央军委委员、空军司令乔清晨,空军政治委员邓昌友的陪同下,来到北京军区空军地空导弹某营。
5 6	胡锦涛与官兵握手 胡锦涛与战士座谈	近 中	移 固定	胡锦涛首先听取了部队建设情况的回报,然后步行来到连队宿舍楼看望官兵,同大家进行了亲切的座谈,并参观了连队图书室。 胡锦涛还兴致勃勃地观看了雷达装备演示和地空导弹发射装置展示。
7 8 9 10 11 12	胡锦涛与战士座谈 胡锦涛讲话 郭伯雄与官兵 官兵围坐 官兵起立鼓掌 胡锦涛看厨房的菜	近 特 中 中 中 近	固定 固定 摇 摇 略移 略移	胡:"好,说得好,不要紧的。"(同期声) 胡:"春节就要到了,我祝你们身体健康,节日愉快,高高兴兴地过年,另外,也请你们给家里面报个信,就说胡主席、郭主席我们都祝你们的家人春节愉快,身体健康,合家幸福。" 胡:"这是松圆。" 厨师:"这是青菜,这是豆腐,红烧豆腐。" 胡:"平时几个菜啊?" 厨师:"平时中午六个菜,晚上四个菜。"
13 14	胡锦涛给战士夹菜 官兵午餐	近 全	固定 摇	中午,胡锦涛和官兵共进午餐,他不时地为基层官兵夹菜,并询问他们工作和生活的情况。
15 16 17 18	官兵列队鼓掌 胡锦涛与前排官兵握手 官兵列队鼓掌 胡锦涛讲话 部队首长		摇 跟移 固定 固定 固定	考察结束时,胡锦涛称赞他们是一支军事素质好、精神风貌好、装备先进、管理严格、作风过硬的部队。他希望大家进一步增强责任感和紧迫感,深入开展思想政治教育,深入开展科技练兵,努力提高官兵的综合素质,把部队的全面建设搞得更好。

第九章 电视声音编辑技巧

(续 表)

镜头号	画面内容	景别	技巧	声音内容
19	官兵队列	中	摇	胡锦涛还要求部队在春节期间安排好物质文化生活,让广大官兵过一个欢乐喜庆的节日。
20	官兵队列	中	摇	
21	胡锦涛一行步行	远	固定	下午两点三十分,胡锦涛和郭伯雄在北京军区司令员朱启、政治委员胡庭桂的陪同下,来到北京军区装甲兵某部,参观了部队的装备,听取了部队有关情况汇报,查看了连队宿舍、食堂和学习室。在俱乐部,还观看了战士们自编自演的文艺节目。
22	胡锦涛站立参观	全-近	推	
23	胡锦涛一行参观	全-中	推拉	
24	胡锦涛一行站立观看	全	固定	胡锦涛指出,当前我国改革发展处在关键时期,在全面建设小康社会的进程中,在实现党的三大历史任务的征程上,党和人民赋予我军神圣的历史使命,为了适应新形势,肩负新使命,全军必须始终不渝高举邓小平理论和三个代表重要思想伟大旗帜,认真学习江泽民国防和军队建设思想,深入贯彻党的六届四中全会精神和军委扩大会议精神,按照五句话总要求,加强军队全面建设。
25	胡锦涛站立与官兵讲话	近-中	拉	
26	随行将领	中	固定	
27	战士列队鼓掌	特	固定	
28	与战士握手	近	移	
29	随行将领	近	固定	
30	胡锦涛与战士讲话	近	固定	
30	官兵起立鼓掌	近	固定	胡锦涛强调,要坚持把思想政治建设摆在各项建设和工作的首位,加强以能力建设为重点的各级党组织建设,认真开展保持共产党员先进性教育活动,确保党对军队的绝对领导,要认真贯彻新时期军事战略方针,认真探索一体化训练的新路子,切实提高军事训练水平和信息化条件下的作战能力,要进一步加强人才队伍建设,培养和造就一大批高素质新型军事人才。
31	胡锦涛上前与官兵握手	近	固定	
32	胡锦涛看官兵操作电脑	近	固定	
33	电脑屏幕	特	固定	
34	胡锦涛俯身看	特-近	固定	
35	电脑屏幕	特	固定	
36	官兵操作电脑	全	摇	
37	胡锦涛上前与官兵握手	近	摇	要加大依法治军,从严治军的力度,大兴求真务实之风,着力做好"抓基层、强基础"的工作,不断提高部队的凝聚力和战斗力,发扬我党我军的优良传统,坚持与时俱进,振奋精神,扎实工作,履行好党和人民赋予的神圣使命,把部队的全面建设提高到一个新的水平。
38	胡锦涛与列队战士握手	近	移	
39	战士环立表演	全	摇	
40	胡锦涛等看战士表演	中	固定	
41	胡锦涛与随行将领鼓掌	近-全	固定	
42	胡锦涛与前排官兵握手	近	移	

二、艺术类电视节目的语言编辑要求与技巧

1. 艺术类电视语言富有创造性

艺术类电视节目的语言不同于新闻类电视节目的语言，它可以补录、拟音。只要导演需要，声音可以反复进行创作，因此，电视剧拍摄人员中有拟音师这种角色，他们具有把黄豆的筛选声拟成风雨声等技巧。

2. 把握好艺术类电视语言的节奏

在剪辑台上如何处理语言（对白、旁白、独白、内心独白、解说）的节奏，是一个值得研究的问题。电视剧中对话的节奏、速度并不完全由演员来决定。剪辑师在处理对话镜头时，可以剪得很紧，也可以剪得很松；可以声画平剪，也可以串剪，因此，在一定程度上可以决定对话的节奏。各种声音都有其本身的规律性，不是在声带的任何地方都可以下剪刀，只有结合画面内容，按照声带的特点找准剪接点，才能使声音转换的流畅、自然、不露痕迹。语言的剪接点存在于声音的间歇处，不论语句长短，有间歇就有剪接点，必须在完全无声处下剪刀，如将尾音剪断，就会破坏节目的真实感。同时，语言的间歇有长有短，声带剪得过紧过松，都会影响语言的节奏，必须结合画面所表现的情绪来处理。

关于画外音的剪辑，由于画外旁白和内心独白属于主观声音写意处理的范畴，要考虑情绪、特殊的空间残响，人物性格和影片风格样式的要求。语言（对白、旁白、内心独白）和音响的画外处理，可以起到交流、连贯、预示、延续、隐喻和调整节奏的作用。声画的串位处理应该在符合剧目内容和内部节奏的总要求下，准确掌握延伸到画外的声音长度。恰当处理声画位置的匹配，能够产生声画对列、对位的艺术效果。

对于人物对白的剪辑，根据对白内容和戏剧动作的不同，人物的对白可以有平行剪辑和交错剪辑两种方法：一是对白的平行剪辑，指上一个镜头对白（声音）和画面同时同位切出，或下一个镜头对白和画面同时同位切入。由于对白声音与画面同时切换，因而显得平稳、严肃而庄重，但稍嫌呆板，一般应用于人物空间距离较大、人物对话交流语气比较平稳、情绪节奏比较缓慢的对白的剪辑。在处理手段上，平行剪辑也有"松"、"紧"之分，但由于声画同时切换，比较干脆而不会产生画外音的种种效果。二是对白的交错剪辑，指上一个镜头对白和画面不同时同位切出，或下一镜头对白和画面不同时同位切入，如将上一镜头里的对白延续到下一镜头人物动作上来，从而加强上下镜头的呼应，使人物对话显得生动、活泼、明快、流畅。它一般应用于人物空间距离较小、人物对话情绪交流紧密、语言节奏较快的对白的

剪辑,有助于镜头衔接和转换上的流畅,有助于人物情绪上的连贯。

第三节 电视音响的编辑

音响是一种特殊的语言。它是语言和音乐之外视听艺术中所有声音的统称。在实际应用中,通常将各种音响分成若干类:1)动作音响。游人或动物的行动所产生的声音,如人的走路声、开关门声、打斗声、动物的奔跑声。2)自然音响。自然界非人的行为动作发出的声音,如山崩海啸、风雨雷电、鸟叫虫鸣。3)背景音响。亦称群众杂音,如集市上的叫卖声、运动场中观众的呐喊声、战场上的喊杀声。4)机械音响。指机械设备运转发出的声音,如汽车、飞机、轮船的行驶声,工厂机器的轰鸣声、电话声、钟表的滴答声。5)枪炮音响。6)特殊音响。人为制造的非自然音响或对自然声进行变形处理后的音响,这类音响在生活及变幻片中应用较多。

一、新闻类电视节目的音响编辑要求与技巧

1. 新闻类电视节目的音响要以一当十、以少胜多

电视新闻的音响具有再现、叙事、表现、表真、表情的功能,擅长传情,使报道更加亲切、感人。音响能再现生活的本来面貌,使报道更加真实可信。生动、形象的实况音响可增强报道的现场感。音响蕴含大量非语言信息,音响是具体的,而文字总是抽象的,采访中要让音响带有尽量多的信息,要注意采录原生态的、有情节的、有特色的、能构成典型画面的音响。音响的选用和制作,应选择朴素的、真实的现场音响;注意表现细节的音响;含意深刻、语言精炼的音响;以一当十、以少胜多的典型表征音响。用音响事实说话,少发议论,做到紧扣主题、层次自然流畅、入情入理。切不可将潜在信息随意删去,当字与音响传达同样的信息时,一定要删去一个。

2. 新闻类电视节目的音响和画面组合强调"原汁原味"

也就是说,这两者的组合不应玩弄什么技巧,要符合事实的本来面目。以电视纪录片《一个艾滋病病毒感染者》(表9-2)为例,我们可以分析出片子里主要运用了这几类音响:一是背景音响,如市场的喧闹声,表现了当时的环境;二是机械音响,如子亮驾驶手扶拖拉机发出的"突突"声;三是象征性音响,像鸡叫,观众听到后习惯地就知道天亮了,这是一个清晨的农村。应该说,这些音响都是非常适宜的。还有,该片避免了盲目地使用音响的情况,有时候的确起到了"此时无声胜有声"的

效果。

表9-2 电视纪录片《一个艾滋病病毒感染者》第一节的分镜头稿本

编号	画面	景别	技巧	时间	声音/文字	音响
1	子亮收拾回家东西	近景	俯拍/侧拍	28秒		收拾的现场声
2	护士吩咐子亮出院注意事项	特写/近景/中景	摇/拉	60	对话/配屏幕文字	
3	子亮离开医院	特写/中景	拉/固定	10	对话/配屏幕文字	
4	子亮在街上行走	远景/中景	后跟/侧跟	60	子亮的同期声（得病的缘由）配文字	大街的杂音
5	乡下子亮的家	全景	摇/固定	8		鸡鸣声
6	孩子烧火	特写/近景/远景	摇/拉	16	旁叙说明是前妻留下的儿子	厨房的杂音
7	子亮父亲洗脸	特写/近景	拉	6	旁叙介绍身份配文字	杂音
8	后妻煮饭	中景/特写/远景	推/拉	60	旁叙身份/子亮与妻对话/配文字	厨房的杂音
9	屋外围观的小孩	远景/近景	推	20	子亮妻同期声/配文字	
10	村民	近景	固定			
11	村民	近景	固定			
12	村民	近景	固定			
13	村民	近景	固定	63	大家对子亮和艾滋病的偏见同期声/配文字	
14	村民	近景	固定			
15	村民	近景	固定			
16	村民	近景	固定			
17	村民	近景	固定			
18	村民	近景	固定			
19	村民	近景	固定			

第九章 电视声音编辑技巧

(续 表)

编号	画面	景别	技巧	时间	声音/文字	音响
20	子亮走出和理发师说话/村民围观	远景	跟	20	对话/配文字	
21	同村支书说话	中景	跟	27	对话/配文字	
22	子亮看自家的麦子	远景	摇	30	同期声/配文字	
23	子亮到小卖部	特写/近景	摇/拉	20		
24	另一家小卖部	近景	固定	10	同期声/配文字	
25	子亮开手扶拖拉机	远景	侧跟	6		
26	子亮在集市上行走	远景	俯拍/摇/拉/背跟	10		市场的喧闹声
27	集市戏台	远景	摇	4		唱戏声
28	子亮与补鞋匠对话/围观者/子亮掏烟/补鞋匠接烟/旁边妇女踢补鞋匠/补鞋匠丢烟/子亮离开/围观者议论	远景/近景/特写/全景	固定为主/伴有必要的摇、推、拉	220	同期声/配文字	市场的喧闹声
29	子亮在澡堂子/围观者/澡堂老板	远景/近景/特写/全景	固定为主	40	同期声/配文字	市场的喧闹声
30	子亮开手扶拖拉机	特写/远景	拉/侧跟	10		拖拉机的轰鸣声

二、艺术类电视节目的音响编辑要求与技巧

1. 艺术类电视节目音响的剪辑要避免自然主义

艺术类电视节目的音响如人物动作产生的声音、动物的声音、自然界的各种声音、街道上各种交通工具的声音等,不仅可以渲染环境气氛,增强画面的生活真实感,更重要的是增强戏剧效果,衬托人物的情绪和性格。它允许拟音、表现、模拟、延时、残响、幻化、声音畸变、配音、配乐,可以采取非同期录音,使用较多的有主观效果音响、气氛效果音响、象征效果音响等。春节联欢晚会零点时分将时钟的嘀嗒声放大,就是一种典型的主观效果音响。恐怖之夜的脚步声,为气氛效果音响。

艺术类电视节目的剪辑，根据影片内容和艺术上的需要，可以有多种多样的剪法。不过每一种具体的音响效果，也都有其本身的规律性，掌握了这种规律性，才能结合画面内容，找到正确的剪接点。运用音响效果，必须有重点、有层次、有取舍，才能起到艺术上的作用，避免自然主义地、机械地配合画面，干扰语言和音乐。

比如，当一个人把注意力集中在某一事物时，他听不到任何音响，这是非常普通的生活经验。另一方面，如果闹钟的铃声突然响了起来，我们的注意就会不自觉地随音响的质量与音量的变化而转移。如果要使画面的配音有真实感，在录制音响时就必须考虑上述正常的听觉作用，没有必要把生活中随视觉发生的音响客观地全部录下来。

2. 艺术类电视节目音响和画面组合是艺术手段

电视语言与画面的配合关系同样适合音响与画面的联系。像利用音响元素，借助两场戏首尾相交之处音响效果的相同、相似或串位（导前或延续），可以达到场景的自然转换，有时还用这种转场的音响效果作为唤起人物和观众回忆与联想的艺术手段。例如一个人正要上船，一声汽笛长鸣，切换到十年前坐船。

下面我们来看看一个成功运用音响的例子。电视剧《虎胆忠魂》（表9-3）中，约翰尼是一个非法的革命者组织的领袖。他计划抢劫当地的一家碾磨工厂，以获取组织活动所需的资金。开车的帕特以及诺兰和墨菲是约翰尼在行动中的助手。我们看到的这部分基本上没有对白，依靠画面和音响的组合，抢劫的场面刺激紧张，颇有吸引力。

表9-3 《虎胆忠魂》分镜头稿本

画　面	音　响
约翰尼、诺兰与墨菲下车，走上工厂办公楼的台阶。	脚步声和城市自鸣钟声发出和谐的乐声。
三人走入办公大楼时，透过办公大楼的玻璃门拍摄。	城市自鸣钟发出的和谐的乐声，在报时前停止了。当三人进入大楼时，转门发出沙沙声。开始听到厂房里低沉的有节奏的碾磨机器声。
约翰尼、诺兰与墨菲沿着大楼内的过道走去，在这两个镜头里角色都对着摄像机	在这两个镜头里，三人的空洞脚步声越来越响。背景中可听到厂房的机器声。

第九章 电视声音编辑技巧

(续 表)

画　面	音　响
三人进入账房间，拔出手枪，命令所有的职员坐着不动，约翰尼走过去开保险箱，把一叠叠的钞票拿出来，放进自己的皮包里。在背景中，有玻璃把办公室隔开。玻璃后面，可以看到女工们在劳动。在整个段落里，诺兰看住了职员，并把他们从当挡风板用的玻璃边赶开，同时，他口里发出轻轻的口哨声。	厂房的机器声比以前大了。偶尔发出钞票的哗哗声、脚步声等都能清楚地听到。几乎没有对白。
帕特在外面车子里等着，他向画面外看去。	厂房的机器声停止了。可以听到一个女工的笑声。汽车引擎慢速转动的声音和加速发动机转动的声音。
从帕特的视线方向拍摄，两个人正走向大楼的台阶。摄影机摇向前面的报警铃。	引擎声越来越快，越来越响，两个人走上台阶的脚步声清晰可闻。
近景。帕特紧张地向外望着。	可以听到远处的马蹄奔跑声。一个运煤工人的叫喊声："煤来了！"汽车引擎继续响着。
从帕特的视线方向拍摄，马拉着运煤车慢慢地接近摄影机。马车停在棚子对面的路边，阻挡了帕特的退路。	马蹄声停止。汽车引擎声继续响着。
帕特紧张地看着运煤车。	汽车引擎声继续响着。
在账房间里面，约翰尼正把最后一沓钞票塞进他的皮包里。其他两个人侧着身子徐徐移向门边，准备逃跑。诺兰吹了两声口哨，发出警告，催促他的两个朋友动作快些。	厂房里的机器声像从前一样响着。约翰尼摩挲钞票和把钞票放进皮包的沙沙声。
三人走出门口，并匆忙地走进过道，离开摄影机。	三人匆忙的脚步声在厂房机器有节奏的轰鸣声中清晰可闻，突然，被尖叫的警报铃打断了。

第四节　电视音乐的编辑

　　电视诞生之日，也是电视音乐随之问世之时。音乐渗透在各种节目之中，从电视各种专栏节目（固定节目）的信号音乐到音乐专栏、音乐专题、音乐艺术片、音乐

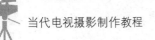

晚会、歌舞晚会、音乐风光片、音乐风情片、MTV、戏曲音乐、影视音乐、曲艺音乐、声乐节目、器乐节目、歌剧、名曲欣赏、音乐讲座、外国音乐、民族音乐、民间音乐、古典音乐、高雅音乐、通俗音乐、流行音乐、电视剧音乐等,从主题歌、主题音乐、无词歌、插曲、伴唱、间奏乐、副歌、乐章、过门、伴奏、合奏、华彩段、咏叹调、宣叙调、乐段、二段式、奏鸣曲式、回旋曲式、终曲、尾声到有声源音乐、无声源音乐、阐释性音乐、色彩性音乐、背景音乐、情绪音乐、效果音乐、特技性音乐、配乐、魔幻性电子音乐等,可谓丰富多彩。

音乐可以主导动机、托举主题,《辞海》里对主题音乐的解释为:"大型音乐作品中,用以象征某一特定人物、境界事务或概念里的动机或主题;每当这一人物(或境界)再出现的,其主导动机亦反复出现,有的其节奏或音程略有变动。"音乐的意象性使它特别擅长描写虚拟,反映无形的、丰富的内心生活,最善于塑造富有感染力的感情化音乐形象,表现爱情、离别、回忆、犹豫等情绪。

同样,通过音乐的延伸或拖后手段能达到场景的自然过渡。把音乐向前一场戏画面末尾或向后一场戏画面开始处延伸一定的长度,还能使某一特定场景产生特殊的感染力。有时它能使人沉浸在对美好事物的回忆中,有时则能给人造成对即将降临的灾难和不幸的预感。

电视音乐是听觉艺术,画面是视觉艺术,两者都是通过一定的时间延续来展示各自魅力的艺术,它们势必会以不同地形式结合在一起。与其他声音一样,音画关系可分为音画同步和音画对位两种形式,其中音画对位又包含音画并行和音画对立。音画同步表现为音乐与画面情绪基本一致,音乐节奏与画面节奏完全吻合,音乐强调了画面提供的视觉内容,起着解释画面、烘托、渲染画面的作用,如为部队冲锋的战斗场面配上强大的进行曲;伴随追击、格斗的惊险场面出现紧张、剧烈的音乐;为主人公百感交集的面孔特写,创作具有强烈心理体验的内心独白式的音乐等。音画对位是从特定的艺术目的出发,在同一时间内让音乐与画面作不同侧面的表现,两者形成"对位"的关系,以期更深刻地表达节目内容。还有音画并行,这种音乐不是具体的追随或解释画面内容,也不是与画面处于对立状态,而是以自身独特的表现方式从整体上揭示节目的思想内容和人物的情绪状态,在听觉上为观众提供更多的联想和潜台词。

电视音乐的剪接要选准剪接点,剪接点应在乐段或乐句的转换处,否则会破坏乐曲的完整感。段落过渡要自然,不要有明显间断点。配乐的进、出要考虑旋律的行进,开始的乐曲一般用上行句,结束句宜用下行句。两段音乐衔接处,要注意彼此之间协调性的关系,使人听起来觉得自然、顺畅。

第九章 电视声音编辑技巧

一、新闻类电视节目的音乐编辑要求与技巧

1. 新闻类电视节目的音乐编辑不能过于"艺术化"

对于新闻类电视节目的音乐编辑,基于新闻与音乐的结合以及受众定位和本体上的考虑,电视谈话节目的音乐运用一般不能过于"艺术化"——即不能有过多的技巧性的发展和启示,不能有过多的浓重的修饰与烘托,而是应该与整个节目的新闻性、真实性保持相互间的一致,要朴素自然、简明通畅。播放花展、龙舟赛的新闻是近年来广州、香港、台湾一些电视台的常见做法。这种新闻一般都放在一节新闻的最后一条,播音员只报一句导语:"今天有场……,我们一齐去看看……",接着便是配乐加上有关画面。

2. 音乐可以成为新闻类电视节目的表现手段

以往,我们总觉得,新闻类电视节目的音乐一般同音响一样,是事实的一部分,不过,近些年来,在《实话实说》、《当代工人》等电视谈话类节目中,音乐也已经成为重要的表现手段。目前,电视谈话节目的画面大都表现为场景相对固定和重复静止的状态,尽管有推、拉、摇、移等运动镜头的技巧应用相伴随,但仍然过于单调而又变化较少、可看性较低,画面气氛的奠定、烘托与渲染,在很大程度上必须且只能依赖于语言、音乐、音响等听觉信息的存储与释放来完成。例如,在1996年5月12日中央电视台播出的话题为"为什么吸烟"的《实话实说》节目中,主持人崔永元问嘉宾郭念峰、侯跃文是怎样开始抽烟的,郭念峰说是饿的,侯跃文则说是被别人勾引的。之后,又问陈汉元先生,有这样一段对话:

主持人:陈老先生,你抽不抽烟?
陈汉元:我18岁开始抽烟。
主持人:18岁开始抽烟,当时为什么抽烟呢?
陈汉元:冲厕所。
主持人:真是百花齐放。

此处,当陈汉元说抽烟是因为冲厕所所致,人们感受到了其会话的幽默,但也只是会心一笑。可是,当主持人崔永元进而总结嘉宾们抽烟的原因各不相同,真是"百花齐放"时,人们就再也难以拟制情绪上的愉悦,不但开怀大笑起来,而且边笑边鼓掌。特别需要强调和加以指出的是:这时候,在一系列对白、音响等声音构成之中或之后,由电子琴、吉他、贝司等乐器组成的现场乐队还不失时机地即兴弹奏起了旋律轻松、节奏明快的音乐,适时而至的音乐声不仅悄然地创造出了一种与观众在特定情景中娓娓交谈的、自如和谐的气氛,而且也使原本几乎完完全全的死画

313

面充满了恰当的、鲜活的灵气①。

二、艺术类电视节目的音乐编辑要求与技巧

1. 认识各种音乐的特性,是编辑艺术类电视节目音乐的前提

从音乐所起的效果来看,有表现处于矛盾冲突中人物感情和心理状态的戏剧性音乐、抒发人物内在感情的音乐、对画面上的事物和情景及其具体、独特的音响特征加以描绘的描绘性音乐、以创造画面色调上的意境为目的的色彩性音乐、带有虚幻朦胧色调的幻想性音乐、为制造某种特定气氛基调的气氛性音乐等。

为电视剧创作的音乐,是电视剧的重要组成部分,音乐用来揭示影片主题思想,刻画人物性格,加强剧内的戏剧性矛盾冲突,创造特定气氛。例如电视连续剧《上海滩》,每到了故事发展的关键性阶段,熟悉的"浪奔、浪流……"的旋律就响起来了,观众自然会产生共鸣。

2. 艺术类电视节目音乐的剪辑注意流畅

为艺术类电视节目创作的音乐虽然是完整的乐曲、乐段,但在录音时不一定一次都能录制得尽善尽美,往往要重复录几次,在剪辑工作中要选用最好的乐段、唱段,进行拼接挖剪。电视音乐的剪辑可以有以下几种手段:1)将音乐按画面的长度剪接成为混合录音用的音乐声带。当音乐的长度与画面的长度不相符合时,可通过剪接声带的手段将乐曲中的某个乐段、乐句、音符剪去或加以重复。从而缩短或延长音乐的长度,使音乐与画面的长度相适应。2)为了使音乐与画面更为贴切,可通过剪接声带的手段将乐曲中某些乐段、乐句之间的位置加以调换或重新组合。3)用剪接声带的手段将不同作曲家创作的各种不同的乐曲按画面的需要连接到一起,并使音乐在旋律、和声、调性、配器等各方面自然流畅。

下面看看《丝绸之路》(表9-4)的音乐应用。它是直接在结尾处唱起了歌,这样,与画面配合,就成了音乐风光片,而且歌曲揭示了片子的主题。

表9-4 《丝绸之路》分镜头稿本

画面内容	音 乐
孔雀河碧水 长流	(《丝绸之路景色好》歌起) 丝绸之路景色好啊,

---

① 转引自《由复制走向创造》,《贵州大学校报》2001年5月号。

第九章　电视声音编辑技巧

(续　表)

画面内容	音　乐
塔里木河金光闪耀	宝石般绚丽,珍珠般美妙! 孔雀河的流水哟, 为什么蓝得像孔雀的羽毛? 塔里木河的流水哟, 为什么黄得闪光,金波跳跃?
果子沟风光	丝绸之路景色好啊, 丝绸般光彩,仙女般妖娆! 果子沟的风情哟, 好像美丽的图画心中描;
天山牧场风情	天山上的羊群哟, 好像浮动的白云朵朵飘。 丝绸之路景色好啊, 传奇般动人,神话般缥缈!
博格达峰直插云霄	博格达峰三峰并起哟, 冰雪浇铸如剑插云霄; 赛里木湖的迷雾哟, 为什么深深遮住了自己的面貌?
赛里木湖雾霭迷蒙	啊!…… 啊!……
丝路风光中日记者并肩进行拍摄	丝绸之路景色好, 与水竞秀同山并高! 路上风光望不尽, 绵延万里架彩桥。 丝绸之路迎新客, 朋友携手逐春潮。

本 章 小 结

　　声音,对于电视传播来说,更有其特殊的意义。声音和画面是构成屏幕艺术的主要物质材料和运动形式,它们和我们所从事的电视工作休戚相关。

　　电视声音一般分为语言、音响、音乐三大类,它们各自发挥自己的功能:语言以表义和传达信息为主,音乐以表情为主,音响以表真为主。按照语言符号的分类,电视声音里的语言属于语言符号范畴,是电视节目叙述内容、情节的主体;音响和音乐则属于非语言符号范畴,它强调画面空间的真实感及多层次的表现力,像将写实音的"变形"和主观化处理的主观音响,能够表现人物的精神状态。

电影依靠录音技术结束默片状态入以对话、谈话(语言符号语言)为主的"语言叙述阶段",在声音中获得新生,其生命意义于电视的价值不言而喻。电视声音是电视画面思维、动作、情节的源泉和依靠,声音同时是电视节目内容叙述的主线。

电视声音的编辑是要为节目建立一个"好听"的美学体系,为画面的"好看"相得益彰。

问题与思考

1. 列叙 10 条声音于电视节目的重要作用。
2. 叙述性语言编辑要点是什么?
3. 举例说明音乐在故事片和纪录片中的相同与不同作用。

第十章 屏幕文字和特技的运用技巧

可以毫不夸张地说,电视是迄今为止蕴含传播符号最丰富的大众传播媒介之一。声画结合、情色并茂的电视特性赋予了电视"无远弗届"的传播威力。正是屏幕文字、特技等诸多传播符号的联袂,使得我们的电视屏幕五彩缤纷,成为人们注意力的中心。当然,没有屏幕文字电视照样可以传播信息,没有特技电视也能为人们所津津乐道。然而,屏幕文字和特技的运用却使电视节目"锦上添花"。屏幕文字和特技是凸显、放大信息的工具,电视从业者有什么理由不研究它们、充分发挥它们的效用呢?

第一节 屏幕文字的运用

屏幕文字,是指出现在画面上、有特定表述意义的文字。电视节目中屏幕文字的运用经历了一个从不够重视到重视的发展过程。屏幕文字的运用从某种意义上显示了电视工作者对电视特点的认识的逐步深入和电视节目制作观念、方法的不断成熟。如今,屏幕文字已经成为电视节目构成的重要元素之一。这一节,我们主要讨论屏幕文字的类别、屏幕文字的传播功能、屏幕文字的表现形式和屏幕文字的运用技巧等内容。

一、屏幕文字是电视节目的重要元素之一

我们知道,电视的许多表现手法源自电影,电视节目中的屏幕文字同样是起源于电影。当电影还是"伟大的哑巴"的时候,屏幕文字就是电影的重要构成要素。那时,它作为"旁白(文字稿、报道词、解说词)"用来交代故事背景、表现人物对白等等。电影发明之初,卢米埃尔在放映他的《水浇园丁》等影片时,聘用了专门的解说先生向观众们介绍影片涉及的人物、时间、地点、经过等。随着电影摄制手段和摄制观念的不断发展,卢米埃尔的现场解说方式已经不敷应用了。于是,屏幕文字便

充当了默片中解说(交代情节)和"对话"的角色。表 10-1 是卓别林有代表性的 12 部默片使用屏幕文字的情况统计。

表 10-1 卓别林默片运用屏幕文字统计表

片 名	片长时间	镜头个数	交代性屏幕文字	对话性屏幕文字
摩登时代	86′22″	431	49	91
淘金记	71′10″	583	49	72
城市之光	80′	272	22	71
小 孩	52′06″	279	35	28
狗的生涯	40′	263	10	6
大兵日记	44′31″	145	22	18
大马戏团	70′	566	24	120
光明面	33′24″	224	19	12
快乐的一天	20′	138	23	6
无业游民	25′10″	202	17	9
发薪日	25′25″	186	10	6
伪牧师	47′	296	17	48

统计说明：时间计量单位为"分/秒"；屏幕文字计量为"段"；镜头数为"个"。

从上表中,我们可以看出,卓别林在他早期的电影中已经开始运用屏幕文字了,而他中、晚期电影中屏幕文字的使用次数大增,表明卓别林在摄制中已充分认识到了解释性文字的重要性(表10-1)。其理论根据就在于:尽管电影画面忠实地再现了摄影机所摄录的事件,可是其本身并未向人们揭示其所记录的信息的意义。因此,用屏幕文字对画面信息做出明晰的说明就在所必然(否则,人们可以用完全矛盾的观念去理解同一段画面而得出截然相反的结论),然而由于受电影默片的影响,加之对有声电影声音的漠视,电视发展的早期,画面的非语言符号的地位被提到了无以复加的地步。这是对电视特性的曲解。诚然,非语言符号的画面以其特有的写真方式,忠实地复制传播现场,使观众得到"眼见为实"的心理满足;电视非语言符号的画面以其"活动"的秉性,为观众展示出多视角的形象画面,通过视觉的联觉作用,还看到画面以外的内容(这往往是生活积累,是辨别视像真伪的参照系),产生移情想象获得审美快乐……但我们还要看到,电视的非语言符号语言画面的具象特性，无法传播理念、思想等抽象信息；电视的非语言符号语言画面具有多义性；电视时间对非语言符号语言画面的制约等等。

图 10－1　20 世纪 20 年代卓别林主演的无声电影《无业游民》等都是先有一屏介绍、说明文字，后才出情节画面，中文为引进制作时叠加的

事实上，电视所能运用的传播符号是多种多样的，我们应该考虑的是，如何在电视多符号传播的语境下，使各种符号相互融会贯通，以达到我们的传播目的。显而易见，屏幕文字在其中的功能不可忽视。可喜的是，随着电子符号制作系统的日臻完善，屏幕文字脱颖而出，在各种类型的节目中显示出了独特的传播力度，备受节目制作者的青睐和广大电视观众的欢迎。

二、屏幕文字的类别

分类是认识事物特征的重要方法。如今电视节目中屏幕文字的运用丰富多彩，因此，有必要从不同的角度对其进行分类。

1. 根据屏幕文字与画面的关系，可以分为画内文字和屏幕文字
（1）画内文字。

画内文字，是指出现在电视画幅内的文字（如会标、标语、画面背景等）。画内文字一般要靠拍摄时构思捕捉。这类文字运用得好，可以扩大整个电视节目的信息含量，也可以调节整个节目的节奏。在电视新闻中，画内文字可以使播音语言更为简明，如有的会标可以交代清楚几个新闻要素，有的还可以起到画龙点睛、突出报道中心的作用。在电视剧等节目中，可以引起观众从无意注意到有意注意的转变，可以交代一定的环境、渲染现场的气氛等。如电视连续剧《少年包青天》中，包

拯判案的时候,镜头一般先从衙门大堂上"明镜高悬"四个字的特写开始,然后镜头才逐渐拉大成整个现场的全景,这就告诉我们即将发生的故事的环境背景,也渲染了包拯的清正、廉洁的青天大老爷形象。2004年年底香港出现少数政客操纵2个老年市民滥用法律"上诉"的手法,"利用上诉日期和上市日的时间差"破坏涉及51万市民利益的房地产信托基金"领汇"上市,此举令全球金融市场哗然,亦令香港广大市民愤慨,人们纷纷集会、游行谴责政客"黑手",图10-2画面内背景上"香港稳定"几个大字就充分表达了广大香港市民的强烈愿望。画内文字及编辑添加文字充分表达了他们的诉求。

图10-2　香港翡翠台的镜头巧妙的运用画面中的文字作为新闻报道的主题词

(2) 屏幕文字。

屏幕文字,是指根据节目内容表现的需要,后期制作时叠加在屏幕上的文字(图10-3)。屏幕文字是电视传播符号系统中不可或缺的组成部分,它与图像、声音三者互为补充,相得益彰,赋予了电视节目直观、图文并茂的特点。近年来,屏幕文字在电视节目中的使用率越来越高,据统计,20世纪90年代初屏幕文字在电视节目中的使用率只有60%左右,到1996年,屏幕文字的使用率已达100%。特别是在电视新闻节目中,人们普遍认为,不用好屏幕文字的新闻是粗糙的电视新闻。屏幕文字在电视新闻中发挥的作用主要表现为摘要新闻内容,加强观众的有意注意,突出报道重点,便于观众对报道的整体把握;制作新闻标题简要点明新闻的主要事实;新闻节目前制作新闻要目,类似于报纸版面的"导读";节目播出流程中不断以屏幕文字形式对节目内容加以概括、点评,出现"备忘"、"参考"、"提醒"等字样,吸引观众注意,突出报道重点;新闻

图10-3　香港两家主流电视台的屏幕文字多年来一直做得精致有创意,图为报道美国国务卿赖斯2005年春访日的屏幕文字形式之一

第十章 屏幕文字和特技的运用技巧

结束后用屏幕文字打出本期提要,帮助观众恢复对重要新闻的记忆等等。

2. 根据屏幕文字的表现形式,可以分为整屏阅读式、滚动式

(1) 整屏阅读式。

整屏阅读式,是指屏幕文字分布在整个电视屏幕上,让屏幕文字与声音形成互相配合,形成听读一体的轻易性。每逢播发重要会议公报、政令、名单,电视台采用"声画合一"手法,声音文字同步播出,观众且听且读(心读),很是轻松,比之聚神的"听"(广播)和费力的"看"(报纸),整屏文字听读一体的轻易性就显而易见。随着社会文化水准的提高,人们的电视文化观念从喜好浅显的形象传播转向喜好思辨的理性传播,整屏文字阅读式传播,将成为人们接受密集信息的重要方式。以文字语言符号构成为主要内容的整屏阅读式,具有大容量、快传递、能进行抽象思维等特点。香港翡翠台每日早新闻中有档名为《社评摘要》的言论节目(图10-4),它是借助平面媒体加深舆论影响的有效做法,该节目制作精良,整屏屏幕文字的字体、字号、字形、字色、衬底都十分讲究,节目时间不

图10-4 整屏滚动阅读的《社评摘要》是香港电视传播观念性信息的重要样式。图为翡翠台的2005年3月22日就香港地铁票价整合问题播出的节目

长,每次3分钟左右,短短一节言论,港岛一天的观念信息尽收眼底。据统计,因为有这档抽象性节目,翡翠台早晨新闻的收视率高于其他台早晨新闻3个百分点。

(2) 滚动式。

滚动式,是指屏幕文字以一定的速度在屏幕上连续滚动进行传播的方式。滚动式屏幕文字在屏幕上的位置一般是画框的四条边缘,内地电视台的滚动屏幕文字一般以上、下两条边框居多,港台电视台因为观众的阅读习惯的差异,有在左、右两条画框滚动的情况。滚动屏幕文字可以在一定程度上打破电视顺时传播对观众造成的被动收视的限制,起到扩大整个节目的信息含量、信息预告和保证信息时效性的作用。随着人们生活节奏的加快和电视台节目编排管理的严密与科学化,对各级电视台的节目提出了准时播出的要求,这是对观众的最起码尊重。然而,在信息密集的今天,重大新闻层出不穷,电视台视不同情况,或立即在节目中插入播出、或预告播出时间、或预报节目更改计划……如何避免发生观众最为讨厌的节目临

时中断现象,又能及时将有关内容传递给观众？中途插入滚动屏幕文字是最理想的方式,各级电视台经常运用滚动式屏幕文字(图10-5),在节目正常进行过程中,屏幕的边框最下方就经常会出现各种最新的资讯,包括突发的新闻(如球赛结果)、节目改时预告、天气预报和最新股市信息等等。

值得指出的是,在屏幕最下方开辟一行不覆盖图像的通道,连续滚动播出屏幕文字是国际电视传播的通用要求,近年来国内一些电视台也开辟了这样一条屏幕文字滚动播出通道,专门提供文字信息传播(图10-6)。

图10-5　画面下方的滚动文字是对画中景物欣赏性的表述

图10-6　独立屏幕文字通道示意。屏幕最下一行文字是长期滚动的,其内容与画面内容毫不相干

3. 根据屏幕文字的传播功能,可以分为说明性屏幕文字、复述性屏幕文字和信息性屏幕文字

说明性屏幕文字起到介绍人物的姓名、身份、职称,事件发生的时间、地点等作用。复述性屏幕文字起到显现同期声讲话、人物对白、新闻提要等作用。信息性屏幕文字包括滚动屏幕文字新闻、节目预告等,它可以扩大节目的信息含量。在"屏幕文字的传播功能"部分中将详细分析这三种屏幕文字。在此不再赘述。

三、屏幕文字的传播功能

屏幕文字在电视节目中有着不可忽视的功能。概括起来,主要有说明功能、复述功能和信息功能等。

1. 复述功能

屏幕文字的复述功能是指在电视节目中屏幕文字所表现的内容和信息与电视

画面或声音所表达的内容相同或相似。其目的就是加强观众的信息记忆深度。

电视节目"声画结合、视听兼备"的双通道传播形式,比之单通道传播的报纸(看的通道)和广播(听的通道),具有明显的记忆优势。传播学界研究人士对于信息的接受能力进行研究时指出:"阅读文字能记住10%,收听语言能记住20%,观众看图能记住30%,边听边看能记住50%。"视听结合,两个通道各自汲取信息互不干扰、且又加强记忆深度的原理是不言而喻的。问题是,在"看"的单一通道里,屏幕文字与画面是两种类别的语言符号,能否做到兼容输入而不顾此失彼,产生"互消效应"?美国哈佛大学心理学名誉教授鲁道夫·阿恩海姆在论述视像编码的生理机制特点时指出:"在视觉感知过程中,对语言符号(文字、语言)信息的感知是左脑占优势,而对非语言符号(图像、姿势语)信息的感知,则是右脑占优势,即便是同时出现多类符号交叉映象,视神经也会筛选、分类编码成神经活动(连续的电脉冲)的信号,送进大脑相关部位,产生明晰的神经语汇、大脑语言,最终在视中枢

图10-7 用屏幕文字复述画面中人物的对话、台词、翻译等,减轻了观众"听"的负担,有效提高了信息传播的清晰度

同一区域产生融合,认知外界物体。"这段论述告诉我们:人们视知各种语言(语言的与非语言的)符号,是编码式的信息输入,同时输入不同语言符号信息时,各自有其"存储库",这种各行其道、兼收并蓄的认知,并不存在"互消"之虞。所以,多种(非语言符号图像、声音语言、屏幕文字)符号指向同一传播内容时,则形成"视、听、读"三位一体的同向多维感知通道,在瞬间冲击大脑相关神经中枢,必然明显加深"记忆痕迹"。复述性屏幕文字有助于加深记忆的另一道理是:超历时性的文字,缓解了观众对历时性播音语言的积累性记忆压力,有效地调节了记忆心理机制,从而提高了观众对整体内容识记的效率(图10-7)。

2. 说明功能

屏幕文字的说明功能是指屏幕文字在电视传播中可以交代一些诸如人物、时间、地点等等在内的内容。电视新闻节目中,屏幕文字的说明功能运用得比较多。现在各电视台的新闻节目中,采访对象出同期声时,一般会配以说明该采访对象身份和姓名的屏幕文字(图10-8);每条新闻中也会出现诸如:"本台记者×××报

图 10-8 画面中的人名、地名就是说明性文字

"道"的屏幕文字；有关栏目名称的屏幕文字也会适时的出现在屏幕上……说明性屏幕文字在其他节目类型中也不鲜见。一般来说，每个栏目的片头、片名、片尾屏幕文字都是起说明功能的；节目最后的工作人员名单和电视剧等节目末尾和开头的演职员表屏幕文字等等都是旨在将一般的说明性信息介绍给观众。说明性屏幕文字与画面、声音等符号相互配合，可以简化和美化画面和声音，可以表现画面不擅长表现的抽象理念。说明性屏幕文字一般出现在电视屏幕的底部或左、右两边框，也有以整屏阅读式的方式出现的。说明性屏幕文字在画幅中所占空间虽然不大，但其所承担的对画面、声音及整个节目所表达内容的说明性、介绍性作用必不可少。

3. 信息功能

从广义上来说，任何屏幕文字都具有信息功能。我们这里所说的屏幕文字的信息功能是指屏幕文字传达了与电视画面、声音语言不同的新信息。上文我们讨论过的滚动式屏幕文字所发挥的传播功能一般就是信息功能。港、台的电视制作人员比较注重发挥屏幕文字的这种信息功能。除了运用滚动屏幕文字传播一些时效性强的信息外，他们还在电视屏幕的左上角或右下角画出一个小矩形，用以传播诸如天气预报、外汇牌价、股市最新情况、时间等信息。这既满足了现代信息社会观众对信息消费需求，又不影响正常节目的播出。我们经常可以在电视屏幕上看到诸如："我台将于×××播出电视连续剧×××，欢迎收看"的屏幕文字。虽然这样的屏幕文字简单且易制作，但我们不可

图 10-9 在早新闻中，本港台的画面上方均有天气、气温、湿度、时间等屏幕文字提供的信息。香港电视在报道与内地有关的时政新闻时，常用标志性建筑物标明新闻对象

第十章 屏幕文字和特技的运用技巧

忽视它的传播功能。这种信息性屏幕文字运用观众的多通道接受机制，随时插播有关重要的新信息，既避免了因中断正常节目带来的"心理破坏"，又保证了各项信息的完整、及时传播，这就必然赢得观众的由衷欢迎，从而建立起传者与受者间的融洽关系，从而在根本上提高电视传播的整体效益。

四、屏幕文字的构图形式

"构图"一词来自拉丁语，其意思是结构、组成、联结和联系。构图的重要性表现在两个方面：第一，它是电视屏幕上各形象元素的组织方法。没有构图，画面就没有秩序，各视觉形象元素就会杂乱无章。第二，它是各形象元素间组合关系的结构样式，没有这种结构样式，形象元素间的组合关系就体现不出来，所要表现的思想就体现不出来。

屏幕文字的构图形式，是指屏幕文字在电视屏幕上的位置和排列以及屏幕文字与画面的结构关系。电视节目中最为常见的屏幕文字排列方式是采用横行排列，当然，还可根据需要选择竖行排列和斜行排列；字与字之间的距离可以相等，也可以错落有致；字号可以一致，也可以有所区别。屏幕文字在电视屏幕上的构图形式可以多种多样，并没有一成不变的固定位置或形式。综合分析境内外电视台的屏幕文字运用情况，主要有以下几种构图形式。

1．整屏文字式

整屏文字式（图 10-10），是指屏幕文字成为电视屏幕上最主要的构图元素，并且占据了屏幕的主要视知强点。早在 2001 年 10 月 21 日的香港本港台早新闻、翡翠台早新闻、凤凰卫视中文台《时事直通车》等节目对在上海举行的亚太经合组织（APEC）第九次领导人非正式会议的报道中，发掘和运用整屏文字式屏幕文字的功能，可以说是各台节目的一大特色。本港台、翡翠台和凤凰卫视中文台在报道 APEC 会议发表的反恐怖主义声明时，都不约而同地运用了整屏文字来传达新闻信息。

图 10-10 CCTV-1 2005 年 3 月 22 日"中国水周"的新闻报道中，一条整屏文字的新闻颇有视觉冲击力

本港台和翡翠台的屏幕文字的形式是整屏文字由四个要点组成，各条新闻信息要点逐次显示，简约而明确；凤凰台则连续使用了三屏屏幕文字来概括反恐声明，几

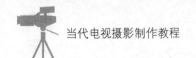

乎囊括了声明中的所有要点,信息量非常大。而且三台在显示屏幕文字的同时,播音语言也同时在阐述声明的内容,"视、听、读"三位一体,同时指向同一传播内容,通过视听双同道进行多维感知,在瞬间对大脑相关神经中枢冲击,明显地加强了观众的记忆深度和接受信息的易受性。凤凰台还有一处屏幕文字的运用给人留下了非常深刻的印象。在介绍反恐怖合作时,屏幕文字居中显示,以上海APEC的会场画面为底衬,这里运用了一个推镜头,随着镜头的推进,画面由远及近,屏幕文字也跟着推进,给观众造成一种紧张感,使观众充分认识到全世界加强反恐怖主义合作的必要性。近年来,整屏文字的传播魅力逐渐被内地电视制作人所重视,开始在读报节目、时政节目中得到广泛应用。

2. 底部横排式

底部横排式(参见图10-6),是指屏幕文字横向排列在电视屏幕的底部的构图形式。可以说,这种形式是电视节目中屏幕文字最基本、最常用的形式。电视剧中的人物对白、翻译屏幕文字;电视新闻节目中播音语言显现、新闻人物语言、内容提要、新闻标题等等,都是以这种形式构图的。它的好处在于,屏幕文字位于屏幕的底部,不会对电视画面构成干扰,横向排列又比较符合观众的阅读习惯。

3. 滚动字幕式

滚动字幕式,是指字幕以滚动的形式通过屏幕,逐次展示其所负载的信息的形式。滚动字幕可以置于电视屏幕的底部或顶部,也可以置于电视屏幕的左边或右边。人们的阅读习惯一般是从左到右、从上到下;相应的,底部或顶部的字幕一般应该按从右到左的方向滚动,左边或右边的字幕一般则应该按由下至上的方向滚动。滚动字幕所承担的传播功能一般是信息功能。在现代快节奏的信息社会中,滚动字幕带来的"信息快餐"是大有市场的。

4. 竖排式

竖排式(图10-11),是指字幕竖直地排列在电视屏幕的左边或右边边缘的形式。竖排式字幕主要是起到说明性的作用。在电视新闻节目中,主要是用来介绍新闻人物或相关人员的身份、姓名等信息。一般有两列,一列介绍身份,另一列介绍姓名。这种字幕运用的例子俯拾皆是。如凤凰卫视资讯台在一则经济新闻中,采访新闻人物时,画面出现新闻人物的特写镜头,声音是新闻人物的同期声,字幕则是:"台湾仁宝人力资源处副总 卓正钦"。这类字幕有时候也和新闻标题等底部横排式字幕放在一起,但为醒目起见,还是应以竖排式为宜。

第十章　屏幕文字和特技的运用技巧

图 10－11　画面中竖排的文字介绍人物身份

图 10－12　凤凰卫视 2005 年报道全国"两会"中的一个画面，右下方方块中文字样式已有 4 年时间。屏幕下方的文字是固定的滚动通道

5. 固定式

固定式（如图 10－12），是指字幕以小方块的形式固定在电视屏幕的某一位置的构图形式。固定式字幕主要用来传播诸如天气情况、股市行情、时间、外汇牌价、节目名称或标志等内容的。香港凤凰卫视资讯台的节目中，就有这样的固定式字幕。其形式是：在屏幕的右下角抠出一个小方块的部分，在这个小方块的上半部分以黄色衬底显示外汇牌价（如：英美元 7.799 9），在小方块的下半部分以蓝色衬底显示当前的时间（如：23：12）。

当然，很多时候电视节目中的字幕是以上这些构图形式的一种或几种的综合。这些构图形式的排列组合，就形成了电视屏幕上丰富多彩的字幕语言。不过，在制作字幕时，没有哪一种形式是绝对好或绝对不好的，用多了，用滥了，就显得俗套了。只有具备创新意识，不断推陈出新，才能使屏幕文字的运用充满生机和活力。

五、屏幕文字的运用技巧

电视节目中屏幕文字的运用是一门学问。它不仅仅是使用屏幕文字机的技术性工作，还要求从业者必须懂得电视传播媒介的特性，懂得各种电视节目的不同特点和要求，不具备相关的符号学、语言学、心理学、哲学理论素养，是很难制作出赏心悦目的屏幕文字来的。通过考察屏幕文字在各级电视台中的运用情况，我们认为，应该从以下几个方面着手，对屏幕文字的运用进行控制。

1. 选择好屏幕文字的呈现时机和显示时间

根据不同的节目样式的要求，屏幕文字的呈现时机和显示时间也各不相同。

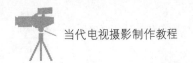

因此,屏幕文字的运用要考虑到节目传播形态的差异和要求。具体到电视新闻节目中,屏幕文字的呈现和显示,应遵循心理学的感知、记忆规律,选择好最佳显示时间出点和显示停留时限。其要点如下。

(1) 显示时间点的选择。

综合考察电视新闻节目的屏幕文字运用得失,我们认为:新闻标题显示的时间出点,以该条新闻播出 10 秒钟以后的第一秒这个点为好,经过前 10 秒钟,新闻的主体画面和声音要点(如导语)已经出现,此刻再加上提示屏幕文字的刺激,便可强化前 10 秒钟声画所形成的意象感觉记忆(一种由图像所形成的原始记忆),消除因视听反应模糊造成的信息不确定性,从而加深对整条新闻内容的理解和无意识理解记忆。中央电视台的提示屏幕文字显示时间出点,是定在该条新闻开始播出后的 7—8 秒这个值上,这一选择是符合视像感知规律的。极少时候,中央台也有让文字与该条新闻第一个画面同时显出的情况,此刻观众往往只可能顾及图像和声音,难于顾及屏幕文字,这种同步播出,不仅屏幕文字制作成了无效劳动,还干扰了观众注意力的集中。

(2) 显示停留时间的长短,应以屏幕文字的长短而定。

单行显示,一般含数至十数个汉字,显示停留时间以 10 秒钟为宜;双行显示,每个单行含汉字 10 个左右,两行相加 20 个左右汉字,显示停留时间以 15 秒钟为宜。显示停留时间过长,文字会与画面争夺注意力;显示停留时间过短,观众又无暇顾及,因为观众对于这类提示文字的感知,是借助视觉暂留原理和视野余光进行的,如果是注视文字则又丢了图像,在两者不可兼得时,屏幕文字就必然被舍弃。香港凤凰台对屏幕文字的显示停留时间的运用有可资借鉴的地方,其新闻节目中对屏幕文字不是"一刀切",而是视具体情况变通。有时候,对于那些适于口播新闻和内容抽象、画面过少的重要新闻,在整条新闻的播出时间里都显示屏幕文字。这时候,屏幕文字上升为主要视觉语言符号,如此处理就可以收到较好的传播效果。

2. 根据电视特性撰写屏幕文字

电视传播有许多特性。从其使用的传播符号来讲,电视是多类传播符号综合传播信息。与报纸、广播相比,电视运用的传播符号最丰富。报纸,使用的符号主要是文字,辅之以少量图像;广播,使用的符号主要是语言,配以少量音响;电视是声音、画面两类符号并重,包括语言、音响、音乐、画面和屏幕文字。具备符号的多样丰富性,并不一定意味着传播效果就越好,关键是看各类传播符号如何相互融合、互相补充。因此,屏幕文字的运用就自然而然地要考虑到它与画面、声音等其他符号的配合。我们必须明确,屏幕文字既不是报纸、广播的新闻标题(有人撰文将其纳入此范畴),也不是什么一句话新闻,更不是画面的补充成分,它只是整条新闻的"简明提示"。根据这一特点,撰写屏幕文字要点有四:

(1) 不必借鉴模仿其他新闻媒介的"标题作法"之类样式,只要吃透画面的声音语言所要传递的信息内容,提示文字则应运而生。

(2) 不必拘泥于语法结构的完整,新闻的声画结合已经形成了一个完整的表述语境,保证了新闻内容的准确传播。在这个语境中,屏幕文字的结构完整与否,都不会产生歧义。字数少时,可以是词组,如"菲律宾·拳击比赛";字数多时,可以是长句。

(3) 屏幕文字应该简明直观,一般只交代 2—3 个 W(人、事、地),这是屏幕文字的基本格式。如"朱镕基会见美国客人"、"台湾发生 7.4 级地震"等,十分简单的重复,丝毫不影响传播效果,因为观众的"有意注意"此刻是集中指向图像和声音,屏幕文字的任务是帮助看好、听好。这时屏幕文字打扮得再花枝招展,观众也是无暇领情的。如果将其他可反复感知的书面文体写作技法来框套屏幕文字的撰写,如此生硬的"聚天下之精华",实在是有害于电视屏幕文字个性的形成和电视传播效益的提高。

3. 注重屏幕文字的色彩、字型字体、光线和特技处理

色彩可以被当作一种语言来表述人们的思想感情,不同颜色的屏幕文字所表达的情感和气氛是不一样的。色彩,作为一种物质现象,其本身的色相特质几乎是恒定不变的,色彩所形成的感觉多变性,实质上反映了色彩与自然现象、生理现象、人为现象和社会现象的复杂关系。从总体上看,屏幕文字的色彩选择应该做到与其所传达的信息内容相互匹配、协调一致的原则。在电视新闻、纪录片等纪实性节目中,屏幕文字的色彩运用风格应该是平实、忌花哨。一般情况下,应该避免造成"色彩缤纷"的效果。单色屏幕文字(或黑白屏幕文字)比较适合这类节目的总体传播要求。而在艺术类的电视节目中,可以根据节目的具体内容选择多种色彩,使屏幕文字的颜色交替变化,发挥色彩的表现力和感染力,调动观众的情感。不过,屏幕文字的色彩不是越丰富越好。在实际运用中,要考虑到它与画面色彩的对比与和谐。我们知道,电视画面的色彩是多样的,屏幕文字的色彩要达到既突出屏幕文字本身,不能让它淹没在画面的色彩"海洋"中,又不能与画面"争辉",让观众感到无所适从。屏幕文字和画面的色彩必须达到反差与和谐的统一—(图 10-13)。

屏幕文字的字体、字型应该是多样变化的。根据不同电视节目的传播要求,可以选用楷书、行书、隶书、宋体、仿宋、变体字等多种字体。纪实节目选用隶书、行书、魏碑等字体,可以表现节目的古朴端庄、凝重深沉;儿童节目选用童体字,可以

增强幼稚感,有利于表现儿童天真可爱的特质;广告节目选用变体字或美术字,可以创造一种夸张、变形的效果,别具一番神韵和风采。中国书法源远流长,形成了不同的流派和风格,构成了完整的书法艺术体系。中国的书法家把书法的线条、笔锋当作音乐的旋律和舞律来创造,正如杜甫诗云:"昔有佳人公孙氏,一舞剑器动四方。观者如山色沮丧,天地为之久低昂……"中国书法的空间美、造型美,在篆、隶、草、飞中各有不同的表现①。屏幕文字的创作应该有意识地吸收祖国丰富多彩的艺术宝藏,拓展电视节目中屏幕文字的字体、字型样式。

  制作屏幕文字时,还必须注意光线的运用。富有视觉冲击力的屏幕文字,归根结底是运用光线的结果。不同强度的光,使画面产生多维纵深效果;大反差的光线,往往能创造出比均匀照明更富于魅力的影像。如在中央电视台拍摄的纪录片《孙中山》的开始,整个电视屏幕黑白分明,在黑色的底色上打出白色屏幕文字:"谨以此片献给辛亥革命九十周年"。屏幕文字分两行排列,第二行"献给辛亥革命九十周年"较第一行"谨以此片"在字号上为大,而且以45度的前侧光照在"辛亥革命"上,突出了这四个字的主体地位。

  特技在制作屏幕文字的过程中起

图10-13 多彩多姿的片头文字

---

① 张凤铸著:《电视声画艺术》,北京广播学院出版社1997年版。

第十章 屏幕文字和特技的运用技巧

了非常重要的作用。我们最熟悉的中央电视台《新闻联播》节目的片头中，"CCTV"、"中央电视台"、"新闻联播"等屏幕文字就是运用特技进行处理的。经过特技处理后的屏幕文字与浑厚的背景音响一起，充分显示了该节目的沉稳、凝重的内涵与诉求。屏幕文字的特技处理主要包括：斜出、竖移、横排、斜移、显出、切入、划出、逐出、甩出、翻飞、飞入飞出、上下拉式、左右拉式、闪入、卷入、急推、缓推、转动、叠化齐出、逐一扫出等等。在具体运用时，要根据节目特点和节目需要恰当地选用。

第二节 特技的运用

特技，简而言之，就是特殊摄制技巧。现代科学技术的发展，特别是微电子技术的广泛应用和计算机技术的突飞猛进，为电视节目的摄制开辟了广阔前景。模拟特技、数字特技、照明特技、机械效果特技使电视荧屏变幻莫测、美不胜收，极大地丰富了电视非语言符号的表达，提高了电视画面的可视性和可塑性。电视特技大胆的构想、特征鲜明的造型、夸张的表现、优美的线条构成、张弛相宜的节奏，正是电视特技被广泛应用于广告节目、体育节目、电视新闻、专题节目和音乐电视等节目的摄制并取得极大成功的主要因素。

电视节目编辑过程中，必须充分认识到电视特技这一电视手段的优势与特色，开拓性地运用新技术与手段，全方位调动电视创作手段，创作出高精度的电视作品。

一、电视特技常用的手法

电视特技常用的手法主要包括：淡入淡出、化、叠化和叠印、划、定格、翻转、多画面、马赛克效果、位移等。我们已经在本书第三章第四节有关"转场的方法"中，详细介绍了淡入淡出、化、叠化和叠印、划、定格、翻转、多画面等电视特技手法。这里再介绍两种近年来在电视节目中常用的电视特技：马赛克效果、位移。

1. 马赛克效果

马赛克是从英文 mosaic 音译过来的，原意指以方形或六角形等小型瓷砖砌成各种花纹与图案。电视画面的马赛克效果是指，对输入信号的像素进行放大处理，使每个像素各自成为亮度和颜色都均匀的小方块，产生类似用彩色马赛克（建筑上用的小方块瓷砖）镶嵌地板或墙面的效果。马赛克效果主要是用来保护电视节目中出现的不便于公开身份的人物。在诸如打击贩毒、打击假冒伪劣的节目中，为了保护挺身而出揭发案犯的人士不遭受打击报复,该人士的脸部画面往往运用了马赛克效果。根据需要,马赛克效果可以是全屏的,也可以是局部的,其变形深度同样可调。图10-14的效果就是作者用本书第三章介绍的 Studio DV8 软件制作而成。

图10-14 马赛克效果与原画面的比较

2. 位移

位移是指压缩后的形象可以移动到屏幕的任何位置上。例如,可以把新闻图像的第一个画面定格,并把它压缩后至于新闻主播肩上方的方框内,然后从第一个图像开始播放新闻,画面可以同时扩展到全屏幕。

二、动画

广义上,动画是特技的一种。它是指利用人类视觉暂留的特性,快速播放一系列静态图像,使视觉产生动态的效果。动画属于假定性手法。人物、动物、植物等是通过绘画手段画出来的,同样环境也是画出来的。动画具有广阔的思维时空,它广泛地运用夸张、变形、装饰等手法。动画的发明早于电影。在照相技术发明之前,人们已经发现多张活动的图片能够产生运动的视觉效果。早在170多年前就出现了一些产生动画效果的原始装置。在这些装置的基础上,经过许多人的不断改进,最终产生了电影这种喜闻乐见的娱乐形式。

电影动画卡通(cartoon)片是由法国人 Emilc Cohl 于1903年开创的。他在白纸上画下黑色的线条。拍摄后在银幕上放映出来的效果是黑色背景上出现白色图像。随着实际应用的需求,动画技术在以后的几年内得到不断改进,涌现出大量卡

第十章 屏幕文字和特技的运用技巧

通片,其中包括1917年诞生的真实可爱的卡通形象——幸福的猫。1928年,Walt Disney 电影制片厂开始制作大众喜欢的动画片,深深地抓住了广大观众的想象力。几乎每一场电影的开头总加映一些动画卡通片。我们现在家喻户晓的米老鼠(Mickey Mouse)、唐老鸭(Donald Duck)、白雪公主(Snow White)都是这一期间的卡通形象①。

图 10-15 动画节目在各少儿节目中大受欢迎

1. 传统动画和计算机动画

传统动画是用手工制作的。早在20世纪20年代,动画创作者们是把所有的动画素材都画在纸上,甚至每一张动画都要画上背景来衬托。到了30年代,在实践中发明了透明的赛璐珞片,我们简称明片,用明片代替了纸张后,背景只要画一张,动体可以分三四层。放在背景上,透出画的环境。每层明片,可以画成各种动作(最多不能超过四层)。这一改革,极大地丰富了动画的表现力,这种方法和技术一直用到现在,已有70多年的历史②。工艺繁杂、劳动强度大、制作周期长等是传统动画的明显缺点,这使得传统动画的制作非常费劲,人们很自然地想到借用计算机来辅助制作,这就出现了计算机动画。

随着计算机图形学和硬件技术的高速发展,人们已经可以用计算机生成高质量的图像。计算机动画是指用绘制程序生成一系列的景物画面,其中当前帧画面是对前一帧的部分修改。动画是运动中的艺术,正如动画大师 John Halas 所讲:"运动是动画的要素。"当然,这里所讲的运动不仅指景物的运动,还包括虚拟摄像机的运动,纹理、色彩的变化等。所以,计算机动画中的运动泛指使画面发生改变的动作。计算机动画所生成的是一个虚拟的世界,画面中的物体并不需真正去建造,物体、虚拟摄像机的运动也不会受到什么限制,动画师几乎可以随心所欲地编织他的虚幻世界。从世界上开始出现计算机动画到现在已有三十多年的历史,其中经历了从二维到三维,从线框图到逼真感图像,从逐帧动画到实时动画的发展过程。反映了20世纪90年代计算机动画最高水平的代表作品是《终结者》和《侏罗

---

① 施寅著:《计算机动画的产生和发展》,载《电子出版》1995年第3期。
② 金辅棠著:《传统动画与计算机动画技术》,载《科技导报》1996年第12期。

333

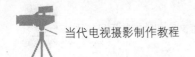

纪公园》等。它们在观众面前显示了一个超现实的而又十分逼真的视觉形象,而使人们在这种梦幻中得到极大的享受,同时也创造了世界上最高的票房收入。这两个影片中的一部分镜头是由计算机来完成的。如今随着计算机智能化水平的提高,制作动画不再是计算机高手的专利,许多基层电视制作人员也能根据节目要求自行制作了。

2. 动画的运用技巧

如今,动画在各类电视节目中有着广泛的应用。以动画技术为基础的动画片受到了广大电视观众,特别是小朋友们的喜爱。在电视广告片、电视节目片头、电视特技、电视新闻节目、电视文艺节目等节目样式中,动画都发挥了重要的作用。运用好动画,是对现代电视编辑人员的一种基本要求。

(1) 掌握相关的动画制作技术。

动画,特别是现代计算机动画是建立在相关动画技术发展的基础之上的。因此,电视编辑人员有必要掌握这些技术。

对于电视编辑人员来说,首先应该了解和熟悉各种动画制作软件。这些软件主要有 Photoshop、Animator Studio、Quick Cel、3D Studio、3D Studio MAX、Advanced Visualizer、Creative Environment 等。其次,要掌握计算机动画的造型方法,如:规则曲线造型、矩形域规则曲线造型、三角域规则曲面造型、非整数维造型等。最后,还有必要了解相关的视频技术,如:多媒体技术、科学计算可视化、虚拟环境技术等[1]。

(2) 根据节目内容和要求制作动画。

前文我们已经说过,动画属于假定性技术。它是通过一定的技术手段"创造"出现实世界并不一定发生的影像。

在艺术类电视节目中,动画可以丰富电视画面语言,带给观众完美的视觉享受。

在纪实类电视节目中,动画可以突破事件的时空限制,形象而又具体地把事件的整个过程表现出来,可以佐证声音的内容,通过动画形象演示并证实信息,满足了观众"眼见为实"的心理感知要求。拿电视新闻节目来说,虽然,科技的发展为记者提高新闻的时效创造了便利,现场直播式的报道也越来越多;然而,我们所报道的新闻中,绝大部分仍然是过去时的事后报道,在突发性新闻中更是如此。记者很难得到新闻发生时的第一手画面素材,但又不能进行摆、导、补。动画就有了用武

---

[1] 齐东旭等:《计算机动画原理与应用》,教育科学出版社 1998 年版。

第十章　屏幕文字和特技的运用技巧

之地。让我们来看美国哥伦比亚广播公司新闻节目《CBS 晚间新闻》(*CBS Evening News*)中一则新闻对动画的运用。美国东部时间 2002 年元月 5 日下午 5 时许,美国佛罗里达州坦帕市年仅 15 岁的中学生比夏普(Charles J. Bishop)驾驶一架塞斯纳 2000 - 172R 型飞机,撞进了这个市的标志性建筑——高达 42 层的美洲银行大楼。哥伦比亚广播公司的新闻不可能拍摄到飞机撞进大厦全过程的现场画面,因此,他们在报道中制作了动画来模拟飞机起飞到撞毁的全过程。新闻中动画的整个时间长度达 32 秒,这就成功地弥补了现场画面素材匮乏的不利局面。

不过,需要指出的是,在纪实性电视节目中,不可滥用动画。技术崇拜、投机取巧、毫无目的性地运用动画,是与其纪实特性相左的。

三、特技编辑与电视时间

电视节目的编辑过程中,必须高度重视特技的作用及其对电视时间的"改造"。

1. 高度重视特技的作用

时间与运动,空间与运动,何者最重要? 答曰:运动! 因为时间并非一切,空间亦非一切,而运动乃是一切! 因为只有在运动中才能感到时空的存在。影视按其本质特性而言,是一种运动的样式,是通过确立不停的转换切合的语境的主体地位,与抽象语言并肩,完成叙述任务的造型样式。科学技术的进步,为电视节目制作提供了诸多摄制条件。摄像机上的慢动作、淡入淡出装置、编辑特技机上的淡变、化变、划变、键控、快慢动作、定格和电脑作图、电子动画等技巧,使电视语言的非语言符号系统增加了一个新的内容——特技语言。

诸如淡变、化变、划变等特技并非在电子特技机出现后才有,这几种剪辑方式早在电影故事片进入有声时代就在应用。早期的电视从业者认为这些特技的使用有碍于节奏的表现,故一味推崇"快切"的手法。随着传播节奏的加快和电视节目单位时间内信息量的增加,从业者开始认识到,节奏过于紧张的传播容易造成观众的接受心理的紧张而产生排斥性,于是许多特技手法开始进入电视节目的编辑过程。这些经过特技处理的画面,本身并未增加什么语义指向明确的"词义",换言之,即并未取代抽象语言的地位,从而使自身获得叙事功能,其特技效果只给观众以无言的感受。

2. 特技对电视节目时间的"改造"手段举例

(1)"时间的特写"。

这个概念和实际价值与镜头的拍摄角度和景别,有着密不可分的关系。特写,是构成电影节奏的重要环节。特写镜头的审美效果在于对观众的心理产生强烈的冲击力,增加艺术感染力和渗透力。而所谓"时间的特写",一般是指镜头内部的时间流变,其基本形态是定格、延长和缩短,也即是时间观上的相对论在影视这种以运动节奏为主的艺术王国中的假定性体现。

定格——强调符号。《中外广播电视百科全书》第 167 页这样为定格下定义:"把图像的某一帧固定信号从连续活动的图像中得到一幅静止的画面。"在《电影语言的语法》中,丹尼艾尔·阿里洪这样写道:"使用定格,时间实际上在画面中停止了,许多影片是以一个突然的冻结画面结束的……以便注意力集中在一个事实和人物身上……一次强调一个人物的反应。"丹尼艾尔再次论述了定格在影片中所起的强调注意的作用。这一特技手法多被用在矛盾冲突比较激烈或情节起伏跌宕的电视纪录片中,将那些转瞬即逝的情景固定下来,以引发观众的注意力。

延长——特指慢动作镜头。适合于专题片中各种体育运动,如跳水、冲浪、体操、跳高、百米、球赛等等。高速拍摄的慢动作,可使观众在幻觉中或心理上产生时间延长感,从而领略出一种特殊的美感,以满足超常规自我的心理需求。关于慢动作,电影理论家兼导演普多夫金说:"在银幕上运用慢动作可以使观众看到很奇怪的景象,看到在现实中存在但平常却感觉不到、看不见的形象,这样给予观众的印象就非常强烈。"为了帮助读者更好地理解这一技法的表达效果,我们借一部电影的镜头为例——英国名片《王子复仇记》(1948)中不幸的少女,即哈姆雷特的恋人奥菲利娅沉河自尽的过程,就是用延长手法拍摄的。心碎的她,精神恍惚地从王宫缓步走出来,在山坡上随手采了一些野花,编织成一个花环戴在头上,然后向河边走去……但可怜的少女并未直接跳河,而是吃力地爬上河畔的一棵柳树,抓住一根柳枝,用身体把它压断后,慢慢向河面落下去……接下去的镜头是:奥菲利娅抱着树枝,神态安详,向着清澈见底的河心缓缓下沉,直到河水完全把她淹没,她那秀丽娇媚的容颜,依然清晰可见。导演用这种精心设计的蒙太奇技巧处理哈姆雷特王子的恋人之死,其审美动机在于感染观众,让人们一起来为美丽天使生命的消失而扼腕痛惜!

缩短——特指加速时间流程和快动作镜头。如卓别林在默片中经常运用快速镜头如逃跑、赶路、上下楼梯、拳击、吃东西、穿衣……虽然带有喜剧甚至闹剧的味道,但引发出来的笑声却使观众体味到一种审美快感。有声片出现至今,有的喜剧影片也时而采用这种拍摄技巧,加速时间流程,增强影片的戏剧性、动作性、娱乐性和观赏性。电视新闻节目在表现体育与文艺类报道题材时,使用这一技法,可以收到"节约视觉"的良性效果。

(2) 画面叠印。

德国艺术理论家阿·豪塞尔在《艺术史》中指出:"我们所有的经验难道就不会仿佛在同一时间体会到吗?这一同步性的感觉难道就不是时间的否定吗?而这一否定,难道就不是在我们丧失实质的空间和时间后争取在心灵上重视的努力吗?"这段话对理解"画面叠印"的内涵和呈现形式,很有启发。豪塞尔在其艺术史专著论及时空的章节中,还从整体上进一步概括了人的一生和瞬间的微妙辩证关系:"人一生中的每一刻时间,难道就不是那同一个孩子或者同一个老人,或者感到同样不能入睡、神经过敏、心神不宁的同一个寂寞的旅客吗?"电视节目中的画面叠印主要是指过去的资料镜头与现在时的现场镜头的叠印,让逝去的时光复原,让昔日的人或物复现,以形成立体感极强的影像。

(3) "声"画融合。

这里的声主要是指具象音响。听,是人们认识事物的重要方式之一。"闻其声即知其所在",闻声及物,听声"见"景,听觉所产生的幻觉,可以突破视野和画幅的障碍,使人们的感觉进入广袤的时空。尽管听觉对于物象的感知是间接状态,但它指向的多维立体感受体验,使人们从远近、轻重的震动中获得明晰的概念。其时间性特征则表现在它能在一定范围内制造特殊的环境气氛、地方色彩,甚至是时代风貌上的某些形态。"声"画对位主要强调的是声音(具象音响),对人的心灵的冲击或刺激功能;而声画融合所涉及的内涵要比"对位"宽泛些,也要复杂些,因为声画融合本身就包容着"声画同步"和"声画分立"的多种造型元素。声画同步会产生新的质,声画分立更能产生新的质,这取决于两者蒙太奇技巧上的差异。声画同步的主要功能在于强化视觉影像的逼真感和审美感染力。至于声画分立,首先强调的是声音的独立性功能,形式上是突出了声音,但实际上则加强了声画之间有机的内在联系,既增加了电视节目的感染功能,又保持了声音蒙太奇形式的相对独立性。

本 章 小 结

电视是迄今为止蕴含传播符号最丰富的大众传播媒介。屏幕文字、特技等诸多传播符号的联袂,使得我们的电视屏幕五彩缤纷,成为人们注意力的中心。

屏幕文字,是指出现在画面上、有特定表述意义的文字。电视节目中屏幕文字的运用经历了一个从不够重视到重视的发展过程。屏幕文字的运用从某种意义上显示了电视工作者对电视特点的认识的逐步深入和电视节目制作观念、方法的不断成熟。如今,屏幕文字已经成为电视节目构成的重要元素之一。

特技,是特殊摄制技巧的简称。现代科学技术的发展,特别是微电子技术的广泛应用和计算机技术的累累硕果,为电视节目的摄制开辟了广阔前景。模拟特技、数字特技、照明特技、机械效果特技使电视荧屏变幻莫测、美不胜收,极大地丰富了电视非语言符号的表达,提高了电视画面的可视性和可塑性。

屏幕文字的多样式叙述,电视特技的大胆构思、鲜明造型、夸张表现,大大降低了电视的智力门槛,使电视节目的传播魅力得到极大弘扬。

问题与思考

1. 为什么说屏幕文字和电视特技的运用大大降低了电视的智力门槛?
2. 分析书中你认为最好的屏幕文字画面。
3. 熟练掌握8种屏幕文字的使用方式。
4. 熟练掌握5种电视特技的制作方式。

第十一章 电视节目编辑经典案例图释

通过前几章对电视节目编辑的系统阐述,我们对制作电视节目各要项的作用、要求应该有了系统了解,在此基础上,本章以图例对比的思路,为读者提供中国中央电视台开始曲《国歌》和香港主流电视台开始曲《国歌》的图片资料,通过简要分析,以启发大家在阅读的过程中对电视节目的总体结构、编辑思路、编辑手法有进一步的了解,为进入编辑实战做好准备。

第一节 中国中央电视台开始曲《国歌》图例分析

开始曲以国歌激越的旋律为中心内容贯穿始终,选取了雄狮、长城、黄河、国旗、国徽、天安门、人民大会堂、人民英雄纪念碑、火箭升空、工农业生产、国旗班战士、和平鸽少年等最能体现中国人民百折不挠、勇往直前、向往和平幸福的标志物、建筑物为画面的主体内容,使国歌旋律的内涵得以形象物化(图11-1至图11-18)。其中最具象征意义的是长城、国旗、国徽、天安门等形象,《开始曲》从画面空间和时间两方面协调、突出和反复(重现),使这些天安门广场整体中的细节得以"放大",造成特定环境下的"情绪效应"。这样,整个画面不仅仅是客观地记录其所表现的物质形象,更被赋予强烈的感情色彩,充分揭示出蕴藏于画面之中的浓郁的诗意。

为了充分表现国歌中中华民族团结一致、昂扬向前的大无畏气概,开始曲采用了"拉镜头"、"横移镜头"等拍摄技巧,和"化入化出"的编辑手法,使得各个景物似天造地设般与国歌的音乐形象融为一个整体,形成了连贯、流畅的画面节奏,给人以振奋、舒畅的视觉感受,从而产生一种博大恢弘、豪情满怀的心理效应。

总之,开始曲正是运用隐喻蒙太奇引发情绪的原理,通过对国旗等象征物的特写引起人们心灵深处的共鸣。

图 11-1 雄狮,中华民族崛起的象征　　图 11-2 华表,中华民族历史的象征　　图 11-3 国旗班,中国力量的象征

图 11-4 国旗,国家的象征　　图 11-5 群山,中国人民力量的象征　　图 11-6 黄河,中国的母亲河

图 11-7 人民英雄纪念碑　　图 11-8 少年与和平鸽　　图 11-9 向往和平的象征

图 11-10 农业是中国经济的基础　　图 11-11 工业是中国经济发展的先锋　　图 11-12 国防航天是中国强大的象征

第十一章 电视节目编辑经典案例图释

图 11-1 至图 11-18 中国中央电视台开始曲《国歌》镜头编辑简析

第二节 香港主流电视台开始曲《国歌》图例分析

2004年夏天的一个调查显示,香港八成以上的大学生承认自己对国家的认识程度偏低,都未参加过国情教育课程和活动;另有七成大学生认为,香港的国情教育"很不足够"或者"不足够"。大学生尚且如此,何况一般市民。这项调查充分说明了香港的爱国教育不是多了,而是远远不够。为了更好地落实"一国两制",更好地引导市民以主人翁的态度建设好香港,并为国家发展作出贡献,香港公民教育委员会制作了国歌短片《心系家国》,自2004年10月1日起开始在香港3家电视台新闻报道之前的黄金时段播出。短片内容简洁、流畅,在雄壮的中华人民共和国国歌声中,呈现出的背景画面则是绵延的万里长城、美丽的维多利亚港、繁华的香港市容、神采飞扬的奥运健儿、香港英豪战亚运、国家太空英雄、气氛融合的祖孙戏乐、朝气蓬勃的青少年演唱、威武的驻港解放军阅兵以及高高飘扬的国旗五星红旗和香港紫荆花区旗。特别是深受港人爱戴的田亮、郭晶晶、刘翔和杨利伟的镜头更有助于加强港人对国家的归属感。整个短片一气呵成，充满美感，也饱含了对国家和对香港的一片真情实感，颇具匠心。爱国爱家是一个人与生俱来的很自然的感情。《心系家国》根据香港市民的实际情况，以家为出发点，引导人们关注到中国人引以为豪的大事（片中仅奥运健儿的画面就出现过5次！）从而确立对国家的认同感，在解读这些画面时一定要结合香港的世情，并注意"心"、"系"、"家"、"国"几个字出现时与画面的关系，才能吃透编辑意图。短片中用的"动接动"、"化入化出"编辑手法值得借鉴。

图11-19　前奏起，长城，国家的象征

图11-20　化入，长城小孩放纸鸢

图11-21　化出，长城、小孩影调正常

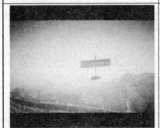
图11-22　化入，纸鸢近景，引出飞机

图11-23　化入，飞行物相接，动接动

图11-24　化出，飞机影调正常

图11-25　化入，维多利亚港入画

图11-26　化出，维多利亚港影调正常，"动接静"的典型镜头

图11-27　化入，快乐的青年人，前奏毕（注意画面中的"心"字起笔）

第十一章 电视节目编辑经典案例图释

图11-28 化出,青年人影调正常
歌词:"起来,不愿做奴隶的人们"

图11-29 化入,国旗、区旗入画
"起来,不愿做奴隶的人们"

图11-30 化出,国旗、区旗影调正常
"起来,不愿做奴隶的人们"

图11-31 切,广场的歌唱青年人
"起来,不愿做奴隶的人们"

图11-32 慢拉,更多广场的歌唱青年人
"心"字保持至此

图11-33 切,人群接人群,奥运健儿
"把我们的血肉","系"字起笔

图11-34 切,人群接人群,欢迎群众
"把我们的血肉"

图11-35 切,人群接人群,奥运健儿
"筑成我们新的长城"

图11-36 切,维港向往蓝天的游人
"筑成我们新的长城"

图11-37 切，维港向往蓝天的游人
"筑成我们新的长城"、"系"字成

图11-38 切，美丽城市与快乐青年
"中华民族到了最危险的时候"

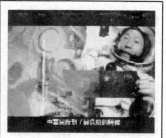
图11-39 切，太空勇士杨利伟
"中华民族到了最危险的时候"

图11-40 切，奥运健儿访港
"中华民族到了最危险的时候"

图11-41 切，港民欢迎奥运健儿
"中华民族到了最危险的时候"

图11-42 切，相似镜头，动接动
"中华民族到了最危险的时候"

图11-43 切，相似镜头，动接动
"中华民族到了最危险的时候"

图11-44 化入，奔跑人群入画
"每个人都被迫发出最后的吼声"

图11-45 化出，奔跑人群影调正常
"每个人都被迫发出最后的吼声"

第十一章　电视节目编辑经典案例图释

| 图 11-46 化入,长城入画与人群相叠
"每个人都被迫发出最后的吼声" | 图 11-47 化出,长城、人群影调正常
"每个人都被迫发出最后的吼声" | 图 11-48 切,和美的香港市民大家庭
"家"在此画面中起笔 |

| 图 11-49 推,全景至特写,爷爷与孙子
"每个人都被迫发出最后的吼声" | 图 11-50 切,香港健儿亮相釜山亚运会
"起来 起来 起来"
"家"字成 | 图 11-51 切,推,香港壁球好手
"起来 起来 起来" |

| 图 11-52 切,驻港部队为港民公开演练
"冒着敌人的炮火 前进"
"国"字在此一次成形 | 图 11-53 化入化出,为画面反轴过渡 | 图 11-54 化出,部队方向与 34 相反
"冒着敌人的炮火 前进" |

图11-55 切,小学生在校升国旗
"冒着敌人的炮火 前进"

图11-56 动接动,香港警察部队升国旗
"冒着敌人的炮火"

图11-57 化入化出,市民与街市、旗帜
"冒着敌人的炮火"

图11-58 化入化出,市民与街市、旗帜
"前进 前进 前进 进"

图11-59 化,国旗区旗与维多利亚港
"前进 前进 前进 进"

图11-60 国旗、区旗、蓝天影调正常
"心系家国"主题词完整出现

图11-19至图11-60 香港三主流电视台的开始曲《国歌》镜头编辑简析

本 章 小 结

《中国中央电视台开始曲〈国歌〉》和《香港主流电视台开始曲〈国歌〉》的图片资料,为读者提供了对比的思路,通过分析比较,帮助读者对电视节目的总体结构、编辑思路、编辑手法有进一步的了解,为进入编辑实战做好准备。

中国中央电视台的开始曲以国歌激越的旋律为中心内容贯穿始终,选取了雄狮、长城、黄河、国旗、国徽、天安门、人民大会堂、人民英雄纪念碑、火箭升空、工农业生产、国旗班战士、和平鸽少年等最能体现中国人民百折不挠、勇往直前、向往和平幸福的标志物、建筑物为画面的主体内容,使国歌旋律的内涵得以形象物化。

香港三家电视台的开始曲根据香港市民的实际情况,抓住"爱国爱家是一个人与生俱来的很自然的感情"这一脉络,以家为出发点,引导人们关注到中国人引以为豪的大事(片中仅奥运健儿的画面就出现过5次!)从而确立对国家的认同感。

开始曲以《心系家国》为主题,唱词贯穿始终,一气呵成,充满美感,饱含对国家和对香港的一片真情实感。

问题与思考

1. 从《中国中央电视台开始曲〈国歌〉》里分析5处旋律内涵得以形象化的画面。
2. 分析《心系家国》中的5处蒙太奇组接方式。
3. 试以10—20幅图片编一个国歌旋律的版本。
4. 为什么说《心系家国》的结构样式符合香港市民的实际情况?

第三篇 节 目 篇

第二章　子曰

第十二章　电视节目制作的起点：确立内容与寻找形式

电视节目是做给观众看的、听的,好看、好听,是观众对电视节目的基本要求,亦是节目制作的基本要求。社会的发展状况、人群的精神需求决定着电视节目的内容取舍,形式反映,电视节目制作面临的第一道门槛就是确立适当的内容与寻找承载这些内容的最佳形式。

第一节　内容为王：节目的选题与立意

"内容为王",并非有"内容"便可称"王"。事实上,没有内容的电视节目并不存在。"内容为王"亦非人们习以为常的"内容第一,形式第二"那个霸王"内容"(遗憾的是,不少节目审查人员总是以"内容第一,形式第二"的观念给节目发"生死牌",致使不少"内容尚佳、形式蹩脚"的节目充斥频道)。本文中的"内容为王"是指电视节目中最能满足观众思想、观念、信息需求的那些抽象信息元素,也就是说节目能把最适当的内容提供给尽可能多的最需求这些内容的人,这就是最好、最合适的节目内容。

以战争内容为例。1991年海湾战争时,美国有线电视新闻网CNN出尽风头,当时,几乎全世界电视媒体的主要信息来自它的现场直播,甚至交战敌对方的萨达姆也视之为重要信息内容。CNN因此成为全世界各类新闻媒体中无可置疑的"新闻集散中心"。CNN因此而显赫,源于它能够提供其他媒体无法提供的独家新闻内容,在极大程度上满足了各个层面受众的信息需求。可是在十多年后的伊拉克战争中,它却败在默多克新闻集团旗下于1996年成立的传播新星福克斯新闻(FOX NEWS)手下。2004年3月份的收视记录表明,福克斯新闻的日均收视观众为710万人,CNN为660万人。CNN何以在新闻战中落败了呢?原因是在伊拉克战争中,福克斯新闻频道共派出多过CNN两倍的记者前往战区,无所不至地在伊拉克展开旋风式采访与传播,以最快的速度向媒体与受众提供了大量的独家新闻。

"内容为王"是电视媒体生存的公理和铁律,内容准确、正确是基础,关键还要是"独家"。我们强调电视节目"内容为王",是期待节目制作人员站在王者的高度首先追求内容的正确、准确、合适与独家。

一、选题立意是节目制作的先导环节

1. "横看成岭侧成峰,远近高低各不同",选题是内容视角的选择

所谓选题,是指节目制作人根据时势状况、社会需求,在现实生活中攫取的一个断面或侧面作为节目制作的纲领性依据。由于电视节目传播有其严格的时间长度规定性,任何一档节目都不可能无时限地演绎,因此某一内容断面或侧面的攫取恰当与否,一档节目的传播效果,往往取决于制作人的独到视角和思维的创新程度。

"横看成岭侧成峰,远近高低各不同",在信息化时代,许多主体性内容往往数小时便传遍全球,如何从同质化的传播内容中显现出节目的不同个性与传播价值,这便是当今电视传播竞争的起点,这个起点就在于节目制作人能否因选题角度不同而独占鳌头。

以"贫困大学生贷款上学"这一社会现象为例就不难看出选题角度玄机之所在。

据了解,自1999年国家开展助学贷款工作以来,截至2004年3月底,共发放贷款69.5亿元,80多万名贫困大学生得到救助。但不少高校毕业生的贷款违约率却超过了20%,有的甚至高达30%—40%。2003年8月,央行推出了"双20"标准,即对贷款违约率达到20%且违约人数达到20%的高校,银行可以停发贷款。据此,各经办银行停办了不少不达标高校的助学贷款业务。据北京媒体报道,2004年除了北京大学、清华大学、中国人民大学三所知名高校外,北京大部分学校的助学贷款都处在暂停阶段。即使上述三所学校,银行发放助学贷款的名额每所学校也控制在100名学生。

助学贷款无疑是大学生入学前(每年8月)的热门话题,据此制作相关节目必定会引起学校、学生、家长、社会(教育主管部门、金融主管部门)的高度关注。节目该选取怎样的内容呢?至少有以下十个方面的内容可作为选题创意:

① 前面的贫困生失信 助学贷款遭遇尴尬
② 师兄师姐不诚信,师弟师妹贷款难
③ 助学贷款何时才柳暗花明 国家助学贷款呼唤诚信
④ 高校担心绿色通道成为恶意"逃学费通道"

⑤ 助学贷款：有情爱心和无情市场间的尴尬
⑥ 大学生还款不理想 应用法律约束赖账行为
⑦ 助学贷款政策"变脸" 借款学生违约将上黑名单
⑧ 学校银行风险共担 助学贷款重新启动
⑨ 国家助学贷款新政策在今秋施行
⑩ 助学贷款：让贫困生心中托起彩虹

上述选题从创意内容上看，涉及贷款诚信、管理、作用等几大块，从内容表达方式上思考，可以做成消息、谈话、访谈、述评、人物专题等多种类型。节目最终的传播效果又取决于制作过程的可行性控制。

2. "文章合为时而作"，把握时代脉搏是选题的关键

电视传媒作为当今最普及的信息载体，如何满足受众的欲求，制作人必须讲究时间和时机，准确把握住社会的脉搏，才有可能寻找到最佳与最合适的节目内容。CCTV许多节目内容的选取值得我们借鉴：它的"内容关注重点"的时效性、"内容承载对象"的知名度以及独家性都是十分到位的。请看2003年《东方时空·东方之子》栏目就全国人民代表大会和全国政协会议召开准备制作专访节目的内容选择（表12-1）：

表12-1 《东方之子》2003年度"两会"前夕人物系列专访计划

内容关注重点	内容承载对象	内容承载对象的知名度、独家性
国有企业	竺延风	全国人大代表 中国第一汽车集团公司总经理
民营企业	尹明善	全国政协委员 重庆力帆（实业）集团董事长
两个务必	申纪兰	全国人大代表 山西省平顺县西沟村党支部书记
三农问题	李连成	全国人大代表 河南濮阳县庆祖镇西辛庄党支部书记
奥运建设	邓亚萍	全国政协委员 著名乒乓球运动员，多项乒赛世界冠军
民法修改	王利明	全国人大代表 中国人民大学法学院副院长
弘扬民族文化	冯骥才	全国政协委员 中国民间文艺家协会主席
环境保护	陈勇	全国人大代表，中科院广州分院院长，能源净化与垃圾处理专家
反腐败人物	待定	
弱势群体人物	待定	

解决了节目选题和基本内容确立问题，并不等于受众就一定会青睐你的节目，在解决"内容为王"的同时，不可偏废的是寻找适合承载内容的最佳形式。

3. 选题与策划不可混为一谈

节目选题与策划是两个层面上的东西，不可混为一谈。选题是从宏观层面确立节目的主题、主体内容，策划则是在主体确立的基础上寻找表现主题、主体内容的恰当形式。有时主题健康但不一定能找到适合的电视形式，勉强为之，往往就会做成既不好听又不好看的"四不像"节目，这是制作人在接触素材时就该审慎对待的问题。

二、文本思路与制作思路的确立是节目成功的起点

电视文本，是节目制作思路的记录。不同的电视节目有不同的文本记录，不同的记录内容产生不同的文本称谓。假定性节目的文本称之为"剧本"，纪实性、访谈类节目的文本称之为"稿本"。

1. 假定性节目文本的基本特征是假定性

在话剧、电影、电视界，以剧本作为文本，即所谓"剧本乃一剧之本"的观念由来已久，以至今日电视界将节目文本通称为"剧本"，其原因莫不滥觞于此。其实，在众多电视节目中，除了电视剧的文本是正宗剧本外，其他节目的文本均不具备剧本的假定性特征。所谓的剧本，是假定性文学剧本的简称。

戏剧、电影、电视剧的出演，都是发端于假定性的文学剧本。文学剧本是用文字表述和描绘未来剧集内容的一种文学样式。一部剧集的创作，是从剧作者编写文学剧本开始的。他根据自己的艺术构思，对大量的生活素材进行提炼和加工，把自己对生活的感受和评价融于具体形象中，并用文学的语言描述出来。文学剧本是整部剧集的基础。这不仅仅因为它是剧集创作的第一道工序，更重要的在于它是导演假定性再创作的依据，是未来剧集成败的前提。一个好电视剧本可能被拍成一部平庸的片子；但一个思想、艺术质量都很低的剧本，要想拍成一部出色的片子，则绝无可能[1]。

文学剧本源于生活又高于生活，可以进行假定性的艺术加工。导演为了追求"好听好看"的最佳效果，还可以在拍摄过程中进行二次创作，于是又有导演剧本（或称分镜头剧本）。戏剧演员只须对话剧本进行研究；电影演员接受了电影文学

---

[1] 文学剧本的概念根据《电影艺术词典》，中国电影出版社1986年版。

第十二章 电视节目制作的起点：确立内容与寻找形式

剧本后,随即是熟悉分镜头本。分镜头本包括有：镜头号、景别、摄法、画面内容、台词、音乐、音响效果、时间长度等。演员阅读分镜头剧本不是认识一些干巴巴的语言符号,而是要通过导演分镜头剧本的提示,在变化多端的镜头环境下进行再一次假定性创造,实现"将假的演成真的"的艺术构想。

2. 纪实性、访谈类节目文本的基本特征是讲求真实

初涉节目制作,显然不可能从电视剧开始,许多纪实性、访谈类节目才是小试牛刀的启蒙领域。这类节目,与以假定性为主要创作手法的电视剧最大的差异就在于它的纪实性。纪实性的基调是要求事件、人物、时间、地域的真实。基于此,纪实性、访谈类节目从模糊的材料到选题的确立,再到从具体内容上为节目搭建框架(节目运作提纲)、撰写稿本这个过程,不能有虚构的成分,更不能凭制作人的主观臆想左右节目的思路与走向。求真求实的制作思路有其决定性的指导意义。为了区别于电视剧的假定性剧本,纪实性、访谈类节目的文本一般都称之为"稿本"。

稿本,是纪实性、访谈类节目前期拍摄和后期编辑的重要依据。稿本思路大致有两类：

一类是静态稿本,在节目生产之前详尽完整的稿本已经形成,可修改的幅度不大,拍摄、编辑的任务是为稿本贴画面。静态稿本的节目内容大多主题重大、严肃,制作机构(人)往往是邀约社会名流撰稿,由于"撰稿名流"大多不熟悉电视节目结构的具体要求,致使这类节目大多是以"声画两张皮"样式产出,摆布导演的虚假成分明显,传播效果之良品不多。

另一类是动态稿本,在节目生产过程中可调整的灵活性大,它是选题确立之后,由编导拿出拍摄提纲,先行采访、拍摄、编辑,最后形成播出前的送审稿本,这类节目往往生气盎然,亲和力佳,易受欢迎。

三、初涉节目制作者学习的动态稿本典范：CCTV 的《艺术人生》

初涉节目制作者如何学习节目制作？本书的忠告是：多看电视,学会看电视,学会研读电视节目的稿本。CCTV 的诸多栏目都是初涉节目制作者学习的重要范本。CCTV-3 的《艺术人生》表现手法多样,节目形态相对稳定,是"动态稿本"思维模式的经典,值得仔细研究、学习。

2004 年 5 月《艺术人生》进入第四年,三年多时间的 150 多期节目里,《艺术人生》为广大观众展现了一大批艺术家的艺术成就与不平凡的人生故事,据不完全统计,曾经在《艺术人生》栏目做过嘉宾的有：

歌手类：李文、田震、韩红、蔡琴、关牧村、朱明瑛、童安格、毛阿敏、李双江、韦

355

唯、彭丽媛、郭兰英、德德玛、那英、臧天朔、刘欢、王洁实、谢莉丝、才旦卓玛、王昆、阎维文、克里木、胡松华、郭颂、宋祖英等。

音乐类：三宝、赵季平、理查德·克莱德曼等。

图12-1　主持人朱军与嘉宾孙海英、吕丽萍在节目中

导演类：陈凯歌、谢晋、冯小刚、赵宝刚、孙周、英达等。

表演艺术类：赵薇、陆毅、吕丽萍、孙海英、黄磊、宋春丽、蒋雯丽、宋丹丹、李亚鹏、王晓棠、孙道临、濮存昕、英达、刘晓庆、潘虹、张瑞芳、栗原小卷、秦怡、于蓝、王昆、徐帆、葛存壮、陶玉玲、徐静蕾、王铁成、祝新运、刘佩琦、谢芳、成龙等。

文学类：张海迪、余秋雨、张贤亮等。

舞蹈类：杨丽萍、《千手观音》剧组等。

戏曲说唱类：单田芳、马兰、姜昆、牛群、马季、赵本山、黄宏、蔡明等。

幕后系列类：乔榛、丁建华等。

电视人类：杨澜、崔永元、白岩松、王志、张越、袁鸣等。

上述嘉宾名单凸现出CCTV《艺术人生》节目内容的显赫性、独家性，在它的平台上能星光灿烂，聚集到众多的著名嘉宾，除了媒体优势外，与节目组的智慧型策划、高质量后期制作密不可分。访谈类、纪实性节目在各电视机构的自制节目中所占比例甚大，如何发掘、运用好嘉宾资源，是当今电视节目制作过程中必须认真把握的要素。

如何认识《艺术人生》的经典？从动态的稿本思路和制作思路出发，我们至少应该研究以下内容。

1.《艺术人生》稿本思路与制作思路的宏观解读[1]

电视节目的形态、特点的保持，依赖于稿本思路与制作思路的清晰与持久，通

---

[1] 本小节内容整理于央视国际网站《艺术人生》情况介绍及《艺术人生》制片人王峥2004年5月13日发布在央视国际网站的相关文稿。

第十二章　电视节目制作的起点：确立内容与寻找形式

过以下对《艺术人生》的宏观解读，电视制作人不难体悟节目创优奥秘之所在。

在央视国际网站上，《艺术人生》开宗明义地表明节目的总体宗旨、节目理念和市场理念：

《艺术人生》的宗旨是用艺术点亮生命，用情感温暖人心，周五之夜，探讨人生真谛，感悟艺术精神；《艺术人生》的节目理念是以"正直品质、极端制作"作为核心理念，以人文关怀的精神，关注中国文化艺术界的重大事件，以强大的制作班底制作完美节目；《艺术人生》的市场理念是栏目团队化，团队公司化，与先进的电视制作与推广方式接轨。

如何理解这些宗旨、理念？解读《艺术人生》幕前幕后的观点与运作，我们可以获得许多有益的借鉴与启示：

(1)《艺术人生》有清晰的工作思路：弘扬知识分子的价值观。

电视制作人的身份如何界定？《艺术人生》编导层认为，相当的编导和管理者首先是"大隐隐于市"的知识分子。所谓知识分子有三层含义：一是社会良心的弘扬者，二是智慧的传播者，三是对真理与神圣的亵渎与怀疑者。这是编导知识分子做《艺术人生》的力量源泉。

因此，《艺术人生》致力于追求文化的积累，希望有更多的经过民族文化洗礼和西方文明浸染的知识分子进入演艺界，给我们更多的对现世的观察。《艺术人生》的价值就在于表现出有倡导和反对的能力，因此，作为央视的节目，弘扬知识分子的价值观，发挥央视国家电视台的影响成为制作人的必然选择，这样的做法给了《艺术人生》极大的声誉。

在选题上节目组推崇有知识分子个性的明星。在《艺术人生》中制作人最感兴趣的嘉宾也是引起最大传播反响的嘉宾经常有着知识分子的背景，罗大佑、陈凯歌、英达、郑钧这样既有现世人生又有悲悯之心的明星特别受到观众的好评。在他们的身上看到了传统和现代对接的烙印。

在节目内容的取舍上以内容对于社会的向善影响为标准。《艺术人生》弘扬的是明星们"真善美"的一面，祛除艺人习气和阴暗面。制作人希望重建演艺界的表率作用，毕竟，中国社会的巨大变迁，带给人们普遍的信仰游离，社会需要活动于幕前的公众人物带来清新的思想和富于人格魅力的作品。《艺术人生》的中心话题基本上围绕着个人如何面对命运的挑战，个人和家庭、和时代的关系。《温暖2002》和《温暖2003》是两年元旦的特别节目，盘点一年演艺界重要的人，没有从他们的名气上排名，而是彰显人性的光辉。例如2003年的个人主题《英雄》，家庭主题《和你在一起》，时代主题《激情燃烧的岁月》三个段落，谈理想主义的陈凯歌，谈不惧伤痛的张柏芝，谈丧亲之痛的赵季平成为节目的华彩段落；2003年节目中邀请张越

357

做嘉宾主持,在老年人《今生无悔》,中年人《顺流逆流》,年轻人《长大成人》三集中,黄宗英和观众谢幕告别,曾志伟谈到好友梅艳芳,谢霆锋的真诚对话让人们感受到2003年中这个特别一年中世界的温暖。

(2)《艺术人生》致力追求的目标:服务大众。

《艺术人生》曾经做过一次调查,什么人在看这个时段的电视节目,调查结果是观众的分布为47%的初中以下学历(含文盲),89%以下的高中学历(含文盲)。这个数字清晰表明支持着电视事业的是社会基层的大众。

《艺术人生》选取的嘉宾是大众的明星,而不是小众的明星。

节目开播的四年时间里,已经邀请了嘉宾150多人,涵盖影视界、流行音乐界、曲艺界等流行艺术,而不是小众的艺术。知名度越大越利于人们在瞬间内可以停留在这个频道,观众听明星讲述的欲望远远大于听一个普通人谈话。因此,《艺术人生》所选择的嘉宾基本上都属于演艺界。

而艺术家对于普通大众,对于电视观众中90%的高中以下文化程度的人来说太遥远了,即使大众知道的一些"艺术家"明星,也基本上属于自我包装的二流或三流的伪艺术家,属于某一个阶层营造的白领"时尚"偶像。

在日常节目播大众的明星时,《艺术人生》在特别节目中推出一些不为人熟知但"货真价实"的嘉宾,比如2003年五一的《青春之歌》播出陈忠实、李少红等,《温暖2003》播出了许鞍华、黄宗江四老等人,起到了品牌修护的作用。

嘉宾在《艺术人生》中所谈内容是大众关注的话题。《艺术人生》开播之初有人问大腕做完了怎么办,在选择演艺界的明星上栏目时,重要的不是这些明星的腕大腕小,而是需要他们传递的东西,《艺术人生》不是封神榜,节目对起哄造神不感兴趣,栏目选择嘉宾时不会考虑嘉宾的证书,奖牌,政治上的依附,只求他们个人的"真材实料"。

《艺术人生》最感兴趣的是普通人的信息需要。普通人不会对于一个演员如何提高台词表达感兴趣,不会对一个画家如何运用色彩感兴趣,但是,渺小的个人在这个大时代中的起伏跌宕,在个人所不能了解的"命运"中的沉浮感悟,却可以让普通人感同身受,个人独一无二的故事,大众所能共鸣的感情和思想,这是《艺术人生》的立足之点。因此,在《艺术人生》中,没有空泛的政治宣言,没有虚情假意,个人、伴侣、儿女成为最主要的话题,友情、爱情、亲情成为倾诉的重点,在坎坷、病痛、失落前的勇气、乐观、豁达,成为栏目的主旋律。

(3)《艺术人生》有高尚的工作意境:追求真诚。

真诚,是《艺术人生》的生存之本。《艺术人生》要求节目邀请的嘉宾必须持积极态度对待人生,对于来栏目嘉宾有最苛刻的要求,那就是真诚。《艺术人生》编导

第十二章　电视节目制作的起点：确立内容与寻找形式

认为，一个人如果不真诚面对观众，又谈何面对自己的作品和人生，所以，重要的不是成绩，而是态度。态度是指：热爱自己的行业，认为这是事业。无论是载誉一生的孙道临还是被贬斥不断的李亚鹏；对生命有着敬畏之心，无论是一帆风顺的徐静蕾还是坎坷不平的岳红；一直渴望超越自己，无论是年逾古稀的王昆还是二十出头的谢霆锋。无一例外的要求是真诚。《艺术人生》，也请过一些不理想的嘉宾，深入采访中发现他们是靠投机取巧取得"成绩"，在人生中寻找"捷径"，违反了大众对于他们的期望，这些嘉宾反映的恰好是文艺界中少数人的不良的作风。对此，栏目坚决予以抵制。在严格要求嘉宾的同时，节目组严格要求组内所有工作人员"态度端正对待人生"，主持人、策划、编导都必须练就火眼金睛，参悟不同年龄的人生。最重要的是，不能用个人的人生价值去决定对节目嘉宾的好恶。

(4)《艺术人生》有稳定的节目模型：留住观众。

模型，是各类产品在生产过程中恪守的规范，以保持产品的规整质量。电视节目是视听形式感极其彰显的传播样式，电视节目如若在拥有最佳内容的同时又有稳定多彩的形式，就可以将节目细节内容有机地灌注于节目模型的时间节奏之中。电视稳定多彩的传播形式，是观众识记、选择节目的重要元素，这一元素不仅会在观众心中成为栏目的标志，而且还会在观众心中培养起适应某一栏目传播节奏的认同期待效应。《艺术人生》几年的稳定运行已经取得了广大观众的"认同期待效应"。《艺术人生》的节目制作模式是：演播室主持人与嘉宾访谈＋演播室来宾适当参与＋现场乐队＋外景＋资料展示或插入。节目模式虽然相对稳定，因嘉宾的变化带来内容的迥异，故节目稿本各异，节目动态活力得以长久保持。

2.《艺术人生》稿本思路与制作思路的微观解读

(1)《艺术人生》记录时代人物之老年篇：尊敬直面历史的老人。

《艺术人生》如何让老艺术家吸引大众观众？《艺术人生》如何直面历史？刚开始做老艺术家的时候，制作人有些为难，因为老艺术家的收视率低，因为三十岁以下的观众基本上不认识他们。但是，老艺术家却最早确立了栏目的"真善美"的基调。

开播之初节目做得最多的是老的电影人，当他们逐渐到耄耋之年时，每一个人谈到周总理总会泪流满面，每一个人依然会将观众称为群众，节目组新来的编导都先安排做老艺术家，因为好做。因为他们的价值观单纯，因为他们将个人摒弃，他们是时代的受益人，"文革"的经历对于他们就像妈妈打了孩子。节目很容易进到秦怡、张瑞芳、孙道临的内心深处。这也成为《艺术人生》的招牌产品，没有人会忘记秦怡泰然自若的苦难的美丽，没有人会忽视孙道临静默的表情，没有人会惊讶于

359

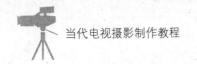

王晓棠演讲般的语言。

《艺术人生》进入第四年时,媒介对于老艺术家的介绍有两种现象:要遗忘的彻底遗忘,要怀旧的彻底怀旧。《艺术人生》制片人的态度是:

1) 反对"怀旧"这个意思。老艺术家在各个节目的频繁出镜,节目组成员惊讶地发现,流行带来的浅薄也渗透进入"怀旧",对于匮乏但大一统社会的缅怀,只不过是历史的倒退。如果刘欢的《生于六十年代》粉饰历史,通过粉饰某些政治的产物,来回避个人创作力的丧失,显然是不受欢迎的。

2) 反对遗忘。20世纪的政治风云越来越多成为逐渐褪色的记忆,新的一代正在取得话语权,享乐和实用主义已经主导着某一类媒体,诸如网络。社会物质的进步,并不代表着思想的进步。民族的历史并没有中断,它会挟裹着每一个人前进,以前的光荣依然会照亮今天,以前的伤口依然会在今天流血。制片人认为,艺术家的年龄就是时代过程与智慧的缩影,节目中时代的过程必须压缩,时代的智慧不能忘记。

以前制作关于老艺术家的节目只发现了冰山的一角,个人和时代到底发生了什么,这个悬念吸引着制片人完成节目,因此,制片人对老艺术家也有了新的认识,新的选择,2003年,节目选择了童自荣,2004年,节目选择了刘诗昆、张贤亮、谢芳。

3)《艺术人生》通过老人探讨人生的生命的终极意义。人难免一死,黄泉路上无老少,于是有了宗教和哲学对于生命的指导。老人不应该只是政治的附庸,老人用了毕生来参透生命。比如谢芳,历史给予她太深的烙印,相反她对人生的意义有着多于普通人的思索,她说20年前她的母亲去世后她觉得人生太没意思了,那么生命的意义是什么呢?第一次《艺术人生》栏目有了古稀老人谈到了生死的终极问题。

4)《艺术人生》中老人是民族和时代的见证人。个人命运跟随国家的命运跌宕起伏的老人,恐怕没有比刘诗昆和张贤亮更典型的了。所以他们在栏目的诉说更像钟磬之声,发人深思。饥饿,两人都谈到饥饿,离当今这个时代这么遥远的词,却由于电视节目使"饥饿"和我们如此之近。

如果说在《艺术人生》中唯一遗憾的事情就是一些老艺术家辞世时还没有来过《艺术人生》,比如刘琼、英若诚。《艺术人生》2004年的目标是更多地抢救一批老人的口述历史。

5) 老人是中国文化的薪火相传者。在《艺术人生》中,一些杰出的年长女性给人留下难以忘怀的印象,秦怡、张瑞芳、常香玉,她们对爱情炽热,她们对亲人忍辱负重,她们对事业视如生命,在社会道德裂变的时候,重温她们的故事,促人沉思顿悟。

(2)《艺术人生》记录时代人物之青年篇：关注当代青年观众。

年轻艺人有资格上《艺术人生》吗？如何让年轻人反映历史的厚重？《艺术人生》请赵薇，一直有人在问原因，其实应该公平地看待赵薇这个问题。赵薇和陈坤、羽泉、周迅、徐静蕾一同组成了这个青年艺术的时代，《艺术人生》制作他们的节目，就是竖起了这个时代的镜子，揽镜自照，可以找到自己的青春或自己当下的处境。

1）挖掘成长中的跌宕起伏。与他们的长辈相比，一些孩子既幸运又不幸，幸运的是成长于稳定的社会，不幸是个人作为一个个体直面经济大潮下现实的人生，甚少理想主义。因此，对他们个人命运的挖掘更应表现青春所特有的激情和迷惘。朴树的战胜忧郁症的渴望，羽泉坚韧的音乐之路，赵薇对少年时代的反省，在别的娱乐节目中，他们有时像与世隔绝的怪物一样，在《艺术人生》中，他们开始历数成长的伤痛和光荣，成为一个个正在崛起的明日之星。

2）推动当代演艺的发展。《艺术人生》和青年嘉宾谈事业的分量远远大于老艺术家，来到《艺术人生》的青年偶像无一例外被要求谈到未来的发展道路，在栏目中，制作组苛刻地提到艺术的原创性，提到了如何成为实力派。《艺术人生》对于年轻人有时像一个竞技场，制作组和观众向他们提出挑战，青年偶像的回应反映了他们的素质。幸而，这些披荆斩棘出来的明星有着超乎年龄的老到。人们希望演艺事业由这些真正热爱艺术，保持真诚的人组成。在未来的十年或二十年后，他们中有人能被称为艺术家（图12-2）。

图12-2 《艺术人生》节目：《韦唯：我和从前不一样了》

(3)《艺术人生》记录时代人物之六十年代篇：《艺术人生》的再聚首品牌。

《艺术人生》为何推出再聚首品牌？《艺术人生》如何发展再聚首品牌？2003年春天的一天，编导马宁问刘欢还能不能做，因为2002年已经来过一次节目，这一次是因为他准备要发新专辑《生于六十年代》，当时直觉是刘欢想做的节目一定可做，难得金口玉言想上电视栏目，于是节目组开始了准备，没有想到由此开始了《艺术人生》"集体记忆"的新的节目样式。

刘欢节目现场《艺术人生》完全布置成为六七十年代的环境，暖壶、茶缸、革命招贴画、单位发的椅子桌子,置身其中,刘欢又见到少年伙伴,刘欢的音乐响起,褪色的岁月仿佛重现在人们眼前,现场的所有人都激动得难以自持。随后,这一期节目的播出引起了连锁反应。

首先,制作人确立了作品是时代最鲜明的缩影。在《生于六十年代》之后,他们又推出《花儿为什么这样红》、《红楼梦》再聚首的节目,《艺术人生》不再局限于明星个人的生命历程,而是迅速将视角置于民族的集体历程和情感之中,有着并非个体而是群体记忆的作品率先进入选题。

其次,文艺史中的事件急需去梳理。中国当代文艺伴随中国经济,政治共同发展,而又常常被误读。因此,《艺术人生》将视角转向风云中的中国当代文艺史。例如《歌声走过二十年》,节目邀请了见证中国流行音乐发展史的二十位歌手来到演播室,唱老歌,讲往事,还邀请了重要的音乐制作人和乐评。当成方圆倾诉她对邓丽君的敬意时,当乐评人对中国乐坛坚持了十余年的林依轮和陈明、满文军说里尔克的诗句时:"有何胜利可言,挺住,意味着一切",《艺术人生》终于又将节目推向深入了。

在新开的栏目《音乐人生》中,制片人进一步将这种集体记忆强化,第一期邀请小提琴协奏曲《梁山伯与祝英台》的作曲和首演等人到现场,当《梁祝》音乐响起时,所有人都感到这是中国人血液中关于爱情的一切。随后又推出《欢乐颂》,席勒的歌词如此贴近于中国上一代人对理想的追求。

可以预料,在未来的发展中,《艺术人生》的这一品牌将逐渐发展,将会成为中国艺术百年的平台,将会有更多的故人和当红的人在这个舞台上展示自己的故事,揭示更多尘封的时代记忆。

(4)《艺术人生》用情感温暖人心:催人泪下的情感诉求。

《艺术人生》是不是哭得太多了?《艺术人生》怎样不煽情而深情?在情感话题的把握上,《艺术人生》有着自己坚定的追求。

1)《艺术人生》正在完成特定历史条件下的社会职责。政治形态和中国文化的断层使中国人在改革开放25年来其实始终在重建情感纽带。关于爱情,关于亲情,关于个人,其实是重新反思的时候。有人说《艺术人生》哭得太多了,人们可能只是强调了结果,而没有在意节目中让人感动的原因。西方人在遇到生命问题时,可能会去寻找教堂。二十年前的大一统社会中,中国人的情感宣泄会为社会禁忌,我们的父辈能够交给下一代的经验太少,半个世纪以来我们就被培养为职业革命家,爱情方面琼瑶们是老师,后来台湾的小男人散文常年流行,现在书店门口的励志书看了封面就让文化人耳热。

因此对明星们来说,在栏目中这个交流人生的特定环境中,尘封的情感扑面而来,与大多数中国男性一样,很多人很少在家庭中表达自己的爱,所以在栏目中,阎

第十二章 电视节目制作的起点：确立内容与寻找形式

维文对妻子的爱情表白——"卫星，我爱你，下辈子还是你"让很多人流泪，刘欢对妻子的情感表白在观众中引起了巨大的冲击波，如果因为节目，使普通的女性能够得到丈夫更多的关爱，至此，明星的社会价值足以傲人了。

2）任何情感必须和深度有关系。比如《艺术人生》2003年春节特别节目《我的父亲母亲》，本来做这个节目之前只是觉得春节归乡的游子会和父母有情感的交流，但是，在策划过程中却发现如此之多的人还尚未解决和父母的关系。比如许巍、林依轮、孙悦，中国人的父母和孩子的人生纠缠在一起，儿女极易对父母产生负疚感，而疏离感又挥之不去，在策划时发现这又和社会学、心理学产生了关系。中国社会为什么在最近的几十年父母和儿女间有如此强烈的情感纠葛？在节目的过程中，我们和嘉宾共同驶向记忆的深处，历史的轮廓终于渐显，有"文革"时对于情感的压抑，有对儿子在新时期价值观的不认同，有中国传统中父为子纲的伦理限制，栏目在破解时有很多策划和普通观众一同审视了制片人身边最接近的关系。"是什么让人泪流满面"，是对人类情感的重视与冷静的审视。

3）尊重不同价值观的不同选择。《艺术人生》曾经有两个台阶，一个是港台嘉宾，一个是海外嘉宾。每一个族群都有自己的文化，都有自己的爱和怒，中国内地人的生存空间对于外面的人来讲曾经是谜，当罗大佑在我们面前时，他更像一个久经沙场的老艺人，我们心目中的精神教父荡然无存，当蔡琴、齐秦、赵传出现在我们面前时，更多的是不能承受之轻。八十年代以来，中国内地思想的解放，中国内地人的忧国忧民，面对现实世界急剧变化的感受，对于港台艺人来说，横亘着一个无影无踪但是坚硬的墙壁。同样，港台艺人面对资本社会的个人奋斗的信心，面对感情的坦诚，面对生活的松弛和活力却是另外的一道风景。因此，《艺术人生》的国际化也是创作者思维的国际化和多元化。2003年的《无间道》节目特别选择了"海归"编导来做，从容面对亚洲之星梁朝伟、刘德华等。海外嘉宾栗原小卷、中野良子、理查德·克莱德曼、大卫·科波菲尔，同样展示了不同文化下不同的情感模式，同样引人入胜[①]。

第二节 形式是金：语言样式的寻找

电视节目从诞生之日起本就是一个以抽象思维（内容选择）为起点，始终与具

---

① 《艺术人生》制片人王峥本科毕业于北京广播学院文艺系文艺编导专业，读研究生时在电视系师从王纪言专攻纪录片。本书引用了她发表在央视国际网站上的《解读艺术人生》一文中的系列观点，本书作者认为，该文展现了一个年轻"电视知识分子"应有的业务能力与理论水平。

象思维(形式寻找)有机整合的载体样式。但是,几十年来,电视界由于电影的错误影响,其言必称"画面"的偏颇观念,完全忽视了以抽象思维为基础的"语言"概念。于是"声画两张皮"式的节目比比可见。许多"半拉子电视策划",只知"抽象语言"如何如何表达,却不知"具象语言"该怎样去寻找。电视制作的实践表明,节目的"内容选择"和"形式寻找"有机整合,是视节目生产过程中的一大难题。笔者认为,"内容为王,形式是金"电视节目制作的精髓,它揭示出了电视形式与电视内容的辩证关系。"内容为王"是对事物核心内容的强调,"形式是金"是对电视外在样式的强调,两"强"合一,便化解了"画面与声音孰重孰轻"的争辩。"内容为王,形式是金"是制作人对电视节目制作、分析、评价应有的双重价值观(亦称电视双主体价值观),因为,这一观念科学解构了电视节目诸元素间的整体关系,可以解决电视节目制作过程中的一系列观念性、操作性难题。

一、语言模型是整合内容与形式的唯一工具

模型,是事物的外在标准形式,它的建立主要依赖简洁的具象或抽象的语言来描述它的结构状态。在模型中,各个结构要素相对稳定,具有可模仿性与可操作性。换言之,模型是一种可供人们按照既定标准实施的样式、形式、格式,有利于人们稳定而有规律、有章法地高效率工作。电视节目语言模型的建立,可以为节目制作整合思路、规范程序、指引步骤,是制作人必须认真熟悉掌握的思维工具。

1. 现代电视节目是双主体结构模型的视听传播媒介

当代电视节目,早已不是电视发明之初仅有一个镜头的《火车进站》、《园丁浇花》等默片电影,它承继并发展了有声电影充分运用画内、画外抽象语言进行叙述的功能,构成为一个以抽象语言为叙述主线,以具象画面为渲染、印证主线的双主体结构的视听传播媒介。诸如CCTV的《新闻联播》、《实话实说》、《艺术人生》,凤凰卫视的《锵锵三人行》、《名人面对面》、《小莉看世界》,美国广播公司(ABC)的《号外》(*Extra*,电视清谈节目),哥伦比亚广播公司(CBS)的清晨新闻节目《晨早秀》(*The Early Show*)、《六十分钟》等节目无一不是在抽象语言构成叙述主线之后再付之以声画组合平台的。近十年内,电视接收工具的高度普及和节目播出时间、栏目的增加,电视传播开始出现"广播化"伴听倾向,以抽象语言要素为主的各种谈话节目在世界各级电视台大行其道便是证明。所以在进入电视节目制作的第一关口时,不可回避的是首先运用抽象思维的语言去确立节目的选题与立意。至于极个别纪录片信马由缰地拍摄,那也仅是电视节目的前期拍摄方式,后期整合依然是以抽象语言为叙述主线的结构样式。任何电视节目进入后期制作大致都是遵循这样

第十二章　电视节目制作的起点：确立内容与寻找形式

的语言模型进行组合的(见图12-3)：

图像符号：人物情感 ＋ 人物动作 ＋ 人物场景 ＋ 屏幕文字
声音符号：独白对白 ＋ 同 期 声 ＋ 画外解说 ＋ 音　　响

图12-3　电视节目后期制作语言组合基本模型

以上语言模型科学整合了节目中抽象语言与具象语言的交融关系，模型中线条上下对应的概念就是节目的片断内容，模型中自左至右设计的四个典型片断，基本囊括了电视节目可能涉及的内容。有关该语言模型的进一步分析见表12-2分析。

表12-2　电视节目后期制作语言双主体组合基本模型解析

项　　目	独白对白	同期声	画外解说	音　响
 人物情感：电视剧对白	电视剧《九月风暴》中公安局局长交代侦察员的对白："注意隐蔽，一定要注意安全！""是！"	声音与现场同期。	是否有解说视剧情而定。	是否有音响视剧情而定。
 人物动作：2004年世界乒乓球锦标赛	无。	现场的球声、裁判声、观众的呐喊声、笑声、掌声。	电视台画外插入的解说、评价语言。	观众助威的喇叭吹奏乐曲、现场休息时的音乐声。

(续表)

项　　　目	独白对白	同期声	画外解说	音响
人物场景：全国十大警察	现场采访全国十大警察之一的北京片警贾银虎，他说"我喜欢当警察，因为……"的同期声可作为新闻稿内容的有机组成部分。	有些编辑只将同期声做背景声用，其实精彩的同期声可剪为新闻稿的一部分，使节目更精炼、更好听、好看。	这条新闻的声音可以这样编辑："导语播音＋贾银虎喜欢当警察精彩讲话＋播音员画外播音。"	现场采背景声，有助于增加时空真实的感，关键要选择好采访环境。
屏幕文字	无	无	满屏幕文字。屏幕上方是固定的气象预报、时间报告；中间是节目主体内容；下方是画外解说内容的文字。	香港电视常为这类画面上配音乐。

2. 现代电视节目的画面是图像符号和声音符号的综合容器

凡接触电视节目制作的人大都言必称画面，何谓画面？准确的理解应该是：现代电视节目的画面是图像符号和声音符号的综合容器。电视画面展示的连续性，使其不仅有单幅画面的线条、色彩、情态的冲击力，而且使其更有连续画面的具象叙述感染力和抽象对白的表述力。电视节目制作人的电视画面观念应该是：电视画面不单是图形性的，还是声音性的，它是图像和声音的高度综合。

图12-3中将电视画面中的结构要素用横线一分为二，其实中分线上下的符

第十二章 电视节目制作的起点：确立内容与寻找形式

号元素是你中有我、我中有你始终呈不可割裂的综合状态，诸如"人物情感"画面中总是有激情的对白、"人物动作"中总是有生动的同期声、"人物场景"中总是有如泣如诉的画外解说。这一画面的图像符号和声音符号的综合特性告知我们：画内、画外抽象语言是电视节目的叙述主体，语言思维是选题立意的先导工具，现代电视节目制作无一不是起步于用抽象思维的语言进行选题与立意。

值得注意的是，不少电视节目的编导、摄像常常是不将电视画面中的语言声音视之为"画面"的构成要素的，因此，他们因盲目崇拜"画面"而缺乏将画内对白与画外叙述组合为一的表述功力，最后导致节目或散乱拖沓、或情趣全无。准确理解现代电视节目画面的概念，目的在于正确把握语言思维在选题中的先导作用，减少节目制作人员在前期采摄过程的盲目性，这是电视节目制作初学者不可忽视的要点。

二、电视节目语言模型的可行性节奏控制

哲学家柏拉图认为所谓控制就是"掌舵术"，其本质是"调节"，是对"偏离航向"的调节，目的是使事物的运动沿着既定的正确方向正常运行，使事物从"无序"的趋向变回到"有序"的航道上来。电视节目语言模型的可行性节奏控制，是从控制论的角度强调选题与立意能否通过电视语言模型制作成为真正的电视节目。电视节目选题立意控制论的本质，就是在于通过结构这个中介，从选题立意开始就尽可能发掘电视声画元素，排除不易找到具象载体的非电视元素，保证视听元素真正珠联璧合，使节目制作活动从"无序"倾向中回到"有序"的规律上来，最终实现"好看"、"好听"的传播价值。

1. 语言模型可行性节奏控制的要素

语言模型的可行性节奏控制要素的具备与否和具备程度，决定着节目"好看"、"好听"的程度，实践表明，"好看"、"好听"的节目必须具备以下三个方面的要素：

（1）话题的针对性。所谓针对性，就是要准确地了解和把握时代的思想脉搏，摸清受众所需所想，有的放矢地组织采访和制作。针对性首先要求节目内容有针对性。它是节目所涉及的事件、人物或观点、思想，是受众所关心的，是他们想知而又不知道的。其次是节目内容角度的针对性，同一内容要从激发受众的兴趣点上突出节目的个性。加强节目的针对性要防止两大弊端：一是依样画葫芦，选题跟着纸质媒体跑，表现角度也跟其相似甚至雷同；二是闭门造车想当然，选题确立之后，有的制作人员没有在深入采访掌握素材上下功夫，而是采用"万能画面"，配以"某人"、"某地"的解说模糊信息。两大弊端的相同结果是：节目内容陈旧、模糊，毫无针对性可言。

367

(2) 内容的深刻性。是指节目对事物本质的深入发掘,是把表层现象之下的实质揭示出来。寓含在节目的人或事的情节(故事)中,善于把主题意蕴透彻表现的节目,总是十分注意让"细节",一步一步、一层一层显现,使观众能够被引导着逐层深入地接近主题,完成"透过细节看本质"的认识过程。必须强调的是,节目思维首先是语言思维,是抽象理性的认识。在感性材料的基础上,经过思维过程,去伪存真,由此及彼,由表及里,于是在人脑里即生成了一个细节过程的突变,产生了概括。通过概括,才能抓住事物内在联系和整体面貌,揭示事物的本质。优秀节目往往就是在这个过程中,表现出深刻的细节差异。与"深刻"互逆的是"平庸",节目能做到想人之所想,而言人所未言,深刻性就水到渠成。

(3) 节目的技巧性。什么是技巧?《辞海》谓之为"较高的技能,如写作技巧、绘画技巧"。技能则指"运用实践知识和经验进行有目标活动的能力"。电视节目技巧,显然是电视从业人员"运用实践知识和经验"实现节目最优化的体现。就电视节目制作而言,其语言、构图、摄影、策划、编排,首先表现为声画兼备的时空传播形式,电视节目传播形式的良莠,决定频道的生死存亡。好的节目技巧要求做到形象性生动(如抓拍不摆拍)、思维性生动(如两极镜头突变、蒙太奇跳跃带来的情节曲折)、细节性生动(如对白问答、行为举止、字幕动画带来的刻骨铭心的信息记忆)。诚如笔者在本书第八章"镜头选择的形式要求"中的 3 000 个受众调查样本研究所言,新闻节目在 60 秒内、综艺节目在 90 秒内、电视剧在 120 秒内、纪录片在 80 秒内若不能在光、影、声、色上给人以耳目一新的形式冲击,观众则会改换其他频道。笔者的受众调查样本研究还表明,某一频道的某一节目能在节目开始的 60—120 秒以过目难忘的形式留住观众 3 次,该频道某节目往往会成为某观众下次开机的首选。从上述意义上说,电视节目传播,形式大于内容! 有鉴于此,在电视节目摄制过程中,技巧首先孕育的是形式;在电视节目传播过程中,节目首先吸引观众的是形式。实践经验表明,关注电视节目的形式,关注孕育电视节目形式的技巧,是保证节目做得"好看"、"好听"的关键因素。

2. "好看"、"好听"的《焦点访谈》,语言模型可行性节奏控制的范例[1]

由中央电视台新闻评论部承办的《焦点访谈》诞生于 1994 年 4 月 1 日,十年来,已迅速成长为一个在中国家喻户晓的电视栏目,也是中央电视台收视率最高的栏目之一。《焦点访谈》节目开播以来,受到了上至党和国家领导人、下至普通老百姓的广泛关注和重视。每天有上千名观众以电话、信件、传真、电子邮件,给这个栏

---

[1] 有关《焦点访谈》的基本情况介绍来源于央视国际网站。

第十二章 电视节目制作的起点:确立内容与寻找形式

目反映他们的收视意见,提供大量的报道线索,成为沟通国情、政情、民情的桥梁。三任国家总理都十分看重《焦点访谈》:1997年12月29日,李鹏总理视察中央电视台时题词为——焦点访谈,表扬先进,批评落后,伸张正义。1998年10月7日,朱镕基总理专程来到中央电视台,与《焦点访谈》的编辑、记者座谈,并郑重赠言——舆论监督,群众喉舌,政府镜鉴,改革尖兵。2003年8月26日,温家宝总理视察中央电视台,在《焦点访谈》演播室赠言——与祖国同在,与人民同行,与世界同步,与时代同进。他们称,《焦点访谈》所进行的舆论监督推动了中国的改革开放和民主法治的进程。

《焦点访谈》如此受到推崇,是因为这种集新闻报道与新闻评论于一体的节目形式一出现就产生了巨大的社会影响。据不完全统计,全国共开办了名称各异、品质相近的栏目60余个。《焦点访谈》作为一种新的节目范式,将中国的电视新闻述评性节目推向了一个新的阶段,其"好看"、"好听"的传播价值值得作为范例进行研究(图12-4)。

图12-4 "村村通 惠农家",广西壮族自治区广播电视工程实施以来,已经使2 000多个已通电自然村实现了"村村通",让广大农民朋友收听收看到了丰富多彩的广播电视节目

《焦点访谈》自己定位为"以深度报道为主、以舆论监督见长的电视新闻评论性栏目"。在节目形态上,《焦点访谈》采用演播室主持和现场采访相结合的结构方式,使报道有着落、评论有依据,述与评相互支持、相得益彰。一些研究者从报纸观念出发,认为它是评论性节目,其实从电视节目形态上看应是"述与评相互支持"的述评性节目。从它的"述与评相互支持"特点看,节目中的访谈、记录等多种表现手法,正是节目制作人多角度学习的范本。

行文至此,电视节目制作的起点,确立内容与寻找形式的概念、方法均已一一概要阐释,这不过是理论初识,更重要的是实践——看电视。成功的电视制作人,其成功的奥秘在于学习理论的同时,勤看电视、会看电视。接触电视节目制作机会不多的学生,除了看电视,应积极争取去电视机构实习的机会,跟一个节目组(或电视剧组),进行具体考察、学习。

本 章 小 结

电视节目是做给观众看的、听的,好看、好听,是观众对电视节目的基本要求,亦是节目制作的基本要求。电视节目的内容取舍、形式反映与社会的发展状况、人群的精神需求有着密切的关系,电视节目制作面临的第一道门槛就是确立适当的内容与寻找承载这些内容的最佳形式。

"内容为王"是指电视节目中最能满足观众思想、观念、信息需求的那些抽象信息元素,也就是说节目能把最适当的内容提供给尽可能多的最需求这些内容的人,这就是最好、最合适的节目内容。"内容为王"是电视媒体生存的公理和铁律,内容准确、正确是基础,关键还要是"独家"。

"内容为王,形式是金"科学地整合了电视形式与电视内容的辩证关系。是制作人对电视节目制作、分析、评价应有的双重价值观(亦称电视语言双主体价值观),因为,这一观念科学解构了电视节目的诸元素间的整体关系,可以解决电视节目制作过程中的一系列观念性、操作性难题。其语言模型是:

图像符号:人物情感+人物动作+人物场景+屏幕文字
声音符号:独白对白+同　期　声+画外解说+音　　响

在上述模型引导下就可以建构起各种电视文本,它们是节目制作思路的记录。不同的电视节目有不同的文本记录,不同的记录内容产生不同的文本称谓。假定性节目的文本称之为"剧本",纪实性、访谈类节目的文本称之为"稿本"。

问题与思考

1. 试阐述"内容为王,形式是金"的辩证关系。
2. 用本书提供的语言结构模型整理出一个电视节目的文本。
3. 以《艺术人生》的一期节目为例,分析其文本特色。
4. 以《焦点访谈》的一期节目为例,绘制其文本结构模型图。
5. 设计表格,从"话题的针对性"、"内容的深刻性"、"节目的技巧性"三方面要求对一档电视栏目的10期节目进行量与质的分析。

第十三章 电视媒体主流节目编辑要点

第一节 新闻类电视节目的编辑技巧

"新闻立台",新闻类电视节目是电视节目诸多形式中最重要的一种,在各级电视台的收视率排行榜中,高居收视率榜首的无一例外都是新闻类节目。它借助现代电子技术为传播手段,以多语言符号的电视语言,向观众迅速报道国内外重大事件、展示社会环境的变化,并通过报道,帮助观众正确理解和看待事物的发展变化,以反映现实、引导舆论。因此,新闻节目质量的高低直接影响着电视台的传播形象。本节将从消息类电视新闻和专题类电视新闻分别阐述之。

一、消息类电视新闻的编辑

消息类电视新闻能迅速、简要、客观地报道新近发生和正在发生的事实。一般是指各级电视台的新闻节目,包括早间新闻、新闻联播和晚间新闻节目以及每逢整点播报的各档新闻节目。要编辑好消息类电视新闻需要从以下两方面加以考虑:1)如何编一条消息新闻;2)如何把二三十条新闻编成一个完整的消息类新闻节目。

1. 遵循电视新闻画面编辑的特有规律
(1) 遵循电视新闻画面编辑的真实性理论。
要防范蒙太奇技巧巨大表现魅力对新闻真实性的伤害。画面是一种语言符号,按照一定的规律(如事物发展的顺序)进行组合运用,便可以表达一种相对完整的意思。电视新闻的画面编辑,就是根据新闻内容的实际,运用画面的合理排列,客观、准确地佐证某一新闻信息。因此,编辑必须遵从真实性原则,以新闻的客观事实为依据组接,使剪接出的画面在最大限度上反映客观事实的真实情况,在时间、空间上保持新闻本源的真实性；并且要防止编辑成的画面产生远离事实的歧义。朴实无华的画面、天衣无缝的剪辑、真实客观的效果是电视新闻画面编辑所必须做到的。

(2) 遵循电视新闻画面编辑的特有规律。

电视新闻画面的不完整性这一传播特性，决定了它有自己的画面组接规律，主要体现在：

1) 不必拘泥于镜头组接的特有规律。传统的镜头组接规律很讲究上一个镜头与下一个镜头组接的"景别"关系，认为从全景镜头到特写镜头的组接，中间应用中、近景镜头过渡，以免太"跳"；又认为同一景别的镜头不宜相接，因为"无变化、平缓"。这些规律是情节性电影银幕的视觉效果的规律，对于电视新闻并不适用。电视新闻时间短，画面个数有限，不可过多地考虑"过渡"镜头的使用。而单个画面信息含量是否饱和，则是传者和受者所关心的。在已有的电视新闻节目中，同一景别的镜头相接、二级镜头（特写镜头）相接的普遍存在，说明电视新闻画面的组接规律已呈雏形。

2) 强化细节，充实画面的信息含量，给观众更多可看的内容和想象的空间。一条电视新闻仅有几个画面无法形成情节，其传播魅力的体现，全在于对细节的运用。靠细节对人、事、物进行具体形象的描绘和刻画，发挥非语言符号的诸多特点，充实画面内涵。在编辑时，要有单位时间（长度）中的"细节数量观"（比如限定在一分钟之内一定要有多少个可看画面），通过数量的控制，达到质量的完美。

因此，在进行画面编辑时，要熟悉素材、把握总体。体现新闻主题及记者的采摄构思，必须从熟悉素材入手，包括对新闻主题、文字稿的精深了解和对相关画面中语言符号和非语言符号的熟悉。编辑不仅能从一大堆图像材料中剪出"一分钟"的画面对应于文字，还应该在熟悉文字和画面素材的基础上，把握新闻总体内容的逻辑规律。从对素材的感性认识上升到理性认识，提炼出典型的画面细节，从而获得创造性的成果。如在一篇有关湖南省扶贫办挪用、摊派扶贫资金盖家属楼的报道中，编辑用一组贫困地区小学生赤脚走在泥泞的山路上上学的镜头，与新盖的家属楼形成对比，画中之"话"油然而生。编辑的总体把握得法，使用的素材会为之生辉，一些看来没有价值的画面内容亦可起死回生。

2. 强化固定镜头意识，少用运动镜头

电视镜头一般分为两类：固定镜头和运动镜头。固定镜头包括远、中、近、特，运动镜头包括推、拉、摇、移、升、降、甩、跟。运动镜头在纪录片和电视剧中运用较多，因为纪录片和电视剧有时需要用运动镜头叙述故事情节，营造氛围情趣，提供

第十三章 电视媒体主流节目编辑要点

转场视角,揭示人物心态等。在消息类电视新闻报道中,因受传播符号特性、时间长度的限制,就需要多用固定镜头,少用运动镜头。电视新闻消息只有一两分钟,甚至几十秒,如果用上几个运动镜头,观众会感到画面老是动来动去,停不下来,从而分散观众对新闻内容本身的注意力。心理学研究表明,对于移动目标和固定目标,人的注意力往往易于关注前者。比如,推镜头时人们便将注意力逐渐集中到拍摄主体的局部特征上,这种情况下观众会不自觉地减少对新闻事件本身的关注兴趣。此外,新闻报道中运动镜头太多,还会造成画面与画面之间的衔接、画面与声音之间的衔接不畅和不和谐。往往解说或同期声已经结束,某个摇镜头尚未进行完毕,只好草草收场,成了半拉子镜头。新闻节目中完整的运动镜头应该有起幅、落幅和中间的摇移过程,做到自然流畅。

电视新闻中镜头的作用在于在有限的时间里,尽可能多地向观众传播有关的新闻信息,消除信息的不确定性,生动具体地证实新闻的可信性。因此,镜头语言应该准确到位,简练、清晰、准确。这方面,港台的电视业界做得较为出色。在他们的新闻里,看不到随意推拉摇移的镜头,大多使用固定镜头、快切的编辑方式,从而极大地增加了新闻的信息含量和可看性。笔者曾对6个港、台电视机构的600多条电视新闻的连续统计分析表明:其中使用"固定镜头"的新闻比例高达74.8%,这一数字具体印证了港、台电视业者对这一形式的追求(见表13-1)。

表13-1 港、台电视新闻镜头运用形式统计

镜头＼台别	台视	华视	中视	凤凰卫视	本港台	翡翠台
固定镜头	74	80	78	35	82	80
运动镜头	70	12	12	34	9	12
综合镜头	6	8	10	11	10	8

说明:① 统计时间为2002年4月1—20日。
② 统计节目均为黄金时段的晚间新闻。
③ 样本抽取各台每天晚新闻前5条,累计为100条。

3. 运用好同期声,力求真实、生动、精确

同期声是指在拍摄人物讲话的同时录下的讲话声和背景声,包括现场效果同期声和现场采访同期声。现场效果同期声是伴随新闻事件同时发生的各种声响,包括大自然中各种音响,如:山呼海啸、风雨雷电、鸟叫虫鸣等等,以及人类社会中各种音响,如:人群之间嘈杂的说话声、动作声等。现场采访同期声是新闻现场被采访对象说话的声音。

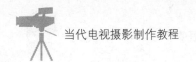

同期声,在视听手段上,能同步对应现实环境,直接、客观、准确、生动地记录下现实发生的种种事件,从而构成综合的、立体的、多通路的信息传递动势。同期声的使用能增加新闻的准确性和权威性。记者在转述的同时容易带有主观观察角度、立场观点、表现手段等附加信息,而同期声把事件现场的声音和人物的讲话直接传递给观众,减少了记者转述的不确定性。同样,重要的新闻事实通过新闻人物直接向观众讲述,未经任何扭曲或加工,就会更显得真实,具有说服力。它可以渲染气氛,点染画面内容,使新闻内容更具真情实感,给人以充分的信息享受。编辑同期声时应注意:

(1) 同期声不是一种点缀,不是所有的同期声都是必需的。那种某位领导人大段介绍本地政策或本地区、本部门所取得的成绩,最后表决心的同期声应该删掉,用言简意赅的旁白取而代之。在记者的实际采访中,会遇到不善于表达的被采访者,其答话可能会词不达意或答非所问,对于这种情况,后期编辑则无需保留同期声。

(2) 同期声忌冗长与杂乱。从目前国内电视台播出的时间看,除《新闻联播》外,其他新闻一般是10—15分钟,在这比较短的时间里一般发稿都在15—20条,即每条新闻平均长度不超过1分钟。因此,若想在1分钟左右的时间内运用好同期声,就要避免拖沓冗长的讲话,把握好同期声的长度,删去废话、废镜头,尽量剪掉带"啊、吗、呢"等语气词的句子。

(3) 淡化记者的"上镜"意识。删除记者的提问过程,只将被采访者的同期声编入播出稿,将有实际叙事内容的现场采访声音与播音稿组成一条完整的新闻,可有效压缩单条新闻所占时间,从而提高传播质量。这一组合样式已被美国三大电视网及我国香港、台湾地区各电视台普遍采用多年。节目组合样式如下所示:

<u>播音员+新闻人物+新闻现场</u>
播 音+同 期 声+播 音 稿

利用采访同期声,让当事人直接面对观众讲述新闻事实和背景,是电视新闻中一贯采用的方法。在国外的新闻报道中,动态新闻一般都包含有对当事人的采访,如果采访不到直接的当事人,对新闻事实的报道只有记者的转述,这样的新闻就有可能被认为不客观、不真实,新闻报道就不能算作成功。

4. 常用消息类电视新闻编辑的方法
(1) 根据新闻事件的时空顺序。
任何一条新闻所报道的事件、人物,总是在一定的时间和空间内活动的。因此,要按照生活中事物发展的前后顺序和空间位置来编辑,并将重复、啰嗦、信息量不大的内容剪掉。这样做,可以体现出事物的发展过程,比较适合完整的新闻事件。

(2) 根据新闻事实之间的横向联系。

事物和事物之间总存在着千丝万缕的联系,这种联系体现在世界的统一性,各种事物总是相比较而存在,相对立而发展。新闻事实有自己内在的联系和规律。在后期编辑时,要注意发现素材中这种具有内在关系的画面,然后以某种方式组接在一起,共同完成对新闻事实的阐述和再现。

(3) 根据新闻事实主题的要求。

一条新闻有自己的主题,主题所反映的内容一般都比较抽象,某种观点、某种现象,或者某种综合事实。这时,要服从于主题的需要,平行展现若干新闻内容,解释和说明主题。综述新闻常采用这种方式,如一则综述农业丰收的新闻,一般都是交替出现各种农作物良好长势的镜头,以及各处农民忙于收获的镜头。

二、专题类电视新闻的编辑

专题类的电视新闻是对重大的新闻题材所进行的深入、具体、详尽的报道。对新闻事实在发展中的状况,也可做比较全面的展现。与消息新闻相比,它更强调新闻事实的典型意义、指导意义及与社会大众的重大关系,注重报道内容的丰富性,以及表现手法的多样化。专题类新闻主要记述新闻事件,重视细节,记述细致完整,能反映事件及人物的细微特征和全貌,它包括专题新闻、实况录像、综合报道等多种样式。其传播特点是大容量、立体化、思辨性和多样性。

1. 专题类电视新闻的编辑要点

专题类电视新闻的编辑是根据节目内容和结构方式而确定的。一般来说,一个节目所表现出的整体编辑方法,是由节目中的每个段落的编辑方法以及不同段落之间的组接方式体现出来的。在编辑时,需要注意以下几点。

(1) 同期声有机融入全片。

同期声是新闻现场的重要素材,包含了大量的信息,是新闻内容的主要组成部分,编辑时要尽量采用。它可以对画面内容起着补充说明的作用,可增强电视新闻的真实性,给观众以身临其境的感受。专题片《盲人李飘海》就运用了大量原汁原味的同期声。记者在李飘海修收音机时问他:"你焊收音机线头可怎么办。"李飘海回答:"焊!可以啊。给你焊一个看看。这是个豁,迎着这豁,就知道烙铁(平头)在哪。比如焊这收音机(线头)吧,焊上了,你看。"这段对话的同期声如实地反映了李飘海的真实生活情况,大大增强了报道的真实性和人情味,拉近了盲人李飘海和广大电视观众的心理接受距离,而且可以将创作者的意见与观点隐匿于报道的事件中。

电视画面长于表现正在发生的事件,而难以表现过去发生的情景,通过当事人和目击者的同期声绘声绘色的讲述,就能把已经发生过的事件生动真实地再现给观众。同期声还具有结构片子的作用,在专题片中,能用同期声就尽量使用同期声而不由主持人代言,通过大量运用现场声响、采访音响、事件过程中的自然音响完成对新闻事件的叙述,可以增强立体感,播音语言只能起补充说明的作用。

同期声是伴随画面出现的现场实况音响,具有强大的叙述功能和实证功能。体现了真正意义上的现场真实,要贯穿在全片之中。对同期声的编辑,要注意和旁白(文字稿、报道词、解说词)相配合,不能相互重复。尽量保留重要的同期声内容。在叙述新闻事实的时候,把所能采用的现场同期声记录下来,然后确定哪些内容由旁白(文字稿、报道词、解说词)转述,哪些内容由同期声完成,不能相互重复,也不能冲突。同期声和旁白(文字稿、报道词、解说词)还要自然而然、平稳地过渡,尽量做到旁白与同期声采访浑然一体,观众听起来条理清晰、自然流畅。

(2) 凸现"细节"意识。

细节是指能够凸显事件新闻价值的语言符号和非语言符号,它不仅指有冲击力的图像,还包括现场语言、播音、音响、屏幕文字等有吸引力的要素。专题片《粤海情融天山雪——一个新疆流浪儿童的故事》就运用了大量人物同期声的细节,片中廖翠颜大妈、彭阿姨、魏婆婆等这些曾经日夜照料过阿不都尼亚孜的"亲人"们的同期声,叙述了阿不都尼亚孜流浪时的悲惨境遇和广州市民关怀照顾他的许多感人细节,深刻地表现了广州市民的善良友爱,为节目增色不少。

众所周知,细节的本质是"放大",通过细节的刻画,可以将人物和事件的特点加以突出,从而愈加显现出形象的生动性和真实性,揭示生活的本质。电视新闻专题是对某一新闻事件、社会现象,进行较其他电视新闻报道形式(特别是比之电视消息报道)更为深入的分析,探讨并揭示新闻事件、社会现象的本质。因此,需要对事件的细节进行挖掘。如果说结构是专题片的骨骼,细节便是专题片的血肉,它是构成专题片的整体的基本要素。专题片可以无情节,但不能没有细节。

编辑时,对典型的细节要给予足够的重视,在选择素材时,强调具有特征和富有表现力的细节,有时还可以反复使用。《回归情——十八罗汉头像归晋记》就是反复运用了大量生动详实的细节来表现主题的。陈永泰欣慰地凝视复原的头像,轻声对夫人说:"佛像的嘴巴微微张开着,好像在跟我们讲话。"画面多次展现陈先生与佛像头的交叉剪辑,让观众感染到那种对情感的呼应,展现了两岸人民同祖同宗、同根同源、血脉相连的绵绵情思。细节的描绘可以通过多种方式来完成，可以运用电视的所有表现方法去进行细节描写。一般来说，专题片的细节表现形式有画面、播音语言、屏幕文字、画面与现场音响结合、画面与音乐结合等多种形式。

（3）将旁白、屏幕文字和音响纳入整体布局。

由于电视新闻专题内容多、时间长、容量大，可以运用多种电视的表现手段如画面和声音的蒙太奇、旁白、屏幕文字、特技、动画等。因此，编辑有必要去研究各种表现手段的优劣，去努力探寻它们之间的组合形式以及由此产生的效果，使报道具有更强的表现力。从这点上看，旁白、同期声、画面相结合的手法，已远远不能满足要求，它必须有更多的表现形式。旁白与屏幕文字的结合即是一种。在专题片《寻》结尾中，使用的就是这种形式。霞光万道、波光粼粼的海面上，叠出屏幕文字："1992年，老阿妈93岁，庄梦花63岁，龚约翰69岁。"这时旁白充满深情地说道："老阿妈，您不老，您会走得动的。有妈祖娘娘保佑，咱们会来去平安的。"试想，如果把屏幕文字改为配音解说，如果光有屏幕文字没有旁白，抑或光有旁白没有屏幕文字，那将是一种怎样的效果？这组旁白和屏幕文字天衣无缝的结合，不仅给观众创造了一个富有震撼力的情感空间，而且大大升华了主题——海峡两岸人民盼望亲人早团聚、祖国早统一的强烈愿望。

还有，旁白与现场音响的配合。可以视不同的情况分别对待，如果现场音响不能传达出重要的新闻信息，可以在编辑画面时稍做低音量的保留，配好旁白词后，现场音响成为一种背景声音陪衬，既透出新闻的现场信息，又使新闻听起来不干巴。如有关文艺演出、公众场面等新闻。如果现场音响比较重要，观众一听就明白，则不留出空白单独突出，可以使音量稍大，让观众充分感受新闻现场的真实感，同时可以省去旁白对现场的描述，如有关战争或自然灾害的现场报道等。如果新闻事件的现场动感很强，场面紧张激烈，则可以留出一段时间，让新闻现场音响完整充分地展现在观众面前，让观众感受新闻现场的时空，真实地感受到新闻现场的气氛，如警察追缉犯罪嫌疑人的过程、新闻现场的突变等。

专题电视新闻报道，充分发挥了电视新闻的技术优势——电视多种表现元素综合使用，这些手段的运用不是简单相加，而是有机地融合在一起。只有这样，才能真实、完整、准确再现新闻事实，给观众提供纯粹电视化的专题新闻。

（4）适当编配音乐。

音乐，即配到片子中去的音乐、音响元素，是为了创造一种特殊的情绪或表达空间力度而在后期的制作上配上的乐音或效果声。画面所再现的是视觉可及的客观现实，音乐却是"心灵的直接现实"。就两者的本性来说，是直接对立的。我们看电视，所看到的是视觉信息，所获取的似乎只是对具体的视觉形象的直观感受。可是，在经历这种视觉的感受的同时，会在心灵深处激起某种反应，在思想上、感情上和心理情绪上与"画面的灵魂"发生共鸣，而音乐的作用在于，它能通过音调与旋律创造出情感的形象，直接打动人心，直接唤起联想、感情和心理情绪上的反应和共鸣。

音乐重在表情达意。在影视作品中，音乐可以起到深化主题思想，刻画人物情绪以及连贯图像及语言的作用。一般来说，消息类新闻节目中不使用音乐，但在专题新闻类节目中，适当地配上一段音乐，能够增加新闻的综合效果（比如，在中央电视台《东方时空》节目中，经常可以听到悦耳动听的音乐）。

一般而言，音乐是对画面内容的烘托、渲染，可以融入情境氛围之中，发挥描绘、暗示、抒情等作用。在专题片中，为了强调真实性，在大量使用同期声、音响的情况下，需要配上单纯而鲜明的音乐。音乐可以作为一种色彩、一种节奏、一种情绪、一种视听，因此必须对音乐与画面、语言、音响的关系慎重考虑，不能把音乐仅仅当作陪衬，更不能用音乐填充没有讲话声的画面，好的编辑应该把音乐有机统一在全片之中。

(5) 控制好节奏。

节奏，是生命本身的现象，客观存在于世界中。专题片的节奏渗透在人物、造型、声音和剪辑各个环节中，它通过视听形象的变化来体现。

"节奏是从情绪上感染观众的手段。编导用这种节奏可以使观众激动，也可以使观众平息下来。"在专题片的编辑中，要处理好情节高潮点的呼应所形成的画面节奏，处理好同期声与同期声、同期声与解说词，以及其他音响的对比所形成的板块式声音节奏，处理好声画合成所产生的内部张力所构成的声画节奏，以增强专题片的情绪感染力。

另外，还要注意对节奏基调的把握。节奏基调由两方面的因素决定：一是内容的要求，二是情绪的要求。事物的内在情节是决定节奏基调的基础，编辑赋予的情绪色彩是影响节奏基调的主观因素，它可以使新闻事实的表现呈现出一定的风格和样式。专题片《潜伏行动》的内容是一场紧张而危险的歼匪行动，战士们必须在高温、蚊虫叮咬的环境下潜伏、守候。面对凶残狡猾、带有枪支的匪徒，武警战士还会有牺牲的危险。潜伏是紧张的，追击匪首更紧张，这就决定了专题片《潜伏行动》节奏的快与紧张。

在统一基调的基础上，还要根据叙述的需要，把不同节奏强度的内容，或张或弛，穿插安排，使整体节奏富于变化，调节因单一节奏的延伸给观众带来的疲劳感。正确地控制内部节奏和外部节奏，把具体节奏和整体节奏结合起来，并使叙事节奏与造型节奏达到共振，是衡量一部专题片成功与否的重要标准。

第十三章 电视媒体主流节目编辑要点

第二节 谈话类电视节目的编辑技巧

谈话节目最早出现在广播中,是播出模拟谈话口吻撰写的广播稿,是用比较轻松的、易于接受的谈话方式对新闻事件或社会问题发表看法和评论的节目类型。电影因录音技术的完善也有自己的谈话样式。后生的电视总是不断吸取电影、广播等大众传媒的优势来丰富自己,研究谈话类电视节目的编辑技巧时不能忘却电视的参照对象。谈话节目的分类有很多方式,按题材分,有时政性谈话节目、生活娱乐性谈话节目;按形式分,有访谈性谈话节目、清谈性谈话节目;按播出的规律性分,有固定栏目型谈话节目、专题型谈话节目等等。我们先从总体上介绍电视谈话节目的编辑要点,然后再分别对时政性谈话节目和生活娱乐性谈话节目的编辑进行进一步探讨。

一、电影、广播为电视提供谈话参照

1. 电影引导电视告别对非语言符号画面低智力门槛的崇拜而渐入"谈话佳境"

笔者曾在专著《电视新闻语言学》①中表述过这样的研究论断:"录音技术的发明运用,使无声电影脱胎换骨为一个崭新的电影样式,声音进入电影后,电影就仿效着话剧进入了'谈话阶段'。后生的电视同样秉承着电影的'谈话'特性,逐渐告别对非语言符号画面低智力门槛的崇拜,进入全方位的谈话阶段"。美国CBS的《60分钟时事杂志》等一大批谈话节目,95%以上的电视剧的谈话现象(电视剧大都是通过剧中人物的对话讲故事!),为这一认识提供了无可辩驳的事实支持。电视谈话节目近几年开始走红我国,上从中央台,下到各省市级电视台都有自己的谈话节目。中

图13-1 2003年8月,广东卫视《前沿对话》节目《贫困生如何上大学》

---

① 黄匡宇著:《电视新闻语言学》,中国广播电视出版社2000年版。

央台的《新闻会客厅》、《实话实说》、《艺术人生》等,广东台的《前沿对话》、湖南台的《有话好说》、湖北卫视的《往事》、《财智时代》等等。谈话节目的题材广泛,有关于时事政治的严肃话题,也有关于老百姓日常生活的闲聊,明星、知名人士的奋斗历程和生活经历,就连专业性很强的经济也被湖北卫视用谈话的形式搬上了电视荧屏。电视谈话节目的普及反映了电视文化水准的提高,显现了语言符号在电视节目中的真正回归。编辑谈话类电视节目时不可忽视上述语言现象的深刻变化。

2. 广播谈话节目为电视提供生动的参照

谈话节目最早出现在广播中,播出模拟谈话口吻撰写的广播稿,是用比较轻松的、易于人接受的谈话方式对新闻事件或社会问题发表看法和评论。这种节目的形式有一个人的"独白式",也有两个人或几个人的"对话式"。不论形式怎样,它们都在传播上力求贴近听众、通俗易懂、生动活泼,但仍然处在单向传播阶段,没有形成现场的反馈,没有让传播者和受众形成互动和双向交流。直到主持(主播)人的出现,才将人际传播的谈话方式引入大众传播。一般来讲,谈话节目是指节目主持(主播)人邀集嘉宾或现场观众就某一个共同关心的话题展开轻松、平等的交谈。谈话节目不仅是一种新的节目形式,同时它也体现了一种新型的传-受关系。广播谈话节目为电视提供了生动的参照。

除了纯粹的谈话节目外,谈话作为一种表现手法被引入新闻、娱乐、体育、纪录片等各种类型的节目中。《新闻调查》栏目的一期节目是《与神话较量的人》,主要是通过记者与当事人刘姝威的谈话来展开刘姝威挑战蓝田创造的"中国股市神话"的调查的,在《焦点访谈》等直接观点性节目中更是经常采用谈话形式来阐述观点。谈话方式改变了节目主持(主播)人的播音风格,由"念"发展到"讲"和"说"。谈话这种形式让主持人放下说教的架子,放弃了"我说你听"的模式,与观众如拉家常一样亲切平等地交谈,给观众一种全新的视听感受。同时,观众在电视屏幕上竟然能找到自己和亲友,大家也都像明星一样"上了电视",电视不再是什么神秘、高不可攀的东西,一下子拉近了观众与电视的距离。谈话作为一种大众传播的方式被广泛利用,并收到了很好的效果。

谈话这种形式的出现和盛行是社会进步的一种表现,它体现了对人的话语权利的尊重。谈话节目不是辩论会,不是为了要在一期或几期节目中解决什么问题、得出什么结论。谈话节目只是为了提供一个"谈话场",给人们一个说话——发表自己观点和意见——的机会。谈话将主持(主播)人、嘉宾和观众置于一个平等的平台上,体现了一种交流的精神——有什么话可以坐下讲。电视不仅营造了一个谈话场,并将它传播放大,通过对热点、焦点问题的讨论,可以用一种更亲近的方式传播信息和知识,可以"上情下达"、"下情上传",也可以对有争议的问题进行疏导、缓和矛盾。电视作为大众媒体,通过谈话节目实现了其沟通、交流、疏导的社会功能。

二、有声电影和广播谈话节目的语言编辑技巧为电视谈话节目提供了参照

受众对电视谈话节目的欢迎,与有声电影、广播的谈话现象的影响不无关系。是电影和广播的谈话样式和语言编辑手法为电视谈话节目提供了参照。

1. 电视谈话节目同样重视编辑技巧

源于对广播、电影的学习,电视谈话节目的编辑同样有很高的技术要求。电视谈话节目严格遵循纪实的理念,这个理念不仅仅是指技术手段,更是对谈话现场的控制。谈话节目不可能排练好了再录像,现场有许多未知因素和突发事情,如何让嘉宾、观众开口说话,并且是围绕既定主题、在一定的范围内说自己想说的话,是主持人(主播)的主要工作之一。虽然在节目前会有资料的搜集、节目策划等准备,但不可能事无巨细;电视谈话节目目前大多数并不是真正的现场直播,但在一定程度上仍然是一气呵成的。因此,这里的纪实就是指让人们在尽可能自然的状态下畅所欲言,并把说话的过程尽可能原汁原味地记录下来、传播出去。这其实是对技术的极大考验,因为一期成功的节目是现场各个部门周密配合的结果。不仅有台前风光的主持(主播)人,还有台后的灯光师、摄影师等技术人员,以及策划、编辑人员的辛勤劳动。他们的配合必须是默契的,任何一个环节出了问题都会给节目留下遗憾。

2. 编辑技术取舍的关键是节目的价值观

价值观是最终决定技术取舍的关键。现场布景如何,该营造什么样的谈话氛围,采用什么样的表现方式,如何进行后期编辑等等,都是根据节目的意图来定的。只要能恰当地体现节目主旨,任何的表现形式都可以运用。谈话节目的纪实性和还原性的特点,决定了谈话节目不能运用过多的通常意义上的编辑技巧。观众要看的是谈话本身,而不是你的形式。因此编辑技巧的运用目的只是为了尽可能真实地再现谈话过程,技巧太多了只会影响观众对谈话过程的欣赏,是画蛇添足。对于谈话节目来说,其编辑并不是仅仅指在编辑台上进行的工作,它更多的是指对整个节目的一套完整的编辑思路。基于这种认识,我们对谈话节目的编辑研究应该包含节目制作的整个过程,从策划、设计主题,一直到节目的播出。

三、电视谈话节目的编辑要点

谈话节目的形式很多,有的是在演播室里谈,有的是在谈话人的家里或外景的某个地方。在演播室里也有不同,有的仅仅是主持人和几个嘉宾谈,有的则是请现场观众也参与谈论;在编辑中,有的只是再现谈话的整个过程,有的则会在播放谈话节目的过程中加入背景资料,包括照片、采访录像、书籍等等。尽管形式五彩缤纷,但观众最终要看的是谈话本身,即谈话的内容。内容决定形式,而形式是为内容服务的。因此,充实的内容是根本,合适的形式为内容锦上添花,但一定要注意分寸,千万不能喧宾夺主。对于谈话节目来说,好的话题,精彩的谈话过程是关键的,而电视对它的表现是其次的。

一个好的谈话节目必须具备以下几个因素。

1. 好的话题

谈话节目的核心是话题,话题好,节目就成功了一半。那么应该选择什么样的话题呢?

(1) 选择焦点性的话题。

所谓焦点性的话题就是热点话题,是在一段时间内人们普遍关心的话题,它能够引起大家的共同兴趣。因为它是一段时间内人们茶余饭后的谈资,所以提起它,大家觉得有话可讲,这样就容易营造良好的谈话氛围。同时,焦点性的话题由于它的焦点性,具有焦点效应,以它作为谈话节目的话题就容易引起人们的关注,有一定的广告效应,能吸引大家积极参与,让大家觉得不仅有话可讲,而且有话要讲。《实话实说》在全国上下一致反对法轮功、反对伪科学的时候,也推出了自己相应的提倡科学、反对法轮功的节目。在《真相》这期节目中,他们没有选择法轮功对社会、对国家的危害来说,而是请了李洪志的妹夫刘佳奎,让他讲述李洪志到底是什么样的人,从他的性格、爱好、脾气等等细节描绘出生活中的李洪志,让人们看清楚了李洪志的真面目。其实他并不是什么"神",他只是一个普通人,而且很爱钱,从而撕开了李洪志的神秘面纱。同时还请来了反伪科学的斗士、中国科学院院士、科学家何祚庥,以及几位迷途知返的原法轮功学员,这样动之以情、晓之以理,让人们认清了法轮功的真面目,从软的方面引导舆论,与反法轮功的新闻评论软硬结合、相得益彰,起到了很好的效果。

(2) 选择有共同兴趣的话题。

谈话是人际传播的一种方式,是在几个人的小范围内进行的;而谈话节目属于大众传播,是将人与人之间的谈话通过大众传媒传播出去。不管是几个人之间的谈话,还是大家欣赏的谈话节目,都需要能吸引谈话人参与、观众收看兴趣的话题。在共同的文化背景下,有许多问题都是大家共同感兴趣、共同关心的,而这些话题又常常是社会热点、焦点话题,应该是谈话节目的首选话题。

(3) 选择有人情味的话题。

人们看谈话节目就是为了得到心灵上的一些感动和慰藉,或者得到人生的一种启示。人们觉得谈话节目好看,是因为它能够说老百姓的心里话,并且用的是老百姓的语言和说话方式。它不是教条,不是说教,即使是严肃的主题也付诸笑谈中,给人轻松愉快的感觉。还有一些永恒的话题,例如爱情、亲情、友情,这些都是人们渴望得到的真情,是最能打动人的。《实话实说》有一期节目《亲人》,讲的是赵家发现自己的儿子并不是亲生的,为了不伤害儿子,他们私下找到了孙家。两家人先是共同过了一个春节,然后由双方的母亲出面解释可能他们小时候在医院抱错了。两家做了亲子鉴定以后,却发现赵达与两家没有任何血缘关系,而孙超就是赵家的孩子。这以后,两家像亲戚一样生活,赵达开始了寻找他的亲生父母的道路,却是困难重重,而他与养父母之间的关系却更亲密。在这期节目中,观众看到了善良的父母,不论是亲生儿子还是养子,父母都给予了他们最大的关心和爱护,而儿子也十分孝敬父母。这里面体现了人们善良的内心,以及人与人之间美好的感情。血缘关系固然重要,但人与人之间由于共同生活而建立的亲情也同样牢固可靠。《亲人》这期讲述人间真情的节目,不仅打动了现场的观众,也感动了电视机前的观众,收视率很高。

(4) 选择有一定思想性的话题。

话题如果太浅显,必然会让人觉得没什么可说的,或者几句话就说完了。谈话节目一般的时间都是比较长的,因此必须有一定的信息量才能留住观众,让观众觉得不闷。从心理学上讲,时间可以分成心理时间和物理时间(屏幕时间),当心理时间大于物理时间时,人就会觉得时间过得很慢,容易产生厌倦。消除这种心理感受的方法就是在节目中增大信息量,这就要求话题本身有话资可以谈,具有一定的深度可以挖掘,或者有一些争议性值得探讨。如果话题本身没什么思想性,那么即使主持人伶牙俐齿,现场观众愿意积极参与,也会觉得空洞无聊。中央二台的《半边天》栏目有一期谈话节目是关于反性骚扰话题的,节目不但谈了反性骚扰的必要性,还谈到了中国妇女因为害羞的原因常常在受到性骚扰后保持沉默,其实是纵容了性骚扰这种社会现象,鼓励女性应该树立用法律保护自己权益的意识。节目还谈到了关于反性骚扰立法的问题,说已经有人大代表提出了立法要求。最后,节目指出将反性骚扰这个话题公开出来讲用了五年的时间,我们不知道形成法律要多久,但我们一直在前进。整个谈话节目围绕反性骚扰话题谈了好几个问题,层层深入。它没有仅仅围绕性骚扰对女性的不良影响来谈,而是上升到如何去解决这个社会问题,这其中包括女性自己觉悟的提高以及相关法律对妇女的保护,具有一定的思想性。话题的思想性是要靠编辑人员去挖掘的,有的话题看似平凡,背后却隐藏着很深的道理,这需要编辑人员多看多想,要善于在众多材料中去粗取精,深入开掘材料的内涵。

(5) 选择有故事性的话题。

人们是喜欢讲故事和听故事的,尤其是有传奇色彩的故事或者饱含悲欢离合的动人情节的故事。电视剧是用画面和音响来叙述故事,而谈话节目则是通过人来讲故事。人们总是爱听故事,还爱听明星、知名人士的轶事。凤凰台的《鲁豫有约——说出你的故事》有一期节目是采访章含之的,章含之本人就是一个有传奇色彩的人物。作为章士钊的养女,生活在动荡的年代,她的一生波澜起伏,正如主持人陈鲁豫说的,"章士钊给了章含之潜移默化的影响,毛泽东改变了章含之的人生,而乔冠华给了章含之一段刻骨铭心的爱情。这三个男人成就了章含之一生的传奇经历。"章含之的一生不是风平浪静、平平淡淡的一生,她的命运与国家的领导人、革命前辈、与社会政治变化紧密相连,有很多曲折动人的故事,这本身就很能吸引观众的兴趣,如果能寻找到这样的素材,节目组要做的事情就仅仅是如何挖掘人物的故事了。

总之,话题的选择是谈话节目的关键。同时,在选择好主题后,还必须选择好的切入点。对于比较大的主题,应该选择贴近观众的、相对较小的切入点。话题切入点比较小,往往容易被观众接受。道德问题是谈话节目常常涉及的问题,如今,社会信誉度普遍下降,市场经济价值观冲击着传统的价值观。对于这样一个大的社会问题,《实话实说》的一期节目《行千里路 送万元包》从一个真实而曲折的故事切入。林先生的包被偷了,里面有 10 000 元现金、存折上还有 20 000 多元钱,以及一些重要的票据。后来接到一个电话说他的包捡到了并要求还给他,林先生怕被人敲诈,就要求对方将包送过来。林先生怕被人骗,而对方龚先生去林先生所在的成都也觉得害怕,叫上了弟弟陪同。最后双方见了面,林先生拿回了自己的包,他觉得冤枉了好人,几次主动要给龚先生 4 000 元钱,都被谢绝。双方相互的不信任体现了当今社会信誉度低、好人难做的现象。而最终龚先生作出千里送包的决定体现了他拾金不昧的高尚品德。正如在场专家说的,传统的价值观最终战胜了以金钱为标准的价值观。这个故事也打动了在场的观众,让人们相信在这样的一个转型时期,社会价值观很混乱的时期,很多传统美德仍然被继承下来了。这期节目通过这个比小说还精彩的真实故事,向人们传达了一个遵守道德、继承传统美德的信息。

对于时政性的谈话来说除了选择切入点外,节目还要注意播出的时机,根据大的方针、政策来制定自己的节目内容,话题要与社会环境和政治环境吻合。我们的媒体是党和人民的喉舌,应该时刻记住自己正确引导舆论的责任。

2. 谈话过程的编辑

谈话的魅力在于谈话的过程,而观众要观赏的也正是谈话的过程。如何在整个谈话过程中始终抓住观众的注意力,让观众在心理上不感到疲倦,就需要编辑人员对谈话过程精心设计。

(1) 要编出谈话的逻辑。

谈话的方式有两种,一种是说理,一种是叙述。对于说理性的谈话节目,它的逻辑就是观点加论证,在编辑中就要能让观众明白讲话人的论点是什么,论据是什么,如何论证,要能展现说理论证的过程,要有条理性。对于叙事的谈话,其逻辑就是将事情的前因后果、情节发展的脉络清楚地表达出来,让观众能够听明白这个故事。故事是由一连串的因果关系组成的,叙事应该体现事情的前因后果、发展过程。

(2) 要编出故事的情节性。

在清楚表达故事脉络、让观众听明白的基础上,编辑人员要想办法将故事讲述得更有意思、跌宕起伏,更能吸引观众,让观众想听、爱听所讲的故事。谈话节目的叙事编辑与一般的电视节目编辑有区别。电视作为一个声形并茂的、多种符号系统共同运用的大众媒体,对故事的叙述一般采用叙事蒙太奇的方法。即按照情节发展的时间流程、逻辑顺序、因果关系,来切分组合镜头、场景和段落,表现动作的连贯,推动情节的发展,引导观众理解所反映事情的内容。它包括由远景到近景的前进式组接、从近景逐渐到远景的后退式组接以及选择运动过程中的几个主要片段的集合式组接。而谈话节目是表现语言魅力的节目形式,它对镜头、场景和段落的分切和组合的要求并不高,它更多的是要求在语言上体现这种起承转合。这里可以借鉴文学上叙述的方法,用顺叙、倒叙、插叙等方法将故事讲得好听。此外,挖掘故事过程和人物命运本身的情节性也是重要的。《实话实说》的那期《行千里路　送万元包》节目,在叙述整个故事过程的时候,主持人崔永元引导林先生讲出他害怕被敲诈的心理,让龚先生将包送过来,约定在他公司周围见面,叫他的同事随时准备报警等等。同时,主持人又引导龚先生讲出了他在送包过程中也害怕被骗的心理,例如让弟弟穿警服陪他去。整个故事被当事人叙述得情节曲折,似乎四处都隐藏着圈套,这就更加体现了当今社会信任度的下降,也更加衬托出龚先生千里送还林先生丢失的皮包的难能可贵。要叙述出故事的情节性,除了借鉴文学手

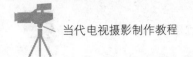

法以外，也可以借鉴纪录片、故事片的叙事方法，但不能将结构复杂化，加大接受难度，让观众在享受谈话的过程中还要分出精力去理解故事的情节。总之，编辑人员在保证真实再现谈话过程的同时，要灵活运用多种叙事方法。

(3) 要编辑出谈话的节奏。

节奏原来是音乐上的术语，它是一种连续而又有间歇的运动。由于电视是一种时间和空间的艺术，其节奏表现在时间的流动和空间的运动形态中。谈话节目对空间的运动关注不多，因此，节奏更多地表现为时间流逝的节律。速率和强弱都可以体现节奏。观众对于平淡无奇的谈话是容易疲倦的，要在谈话节目中通过速率和强弱来形成起伏变幻的节奏，可以从谈话话题本身来寻找。

以人物为主题的谈话节目，人物命运中的悲欢离合本身就是一种节奏，编辑人员应该凸显它们，让观众的情绪节奏紧跟人物命运的节奏；以叙事为主的谈话节目，事情发展进程本身也是有节奏的，有时候风平浪静，有时候却狂风骤雨，这种形势缓急形成的强弱和事件发展的快慢形成的速率就是一种节奏，编辑人员应该将它们展现在观众面前，让观众感知到这种节奏的魅力。《鲁豫有约——说出你的故事》栏目中的采访章含之的那期节目，章含之与乔冠华的浪漫爱情给人轻松舒缓的感觉；而当乔冠华被隔离审查时，两个人近在咫尺却不能相见给人一种强烈的愤恨；而当乔冠华因为不公平的对待而延误病情去世，留下章含之对他们共同生活的岁月、共同生活的大院的无限怀念和伤感时，又给人一种此恨绵绵无绝期的惆怅。这种叙事造成的感情上的张弛所形成的正是一种美妙的节奏。

叙事的详略也能形成一种节奏。对某一情节用大量笔墨铺陈，而对另一情节却只一笔带过，这种因为叙述详略引起的叙述时间的长短，也可以形成节奏，给观众一种美感。总之，流水账似的平铺直叙是不符合观众的接受心理的，编辑人员应该从人物、事件本身寻找节奏感，在编排、剪辑上形成节奏感，始终抓住观众的注意力。

3. 主持人的角色

主持人是谈话节目的灵魂。观众通常是将主持人同节目联系在一起的，认可这个主持人也就接受了这档节目，在美国，很多谈话节目直接是用主持人的名字来命名的。

(1) 节目风格决定了主持人确定的标准。

虽然节目主持人同他(她)主持的节目是齐名的，但是选择什么样的主持人却是由节目风格确定的。我们有很多主持人，其中有著名的主持人，也有崭露头角的新秀，他们都有各自的风格和个性。只有他们的个性和特点与节目风格相同时，他

第十三章 电视媒体主流节目编辑要点

们才能在节目中如鱼得水、发挥自如,而节目也会因为他们而相得益彰。《实话实说》的主持人崔永元刚刚开始主持这档节目时只是"无名小卒",他既不高大也不帅气,歪着嘴一笑还给人有点坏的感觉。但是正因为他朴实,如同"邻居大妈的儿子",与《实话实说》的亲切、平实的风格一拍即合。可以说《实话实说》的成功与当时大胆起用主持人崔永元是分不开的。2002年9月和晶作为替补进入《实话实说》节目组,她从开初模仿崔式风格开始,到如今打造出"和式风格",顺利实现转型。转型后的《实话实说》,其"活泼、随和、深入浅出"的风格基调并未改变,同样深受欢迎,有观众网上评论称:"和晶在实话实说节目中的主持表现力是非常完美的。很多人都喜欢拿和晶与崔永元做比较,其实每个主持人的表现力都不尽相同,我们发现和晶有她自己独特的主持表现力。她没有上镜头前给人的第一印象就特别好,一个优秀的主持人在台下的第一印象也许就能决定主持人的受欢迎程度。虽然她没有崔永元幽默,但是她对整个节目细节、整体的现场调控能力都是一流的,没有矫揉造作之感,她的语言、表情、动作都很符合我们观众的心理接受度,所以她和我们观众的心理距离很近。"[①]《实话实说》以"活泼、随和、深入浅出"的风格遴选主持人,在这个基调下,主持人还是可以有自己的风格的。

图 13-2 《实话实说》第二任主持人和晶

(2) 节目主持人的身份定位决定了他(她)的主持形式。

崔永元将自己定位为"邻居大妈的儿子",因此他的主持风格就是轻松、自然、亲切、幽默,从他的穿着、行动、语言都渗透出他的这种风格。湖南卫视《新青年》栏目主持人柴静则是另一种风格。《新青年》是一个围绕新闻人物和热点事件展开话题,立足于经济、文化、思想,以青年的视角观察世界,关注社会热点,解读新锐概念的栏目。主持人柴静给人青年的朝气和锐气,正如她自己说的,"当我做一个青年节目谈话主持人的时候,我知道我必须尊重自己的年龄和自己的内心世界,我要尊重自己的不足,我要尊重自己还没有足够的学养、经验和幽默感来作为职业的主持人,我还要尊重我这个年龄独有的好奇心、怀疑和批判的精神……当我明白一个谈

---

① 作者,21世纪设计师,央视网站,时间 2004-11-07 17:37:19。

话节目的主持人最重要的是要在节目中寻找自我之后,我再学习怎么去沟通。"我们看到的柴静,是一个虽然有着自身的不足,但却敢拼敢闯、有自己的思想、积极进取的当代青年。那么她的主持风格和崔永元必然有着很大的区别,她在节目中会比崔永元在《实话实说》中更锋芒毕露,矛盾冲突也会明显一些。总之,节目主持人的身份定位决定了他(她)的主持风格,而节目主持人对自己身份的定位说到底也是根据栏目主旨和风格来确定的。

(3) 节目主持人的语言形象定位和话语风格。

虽然主持人的风格体现在方方面面,但对于谈话节目来说,主要还是由其话语风格来定的。任何节目主持人都应该以其真实的情感来打动观众,真情流露的语言才是最感动人、最容易和人沟通的语言。尽管如此,不同节目的主持人仍然有不同的话语风格。主持人应该在学会倾听的基础上,形成进入话题、展开讨论、激发思考、借题发挥、转换话题、议论总结等一整套的话语方式,而且要形成自己的话语特点。这就要求主持人必须加强语言学习,除了有扎实的语言功底外,还要学习心理学、社会学、播音学等。除理论上的学习,优秀的主持人还应该善于在生活中积累语言素材。

(4) 节目主持人对现场的把握。

主持人对现场的把握除了要组织谈话、控制节目进度外,还有一个很重要的任务就是灵活应付现场的突发情况。不管你在节目前准备得多么充分,谈话节目是没有预演一次就过的,在谈话过程中仍然会出现一些意想不到的情况,这也正是谈话节目的魅力所在。有时候嘉宾或现场观众的某句话十分精彩,是主持人预先没有想到的,对于这些稍纵即逝的只言片语,主持人应该及时抓住并适当发挥一下。有时候嘉宾或现场观众话匣子一打开就收不住了,打乱了节目的时间安排,这时候主持人应该及时地又尽量让说话人不尴尬地将话题拉回来或打住谈话。总之,谈话节目营造的是一个开放的(而不是封闭的)话语场,这种人际间的交流并不是预先设定好了的,而是一个互动的不断变化的过程,是信息、情感不断流动、不断补充,逐渐积累又释放的过程。这就要求主持人必须随机应变,对谈话人所讲的信息及时给出反馈,控制节目的现场进程。

4. 现场因素

虽然观众看谈话节目主要是看谈话本身,即谈话是主要内容而电视只是手段,但呈现给观众的既然是一期完整的电视节目,一些现场因素也就不可忽视。这些现场因素的处理原则是尽量保持谈话过程的原来面貌,不干涉谈话过程,让谈话在轻松自然的环境中进行。因此现场因素不能过于突出,应该藏而不露,让大家意识不到它的存在,又不能缺少。

(1) 布景。

如果谈话节目是在野外进行的,应该选取一个比较宁静的地方,例如人比较少的草坪或树林里,这样可以减少外界对谈话的影响。如果是在室内,选取安静的地点比较容易,还应考虑选取能体现谈话人个性的地方。与知识界的名流谈话可以在他们的书房里进行,与企业家或有关领导谈话可以在他们的办公室里进行。其中有一点应该注意,就是画面的背景不宜太凌乱,这样会给观众的心理产生烦躁不安的情绪,给谈话氛围带来负面影响。

在演播室里进行的谈话节目,其布景是由专门的工作人员负责的。布景的原则是布景的效果应该与谈话节目的风格和主题相吻合,同时色彩应该尽量简单。《实话实说》的《亲人》这期节目的布景是以蓝色为主色调,帷幕是蓝色的海洋和天空,让人联想到无限宽广和开阔的胸襟;蓝色的地毯、蓝色的沙发,这种冷色调与故事本身的悲剧性相吻合;背后一块大的画幕是被阳光照射成黄绿色的树林,还有两张巨幅照片分别是两家人合家欢的照片,黄色是暖色,给人温暖的感觉,而合家欢的照片表现出两家人幸福温暖的生活,它们一起和这个故事所流露出的浓浓亲情一起温暖了观众,让整个谈话在一个凄凉却充满温情的氛围中进行着。《亲人》这期节目的布景是花了一番工夫的,它没有绚丽夺目的色彩,甚至可能有的观众都没有刻意去留意它的存在,但肯定观众一走进演播室就能感受到一种氛围。这种氛围使观众处于良好的接受状态,能很快进入角色,与主人公同呼吸共命运。不同的话题,不同的节目风格,其谈话气氛是不同的,对布景的要求也就不同。不管怎么说,真正好的布景不是要引人注目,而是要创造出良好的氛围,使现场的每一个人都处于激发状态,这样谈话就能很快地进入高潮。

(2) 灯光。

在室内或演播室里进行的谈话要考虑光线的问题,光线不足的时候应该补光。谈话节目的纪实性原则使灯光的使用也必须尽量自然,也是以不干涉谈话现场为原则的。人们在炫目的灯光(例如聚光灯)下很自然地会有紧张、不安的感觉,尤其是并不经常出镜的普通人。而谈话节目常常会请一些与电视不经常打交道的人,包括学者、专家和老百姓,为了让他们能很自然地进行谈话,就必须营造一个不让他们拘谨的环境。因此,谈话节目的灯光应该是自然的、柔和的。

(3) 音乐。

音乐是烘托现场气氛、升华情绪的重要手段。音乐有请乐队现场伴奏的,也有音响配乐的。《实话实说》栏目就是请乐队现场伴奏,在某个情绪的高潮点进行适当的渲染或化解。例如在比较滑稽的片段中,乐队会演奏欢快的曲子;在充满深情的地方,乐队会弹奏一段舒缓的曲子;值得注意的是,在比较悲伤低落的时候,乐队并没有更加渲染这种氛围,因为如果谈话人情绪太悲伤谈话就无法进行下去了,所以,乐队在这个时候会弹奏比较轻松的音乐,将现场所有的人从情绪低谷中拉出来,使谈话继续进行下去。

《实话实说》栏目的音乐是片段性的音乐,只在适当的时候弹奏几个小节的曲子。有的节目会采用大段的音响配乐来烘托气氛,湖南卫视的《真情对对碰》就是这样的例子。这个节目中常常在请嘉宾讲述自己的故事时,配上背景音乐,音乐几乎贯穿整个谈话节目。当然,这也与节目的类型有关,《真情对对碰》是娱乐节目,它的音乐处理可以更加随意、大胆一些。

5. 镜头

虽然谈话节目不需要太多的蒙太奇手法来进行剪辑,但也不可能从头到尾只用一个长镜头记录,因此,谈话节目仍然要涉及镜头的景别、画面切换等问题。谈话节目基本上都用现场同期声,人们讲话时的习惯一般是谁讲话就看着谁,所以镜头一般是对准讲话人的,即声画合一。景别一般可以用中、近景和特写镜头。中、近景不但可以指明讲话人,还可以交代谈话的环境,尤其是几个人交谈时,可以反映交谈时的情况。特写可以反映讲话人的内心世界,人的身体语言和面部表情属于非语言符号系统,主要特征是其意义即在符号自身,难以语言复述,它的语义模糊但又具体。它所传递的信息,许多是来自内心深处,难以抑制,它更能反映人物的真实心理。当它与话语一致时,这种真情流露更能打动人;若它与话语不符,即口是心非,会收到意外的戏剧性的传播效果。同时,这种景别的变换也能形成节奏,特写有一种强加于人的紧张感,而中、近景给人的感觉比较舒服,这种一张一弛就可以形成节奏,不让观众疲劳。

谈话节目的时间一般比较长,有时候一个人能讲几分钟,若镜头老是对着讲话人会让观众感到厌倦,因此镜头可以变换一下,即景别转换。特写反映讲话人的情绪和面部表情;中、近景交代讲话人与周围人的关系;还可以用现场观众倾听的画面来介绍谈话氛围,捕捉观众听的时候的面部表情可以极大地丰富画面细节,增加信息量。现场观众专注地倾听、动情地流泪、会心地微笑,都是十分生动的画面,能增强节目的传播效果。

6. 背景资料

谈话节目一般都会配背景资料,以便于观众理解。这些背景资料包括照片、图片、录像、书籍等等。

照片是十分常见的背景资料，它不仅能讲述一个过去的故事，而且由于它将过去的某一瞬间固定下来而带有一种凝固的美。照片的作用也不尽相同，《亲人》节目中的巨幅照片是作为布景出现的，而《鲁豫有约——说出你的故事》中乔冠华与章含之的合影、章含之年轻时候的照片却已经形成了故事的一部分，过去的美好时光和现在章含之孤独的一个人形成了鲜明的对比。同时，这些照片也是对当事人讲述的故事的一种印证，也可以作为一个由头来引起话题。

录像也是十分常见的背景资料。尤其是在演播室里进行的谈话，通常会插播一些采访录像来补充现场。《实话实说》中的《亲人》就插播有关专家的采访录像，这样即使在专家不能到现场的情况下也能听到权威意见。当然，有的人物访谈节目也会在后期编辑中将采访的片段和录像资料进行剪辑组合，用历史和现实交错来讲述故事，这种制作有点像纪录片，但侧重点不同。纪录片是用谈话作为纪录的一种方法，而谈话节目用这种编辑手法是为了将谈话节目做得内容更丰富、信息量更大。还有的谈话节目插播的是拍摄的一段由演员表演的小故事，这种方法一般用在娱乐谈话节目中。例如《艺术人生》中有一期节目是采访宋春丽的，关于她的爱情故事就是放的一段由演员表演的录像，配上解说，把在场的观众和宋春丽都逗乐了，气氛十分轻松自然。这种拍摄小电影的形式十分新颖，而且比嘉宾讲述要生动得多，在娱乐性的节目中可以多多推广一下。

此外，还有很多资料可以利用，如书刊、文件等等，选什么样的资料要看谈话节目的实际需要。谈话节目的信息量也是衡量谈话节目好坏的一个标准，适当地运用背景资料可以增加信息量，增强谈话节目的可看性。

7. 专题型谈话节目的编排

对于专题型的谈话节目，一般是由一个主题的几个相关的小节组成的，它们分开了可以成为独立的个体，集合起来又可以成为一个有机的整体。它们可以是一个个动人的故事，每个故事都有不同的主人公，但是他们表达的是同一个主题，要说明同一个问题。对于这样的大型专题型的谈话节目，我们应该注意各个小节之间的逻辑关系，谁在前谁在后要有一个合理的安排。要仔细分析各个小节之间的内在联系，理出一个脉络，将它们组合成一个有机的整体。

本节从七个方面对谈话节目的编辑进行了总体上的说明。谈话节目的形式十分活，而且话题可以十分广泛，包罗万象。本章拟从谈话节目的内容上将其大致分为时政信息类谈话节目和生活娱乐类谈话节目，并在下面的两节中对二者分别进行阐述。

第三节 时政、生活类谈话节目的编辑

虽然观众希望能从谈话节目中得到信息,但是他们看谈话节目的目的却是为了娱乐消遣,因此信息类的谈话节目不应该板起脸来,不管话题有多么严肃,都应该编出娱乐性。除了用笑谈的方式以外,我们还应该编出人情味来。

上节中已经讲到了各种编辑原则,除此之外,时政信息类谈话节目还需要特别注意以下几点。

一、话题的巧妙处理

既然是时政信息类的谈话,话题当然难避开社会的热点、焦点问题,这些话题可能在各种新闻类节目中已经反复出现多次了,也许观众都已经听厌了,但谈话节目也不能不谈它们。最好的方法是将这些话题谈出人情味,让观众愿意谈、愿意听。在这里,切入角度十分重要,不能举旗帜、喊口号,这样会赶跑观众的。而应该选取适当的角度,从小的地方着手,将大事化入于小事中,以小见大。

有时候,谈话节目会涉及敏感话题,这些话题可能存在争议,引起人们不稳定的情绪。正确的处理方法应该是,既不要逃避或遮掩它们,也不能煽风点火,应该有分寸地反映在谈话节目中,并通过讨论来缓解和疏导矛盾。我们不是要制造矛盾、添麻烦,而是要帮助有关部门解决问题。我们可以提出问题,进行探讨,给有关部门提供一些可行性的参考意见,切不可自作主张、自以为是。

《实话实说》是比较典型而成功的时政信息类谈话节目,在它的带动下,各省市电视台也纷纷开办谈话节目。这类谈话节目在最初的热闹和光环都褪去,渐渐形成自己的相对固定的模式后,其弊端和不足也开始显露,即使《实话实说》也成为研究者批评的焦点。人们不得不承认谈话节目越谈越难,陷入了困境。

在改革开放和社会转型的背景下,中国的文化发展呈现出三种文化形态,即由中国共产党所提倡的主流文化、市民大众所认同的大众文化和知识分子所追求的精英文化,三者相互融合、相互分化。主流文化决定了电视谈话节目的基本价值取向、指导原则和整个节目的基调,这种影响是无形的,存在于电视节目制作者以及现场嘉宾和观众的思维里;精英文化的主体知识分子希望谈话节目具有丰富的人文内涵,有一定的文化品位和思想内涵,他们参与了节目的策划、制作,有的则作为嘉宾和现场观众;大众文化关注普通人的命运和内心感受,谈话节目在与观众贴近的同时,话题也略显得琐碎,很多是"鸡毛蒜皮"的"小事"。谈话节目的制作人希望能够平衡各种冲突,让三种文化能够和睦共存,让各种文化消费者都满意;实际上

却众口难调,制作者左右为难,节目在夹缝中生存。以《实话实说》为例,它就存在明显的缺陷,即求大求全,结果定位不清。我们将它大致归为时政信息类谈话节目,但其实五花八门的话题充斥其中,风格也不明显突出,如同大杂烩。电视正面临着频道化,而节目也必然是专业化,这就需要我们将受众进行市场细分,根据不同的受众需求提供不同节目,让每个观众都有可看的节目,而不是让一个节目满足所有观众的需求。

西方的谈话节目分类就十分细致,如美国的电视谈话节目从内容上主要分为:新闻·信息类节目、综艺·喜剧·采访类节目、人际关系·自立·心理分析和日常生活类节目,以及为特殊观众专门设置的谈话节目等四类,这样基本上满足了各种挑剔的观众的需求。美国的谈话节目(Talk Show)出现很早,20世纪50年代就有了喜剧娱乐性的谈话节目,70年代有了严肃话题的谈话节目,而且话题越来越尖锐,从时事政治、国际形势到种族冲突、家庭暴力乃至两性关系和性变态,几乎无所不包。相比之下,中国的电视谈话节目只有20年的发展历史,而且,目前中国观众的文化消费能力还不高,电视人不可能也不必要向观众提供如同美国那样划分十分细致的谈话节目,但中国的电视谈话节目已经开始分化。大杂烩式的电视谈话节目已经不能满足日益成熟的观众的需要,我们的节目制作人必须对观众进行收视调查,对自己的节目进行明确的重新定位。不同类型的谈话节目要逐渐形成自己的取材范围和节目风格,要有自己的特点,面向自己特定的观众群体。

目前,我们已经出现了一些定位明确,并已经有一定影响的谈话节目。《对话》是中央电视台经济部2000年7月推出的一栏演播室谈话节目,其目标收视群体为"关注经济改革动态并具有决策能力的社会精英人士"。该节目致力于为新闻人物、企业精英、政府官员、经济专家和投资者提供一个交流和对话的平台,因此,它的嘉宾都十分有分量,包括"左右经济走向的权威人士、经历商海沉浮的企业巨头、见证热点事件的当事各方"。每次节目由突发事件、热门人物、热门话题或某一经济现象导入,捕捉鲜活经济事件、探讨新潮理念、演绎故事冲突,着重突出思想的交锋与智慧的碰撞(图13-3)。《对话》通过主持人和嘉宾以及现场观众的充

图13-3 2003年2月23日,国家审计署署长李金华在《对话》节目中纵论"审计之道"

分对话和交流,直逼热点新闻人物的真实思想和经历,展现他们的矛盾痛苦和成功喜悦,折射经济社会的最新动向和潮流,同时充分展示对话者的个人魅力及其鲜为人知的另一面。湖南卫视的《新青年》栏目是以青年为目标群体的谈话节目,它围绕新闻人物和热点事件展开话题,立足于经济、文化、思想,以青年的视角观察世界,关注社会热点,解读新锐概念。先后有商界名家刘永好、杨元庆、王石、张朝阳、丁磊等,以及文化名人季羡林、陈逸飞、杨澜、谢晋、张元、才旦卓玛等走进《新青年》。智慧、理念和文化的流动,理想、青春和自信的张扬,清新隽永的格调,形成了《新青年》大俗大雅的品位。类似的谈话节目已经有一定的数量,随着谈话节目的日趋成熟,各类谈话节目的定位将越来越明确,特色将越来越明显、风格也越来越突出。

二、时政谈话节目的编辑

时政谈话节目又称新闻访谈节目,是对新闻人物或相关的研究人员、学者进行访谈的节目。新闻访谈节目中有的是比较严肃的,是对新闻焦点进行分析,如美国公共广播公司电视网的《麦克尼尔和莱尔新闻小时》(MacNeil/Lehrer News Hour);有的是比较轻松的,如CNN拉里·金的《拉里·金现场》(Larry King Live)。评论界一般认为《麦克尼尔和莱尔新闻小时》是比较典型的、最适合表达对公共事务的关注的新闻谈话节目。它通常以当天的头条新闻或其他时事报道为讨论主题,主持人事先选择好一个讨论(有时是辩论)的角度,组织各种新闻当事人或者有权威性的相关人员进行讨论。《麦克尼尔和莱尔新闻小时》的重要特点,是它为文化层次较高的人提供了对新闻事件的冷静分析。它的访谈风格是宽厚温和的,从不用尖锐的问题刺激被访者,也不用高声的、争辩式的问题来激起被访者的情绪,而是让持有各种观点的人在演播室现场进行面对面的讨论和争辩,让观众从中得出自己的结论。两位主持人在节目中的职能仅仅是辩论的组织者和协调者,他们只负责向来宾提出问题,引起辩论,控制辩论的方向和时间,但不介入其中发表意见。

香港电台的《城市论坛》是一档很有特色的谈话节目,节目于1980年启播,制作宗旨在于反映民意。它将论坛设在了大街上,主持人和嘉宾坐在临时搭起的讲台上,而现场观众则是对话题感兴趣而前来参加讨论的市民和来来往往的行人。《城市论坛》的话题是市民关心的各种社会问题,包括民生问题、文化教育、财经和法制、政府刚出台的政策、公务员的办事效率等等,其谈话形式有嘉宾发表观点看法、观众向嘉宾提问,也有观众与嘉宾辩论或一起探讨。这一开放式的谈话节目样式对于社区、校园电视的传播不无启发(图13-4)。

CCTV新闻频道的《新闻会客厅》是一档新闻频道黄金时段播出的大型新闻谈

第十三章 电视媒体主流节目编辑要点

话类节目,节目内容定位于"关注国内外重大新闻事件",这是它在新闻频道中所处的时段与任务所要求的。节目以"会见新闻当事人"(尤其是关注度很高的新闻事件中的当事人)的谈话形式来展示重大新闻事件中有关人物的内心感受与经历。场外连线与各种道具均可灵活运用,使节目生动感人。《新闻会客厅》通过谈话场营造出一种家庭气氛,拉近了硬新闻与普通人的距离,增强可视性和传播的有效性,流露出亲切、

图13-4 谈话节目《城市论坛》的形式活泼,是校园电视节目制作的有益参照

平和、随和的平民气质。根据需要谈话过程中镜头还适当转向会客厅外,介绍新闻背景,充分展示节目的知识性、故事性,让观众得到更多的、更好听好看的信息。请看对2005年2月9日的节目《我们一起走过——傅彪夫妇》(上集,节目实际总长度为25分50秒)文稿编辑的简介与点评:

文稿样式	文稿内容实录或简述	点 评
导语 0′30″	白岩松:观众朋友,欢迎收看《新闻会客厅》春节特别节目《我们一起走过》,其实不管是阳历年还是农历年,每一年我们总会和一些名字紧密相连,他们或者让我们牵挂,或者让我们祝福,我们默默祈祷他们渡过挑战,今天我们要关注的是傅彪,这个名字跟爱有关,跟生命有关,我们一起走进2004年的傅彪的日子。	"特别节目",容易引起观众特别关注,节目设置有特色;"今天我们要关注的是傅彪,这个名字跟爱有关,跟生命有关,我们一起走进2004年的傅彪的日子。"导语道出节目关注的亮点。
短片一 旁白一 1′50″	2004年1月22日,农历大年初一恰巧是傅彪夫妇的结婚纪念日,正在杭州拍摄电视剧《妻子》的傅彪夫妇,在剧组过了自己结婚十五周年的纪念日;2004年8月29日,傅彪因病在北京住院,经检查确诊为肝癌,病情危急。2004年9月3日,傅彪在武警总医院接受肝移植手术,获得成功;2004年9月27日,手术后三周,家人朋友和傅彪一起在医院度过了他的41岁生日;2004年10月21日,傅彪手术后身体逐渐恢复正常,正式康复出院,回家静养。	运用"故事"手法讲述名人傅彪在2004年一年中悲喜交集、以喜为终的跌宕人生历程。故事简练、情节跳跃、画面具体,"非常日历"为节目的全方位推进构建了谈话基础和演绎悬念,有效提升了节目收视的趣味点。

(续 表)

文稿样式	文稿内容实录或简述	点 评
旁白二 0分20秒	傅彪患病的消息传出以后，许多喜爱傅彪的观众通过各种方式表达自己对他的祝福，仅9月7日一天，观众在某网站留下的祝福就达到了五千多条。	进一步渲染谈话嘉宾社会关注度，为引发话题作铺垫。
访谈一 3分23秒	 图13-5 《我们一起走过》现场 访谈傅彪的妻子张秋芳将1 000条祝福短信送给刚从重症监护室出来的丈夫，讲述傅彪的康复，讲述被傅彪广大观众关心的感动。	节目从傅彪的康复与感动于短信展开对话，既满足了广大观众关心傅彪健康的知情要求，又看到了傅彪夫妇对观众的由衷感激之情，节目成功与观众形成心灵互动。
短片二 旁白三 2分30秒	傅彪的影视生涯：1984年，21岁的傅彪考入了铁路文工团话剧团，妻子张秋芳与傅彪同年进入铁路文工团，但在演艺事业上却比傅彪更早获得成功；1998年出演贺岁电影《甲方乙方》观众第一次认识了傅彪；2001年，傅彪在电视剧《青衣》中扮演了一位老实厚道的模范丈夫"面瓜"，这一形象很快就被广大观众接受，在大家的印象里，傅彪就是现实生活中的面瓜。	运用"故事"手法讲述傅彪夫妇从艺的故事。片花一在编辑节奏上是引发故事，片花二在编辑节奏上是调节节目话语样式，维系节目的趣味点，将话题引向深入：谈傅彪的追求，从而渐显节目的传播意义。旁白则穿针引线、承上启下。
访谈二 4分10秒	访谈讲述1998年之前不火的傅彪，讲述傅彪的执著追求。在妻子眼中，"他是一个特别有戏瘾的人，很多时候他只要看上好剧本，他根本就不谈钱，只要是好人物、好角色，他就要去。怎么讲呢，我说他是一个戏魔，有的时候躺在家里边，也不说话，心也不在家里边。"同时讲述妻子"要人不要钱"的家庭爱情观。	访谈话题的设置小而具体，从夫妻逛街、结婚十五周年切入，讲述的是积极追求美好人生的观念，具有大众传媒必备的教化意义，节目宗旨潜藏于润物无声的故事之中。

第十三章　电视媒体主流节目编辑要点

（续　表）

文稿样式	文稿内容实录或简述	点　评
片花 0分40秒	《新闻会客厅》春节特别节目：2004我们一起走过，有陈忠和、傅彪等名人的新春祝福语，预告节目。	穿插片花，改变节目节奏，通过节目预告，唤起观众关注。
续访谈二 2分30秒	内容同上。	
短片三 旁白四 1分40秒	2004年春节，在喜庆和忙碌中，电视剧《妻子》剧组在杭州为傅彪夫妇过了一个简单的结婚纪念日。在这部电视剧中，傅彪和张秋芳扮演一对恩爱的夫妻。随着剧情的发展，傅彪扮演的丈夫谢家树患上了严重的疾病，而张秋芳扮演的妻子陈灵宝则全身心地照顾病中的丈夫。但是谁也没有想到，就在半年之后，电视剧中的不幸却在生活中重演。	短片故事是谈话节目的事实基础，也是形成节目形式节奏、调节观众收视注意力的重要手段。优秀的谈话节目大都有感人的故事片断。这种故事片断大多是由纪实画面演绎的，也可以是通过访谈方式来讲述，但前者更有视觉吸引力。
访谈三 3分50秒	 图13-6　傅彪夫妇在节目中 《妻子》这部戏演的是丈夫病了，妻子如何照顾丈夫。戏中傅彪与妻子正好扮演这对夫妻。访谈中讲述的是傅彪夫妇面对疾病的精神搏斗。	名人的生活中戏中有戏，傅彪夫妇面对疾病的故事除了感人，更有教化意义，家庭气氛跃然于画面之中。
片花 0分50秒	《新闻会客厅》春节特别节目：2004我们一起走过，听傅彪讲述面临绝症的生死之悟。	穿插片花，改变节目节奏，通过节目预告，唤起观众关注
续访谈三 4分20秒	内容同上。	节目总计时：导语0分30秒、访谈17分20秒、短片、旁白、片花7分50秒

点评小结：本节目通过"导语＋短片＋谈话"的有序结构，使得议题设置既有趣味性又有教化意义。故事与话题的不同节奏始终保持着观众应有的收视注意力（注意时间分配），从中可以悟出谈话节目的编辑要义是：编辑前通过深入采访大量占有与节目主体相关的影音素材，编辑中运用时间分割手法控制好谈话节奏。

总之，时政信息类的电视谈话节目不同于新闻等严肃的节目类型，尽管它的话题有比较深刻的社会性、思想性和动人的故事性，但它仍然属于轻松性节目，是寓教于谈话中。因此，电视谈话节目的编辑应该注意节目的定位，注意观众接受节目的心理，以平民的视角，以小见大，编出人情味，迎合大众口味。

三、生活类谈话节目的编辑

生活类的谈话节目是面向大众、以娱乐为主要目的的节目，它的风格是轻松愉快的。这种类型的谈话节目题材广泛，由于话题的轻松，使得谈话的形式可以更加不拘一格、灵活多样。

虽然生活娱乐类的谈话节目是以娱乐为目的，但在编辑中还是应该力求能编出哲理性来，让观众在笑声中能够同时悟出点什么或得到一些感触。大多数的这类节目都会选取一些包含有哲理性的东西，有的是关于人生的一些感触，有的是对真善美的感悟，当然也有例外。凤凰卫视的《锵锵三人行》就是一档纯粹搞笑的娱乐节目，正如其主持人窦文涛说的，"我不认为有什么问题是几个嘉宾在不到半小时的节目里就可以探讨明白的，甚至我认为问题不可能有最终答案。我对真理不感兴趣，找不到快感的人才去找真理。《锵锵三人行》不企图找寻意义，只想让人享受聊天。""我不关心嘉宾的观点是否正确深刻，我关心是否有趣。"在节目中，他也确实是这么做的，每期节目请出两位嘉宾主持，他们都是一些出言不忌、性情各异的"非常男女"，包括导演、作家、学者、政界及传媒精英。节目紧跟时事新闻，肆意借题发挥，名嘴会聚，海阔天空。"不求高度，只求广度；不求深度，只求温度；不求结论，只求趣味"。将人们私下的侃谈搬上了屏幕，让百姓开心地笑看天下事，是"新闻漫画"型的感性聊天节目。《锵锵三人行》这种另类的谈话节目并不是我们的研究重点。

谈话从根本上说是人与人的交流，在一般的生活娱乐类的电视谈话节目中，我们应该从生活中看似小的事情入手，最终应该升华到人性的高度。我们谈人，谈人的生活，谈人的命运，但不仅仅是讲故事而已，而是要给人们一定的启示，让人们在精神上、心灵上得到一些营养。《阳光卫视》的《人生在线》是用访谈、对话的形式，从感性和理性的角度，讲述当代人的人生经历。凤凰卫视的《鲁豫有约——说出你的故事》是一个开放式的访问节目，寻访昔日英雄和特殊经历的人群，见证历史、思

第十三章 电视媒体主流节目编辑要点

索人生,直指人们的生命体验与心灵秘密。CCTV由朱军主持的《艺术人生》与观众一起去寻找艺术家们追求艺术的道路,了解他们的人生,走进他们的内心世界;由王刚主持的《朋友》邀请影视歌名人讲述他们与朋友间的故事,歌颂人与人之间真诚的友谊;而由倪萍主持的《聊天》则是通过像日常生活中聊天一样讲述普通人的动人故事,体验普通人的人生经历和感受。此外,还有很多生活娱乐类的谈话节目,这里不一一列举。

除了这种固定的栏目形式外,还有专题型的谈话节目。例如《我们——2002三八特别节目》就是由张越、白岩松主持的谈话节目,形式十分活跃。本节将对这个专题节目的编辑进行分析说明。

这期特别节目是以三八妇女节为谈话由头,探讨人与人之间尤其是男人与女人之间的关系,进行沟通和相互理解。节目除了有现场两位主持人之间的交谈,现场观众的讨论以外,还有对三位现场嘉宾的访谈,并播放了三个采访录像。两位主持人从人们通过三八妇女节放假意识到性别差异谈起,谈到了男人与女人之间需要交流,妇女节是"大家相互了解和关怀的日子,是相爱的日子,是所有人的日子"。紧接着是现场演唱歌曲《岸》。然后是在背景音乐中展示一幅幅的黑白人物照片,白岩松一段简短的介绍以后,播放了张越与刘凤珍的谈话录像,讲述了她从小到大因为眼睛给她带来的困扰和心灵上的阴影。此后,两位主持人也讲述了自己心里的弱势角落:张越因为自己很胖,而白岩松因为自己来自很小的地方。他们还给大家看了他们以前的照片,张越总是缩着脖子、畏畏缩缩,而白岩松则总是戴着墨镜。"每个人都会面对一面无形的墙,比如说自卑忧郁等,你如果能够推倒它,你的世界将更大,如果你推不倒它,你就只能生活在一个狭小的房间里"。主持人毫不犹豫地将自己的类似心理斗争和经历与大家共享,体现了他们交流的真诚。一个片头过场后,展开了另一个话题的谈论,男人与女人对异性的想象和他们扮演的角色。在请现场的两位男士、两位女士和一位小朋友谈过后,播放了张越对英国的一位"全职丈夫"及他的妻子的采访录像。此后是用音乐回到现场,讲述了一段动人的故事,两个相爱的人如何共同面对和克服由于女友的不治之症而给生活带来的困难,并请故事的男主角来到现场与大家一起分享他们的故事。在一段片头后,主持人请了一大群孩子——"未来的男人女人们"来讲讲他们眼中的爸爸妈妈在生活中扮演什么角色,以及他们长大以后愿意扮演什么角色……

该节目的具体进程不一一罗列,节目所涉及的人物有普通人士也有成功人士,有乡下人有城里人,有男人也有女人,有大人有小孩,有中国人也有外国人。故事有喜悦有悲伤,各个故事由两位主持人串联起来,始终围绕人与人之间的真诚理解与和睦相处。

399

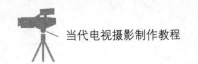

节目中运用了很多电视表现手段,有现场的谈话,有录像、照片。现场谈话发挥了电视的现场生动性,让观众身临其境,同时加入照片、图片等视觉因素,克服了谈话节目画面的单调性。录像的加入克服了现场的一些制约因素,让观众可以在演播室看到外景采访,放眼真实的生活。

本节目的音乐运用很有特色,十分灵活。因为是专题谈话节目,时间比较充裕,所以音乐用得比较多,很讲究。除了比较有特色的现场演唱以外,还有很多背景音乐,并且背景音乐的运用很精细。有的音乐与照片、谈话同步,有的则是话音已落,而音乐声还久久环绕演播室,让人回味和思考。

本节目的节奏也掌握得十分好,有现场观众激烈的讨论,有现场嘉宾静静的倾吐,还有小朋友们七嘴八舌的发言,现场气氛的热烈与平静就是一种节奏。同时,音乐的运用,尤其是话音落后环绕于耳的音乐也是一种独特的节奏。片头的插播不仅是将节目划分为几个段落,同时也是一种谈话的休止符,让观众可以休息一下、松弛一下,这也是符合人的接受心理节奏的。人的注意力如果长时间集中就会疲倦,这时候必须给出新的刺激,也就是要在形式或内容上给出一个变化。这些变化包括很多东西,有时间长短不一的节目片段的穿插,人说话的快慢相间,气氛的紧张与松弛,画面色调的对比等等。这些从根本上说就是速度和强度给人的心理感受,是一种心理节奏。

总之,生活娱乐类的谈话节目的风格是清新愉快的,但是要真正能打动观众、吸引观众,在内容上要体现哲理性,而在形式上要注意变化,注意节奏。

本 章 小 结

新闻类电视节目是电视节目诸多形式中最重要的一种,要编辑好消息类电视新闻需要从以下两方面加以考虑:① 如何编一条消息新闻;② 如何把二三十条新闻编成一个完整的消息类新闻节目。专题类电视新闻的编辑是根据节目内容和结构方式而确定的。一个节目所表现出的整体编辑方法,是由节目中的每个段落的编辑方法以及不同段落之间的组接方式体现出来的。

录音技术的发明运用,使无声电影脱胎换骨为一个崭新的电影样式,声音进入电影后,电影就仿效着话剧进入了"谈话阶段"。后生的电视同样秉承着电影的"谈话"特性,逐渐告别对非语言符号语言画面低智力门槛的崇拜,进入全方位的谈话阶段。

谈话的魅力在于谈话的过程,而观众要观赏的也正是谈话的过程。如何在整个谈话过程中能始终抓住观众的注意力,让观众在心理上不感到疲倦,就需要编辑人员对谈话的过程精心设计。

问题与思考

1. 简述新闻专题节目的编辑要点。
2. 分析《新闻会客厅》春节特别节目《我们一起走过》的编辑思路与文本结构。
3. 比较分析中央电视台的《实话实说》与《面对面》编辑思路。
4. 用表格的方式归纳本章阐述的各节目的编辑要点。

参考资料

期刊部分:

1. 彭自雷:《传统录像机编辑系统和计算机非线性编辑系统的比较》,《中国有线电视》1996年第9期。
2. 刘兆君、侯树山:《非线性编辑技术》,《黑龙江电子技术》1999年第4期。
3. 黄辉:《浅议非线性编辑系统的特点和发展》,《中国有线电视》1999年第2期。
4. 刘万年、施春明、龚福强:《非线性编辑及其优势——漫谈非线性编辑》,《电化教育研究》1998年第4期。
5. 唐华:《从文化背景和媒介功能看现实困境》,《现代传播》2000年第1期。
6. 白岩松:《我看电视评论节目》,《中国广播电视学刊》2001年第11期。
7. 柴静:《从电视谈话节目主持人的现场控制说起》,《中国广播电视学刊》2001年第4期。
8. 熊智华:《电视节目中的特技艺术》,《中国有线电视》1997年第7期。
9. 金小刚、鲍虎军、彭群生:《计算机动画技术综述》,《软件学报》1997年第4期。
10. 施寅:《计算机动画的产生和发展》,《电子出版》1995年第3期。
11. 金辅棠:《传统动画与计算机动画技术》,《科技导报》1996年第12期。

图书部分:

1. 朱静著:《电影摄影师的创作》,中国电影出版社1964年版。
2. 《电影艺术词典》,中国电影出版社1986年版。
3. 黄匡宇著:《电视新闻学》,华东师范大学出版社1990年版。
4. 黄匡宇著:《电视新闻语言学》,中国广播电视出版社2000年版。
5. 黄匡宇著:《理论电视新闻学》,中山大学出版社1996年11月第1版。
6. 黄匡宇主编:《广播电视学概论》,暨南大学出版社1999年版。
7. 黄匡宇、江强、施建著:《电视摄影构图技巧》,中国广播电视出版社2002年版。
8. 黄匡宇、陈蕾、周陵琳、赵玲玲、姚丽萍、施建、高兵、江强等著:《电视节目编辑技巧》,中国广播电视出版社2002年版。
9. 黄亚安著:《电视编辑》,复旦大学出版社1991年版。
10. 黄著诚主编:《实用电视编辑》,中国广播电视出版社2000年版。
11. 饶利华等著:《电子媒介新闻教程——广播与电视》,中国人民大学出版社2000年版。
12. 孟建、祁林编著:《广播电视新闻范文评析》,新华出版社2001年版。
13. 江欧利主编:《中国广播电视新闻奖1999年度新闻佳作赏析》,新华出版社2001年版。
14. 杨伟光主编:《中国电视论纲》,中国广播电视出版社1998年版。
15. 施天权著:《广播电视概论》,复旦大学出版社1987年版。
16. 赵淑萍、王银桩著:《美国电视纵横》,华文出版社1999年版。
17. 何苏六著:《电视编辑艺术》,中国广播电视出版社2000年版。
18. 王瑞棠著:《广播编辑学》,新华出版社1999年版。
19. 张绍刚著:《电视节目栏目策划》,北京广播学院出版社2001年版。
20. 武海鹏主编:《电视制作(技艺类)》,中国广播电视出版社2001年5月版。
21. 高世明主编:《实用电视新闻》,中国广播电视出版社2000年版。
22. 〔美〕艾伦·沃尔策著:《电视节目制作大全》,远流出版社1993年1月第1版。
23. 蔡云明编著:《家用摄像机的使用与拍摄技巧》,上海科学技术出版社2000年4月第1版。
24. 任金州、高晓虹著:《电视摄影与编辑》,北京广播学院出版社1997年4月第1版。
25. 任远著:《电视编导基础——新闻、纪录片、教育、文艺节目制作》,海洋出版社1985年1月第1版。
26. 钟大年、王桂年著:《电视片编辑艺术》,北京广播学院出版社1987年11月第1版。
27. 任远著:《屏幕前的探索——电视制作的多向思考》,北京广播学院出版社1987年4月第1版。
28. 任远著:《电视制作问答——电视编导摄录工作手册》,北京广播学院出版社1989年7月第1版。
29. 吴郁著:《主持人的语言艺术》,北京广播学院出版社1999年10月版。

30. 叶子著：《电视新闻学》，北京广播学院出版社 1997 年版。

31. 王纬主编：《镜头里的"第四势力"——美国电视新闻节目》，北京广播学院出版社 1999 年 6 月版。

32. 傅正义著：《电影电视剪辑学》，北京广播学院出版社 1997 年 12 月版。

33. 窦文涛主编：《一笑了之　锵锵三人行》，现代出版社 1999 年 5 月版。

34. 孟群编著：《电视节目制作技术》，中国广播电视出版社 1997 年版。

35. 张凤铸著：《电视声画艺术》，北京广播学院出版社 1997 年版。

36. 〔美〕加里·安得森著：《电视编辑与后期制作》，中国电影出版社 1993 年版。

37. 胡武编著：《现代新闻编辑学》，武汉大学出版社 1996 年版。

38. 裴玉章著：《电视纵横》，中国广播电视出版社 1988 年版。

39. 张君昌著：《应用电视新闻学》，中国广播电视出版社 1995 年版。

40. 周传基著：《电影中的声音》，中国电影出版社 1985 年版。

41. 〔匈〕贝拉·巴拉兹著：《电影美学》，中国电影出版社 1986 年版。

42. 〔德〕克拉考尔著：《电影的本性》，中国电影出版社 1981 年版。

43. 〔法〕马赛尔·马尔丹著：《电影语言》，中国电影出版社 1980 年版。

44. 〔美〕约翰·霍华德·劳逊著：《电影的创作过程》，中国电影出版社 1982 年版。

45. 〔美〕斯坦利·梭罗门著：《电影的观念》，中国电影出版社 1983 年版。

46. 〔法〕安德烈·巴赞著：《电影是什么》，中国电影出版社 1987 年版。

47. 〔美〕Christan Metz 著：《电影语言》，台湾远流出版公司 1996 年版。

48. 〔美〕Robert Stam 等著：《电影符号学的新语汇》，台湾远流出版公司 1997 年版。

49. 〔美〕Gilles Deleuze 著：《时间——影像》，台湾远流出版公司 2003 年版。

50. 陈培湛编著：《电影美学教程》，中山大学出版社 1996 年版。

51. 孟涛著：《银色的梦——电影美学百年回眸》，复旦大学出版社 1998 年版。

52. 〔美〕保罗 M. 莱斯特著：《视觉传播——形象载动信息》，北京广播学院出版社 2003 年 7 月版。

53. 万道清著：《电视节目制作与导播》，台湾大林出版社 1975 年版。

网站与音像资料：

1. 〔英〕BBC 广播公司《开拍了》电视录像教材，1984 年版。

2. 中科大洋网。
3. 索贝网。
4. 品尼高网站及广州经销商浩天科技有限公司相关资料。
5. CCTV 网站。
6. 太平洋 PC 网站。

图片索引

全书共有图片 360 幅，为读者检索方便，按章节编排目录如下：

第一章：图片 13 幅

图 1-1　摄影机在明暗对比过强时不能用自动调光圈，它不能适应在明暗对比强烈的光线下进行拍摄，要学会用手动光圈 …………… 4

图 1-2　索尼 DCR-VX2100E ………………………………………… 5

图 1-3　佳能 XL2 ……………………………………………………… 6

图 1-4　JVC-DV-MC200 …………………………………………… 9

图 1-5，图 1-6　光学镜头本身由于构成的焦距不同，拍摄出来的画面效果也迥然各异 …………………………………………… 12

图 1-7　广角镜头近摄人像，形象失真扭曲 ………………………… 13

图 1-8　广角镜头拍建筑物视野开阔，景观新异 …………………… 13

图 1-9　变焦镜头镜片变化带来的景物范围变化示意图 …………… 15

图 1-10　不同光圈系数下的景物表现状态简评 …………………… 16

图 1-11　大光圈景深小，主体突出，被摄主体后的人物模糊 …… 17

图 1-12　光圈小景深大，背景杂乱 ………………………………… 17

图 1-13　三脚架 ……………………………………………………… 18

第二章：图片 9 幅

图 2-1　线性编辑系统结构方框图 …………………………………… 22

图 2-2　型号各异的录像放像机 ……………………………………… 22

图 2-3　带监视器、编辑控制器的便携式录像机 …………………… 23

图 2-4　编辑控制器 …………………………………………………… 23

图　片　索　引

图 2-5　视频切换台 …………………………………………… 24
图 2-6　通用型调音台 …………………………………………… 25
图 2-7　调音台极品——MC-909 音频工作站 ………………… 25
图 2-8　一对一编辑系统机器结构示意图 ……………………… 26
图 2-9　组合编辑和插入编辑在磁带上的不同控制磁迹 ……… 28

第三章：图片 35 幅

图 3-1　非线性编辑系统的混合构成 …………………………… 41
图 3-2　非线性编辑系统设备配备方框图 ……………………… 41
图 3-3　非线性系统工作过程示意图 …………………………… 43
图 3-4　索贝 Topbox2 组合 ……………………………………… 52
图 3-5　DP-EditStd 组合状况 …………………………………… 54
图 3-6　Studio8 的形象代言人 …………………………………… 56
图 3-7　StudioDV8 的采集界面 ………………………………… 57
图 3-8　DV8 采集方式选择界面 ………………………………… 57
图 3-9　Studio DV8 的编辑界面 ………………………………… 58
图 3-10—图 3-35　Studio 编辑过程说明 ……………………… 58—69

第四章：图片 51 幅

图 4-1　单眼失明的阿尔多斯·赫荷黎 ………………………… 75
图 4-2　推焦拉焦效果 …………………………………………… 78
图 4-3　蒋先生十分留恋窗前的白兰花 ………………………… 80
图 4-4　蒋先生悠闲的生活 ……………………………………… 80
图 4-5　梁子为蒋先生过 60 大寿 ………………………………… 81
图 4-6　艾滋病患者绝境求生的表情细节震撼人心 …………… 81
图 4-7　温家宝总理与艾滋病患者握手、攀谈 ………………… 82
图 4-8　泰国普吉岛阙迪度假村在海啸突然来袭时的恐怖情景 … 82
图 4-9　普吉岛靠近巴东海滩的一条大街上到处都是损毁的汽车和

407

　　　　　　各种各样的垃圾 ………………………………………………… 82
图4-10　图形—基底选择选择测试图 ………………………………… 83
图4-11　报道会议的争论，从双方手势的特写开始 ………………… 84
图4-12　从特写拉至中景镜头表现双方人物的情态 ………………… 84
图4-13　手势拒对方于千里之外 ……………………………………… 84
图4-14　据理力争 ……………………………………………………… 84
图4-15　有效传播画面容纳的六大基本元素 ………………………… 87
图4-16　4∶3与16∶9幅边比画框影像视觉效果简语点评 ………… 90
图4-17—31　《广东：农民成了现代农业投资的主体》分镜头
　　　　　　稿本 ……………………………………………… 93—101
图4-32　正面角度的影像形态 ………………………………………… 105
图4-33　侧面角度可以比较清楚地交代被摄对象的方向、方位 …… 106
图4-34　对于背面角度画面，观众更多的是会想象琴手的表情和
　　　　琴手台下的反响 …………………………………………… 107
图4-35　动物的背影也会引起遐想 …………………………………… 107
图4-36　背面角度还是人物活动"转场"重要手法 …………………… 108
图4-37　斜侧角度可以分清画面中人物的主次关系 ………………… 108
图4-38　反拍角度例释 ………………………………………………… 109
图4-39　越过人物的轴线，方向关系反转图例 ……………………… 109
图4-40　中外电视新闻播音员的镜头无一不是使用平角度 ………… 110
图4-41　中外许多谈话节目也多是平易近人的平角度镜头 ………… 110
图4-42　俯角度镜头展现出完整的画面布局，显得宽广，气势宏伟 … 111
图4-43　央视开始曲中浓厚颂扬色彩的岩松 ………………………… 111
图4-44　顶角度下的摩天楼群犹如森林一般 ………………………… 112
图4-45　远景为人物的生存提供宏观环境 …………………………… 113
图4-46　全景是表现成年人的全身的画面景别 ……………………… 114
图4-47　中景是表现成年人的膝盖以上的画面景别 ………………… 114
图4-48　近景是表现成年人腰部以上的画面景别 …………………… 115
图4-49　特写是表现成年人肩部以上的投向或某些被摄对象细部的

图片索引

	画面景别 ··	115
图 4-50	手是行为的焦点,往往被大特写,图为床头病人接受探望者的问候 ··	116
图 4-51	人物面部表情或面部表情细节大特写 ··············	116

第五章：图片 65 幅

图 5-1	45 度侧光照明使室内结构层次分明 ················	119
图 5-2	高调画面,柔光配置合理,阴影逐渐的形成 ········	119
图 5-3	1940 年国际经典人像三角光配光范例 ··············	122
图 5-4	低调画面,照明用一个垂直的阴影将脸部一分为二 ····	122
图 5-5	图中后肩、后脑的轮廓光使人物与背景产生立体分离效应 ····	123
图 5-6	眼神光是一种很重要的配光,它使人物满目生辉 ····	123
图 5-7	电视画面创作中对线条的抽象认识就是从对被摄物体的最基本视觉特征中抽取出来的属性 ·····················	124
图 5-8	画中的路面分隔线与两旁的树木以"线条"的形式按规律排列,产生的近大远小的透视效果 ·····················	124
图 5-9	垂直线条具有庄严、高大、昂扬、岿然不动、严肃、端庄的意蕴 ··	126
图 5-10	斜线产生动势,且扩大画面的景物包容量 ········	126
图 5-11	一电视广告中对商家发展的颂扬形式 ··············	127
图 5-12	一电视广告中表现宁静的水平线条加上列车产生动感,垂直的桥墩衬托在大山的曲线上又产生敦实的稳定感,此为线条整合的佳作 ·····························	127
图 5-13	画面中人物的发际线、眉线、眼线、鼻线、唇线都表现得恰到好处,使画中人物给人以美感 ···········	128
图 5-14	破坏性背景线条沉重地压在主体人物肩上、背上,给观众的视觉造成压迫感 ·····························	129
图 5-15	车影、人影构成的二级投影 ··························	130
图 5-16	三级投影,人物站在建筑物的阴影里 ··············	130

409

图5-17	阴暗区中的主体人物。阴影部分也是有亮度的	131
图5-18	低调画面中的茶壶与茶杯	132
图5-19	高调画面宜于表现女性、儿童恬静的性情	133
图5-20	黑、白、灰阶调相宜的正常影调	133
图5-21	通过灯光调配,利用背景的中间调衬托出主体的亮面和阴影部分	133
图5-22	虚实影调便于突出主体	134
图5-23	红色相象征意义图示	137
图5-24	画面中的白塔是主体,对画中的山、水、树起着统领与组合作用,此谓之"画面结构的灵魂"	139
图5-25	画面为无主体的空镜头,为主体的出现准备空间	140
图5-26	画面中机车(车头)由右1/3处向左运动,画面结构均衡,动势明确	141
图5-27	《焦点访谈》的画面	141
图5-28	画面以落日的天空为曝光标准,作为主体人与马成为黑色的剪影,映衬在火红的天空背景上,主体分外突出	142
图5-29	在虚实对比中,突出主体的"实"像是各种节目的常用手法	142
图5-30		143
图5-31		144
图5-32		144
图5-33		145
图5-34		145
图5-35	画面中,船前的鸭群是陪体	146
图5-36	画面中的阶梯、墙壁等陪体呈射线汇集状,有效地引导观众的视线关注主体	147
图5-37	陪体均衡画面、渲染气氛	147
图5-38	主持人面对茶道馆引颈相向,陪体在画外	148
图5-39	陪体在画外	148
图5-40	双主体画面	148

图片索引

图 5-41	画面中的杠铃是陪体,具体说明了主体的活动	149
图 5-42	单主体、双陪体特例	149
图 5-43	主体陪体合一特例	150
图 5-44	陪体在前、主体在后	151
图 5-45	各级电视台的新闻节目都会在播音员(主体)前挂出相应的资料牌(陪体)	152
图 5-46	拱形前景拉开了与广场的塔楼(主体)的距离	152
图 5-47	屋前的树丛成前景使整个建筑显得开阔宁静	152
图 5-48	主体岳麓书院与框架式前景	153
图 5-49	画面中主体人物的投影构成前景	153
图 5-50	画面中作为前景、背景的树木都已经虚化	154
图 5-51	在一望无垠的冰雪背景中艰难迁徙的企鹅	155
图 5-52	主体船与背景船因镜头压缩几乎贴在一块	155
图 5-53	短焦镜头的扩散效应使画面中的主体(画面中右前的车)与背景的距离明显扩大	155
图 5-54	捕捉透视线条突出主体典型片例	156
图 5-55	远远近近的山和水优雅地映衬着主体轻舟	156
图 5-56	避开线条们的破坏性	157
图 5-57	画面中主持人正在采访,他们身后人物就是"后景"	158
图 5-58	两幅画面中的天空就是处于背景位置上的空白	159
图 5-59	水面的空白使画面显得优雅悦目	160
图 5-60	大反差深色调空白(夜空)将主体建筑衬托得美轮美奂	161
图 5-61	逆光剪影,空白空灵,主体突出	161
图 5-62	画面中右边预留的空间(空白)显然不够	162
图 5-63	在主体人物的视线左上方留有足够的空间	162
图 5-64	《清明上河图》中的河流形成空白,使得繁华中蕴涵着宁静	165
图 5-65	齐白石笔下虾身的空白	165

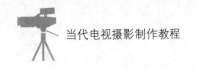

第六章：图片 85 幅

图 6-1　人体黄金分割图例 …… 174
图 6-2　人体黄金分割图例 …… 174
图 6-3　四个视知强点的注意力转换次序 …… 176
图 6-4　画面视觉区域的强度分配 …… 176
图 6-5　中央电视台新闻联播播音员的位置都是在画面中央，有着平实、面对面的感觉 …… 176
图 6-6　香港翡翠台和本港台新闻播音员都是安排在画面一侧，另一侧是新闻导语画面 …… 177
图 6-7　地平线在画面上 1/3 处时前景显得开阔 …… 177
图 6-8　地平线在画面下 1/3 处时背景显得开阔 …… 177
图 6-9　《大宅门》中老太爷白萌堂与大儿子商议如何应对詹王府的陷害，对称的画面显得气氛凝重 …… 179
图 6-10　庞大的犀牛对比于人体，凸现出人的伟大 …… 180
图 6-11　错落有致的建筑群透现出生活的诗意 …… 181
图 6-12　整齐飘扬的旗帜透现出活力 …… 182
图 6-13　画面中小胖墩与画外主持人的呼应感人至深 …… 182
图 6-14　前景中的水面、路桥、管道形成引导性线条将观众的注意力引向画面中上 1/3 处的主体 …… 183
图 6-15　画面中两条楼层结构曲线将空间和谐地分为上中下三层，统一为一个整体，建筑美感尽显其中 …… 184
图 6-16　云与水整体相融，亮色调与暗色调浑然一体 …… 184
图 6-17　阅兵过程中的队列方阵，类同的形、线、色反复间隔出现 …… 185
图 6-18　海、天、石融为一体，构成壮美的图景 …… 185
图 6-19　画面中非主体的"白云"喧宾夺主，争夺了主体明珠电视塔建筑群的视觉强度 …… 186
图 6-20　《开始曲》画面中的竖线条透现着庄严、昂扬的感觉 …… 187
图 6-21　《夕阳红》片头曲中夕阳里老者向往晴空的兴奋 …… 187

图片索引

图 6-22　静态性构图形式 ·· 189
图 6-23　屏幕文字传播的样式 ·· 190
图 6-24　中近景静态构图是记录节目主持人的主流形式 ···················· 190
图 6-25　照片报道重大新闻 ·· 191
图 6-26　大学一年级的克林顿当了学生会主席,他一一拜访同学,
　　　　　其恭谦神态在电视片中的照片上定格 ···························· 191
图 6-27　《锵锵三人行》的封闭式静态构图是当今各类谈话节目的
　　　　　结构样式 ·· 192
图 6-28　画面中的主体人物转向背景上的电视,形成画面的呼应,
　　　　　将背景画面转接为主体画面 ······································ 192
图 6-29　会议环境、会议主题在工整对称的大全景画面中交代得
　　　　　清楚明白 ·· 193
图 6-30　HBO 频道的电影《爱因斯坦》中 4 位科学家(中景)在听一位
　　　　　女士(近景)的少年故事 ·· 194
图 6-31　近景是人际交流的重要景别,使用概率甚高 ······················ 194
图 6-32　手是行为的焦点 ·· 195
图 6-33　动态构图一般为多构图 ·· 197
图 6-34　让主体急速入画又急速消失,是美国《国家地理杂志》表现
　　　　　车辆、动物快速运动的常用手法 ·································· 198
图 6-35　新闻节目中双播音员报新闻提要,然后推镜头突出其中
　　　　　之一 ·· 199
图 6-36　镜头由特写到全景 ·· 200
图 6-37　摇摄的动态构图宜于交代事件的前因后果 ························ 201
图 6-38　研读这两个镜头时注意三要点 ···································· 202
图 6-39　·· 203
图 6-40　全景,是节目的起始画面 ·· 205
图 6-41　中景,采访谈话的主要画面 ······································ 205
图 6-42　动态画面体现出节目的真实性 ···································· 205
图 6-43　背面角度可舒缓节目节奏 ·· 205

413

图 6-44　侧面摄影要防止人物重叠 …………………………………… 205
图 6-45　要给他们一定的行走空间 …………………………………… 205
图 6-46　谈话行走要提醒保持匀速 …………………………………… 206
图 6-47　行走中的站立可改变节目节奏 ……………………………… 206
图 6-48　车上谈话,增加运动感 ………………………………………… 206
图 6-49　这种画面可以作空镜头用 …………………………………… 206
图 6-50　这是在后座拍到的记者镜头 ………………………………… 206
图 6-51　近距广角拍摄,防止人物变形 ………………………………… 206
图 6-52　这类镜头可改变画面节奏 …………………………………… 207
图 6-53　运动摄影要有静止的收尾画面 ……………………………… 207
图 6-54　不同的变焦效果 ……………………………………………… 207
图 6-55　左右两图是剪接一组广告镜头虚拟"越轴"的典型 ………… 210
图 6-56—图 6-75　单机采访 ……………………………………… 213—217
图 6-76—图 6-85　双机采访 ……………………………………… 218—219

第八章：图片 17 幅

图 8-1　特型演员卢奇在广东电视台《前沿对话》栏目谈在电影
　　　　《邓小平》中饰演邓小平的体会时多次禁不住哽咽落泪 ……… 244
图 8-2　………………………………………………………………… 265
图 8-3　………………………………………………………………… 265
图 8-4　合理越轴要插入中性画面 …………………………………… 268
图 8-5　"淡入"、"淡出"渐变示意 ……………………………………… 278
图 8-6　"化入"、"化出"渐变示意 ……………………………………… 279
图 8-7　"划像"的"划入"示意。左图在中图时为底图,右图在中图时
　　　　为自右向左"划入"的图像,右图为最后完成的图像。中图的
　　　　"划像"使用本书第一章介绍的 Studio8 制作 …………………… 280
图 8-8　3 个视窗的全球连线节目 ……………………………………… 282
图 8-9　多个视窗逐一推介其中人物 …………………………………… 282
图 8-10　利用视窗形成超时空对话 …………………………………… 282

图片索引

图 8-11　模糊界限的对话两视窗 ··· 282
图 8-12　导演利用同一条隧道实现了镜头内容在时间上的大幅度
　　　　　跨越 ··· 283
图 8-13　运用相同因素(手)实现男女角色的画面转换 ············· 286
图 8-14　特写转场,有利于集中观众的注意力 ······················· 287
图 8-15　从大全景转特写,视觉跳跃大,冲击力强 ················· 288
图 8-16　出画入画转场示意 ··· 289
图 8-17　空镜头转场图例 ·· 291

第十章: 图片 15 幅

图 10-1　上世纪 20 年代卓别林主演的无声电影《无业游民》等都是
　　　　　先有一屏介绍、说明文字 ···································· 319
图 10-2　香港翡翠台的镜头巧妙的运用画面中的文字作为新闻报道
　　　　　的主题词 ··· 320
图 10-3　香港两家主流电视台的屏幕文字多年来一直做得精致有
　　　　　创意 ··· 320
图 10-4　整屏滚动阅读的《社评摘要》是香港电视传播观念性信息的
　　　　　重要样式 ·· 321
图 10-5　画面下方的滚动文字是对画中景物欣赏性的表述 ········ 322
图 10-6　独立屏幕文字通道示意 ······································· 322
图 10-7　用屏幕文字复述画面中人物的对话、台词、翻译等,减轻了
　　　　　观众"听"的负担,有效提高了信息传播的清晰度 ······· 323
图 10-8　画面中的人名、地名就是说明性文字 ······················ 324
图 10-9　在早新闻中,本港台的画面上方均有天气、气温、湿度、
　　　　　时间等屏幕文字提供的信息 ·································· 324
图 10-10　整屏文字的新闻颇有视觉冲击力 ·························· 325
图 10-11　画面中竖排的文字介绍人物身份 ·························· 327
图 10-12　屏幕文字特例 ··· 327
图 10-13　多彩多姿的片头文字 ··· 330

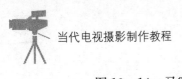

| 图 10-14 | 马赛克效果与原画面的比较 | 332 |
| 图 10-15 | 动画节目在各少儿节目中大受欢迎 | 333 |

第十一章：图片 60 幅

| 图 11-1—图 11-18 | CCTV 的开始曲 | 340—341 |
| 图 11-19—图 11-60 | 香港电视的开始曲 | 342—346 |

第十二章：图片 4 幅

图 12-1	主持人朱军与嘉宾孙海英、吕丽萍在节目中	356
图 12-2	《艺术人生》节目：《韦唯：我和从前不一样了》	361
图 12-3	电视节目后期制作语言双主体组合基本模型解析	365
图 12-4	焦点访谈的画面	369

第十三章：图片 6 幅

图 13-1	2003 年 8 月，广东卫视《前沿对话》节目《贫困生如何上大学》	379
图 13-2	《实话实说》第二任主持人和晶	387
图 13-3	国家审计署署长李金华	393
图 13-4	《城市论坛》的现场	395
图 13-5	《我们一起走过》现场	396
图 13-6	傅彪夫妇在节目中	397

后记

百年匆匆，人是如此，电影亦然。从1892年法国爱米尔·雷诺的《一杯可口的啤酒》问世至今，世界电影已经有110多年的风尘岁月。从1905年中国第一部本土影片《定军山》开始，中国电影恰好100个年头。百年经历，饱经风雨，历遍浮沉，为此后人总是要隆重庆典之，或著文，或集会。纪念世界电影100年之际，人们在津津乐道于电影作品的风格、流派的同时，还不忘对电影技术的根本性支撑作丰富的描述，1995年中国中央电视台就播出过专题片《世纪的和声》，其中有一句话是有益于当今电影、电视人的："电影的百年里程，在电影跨世纪的辉煌中，每一项震撼人心的美学革命都与科技发明密不可分。电影美学的任何一个问题都有着物理学的背景。是科学的巨笔给多情的银幕扑上了一层浓浓的底色。如果电影是一个大型的多声部合唱。那么，科技是这声部和弦最强有力的声音。科学积累绽放了艺术的巨变。电影美学的每一次飞跃，都是在科学的推动下产生的。电影历史上每一次危机和震荡也都是在科技阶梯上，找到支点才能化险为夷。"面对华语电影百年，笔者兴奋之余，甚是遗憾，遗憾的是，人们在弹冠相庆时"忘本"了，他们忘记了孕育电影的根本——电影科学技术的人文化贡献。真也难怪他们的电影总也走不远。好莱坞电影虽然不是世界电影的标准参照，但好莱坞大片依靠科学技术的"声、光、电"营造的撼人心魄的本领，是我们不应该忽视的。

由当代中国电影人对电影基础技术应用的失语，转到本书的宗旨：欲做货真价实的电视节目的策划人、制作人、视评人，当从掌握电影电视的基础应用技术入手，方能找到声、光、电营造的"声画文化"感觉，方有在各自领域成器的可能。一本讲授电视制作的书冠以"当代"字样，就是希望读者在涉猎电视节目时，不忘科技之本，只有与科学技术的进步同步发展，电视制作技术和电视传播理论研究才有可能不断完善，"当代"的本质意义是"与时俱进"，制作电视节目、研究电视节目，除了熟悉电视技术的ABC之外，还应该关注科学技术的发展可能带来的智慧与财富。

"电视是电影的儿子"，电视的诞生源自电影技术与观念的影响，本书的诸多观念概莫例外。电视能有今天，离不了科学技术的积累与应用，本书涉及的相关书刊、电子文本达百件，年限跨度达半个世纪，在运用各位的劳动成果时都尽可能或

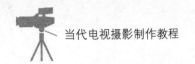

页下注明出处,或书尾列出目录,遗漏万一还望海涵。

积十数年摄影、电影、电视从业经验和高校二十余年影视教学研究心得,我以为,任何一本教授电影、电视的书,都属于"游泳指南"之类的文本,教条固然必烂熟于心,关键是要下水施行教条,只有经历喝水、击水、嬉水的全过程,才可能去伪存真,成长为成熟的电视节目制作人和研究者。

本书名为电视节目制作教程,前言中言明不涉及假定性的故事影片、剧集,但是案例中却又用其诸多画面、情节内容,概因为假定性节目的美学追求严谨,值得纪实性节目取长补短之故。

本书名为教程,因篇幅所限,不可能包罗万象,为此,我给出的建议是:围绕你拥有的设备,熟读产品说明书;根据你要做的节目,看50—100个同类节目;把握机会,跟一部电视剧、专题片、纪录片的全程摄制;围绕你要研究的节目,从每十分钟片长中寻找出三个"声画亮点",持以经年,当成行家里手,此谓之,"熟读唐诗三百首,不会作诗也会吟"。

作者识于华南理工大学南方传媒研究所
2005年春

作者联系方式: ① 广州市大学城华南理工大学新闻传播学院(邮编 510006)
② E-mail: kyfh@163.net

图书在版编目(CIP)数据

当代电视摄影制作教程/黄匡宇著. —上海:复旦大学出版社,2005.7(2015.1 重印)
(复旦博学·当代广播电视教程·新世纪版)
ISBN 978-7-309-04546-8

Ⅰ.当… Ⅱ.黄… Ⅲ.①电视摄影-教材②电视节目-编辑工作-教材
Ⅳ.①J931②G222.1

中国版本图书馆 CIP 数据核字(2005)第 047979 号

当代电视摄影制作教程
黄匡宇　著
责任编辑/章永宏

复旦大学出版社有限公司出版发行
上海市国权路 579 号　邮编:200433
网址:fupnet@fudanpress.com　http://www.fudanpress.com
门市零售:86-21-65642857　团体订购:86-21-65118853
外埠邮购:86-21-65109143
上海春秋印刷厂

开本 787×960　1/16　印张 27.5　插页 2　字数 508 千
2015 年 1 月第 1 版第 8 次印刷
印数 24 701—27 800

ISBN 978-7-309-04546-8/G·592
定价:39.00 元

如有印装质量问题,请向复旦大学出版社有限公司发行部调换。
版权所有　侵权必究

《当代电视摄影制作教程》教师反馈表

复旦大学出版社向使用本社《当代电视摄影制作教程》教材的教师免费赠送教学光盘一套(共 3 张)。欢迎完整填写下面表格来索取。

教师姓名：_____　　职务/职称：_____

任课课程名称：_____

任课课程学生人数：_____

联系电话：(O)_____ (H)_____　手机：_____

E-mail 地址：_____

学校名称：_____　　邮编：_____

学校地址：_____

学校电话总机(带区号)：_____　学校网址：_____

系名称：_____　　系联系电话：_____

邮寄多媒体课件地址：_____

邮编：_____

请将本页完整填写后,剪下邮寄到上海市国权路 579 号

复旦大学出版社　　强辉　收

邮编:200433　　　　　　　　　联系电话:(021)65104463

E-mail: qhui1985@163.com　　传真:(021)65104516

复旦大学出版社新闻传播类重点图书

复旦博学·新闻与传播学系列教材(新世纪版):
新闻学概论*(李良荣,32.00);马克思主义新闻经典教程*(童兵,28.00);新闻评论教程*(丁法章,32.00);中国新闻事业发展史*(黄瑚,30.00);外国新闻传播史导论*(程曼丽,29.00);当代广播电视新闻学(张骏德,32.00);当代广播电视概论*(陆晔,36.00);网络传播概论*(张海鹰等,30.00);新闻采访教程(刘海贵,25.00);西方新闻事业概论(李良荣,22.00);新闻法规和职业道德教程(黄瑚,29.80);中国编辑史(姚福申,49.00)

复旦博学·当代广播电视教程(新世纪版):
当代电视实务教程(石长顺,36.00);中外广播电视史*(郭镇之,36.00);当代电视摄影制作教程(黄匡宇,30.00);影视法导论:电影电视节目制作须知(魏永征、李丹林,38.00);电视观众心理学(金维一,28.00);当代广播电视播音主持(吴郁,28.00);电视制片管理学(王甫、吴丰军,38.00);广电媒介产业经营新论(黄升民等,30.00);电视节目策划学*(胡智锋);视听率教程*(刘燕南)

复旦一麦格劳·希尔传播学经典系列:
传播研究方法;传播学导论;大众传播通论;电子媒体导论(张海鹰,32.00);跨文化传播;公共演讲;说服传播;商务传播;倾听的艺术;访谈技艺:原理和实务;20世纪传播学经典文本(张国良,30.00);媒介与文化研究方法(Jane Stokes,22.00)

复旦博学·新闻传播学研究生核心课程系列教材:
马克思主义新闻思想概论(陈力丹,30.00);当代西方新闻媒体(李良荣,29.00);中国现当代新闻业务史导论(刘海贵,36.00);中国当代理论新闻学(丁柏铨,26.00);媒介战略管理(邵培仁等,38.00);数字传媒概要(闵大洪,25.00);传播学研究理论与方法*(戴元光,30.00);国际传播学导论*(郭可,25.00)

新闻传播精品导读丛书:
新闻(消息)卷——范式与案例(孔祥军,20.00);广播电视卷(严三九,27.00);通讯卷(董广安,20.00);外国名篇卷(郑亚楠,16.00);广告与品牌卷——案例精解(陈培爱,28.00);特写与报告文学卷(刘海贵、宋玉书,28.00)

新闻传播名家自选集丛书:
童兵自选集:新闻科学:观察与思考(童兵,39.00);李良荣自选集:新闻改革的探索(李良荣,39.00);陈力丹自选集:新闻观念:从传统到现代(陈力丹,36.00);喻国明自选集:别无选择:一个传媒学人的理论告白(喻国明,36.00);黄升民自选集:史与时

打*者为教育部确定的"十一五"国家级规划教材。

间(黄升民,38.00);尹鸿自选集:媒介图景·中国影像(尹鸿,38.00);罗以澄自选集:新闻求索录(罗以澄,35.00);戴元光自选集:传学札记:心灵的诉求(戴元光,32.00);王中文集(赵凯主编,45.00);丁淦林文集(丁淦林,25.00)

全球传播丛书:

畸变的媒体(李希光,26.00);中西方新闻传播:冲突·交融·共存(顾潜,21.00);世界百年报人(郑贞铭,28.00);当代对外传播(郭可,15.00);中美新闻传媒比较:生态·产业·实务(薛中军,19.80);国家形象传播(张昆,25.00);跨文化传播:中美新闻传媒概要(高金萍,15.00)

传媒经营丛书:

中国传媒经济研究:1949—2004(吴信训、金冠军,48.00);报刊传播业经营管理(倪祖敏,29.80);图书营销管理(方卿,24.00);战略传媒:分析框架与经典案例(章平,30.00);报纸发行营销导论(吴锋、陈伟,29.80);报刊发行学概论(倪祖敏、张骏德,35.00);现代传媒经济学(吴信训,30.00);中国图书发行史(高信成,45.00);媒体战略策划(李建新,38.00);娱乐财富密码——引爆传媒心经济(张小争,30.00)

新闻传播学通用教材:

精编新闻采访写作*(刘海贵);当代新闻采访(刘海贵,16.00);当代新闻写作(周胜林等,20.00);高级新闻采访与写作(周胜林,32.00);当代新闻编辑(张子让,16.00);传播学原理(张国良,10.00);新闻心理学(张骏德,11.00);新闻与传播通论(谢金文,20.00);实用新闻写作概论(宋春阳等,40.00);新闻写作技艺:新思维新方法(刘志宣,36.00);新闻报道新教程:视角、范式与案例解析(林晖,38.00);电视:艺术与技术(张成华、赵国庆,15.00);创新启示录:超越性思维(王健,30.00);实用英汉汉英传媒词典(倪剑等,40.00);全球化视界:财经传媒报道(安雅、李良荣,48.00);财经报道(安雅、谢弗琳)

影·响丛书(电影文化读物):

好莱坞启示录(周黎明,35.00);映像中国(焦雄屏,36.00);香港电影新浪潮(石琪,45.00);台湾电影三十年(宋子文,35.00);影三百:南方都市报中国电影百年专题策划(南方都市报,36.00)

请登陆www.fudanpress.com,内有所有复旦版图书全书目、内容提要、目录、封面及定价,有图书推荐、最新图书信息、最新书评、精彩书摘,还有部分免费的电子图书供大家阅读。

意见反馈、参编教材、投稿出书请联系journalism@fudanpress.com;fudannews@163.com;liting243@126.com。电话:021-65105932、65647400、65109717;传真:021-65642892。

打*者为教育部确定的"十一五"国家级规划教材。